Management Information Systems

工业和信息化普通高等教育"十二五"规划教材立项项目

21世纪高等院校经济管理类规划教材

管理信息系统

□ 周明红 主 编
□ 李 敏 副主编

人民邮电出版社
北 京

图书在版编目（CIP）数据

管理信息系统 / 周明红主编. -- 北京 : 人民邮电出版社, 2012.7（2016.12 重印）
21世纪高等院校经济管理类规划教材
ISBN 978-7-115-28179-1

Ⅰ. ①管… Ⅱ. ①周… Ⅲ. ①管理信息系统－高等学校－教材 Ⅳ. ①C931.6

中国版本图书馆CIP数据核字(2012)第124962号

内 容 提 要

全书分为 4 篇，共 11 章。第 1 篇为管理信息系统基础知识篇，按照“信息→系统→信息系统→管理信息系统”逐步深入、层层递进的思路，对有关 MIS 的基础知识进行概要阐释；对于管理理念和信息技术相融合而成的具有“社会－技术”双重属性的 MIS，分别从管理基础和技术基础两个方面对相关知识进行了归纳和介绍。第 2 篇为管理信息系统开发篇，按照 MIS 开发生命周期理论，分别对 MIS 规划、分析、设计与实施工作等内容作了深入分析与详细说明。第 3 篇为管理信息系统管理篇，通过对 MIS 的开发运行管理方法与策略、系统评价内容与方法相关事宜展开了全面而深入的介绍与分析。第 4 篇为管理信息系统应用篇，内容包括电子商务与电子政务、决策与商业智能和企业现代管理系统应用。

本书最后附加了相关实验实训教学环节的指导内容，以一个进销存信息管理系统的设计，通过理论与实践相结合的教学方法将课程内容建设得更为全面。

本书可作为高等学校经济管理、信息技术等专业的教材，也可作为企事业单位的管理人员及计算机应用软件开发人员的参考用书。

21 世纪高等院校经济管理类规划教材

管理信息系统

◆ 主　　编　周明红
　副 主 编　李　敏
　责任编辑　李海涛

◆ 人民邮电出版社出版发行　　北京市丰台区成寿寺路 11 号
　邮编　100164　　电子邮件　315@ptpress.com.cn
　网址　http://www.ptpress.com.cn
　北京鑫正大印刷有限公司印刷

◆ 开本：787×1092　1/16
　印张：22　　2012 年 7 月第 1 版
　字数：540 千字　　2016 年 12 月北京第 6 次印刷

ISBN 978-7-115-28179-1

定价：42.00 元

读者服务热线：(010) 81055256　印装质量热线：(010) 81055316
反盗版热线：(010) 81055315

前　言

随着信息技术（IT）的飞速发展，人们生产与生活的各层次、各领域都受到了 IT 的深刻影响，并且受影响的幅度和强度还在进一步加大。管理学科也不例外，其与 IT 相融合的管理信息化进程几乎是与 IT 的发展保持同步的，这也正是现代管理的效率和有效性得以稳步提升的重要原因之一。在管理信息化的理论研究与实践应用的过程中，管理信息系统扮演了重要角色。它将现代管理理论与先进的信息技术进行有机整合，同时融入系统科学、行为科学、经济学、运筹学、统计学等诸多学科的养分与精华，已经成为现代企业运营与管理不可或缺的基础平台。在巨大实践效益与应用潜力的推动下，对管理信息系统的教学与科研工作在高校的管理专业建设中一直处于重要地位，受到广泛关注。

"管理信息系统"是高等院校工商管理类专业的一门重要的核心课程。它是一门综合管理科学、信息科学、系统科学、行为科学、计算机科学和信息技术等多学科的有鲜明特色的边缘性学科。它运用经济管理理论、信息理论、系统理论、计算机科学等学科的理论和方法，融合提炼组成一套新的体系，既具有较深和较宽的理论基础，又是一门实践性很强的学科。该课程旨在培养学生应用信息技术进行管理信息处理和管理信息系统开发及组织实施的能力。在教学过程中要采用理论与实践相结合的方法，通过实践操作让学生去体会管理信息系统在信息时代所发挥的不可替代的作用，同时这门课的教材也可作为企、事业单位从事管理工作的人员和计算机应用软件开发人员等参考使用。

全书分为 4 篇，共 11 章。第 1 篇为管理信息系统基础知识篇，包括"管理信息系统概述"和"管理信息系统的技术基础"两章。首先按照"信息→系统→信息系统→管理信息系统"逐步深入、层层递进的思路，对有关 MIS 的基础知识进行概要阐释；然后对于管理理念和信息技术相融合而成的具有"社会－技术"双重属性的 MIS，分别从管理基础和技术基础两个方面对相关知识进行了归纳和介绍。第 2 篇为管理信息系统开发篇，包括"管理信息系统战略规划与开发方法"、"管理信息系统的系统分析"、"管理信息系统的系统设计"、"管理信息系统的系统实施"和"面向对象的系统分析与设计"五章。本篇按照 MIS 开发生命周期理论，分别对 MIS 系统规划、分析、设计与实施工作等内容进行了深入分析与详细说明。第 3 篇为管理信息系统管理篇，包括"信息系统的管理"一章，通过对 MIS 的开发运行管理方法与策略、系统评价内容与方法相关事宜展开了全面而深入的分析与介绍。第 4 篇为管理信息系统应用篇，包括"电子商务与电子政务"、"决策与商业智能"和"企业现代管理系统应用"三章。此外，本书最后附加了相关实验实训教学环节的指导内容，通过理论与实践相结合的教学方法将课程内容建设的更为全面。

本书是一本面向经济管理、信息技术等专业学生的专业核心课程教材，其特色在于"形式为内容服务"。一本好的教材应该是教师授课的助手，学生学习的帮手，如何使本书真正成为助手和帮手一直是我们不断深入研究的核心。在这门课程的讲授上我们采用了"任务驱动法"教学，在教材的建设上也体现了"任务驱动"的教学方式，从项目的开发设计和管理上引导学生去深入理解课程的教学内容。教材的每一个章节都设计了相关的教学案例，在整个

第 2 篇通过一个完整的系统开发教学案例，不仅使学生深度掌握了管理信息系统的内涵及应用，还带领学生从实践训练中去体会管理信息系统的开发设计及管理工作。

本书由山西大学商务学院多名从事该课程多年教学和研究的教师编写，其中第 1 章、第 10 章由任菊香编写，第 2 章和实验指导由周明红编写，第 3 章、第 6 章、第 8 章由李敏编写，第 4 章、第 5 章、第 7 章由董妍汝编写，第 9 章、第 11 章由孙咏梅编写。由于编写仓促，加之企业管理理论、竞争环境、信息技术和管理信息系统理论与方法等发展十分迅速，再有编者水平有限，本书不妥之处敬请读者加以指正。

编　者

2012 年 6 月

目　录

第 1 篇　管理信息系统基础知识篇

第 2 篇　管理信息系统开发篇

第 3 篇 管理信息系统管理篇

第 4 篇 管理信息系统应用篇

第1篇

管理信息系统基础知识篇

本篇主要内容

- 第1章　管理信息系统概述
- 第2章　管理信息系统的技术基础

第 1 章　管理信息系统概述

信息技术引领信息社会，信息社会基于信息化建设，而信息化建设离不开信息管理与信息系统。对信息及其相关活动因素进行科学的计划、组织、控制和协调，实现信息资源的充分开发、合理配置和有效利用，是管理活动的必然要求。与信息技术和信息系统相关的管理环节构成了现代组织管理领域中最具创新性的部分。作为信息时代和处于信息化大背景下的当代大学生，很有必要了解这个既古老又崭新的领域，这就是管理信息系统的研究和应用。本章主要介绍信息、系统、信息系统、管理信息系统的基本概念及相关内容，为本课程后续内容的学习奠定基础。

1.1　信　　息

在信息时代，信息已经成为与物质、能源相提并论的一种基础性资源，而且将成为信息时代的主导性资源。在组织中，信息更是最重要的、最有价值的资源。在组织的运行管理中，决策贯穿于管理的全过程，管理工作的成败，首先取决于正确的决策。而决策的质量则取决于信息的质和量。正确、及时、适量的信息是减少不确定因素的根本所在。

1.1.1　信息的概念

科学技术的发展，特别是信息科学技术的发展，对人类社会产生了深刻的影响，迫使人们开始探讨信息的含义。要深入理解信息的概念，必须掌握数据、信息、知识、智慧等与信息概念关系特别密切、但又很容易混淆的相关概念。

1. 数据

数据是人们为了反映客观事物而记录下来的可以鉴别的符号，是对客观事物的描述，它是信息的载体、信息的具体表现形式。数据的表现形式多种多样，不仅有数字和文字，还有图形、图像、声音等形式。数据只是一个描述，没有特定的背景和意义，只有经过解释数据才有意义，才成为信息。

在计算机科学技术中，数据是指所有能识别、输入到计算机中的，并能被计算机程序处理的符号的总称。数据的类型非常丰富，随着计算机技术的发展，数据已无所不包。

2. 信息

据不完全统计，有关信息的定义有100多种，它们是从不同的侧面、不同的层次揭示了信息的特征与性质，但其本质是相同的。一般认为，信息具有以下三方面特征。

第一，信息是客观世界各种事物的特征的反映。客观世界中任何事物都在不停地运动和变化，呈现出不同的特征。这些特征包括事物的有关属性状态，如时间、地点、程度、方式等。信息的范围极广，如气温变化属于自然信息，遗传密码属于生物信息，企业报表则属于管理信息等。信息是经过"加工的"，其中凝聚着人类的劳动。

第二，信息是可记录、可通信的。信息是构成事物联系的基础。由于人们通过感官直接获得周围的信息极为有限，因此，大量的信息需要通过各种仪器设备获得和传输。

第三，信息可以形成知识。人们掌握了一定的信息就可以消除不确定性，更好地认识事物、区别事物并改造世界，因此，信息具有现实或潜在的价值，可以被看做是一种产品，一种人类生产活动的结晶。

3. 知识

知识是以某种方式把一个或多个信息关联在一起的信息结构，是客观世界规律性的总结。知识是结构化的经验、价值观念、关联信息及专家见识的流动组合，是有一定环境的信息，加上对于怎样运用它的理解。它为评估和吸纳新的经验和信息提供了一种架构。知识产生并运用于知识工作者的大脑中。

知识分为隐性知识和显性知识两种。隐性知识就是高度个性化而且难于格式化的知识，如主观的理解、直觉和预感都属于这一类。显性知识就是能用文字和数字表达出来，容易以数据的形式交流和共享，并且经编辑整理的程序或者普遍原则。

一个组织的知识是以人为中心的资产、知识产权资产、基础结构资产以及市场资产。在组织机构里，知识不仅仅存在于文件或文件库中，也大量存在于员工的头脑中，并根植于组织机构的日常工作、程序和规范中。

4. 智慧

智慧是利用知识创造财富的能力，是富有洞察力的知识。人在了解、掌握了多方面的知识后，能够预见一些事情的发生并采取行动。例如，大家都觉得"五一去杭州旅游的车票非常紧张"（知识），但你已经"非常有预见性地购买了车票，领先一步"（智慧）。智慧是把知识应用于产生新的知识的一个动态过程，即创新能力。

5. 信息、数据、知识与智慧

在实际使用中，数据和信息常常混淆，难以辨别。数据和信息的辨别取决于语义环境。例如，一个职工的工资对其个人来说是信息，但是对代办工资的银行系统来说就是数据了。信息、数据、知识是三个不同的概念，但三者之间又有密切的联系。

（1）信息的表现形式是数据。数据是记录信息的一种形式，同样的信息也可以用文字或图像来表述。

（2）信息是经过加工以后，并对客观世界产生影响的数据。例如，行驶中汽车里程表上显示的数据是80km/h，它仅仅是通过人们对汽车行驶状态进行描述的数据符号而已，不一定成为信息，只有当司机观察到里程表上的数据以后，经过思考，认为汽车行驶速度是快还是慢，从而作出加速或减速的决定时，80km/h 这个数据才成为信息。决策活动是信息存在的必要条件，这个属性可以很好地区分数据和信息。

（3）信息不同于知识，知识是由信息抽象出来的产物，是一种具有普遍和概括性的信息，是信息的一个特殊的子集。也就是说，知识就是信息，但并非所有的信息都是知识。

根据上述的分析，可以这样来理解数据、信息、知识以及智慧之间的辨证关系，即“数据—信息—知识”是处于一个平面上的三元关系，分别从语法、语义以及效用三个层面反映了人们认知的深化过程，而智慧则是超越了这个平面的创造性活动。具体来讲，数据是基本原料，而信息是有规律的数据，知识则是有价值及效用的信息，智慧则是建立在“数据—信息—知识”之上，并主要以已有的知识存量为基础的一种更高层次的知识创造活动。如图 1.1 所示，许多相关的数据构成了信息，信息加以提高就构成了知识，知识长期积累，可以形成智慧，成为一个整体。

图 1.1　数据、信息、知识、智慧关系图

1.1.2　信息的属性

1. 事实性

事实性是信息的核心价值。不符合事实的信息不仅没有价值，而且可能其价值为负。俗话说“输入的是垃圾，输出的一定也是垃圾”，其意思就是说输入的数据错误或没有意义，则经过处理和输出的信息一定没有参考价值。因此，信息应该是基于正确数据的处理结果，要具备事实性。

2. 扩散性

信息的扩散性是其本性，它力图冲破保密的非自然约束，通过多种渠道和手段向四面八方传播。信息的浓度越大，信息源和接收者之间的梯度越大，信息的扩散能力越强。越离奇的消息，越耸人听闻的新闻，传播得越快，扩散面越大。信息扩散存在两面性，一方面它有利于知识的传播，加快信息的扩散；另一方面扩散可能造成信息的贬值，不利于保密，可能危害国家和企业利益，不利于保护信息所有者的积极性。在企业内部，要充分利用信息的共享性，在信息有效的时间内，在内部快速扩散，对外部则应该抑制信息扩散的负效应。

3. 传输性

信息可以在时间上或在空间中从一点传递到另一点。信息需要流动，流动的信息才是有价值的信息；信息需要关联，只有密切地关联，信息才能无缝地流动。信息传输成本远远低于传输物资和能源。我们应尽可能用信息的传输代替物质的传输，通过信息流来减少物流。信息的可传输性加快了资源的交流，加快了社会的变化。

4. 不对称性

由于各种原因的限制（如专业知识、市场需求、制作技术、策略等），在市场中交易的双方所掌握的信息种类和量是极不相等的，不同的企业掌握信息的程度各不相同，这就形成了信息的不对称性。信息的这个属性为企业带来了商机，企业掌握的信息越充分，对其决策越有利。企业还可以充分利用信息的不对称性，对不同地区或不同用户实行差别定价策略，以获得更高利润。但是，随着信息技术的应用信息的不对称性程度将在相当短的时间内降至极低，或变化频率很高，因此对于信息不对称的不同程度，企业采取的经营策略应该不同。

5. 增值性

所谓增值一方面是指信息在使用的过程中会产生价值，另一方面也是指信息在传输和扩散的过程中会不断丰富。信息的主要作用在于有利于信息的持有者可以利用信息进行决策，利用信息创造机会和价值。另外，信息在不断传输的过程中会有所变化和增值，曾有一位学者把全国每天报纸上刊登的新厂投产的消息收集起来，进行提炼和分析，时间一久就能对全国工业有所估计。原来不保密的东西变成保密的了，原来不重要的东西变得重要了。通过提炼有用的信息，增加信息的价值，在司空见惯的信息中分析出重要的趋势。

6. 共享性

共享是信息的主要特征之一。与人们熟知的物质与能量资源不同，信息资源的分享与交换不具有排他性，不会因为信息的传播而损失。在同一时间内同一信息可以为多人所掌握，信息共享是一种非零和的共享，各方因同一信息而获得的增值并不等于某方独占该信息获得的增值。共享的诸方受益、受损是不确定的，一家公司的一项物料需求信息在上下游间的分享会增加信息的价值，而一项保密技术被竞争对手获得，则会损害公司的利益。

7. 等级性

管理系统是分等级的，组织的管理一般分为战略级、战术级和执行级三层。处在不同层的管理者有不同的职责，处理的决策类型不同，需要的信息也不同，因此信息也是分等级的。

（1）战略级。战略级信息是关系到全局和重大问题决策的信息，它涉及上层管理部门对本部门要达到的目标，关系到为达到这一目标所必需的资源水平和种类，以及确定获得资源、使用资源和处理资源的指导方针等方面，如产品投产、停产、开拓新市场等。

制定战略要大量地获取来自外部的信息，管理部门制定战略要把外部信息与内部信息结合起来考虑。

（2）战术级。战术级信息属于控制信息，是使管理人员能掌握资源利用情况，并将实际结果与计划比较，从而了解是否达到预定目的，并指导其采取必要措施更有效地利用资源的信息。

（3）执行级。执行级信息用来解决经常性的事务问题，它与组织日常活动有关，用以保证切实地完成具体任务。例如，每天统计的产量、质量数据，打印数据等。

8. 可变性

可变性指的是信息的内容随时可以改变，信息很容易被修改。例如，一份文件，只要有兼容的软件，就可以很容易地被修改，修改后的文档可能具有完全不同的内容。从本质上来说，信息的提供者没有任何办法可以完全保证信息在传递过程中始终不被改变。信息的这种可变性特征具有双重的影响，其正面影响在于信息产品可以用很低的成本实现灵活的差异化定制，其负面影响在于信息的完整性和可靠性很难实现完全充分的保证。

9. 时效性

信息的时效性表现为信息的增值性只体现在一定的时间内。信息具有一定的时效，过了时效就不再具有价值或者价值大幅度下降。及时的信息对于管理者的正确决策有着非常重要的作用。例如，及时地获取某地区市场对某种产品的需求量对于生产该种产品的厂家来说有很重要的意义。

一般来说，越新颖越及时的信息，其价值越高。因此，应该尽量缩短信息的采集、存储、加工、传输、使用等环节的时间间隔，提高信息的价值。需要指出的是，从某种使用目的来看，信息的价值会随着时间的推移而降低，但是对于其他的目的来说，它又可能显示出新的价值。

以上这些性质是信息的主要性质，了解信息的性质，一方面有助于对信息概念的进一步理解，另一方面也有助于人们更有效地掌握和利用信息。

1.1.3 信息的度量

不同的数据资料中包含的信息量可能差别很大，有的数据资料包含的信息量多一些，有的则少一些，甚至空洞、啰嗦。数据资料中含信息量的多少是由消除对失误认识的“不准确程度”来决定的。在获得数据资料之前，人们对某一事物认识不清，存在着不确定性，获得数据资料之后，就有可能消除这种不确定性。数据资料能消除人们认识上的不确定性。数据资料所消除的人们认识上“不确定性”的大小，也就是数据资料中所含信息量的大小。

那么信息量的大小如何衡量呢？

信息量的大小取决于信息内容消除人们认识的不确定程度，消除的不确定程度大，则发出的信息量就大，消除的不确定程度小，则发出的信息量就小。如果实现就确切地知道消息的内容，那么消息中所包含的信息量就等于零。

我们可以利用概率来度量信息。例如，现在某甲到1000人的学校去找某乙，这时，在某甲的头脑中，某乙所处的可能性空间是该学校的1000人。当传达室的门卫告诉他“这个人是管理系的”，而管理系有100人，那么他获得的信息为100/1000=1/10，也就是可能性空间缩小到原来的1/10。通常我们不直接用1/10来表示信息量，而用1/10的负对数来表示，即−log/10=log10。如果管理系的人告诉他，某乙在管理信息系统教研室，那么他获得了第二个信息。假定管理信息系统教研室共有10位老师，则第二个信息的确定性又缩小到原来的100/1000×10/100=10/1000。显然：

$$-\log 100/1000+(-\log 10/100)=\log 10/1000=\log 100$$

只要可能性范围缩小了，获得的信息量总是正的；如果可能性范围没有变化，−log1=0，获得的信息量就是零；如果可能性范围扩大了，信息量变为负值，人们对此事件的认识就变得更模糊了。

信息量的单位叫比特（Bit，是二进制数字Binary Digit的缩写）。一比特的信息量是指含有两个独立均等概率状态的事件所具有的不确定性能被全部消除所需要的信息。在这种单位制度下，信息量的定义公式可写成：

$$H(x)=\sum p(X_i)\log_2 P(X_i) \qquad i=1，2，3，\cdots，n$$

这里 X_i 代表第 i 个状态（总共有 n 个状态），$P(x_i)$代表出现第 i 个状态的概率，$H(x)$就是用以消除这个系统不确定性所需的信息量。

例如，硬币下落可能有正反两种状态，出现这两种状态的概率均为 1/2，即

$$P(x_i)=0.5$$

这时，$H(x)=-[P(X_1)\log_2 P(X_1)+P(X_2)\log_2 P(X_2)]=-(-0.5-0.5)=1$ 比特。

同理可得投掷均匀正六面体骰子的 $H(x)=2.6$ 比特。

值得注意的是，计算信息量的这一公式恰好与热力学第二定律中熵的公式相一致。从分子运动论的观点来看，在没有外界干预的条件下，一个系统总是自发地从一个有序到无序的方向发展，在这个过程中，系统的熵的变化总是增加的。因此，熵是系统的无序状态的度量，即系统的不确定性的度量。但是，信息量和熵所反映的系统运动过程和方向相反。系统的信息量的增加总是表明不确定性的减少和有序化程度的增加。因此，信息在系统的运动过程中可以看做是负熵。信息量愈大，则负熵愈大。熵值愈小，反映了该系统的无序程度愈小，有序化程度愈高。信息度量表述了系统的有序化过程，由此可以给出更广泛的信息含义：信息是任何一个系统的组织性、复杂性的度量，是有序化程度的标志。

1.2 系　　统

“系统”这一术语早已被广泛地使用着，如宇宙系统、神经系统、生态系统等，这些系统是自然形成的，属于自然系统。对企业对象实施管理的系统是企业管理系统，该系统是由销售、生产、财务、人事、后勤等相互联系、相互作用的各部分结合而成的有机整体，目的是为了完成经营计划。在管理过程中使用的信息系统是由人、计算机、软件和信息组成的，可以进行信息的收集、存储、处理、检索和传输，目的是为有关人员提供信息服务。

下面从管理信息系统设计者的角度讨论“系统”的概念。

1.2.1 系统的概念

系统的概念可以是抽象的，也可以是实际的。一个抽象的系统可以是相关的概念或思维结构的有序组合，而一个实际系统是为完成一个目标而共同工作的一组元素的有机组合。上至国家，下至一个小单位、一个家庭，以及一个人内部的血液循环都是系统。

1．系统定义

系统是由相互作用和相互制约的若干部分组合而成的、具有特定功能的有机整体。系统的判别特征如下。

（1）系统由若干要素组成。单一要素组不成系统，只有由多要素组成且相互有关联的才能称为系统。在该定义中非常强调“有机”，即系统各要素之间不是杂乱和混沌的，而是有机

地组合在一起，相互作用、相互影响。

（2）系统具有一定的结构。一个系统需要完成特定的功能，需要有一定结构的要素协调进行。例如，教育系统有管理部门、教育机构、教育资源等，这些要素之间相互作用、相互影响，缺一不可。

（3）系统具有功能和目的。系统有一定的功能，特别是人造系统具有一定的目的性。例如，教育系统的目的是培养人才，生产系统的功能是生产产品，卫生系统的功能是提供健康保障等。

（4）系统要有环境适应性。系统的概念是相对的，一个系统在另外的系统中可能就是一个子系统或一个组成部分，因此，它必将受到其他系统或组成部分的约束和影响，所以，一个系统必须有良好的环境适应性才能稳定地存在与发展。

2. 系统模型

系统的一般模型如图 1.2 所示。

对于开放系统而言，系统一般由以下几部分组成。

- ❑ 环境：是指提供输入或接收输出的场所，既与系统发生作用，但又不包括在系统内的其他事物的总和。环境和系统应互有一定的影响。

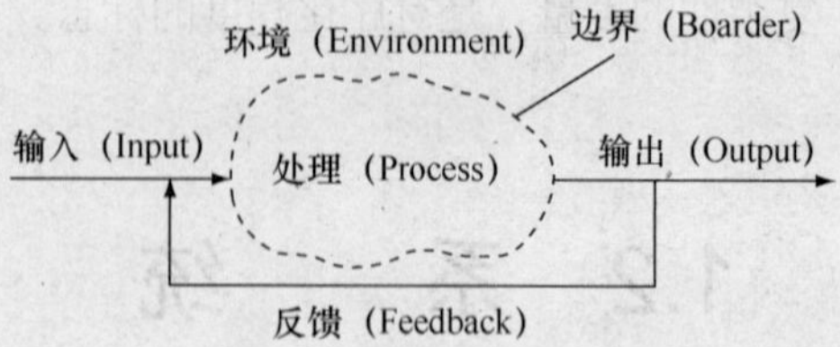

图 1.2　系统的一般模型

- ❑ 边界：系统与环境分开的假想线，在此实现物质、能量、信息的交换。
- ❑ 输入/输出：与环境发生联系。系统接收的物质和信息称为系统的输入，系统经变换后产生的另一种形态物质能量和信息称为系统的输出。
- ❑ 组成要素：完成特定功能而必不可少的工作单元。
- ❑ 系统结构：系统的组成要素和要素之间的关系。
- ❑ 子系统：存在于系统之中的系统。
- ❑ 接口：子系统之间的信息交换。

1.2.2　系统的属性

一般来说，系统具有以下几方面的属性。

1. 整体性

整体性是系统的基本属性。一个系统由两个或更多的可以相互区别的要素或子系统进行有机结合，形成具有一定结构和功能的整体。每个要素都要服从整体，追求整体最优，而不是局部最优，这就是所谓的全局观点。一个系统中即使每个部分并非最完善，但通过综合、协调，仍然可使整个系统具有较好的功能；反之，如果每个部分都追求最好的结果，而不考虑整体利益也会使整个系统成为最差的系统。系统的整体目标要靠系统的各个部分共同作用才能实现。

2. 目的性

任何系统都具有明确的目的性。所谓目的就是系统运行要达到的预期目标，它表现为系统所要实现的各项功能。例如，学校的目标是培养人才；工厂的目标是生产社会需要的产品和服务。不同的系统其目的不同，系统的结构都是按系统的目的建立的，系统的目的或功能决定着系统各要素的组成和结构。因此，在建设系统的过程中首先要明确系统的目的，然后再考虑达到这个目的的若干途径，从中找出最好的途径，实施并且监控、修正，最后达到目的。

3. 层次性

系统有大有小，任何复杂的系统都有一定的层次结构。一方面，系统是上一级的子系统（元素），而上一级系统又是更上一次系统的元素；另一方面，系统可以进一步分成若干个子系统（元素），子系统也可以进一步划分为更小的部分。依此类推，可以将一个系统逐层分解，体现出系统的层次性。利用系统的层次性，人们在实现一个系统时，可以采用分解的方法，先把一个系统合理、正确地划分为若干个层次。从较高层进行分析，可以宏观地了解一个系统的全貌；从较底层分析，则可深入地了解一个系统的每个细节。

4. 相关性

相关性是指系统内的各要素相互制约、相互影响、相互依从的关系。构成系统的各部分虽然是相互联系、相互独立的，但它们并不是孤立地存在系统中，而是在运动过程中相互联系、相互依存。这种联系决定了整个系统的机制，它在一定时期相对稳定。 例如，一个生产企业，计划部门依据企业的生产能力、市场需求等因素制定出生产计划；供应部门按照生产计划、生产状况、原材料等的库存情况提供供应服务和销售处理；而生产部门则要根据生产计划组织生产，其生产能力又是计划部门制订计划的依据。可见，企业的计划子系统、供销子系统、生产子系统和库存管理子系统按照一定的分工各自完成其特定的功能，但彼此是相互关联和相互制约的。

5. 环境适应性

任何一个系统都不是孤立存在于社会环境之中的，它与社会环境有着千丝万缕的联系。环境是一种更高层次的系统。系统与环境相互作用、相互影响，进行物质、能量、信息交换，不适应环境变化的系统是没有生命力的。

1.2.3 系统的分类

系统的分类方法很多，不同的分类方法，有不同的结果。

1. 按系统的起源分

按系统的起源分，可把系统分为自然系统与人造系统。自然系统的组成部分是自然物质，其特点是自然形成的，如大气系统、生态系统等。人造系统是为了达到人类的目的而由人所建立起来的系统，包括生产系统、交通系统等。

2. 按系统的复杂程度分

按系统的复杂程度分，可把系统分为物理系统、生物系统和人类社会及宇宙系统。物理系统包括框架系统、时钟系统和控制机械系统。框架系统是最简单的系统、静态的系统，如桥梁、房子等；时钟系统按预定规律变化，虽动犹静；控制机械系统能自动调整，偶然干扰使运动偏离预定要求时，系统能自动调节回去。生物系统包括细胞系统、植物系统和动物系统。细胞系统能新陈代谢，能繁殖，有生命，比物理系统更高级；植物系统是细胞群体组成的系统，显示了单个细胞所没有的作用；动物系统具有寻找食物、寻找目标的能力，对外界敏感。人类社会及宇宙系统包括人类系统、社会系统和宇宙系统。人类系统有较大存储信息的能力，说明目标和使用语言均超过动物，懂得知识和善于学习，也称为人的群体系统；社会系统是人类政治、经济活动等上层建筑的系统，社会系统是组织；宇宙系统包括地球以外天体、人类不知道的东西。

3. 按系统的抽象程度分

按系统的抽象程度分，可把系统分为概念系统、逻辑系统和实体系统。概念系统是最抽象的系统，在各方面均不很完善，有许多地方很含糊，也有可能不能实现，但它表达了系统的主要特征，描绘了系统的大致轮廓。逻辑系统是在概念系统的基础上构造出的原理上可行得通的系统，它考虑到了总体的合理性、结构的合理性和实现的可能性，但它没有给出实现的具体元件。所以逻辑系统是摆脱了具体实现细节的合理系统。实体系统（物理系统）是完全确定的系统，能完全实现。

4. 按系统功能来分

不同的系统为不同的领域服务，按系统功能来分，可分为社会系统、经济系统、军事系统、企业管理系统等。

5. 按系统和外界的关系分

按系统和外界的关系分，可将系统分为封闭系统与开放系统。封闭系统与外界分开，外界不影响系统的主要现象的复现；开放系统指不可能和外界分开的系统或者可以分开，但分开以后系统的重要性质将会发生变化。封闭系统和开放系统有时也能互相转化。

6. 按系统内部结构分

按系统内部结构分，可把系统分为开环系统和闭环系统。开环系统又可分为一般开环系统和前馈开环系统，如图 1.3 所示。闭环系统又可分为单闭环系统和多重闭环系统，如图 1.4 所示，闭环中既可能包含反馈，又可能包括前馈。

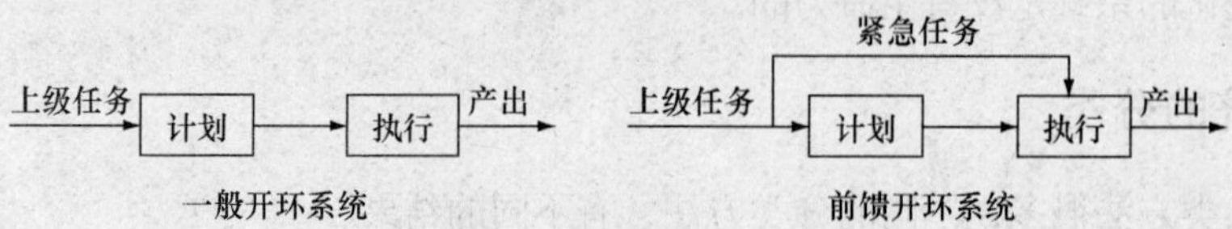

图 1.3　开环系统

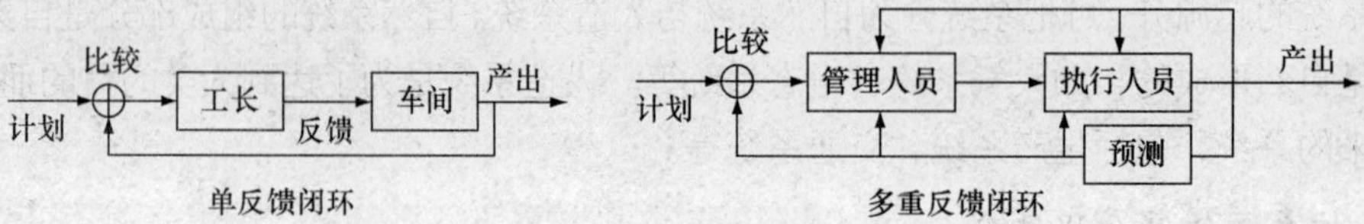

图 1.4　闭环系统

1.3 信 息 系 统

信息系统是一个人造复合系统。它由人、硬件、软件和数据资源组成，目的是及时、准确地收集、加工、存储、传递和提供信息，实现组织中各项活动的管理、协调和控制。

1.3.1 信息系统的概念

人们为了支持组织决策的制定、协调和控制，利用信息技术构建的，对信息进行收集、整理、存储、加工、分配、查找、传输的系统就是信息系统。可以从三个角度来认识信息系统，即用户角度、系统角度和技术角度。

1. 用户角度

用户关心的是系统的功能，在他们看来信息系统是为了实现某一功能而存在的，因此，不同的功能对应着不同的信息系统。具体来说，从用户所处的组织来看，信息系统可分为政府信息系统、企业信息系统、军队信息系统等；从用户所属部门的职能来看，信息系统可分为财务会计信息系统、人力资源信息系统、生产制造信息系统、市场销售信息系统等；从用户所在层次的角度来看，信息系统可分为战略层信息系统、管理层信息系统、知识层信息系统、操作层信息系统等。

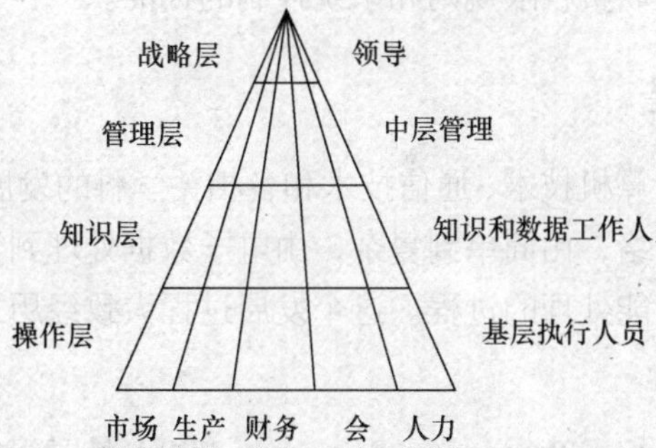

图 1.5　安东尼模型图

图 1.5 所示为安东尼模型，它是一种被普遍接受的从用户角度认识信息系统的理论。在该模型中，组织被划分为战略、管理、知识和操作四个层次，并进一步被划分为市场销售、生产制造、财务管理、会计、人力资源等功能领域。

2. 系统角度

从系统论的角度来认识信息系统，就要分析信息系统的输入元素、处理元素、输出元素和控制元素及其相互关系。信息系统具有以下一些特点。

（1）信息系统是一种“人—机”系统。

信息系统的目的在于组织决策的制定、协调和控制，因而必须是一个人机结合的系统，人机协调程度越高，信息系统的整体效率也越高。

（2）信息系统是一种动态系统。

随着环境和技术的变化，组织的目标会有所变化，信息系统也应该随之作出相应的调整。尤其是近年来随着网络技术的发展，出现了信息系统整合的趋势，原来分散的信息"孤岛"逐步连成一个整体。

（3）信息系统是一个相对封闭的系统。

信息系统的输入是有关组织运行状态的信息，而输出则是帮助管理者进行决策的制订、协调和控制的信息。输入/输出都通过特定的方式和途径进行，从这个意义上说，信息系统是一个相对封闭的系统。

（4）信息系统是综合系统。

信息系统与组织目标密切相关，因此必然有控制元素在其中，数据库中的数据一致性检验就是信息系统控制功能的一种。

信息系统是一个综合性的系统。一方面信息系统体现了对组织的全面综合管理，它可以提供广泛、全面的信息以协助决策的制订、协调和控制；另一方面，信息系统体现了管理思想与信息技术的综合，人们越来越认识到，仅有先进的信息技术并不能保证信息系统的成功和组织目标的实现。

3. 技术角度

从技术角度来看，信息系统一般由人、硬件、软件、数据库和工作规程组成。系统中的人员分为终端用户和系统技术人员两类；硬件包括计算机、服务器、网络、数据输入/输出设备等；软件包括操作系统和应用程序；数据库是数据和数据存储管理设备的综合；工作规程包括系统的使用规则、人员职责权限规则和系统控制的标准。

1.3.2 信息系统的发展

计算机应用的发展与计算机技术、通信技术和各相关学科的发展紧密相关。近几十年来，信息系统经历了由单机到网络，由简单到复杂，由电子数据处理到管理信息系统，再到决策支持系统，由数据处理到智能处理的过程。这个发展过程大致经历了以下几个阶段。

1. 业务处理系统

业务处理系统（Transaction Processing Systems，TPS）是对组织中的基本业务活动进行记录、文档化、修改、归纳等处理的信息系统。它的输入往往是原始单据，它的输出往往是分类或汇总的报表，如订货单处理，旅馆预约系统，工资系统，雇员档案系统，以及领料和运输系统等。当代的企业 TPS 所处理的数据量大得惊人，是人用手工无法完成的。例如，一个银行营业所白天 8 小时所积累的业务，用手工至少加班 4 小时才能处理完，而计算机只需几分钟就处理完。利用 TPS 系统，一个人一天可以处理 500 笔业务，如不用计算机可能要 10 个人才能完成。TPS 已成为现代企业无法离开的系统。电子数据处理系统的特点是将企业的基本业务活动处理过程计算机化，自动对组织中的日常活动进行记录、传送、分类、统计、汇总，并输出事务处理结构等处理。

TPS 系统由于处理的问题处于较低的管理层，因而问题比较结构化，也就是能够按照事先制定好的规则或程序进行。其主要的操作是输入、排序、列表、更新和生成，主要使用的运算是简单的加、减、乘、除，主要使用的人员是运行人员。

TPS 的作用首先是可以保证企业数据记录和处理的准确性，可以快速及时地产生企业运营所需要的各种数据报表，同时改善了数据处理的效率和精确度。这些对于任何一个组织都是至关重要的，是企业信息化的首先要实现的目标。其次，TPS 是信息系统与它的外部环境的边界，许多 TPS，如订单处理系统、进销存系统包括对外部输入信息的处理模块。因此，它从某种意义上来说是企业形象的代表。最后，TPS 是企业信息的生产者，其他的系统将利用它所产生的信息为企业作出更多的贡献。

早期的 TPS 是单机系统，TPS 现有跨越组织和部门的趋势。不同组织的 TPS 连接起来，如供应链系统和银行的清算系统相连，甚至可把这些组织结成动态联盟，因此，TPS 对企业来说是非常重要的系统。

2. 知识工作系统和办公自动化系统

随着信息社会的到来，人们的工作方式在不断变化，由以体力工作为主的方式转到以脑力工作为主的方式。知识工作成为许多组织的主要工作。知识工作者也将成为组织的主体，他们的工作内容主要是创造新信息，他们需要有工具、有环境、有系统来支持他们的工作。

知识工作系统（Knowledge Work Systems，KWS）是一种能利用专业领域的知识对知识工作者的工作进行支持的系统。例如，科学和工程设计的工作站系统，又叫做计算机辅助设计系统（Computer Aided Design Systems，CADS），它能协助设计出新产品，产生新的信息。现在，在企业管理上开始应用的协同工作的计算机系统（Computer System for Collaboration Work，CSCW），允许企业中各部门如市场部、财务部和生产部的人员，在上面协同工作，然后产生一份策划或计划报告，也就是产生了新的信息。支持教师工作或支持企业人员培训工作的计算机辅助教学系统（Computer Aided Instruction Systems，CAIS），是支持教师工作的知识系统，知识工作系统（KWS）可以大大提高知识工作的效率，缩短设计时间，改善输出知识产品的质量。由于未来企业的效率和效益越来越依赖于知识工作，因而利用知识工作系统提高企业效率和效益受到越来越多的关注。

办公室自动化系统（Office Automation System，OAS）是支持较低层次的脑力劳动者工作的系统。这些劳动者包括秘书、簿记员、办事员等，他们的工作不是创造信息，而是处理数据。典型的办公自动化系统处理和管理文件，包括字符处理文件印刷、数字填写、调度（通过电子日历）和通信（通过电子邮件、语音信件、可视会议等）。

知识工作者创造和生产知识，也往往用办公室自动化系统予以协助。当然，他们更好的工具是工作站，这种工作站不仅具有文件的能力，而且具有图形和分析的功能，还具有很强的通信能力，可收集各种用途的企业内部和外部的信息。现在许多这种工作站还能运行三维动画软件，使系统更加逼真，达到虚拟现实的效果。

3. 管理信息系统

20 世纪 70 年代初随着数据库技术、网络技术和科学管理方法的发展，计算机在管理上的应用日益广泛，管理信息系统（Management Information Systems，MIS）逐渐成熟起来。

管理信息系统最大的特点是高度集中，它将组织中的数据集中起来，进行快速处理，统一使用。MIS 的重要标志是有一个中心数据库和计算机网络系统。MIS 的处理方式是在数据库和网络基础上的分布式处理。随着计算机网络和通信技术的发展，不仅能把组织内部的各级管理联结起来，而且能够克服地理界限，把分散在不同地区的计算机网互连，形成跨地区的各种业务信息系统和管理信息系统。

管理决策可以分为结构化决策、非结构化决策和半结构化决策三种。结构化决策是指可以利用一定的规章或公式来解决的决策；非结构化决策是指一般没有公式可算，无章可循的决策问题；半结构化决策是介于结构化和非结构化决策之间，有的决策问题有一定的决策规律，有的则无章可循。

MIS 是解决结构化决策的现代方式。应用 MIS 支持决策，就要研究如何使非结构化的、非数量化的、单次性的、不确定性的决策数量化、程序化，如何把人的经验和智慧吸收进来，把计算机和人结合起来。管理信息系统的另一特点是利用定量化的科学管理方法，通过预测、计划优化、管理、调节和控制手段来支持决策。

4. 决策支持系统

随着信息技术应用的深入，信息系统已不仅仅支持信息的处理，而且向上发展，支持管理的决策。要支持决策就要有分析能力和模型能力，所以决策支持系统（Decision Support Systems，DSS）是利用计算机分析和模型能力对管理决策进行支持的系统。用户可以针对管理决策的问题，建立一个模型以考查一些变量的变化对决策结果的影响。例如，用户可以观察利率的变化对一个新建制造厂的投资的影响。

决策支持系统求解问题（或称支持决策）的过程为：用户通过交互语言系统把问题的描述和要求输入决策支持系统；交互语言系统对此进行识别和解释；问题处理系统通过知识库系统和数据库系统收集与该问题有关的各种数据、信息和知识，据此对该问题进行识别、判定问题的性质和求解过程；通过模型库系统集成构造解题所需的规则模型或数学模型，对该模型进行分析鉴定；在方法库中识别进行模型求解所需的算法并进行模型求解，对所得结果进行分析评价。最后通过语言系统对求解结果进行解释，输出具有实际含义、用户可以理解的形式。在上述求解过程中，用户可以根据需要与决策支持系统交互对话，进行多次求解，直到得到用户满意的结果。

5. 专家系统

专家系统（Expert System，ES）的任务是解决需要经验、专门知识和缺乏结构的问题的计算机应用系统，它是人工智能发展的一个重要分支。

专家系统与用户进行“咨询对话”，对于用户而言，就像他在与某些方面有经验的专家进行对话一样，解释他的问题，建议进行某些试验，以及向专家系统提出询问以求得到有关解答等。目前的专家系统，在咨询任务如化学和地质数据分析、计算机系统结构、建筑工程以及医疗诊断等方面，其质量已达到较高的水平，可以把专家系统看做人类专家和人类用户之间的媒介。人类专家用“知识获取模型”与专家系统进行人机对话；人类用户用“咨询模型”与专家系统进行人机对话。专家系统的基本结构如图 1.6 所示。

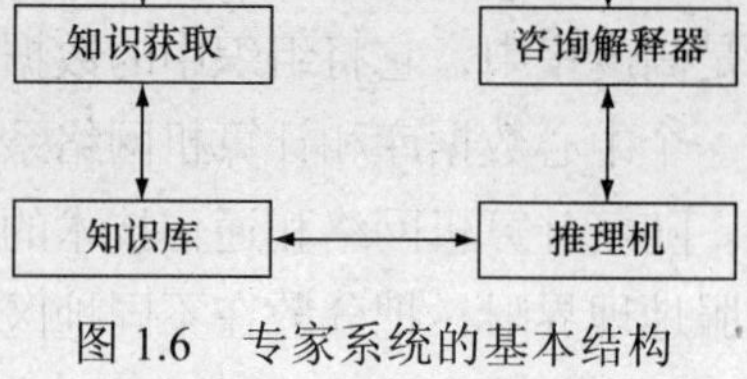

图 1.6　专家系统的基本结构

其中，知识库（包括知识库及管理系统）用于存取和管理所获取的专家知识和经验，供推理机使用；具有知识存储、检索、编排、增删、修改、扩充等功能。推理机（包括推理机及其控制系统）利用知识进行推理，求解专门问题，具有启发推理、算法推理；正向、反向成混合推理，并行或串行推理等功能。咨询解释装置的主要功能是接受用户的问题并进行理解，向用户输出推理结果并进行解释。知识获取手段从人类专家那里获得知识并存储到知识库中。

专家系统可以解决的问题通常包括解释预测、诊断、设计、规划、监视、修理、指导、控制等。

1.4 管理信息系统

管理信息系统是一门正在发展的新兴的边缘学科，同时，也是一个不断发展的概念，它是信息系统的一个分支。管理信息系统是一个规模庞大、结构复杂的系统，对这类系统的认识，可以从定义、特点、结构等不同的角度来进行。

1.4.1 管理信息系统的概念

1. 管理信息系统的定义

不同时期研究者们从各种不同的角度对管理信息系统进行研究，从计算机系统实现、支持决策和人机系统的角度出发，分别给出了不同的定义，其中最具有代表性的定义有如下几种。

（1）1985 年，管理信息系统的创始人——明尼苏达大学卡尔森管理学院的著名教授 Gordon B.Davis 给出了 MIS 一个较完整的定义，即“管理信息系统是一个利用计算机硬件和软件，手工作业，分析、计划、控制和决策模型，以及数据库的用户—机器系统。它能提供信息支持企业或组织的运行、管理和决策功能。”

这个定义全面地说明了 MIS 的目标、功能和组成，反映了 MIS 当时已达到的水平，说明了 MIS 在高、中、低三个层次上支持管理活动。

（2）我国 MIS 一词出现于 20 世纪 70 年代末 80 年代初，在“中国企业管理百科全书”中管理信息系统的定义是：“MIS 是一个由人、计算机等组成的能进行信息的收集、传递、储存、加工、维护和使用的系统。管理信息系统能实测企业的各种运行情况；利用过去的数据预测未来；从企业全局出发辅助企业进行决策；利用信息控制企业的行为；帮助企业实现其规划目标”。

（3）仲秋雁教授等提出，信息系统不仅是一个能向管理者提供帮助的基于计算机的人机系统，而且也是一个社会技术系统。因此，应将信息系统放在组织与社会这个大背景中考察，并把考察的重点，从科学理论转向社会实践，从技术方法转向使用这些技术的组织与人，从系统本身转向系统与组织、环境的交互作用。

此定义是在不断的实践中总结出来的，说明管理信息系统的应用不仅有赖于信息技术本身，而且更多地依赖于组织的内、外部环境。

（4）管理信息系统通过对整个供应链上组织内部和多个组织之间的信息流管理，实现业务的整体优化，提高企业运行控制和外部交易过程的效率。

此定义是近年来互联网技术的发展和电子商务深入应用的结果。管理信息系统已突破原有的界限，成为企业内部业务流程和外部商务流程集成的平台，即跨组织的信息交流平台。管理信息系统的应用范围已经超出了组织和企业的边界。

由此可见，人们对管理信息系统的认识是一个不断提高和完善的过程，随着企业信息化的深入，其定义概念也在不断拓展和深化。

2. 管理信息系统的特点

管理信息系统具有如下特点。

（1）管理信息系统是为管理决策服务的信息系统。

必须能够根据管理的需要，及时提供有用的信息，帮助决策者作出决策。

（2）管理信息系统是对组织乃至整个供需链进行全面管理的综合系统。

管理信息系统综合的意义在于产生更高层次的管理信息，为管理决策服务。

（3）管理信息系统是一个人机结合的系统。

管理信息系统的主要目的是辅助决策，而人又是决策的主体，因而，必须是一个人机结合的系统。在管理信息系统中，各级管理人员既是系统的使用者，又是系统的组成部分，因而，在开发具体管理信息的过程中，要根据这一特点，正确界定任何计算机在这一过程中的具体作用，充分发挥各自的优势，使系统得到整体优化。

（4）管理信息系统是一个需要与先进管理方法相结合的系统。

管理信息系统必须与先进的管理方法相结合，才能充分发挥其作用；否则只是在一定程度上减轻了管理人员的劳动，其作用发挥的十分有限。

（5）管理信息系统是多学科交叉形成的边缘学科。

管理信息系统是一门新兴的学科，其理论体系尚处于发展和完善的过程。早期的研究者从计算机科学、应用数学、管理理论、决策理论、运筹学等相关学科中抽取相关理论，构建了管理信息系统的理论基础，从而形成一门特色鲜明的边缘学科。

3. 管理信息系统的结构

管理信息系统的结构是指管理信息系统各组成部分所构成的框架。由于管理信息系统的内部组织方式不同，对其结构的理解也有所不同。

（1）管理信息系统的功能结构。

管理信息系统不是一个孤立的事物，它是为解决某个具体的管理问题而存在，因此它必须和具体的管理内容相联系，是一种特殊的产品。管理信息系统从用户角度看总有一定的目标，如为了有效管理库存、为了管理客户、为了控制生产等。而不同的信息系统之间有必要的联系，构成有机的整体，形成一个个功能子系统。图 1.7 所示为管理信息系统的功能结构图。其中横向由不同的管理功能组成，如市场营销、生产管理、物料供应等，每一列代表一种功能或职能。每一个功能和管理的纵向层次交叉就形成信息系统的一个应用领域，如基于市场销售管理的决策支持系统、基于人力资源管理控制的人力资源管理信息系统等。下面分别介绍这些子系统的功能。

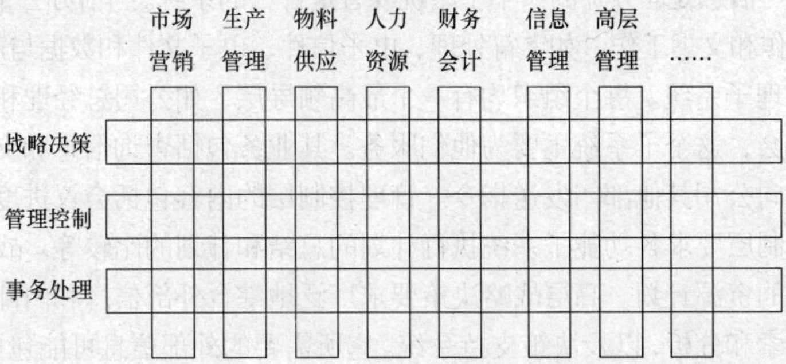

图 1.7 管理信息系统的功能结构图

- ❑ 市场营销子系统。市场营销子系统一般包括市场的销售和推销。管理控制方面的主要任务是将总的成果和市场计划作比较，分析偏差原因，采取措施保证计划的完成。它用到的信息有顾客、竞争者、竞争产品、销售力量要求等。在战略决策方面包含新市场的开发和新市场的战略，它使用的信息包含顾客分析、竞争者分析、顾客评价、收入预测、人口预测、技术预测等。

- ❑ 生产管理子系统。包括产品设计、生产设备计划、生产设备的调度和运行、生产人员的雇用和训练、质量控制和检查等。典型的业务处理是生产订货（即将成品订货展开成部件需求）、装配订货、成品票、废品票、工时票等。管理控制要求进行总进度、单位成本和单位工时消耗的计划比较。战略决策要考虑加工方法和自动化的方法。

- ❑ 物料供应子系统。包括采购、收货、库存控制和分发。典型的业务包括采购的征收、采购订货、制造订货、收货报告、库存票、运输票和装货票、脱库项目、超库项目、库营业额报告、卖主性能总结、运输单位性能分析等。管理控制包括每一后勤工作的实际与计划的比较，如库存水平、采购成本、出库项目、库存营业额等。战略决策包括新的分配战略分析、对卖主的新政策、“作和买”的战略、新技术信息、分配方案等的分析。

- ❑ 人力资源子系统。包括雇用、培训、考核记录、工资和解雇等。其典型的业务有雇用需求的说明、工作岗位责任说明、培训说明、人员基本情况数据（学历、技术专长、经历等）、工资变化、工作小时、离职说明等。管理控制主要进行实情与计划的比较，包括雇用数、招募费用、培训费用、支付工资、工资率的分配等。战略决策包括雇用战略和方案评价、工资、训练、收益及对留用人员的分析等，把本企业的人员流动、工资率、教育情况和同行业的情况进行比较。

- ❑ 财务和会计子系统。按原理说财务和会计有不同的目标，财务的目标是保证企业的财务要求，并使其花费尽可能的低。会计则是把财务业务分类、总结，填入标准财务报告，准备预算、成本数据的分析与分类等。管理控制包括预算和成本数据的分析比较，如财务资源的实际成本，处理会计数据的成本和差错率等。战略决策关心的是财务保证的长期计划，减少税收影响的长期计划，成本会计和预算系统的计划。

- ❑ 信息管理子系统。该系统的作用是保证企业的信息需要。典型的业务处理任务是处理请求、收集数据、改变数据和程序的请求、报告硬件和软件的故障，以及规划建议等。管理控制关心计划和实际的比较，如设备成本、全体程序员的水平、新项目的进度和计划的对比等。战略决策关心功能的组织是分散还是集中、信息系统总体计划、硬件软件的总体结构。办公室自动化也可算做与信息处理分开的一个子系统或者是合一的系统。当前办公室自动化主要的作用是支持知识工作和文书工作，如字符处理、电子信件、电子文件和数据与声音通信。

❑ 高层管理子系统。每个组织均有一个最高领导层，如公司总经理和各职能域的副总经理组成的委员会，这个子系统主要为他们服务。其业务包括查询信息和支持决策、编写文件和信件便笺、向公司其他部门发送指令。管理控制层的内容包括会议进度、控制文件和联系文件。管理控制层要求各功能子系统执行计划的总结和计划的比较等。战略决策层关心公司的方向和必要的资源计划。高层战略决策要求广泛地综合外部信息和内部信息，这里可能包括特级数据检索和分析，以及决策支持系统。它所需要的外部信息可能包括竞争者的信息、区域经济指数、顾客喜好和提供的服务质量。

（2）管理信息系统的概念结构。

管理信息系统的概念结构图如图 1.8 所示，它可分解为以下几个基本部分。

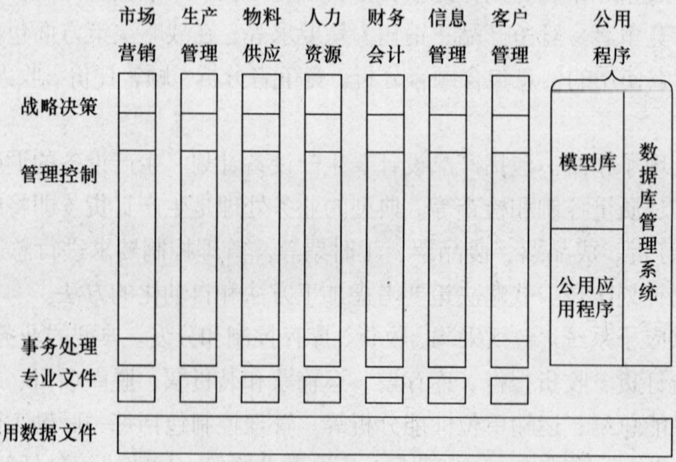

图 1.8 管理信息系统的概念结构图

① 事务处理部分：主要完成数据的收集、输入，数据库的管理、查询、基本运算、日常报表的输出等。

② 管理控制部分：主要在 TPS 基础之上，对数据进行深加工，如运用各种管理模型、定量化分析手段、程序化方法、运筹学方法等对组织的生产经营情况进行分析。

③ 战略决策部分：MIS 的决策模型多限于以解决结构化的管理决策问题为主，其决策结果要为高层管理者提供一个最佳的决策方案。

④ 数据库部分：主要完成数据文件的存储、组织、备份等功能，数据库是管理信息系统的核心部分。

⑤ 接口部分：接口部分在 MIS 中有举足轻重的地位，因为系统不是孤立的，总要和系统之外的数据和系统进行数据交换，因此，数据的导入和导出成为系统必备的功能。

1.4.2 管理信息系统的分类

管理信息系统是一个广泛的概念，至今尚无明确的分类方法。依据信息系统不同的功能、目标、特点和服务对象，它可以分为业务信息系统、管理信息系统和决策支持系统。依据管理信息系统不同的功能和服务对象，它可分为国家经济信息系统、企业管理信息系统、事务型管理信息系统、行政机关办公型管理信息系统、专业型管理信息系统等。根据我国管理信息系统应用的实际情况和管理信息系统服务对象的不同，分别介绍如下。

1. 国家经济信息系统

国家经济信息系统是一个包含各综合统计部门在内的国家级信息系统。这个新系统纵向联系各省市、地市、各县直至各重点企业的经济信息系统，横向联系外贸、能源、交通等各行业信息系统，形成一个纵横交错、覆盖全国的综合经济信息系统。国家经济信息系统由国家经济信息中心主持，在“统一领导、统一规划、统一信息标准”的原则下，按“审慎论证，积极试点，分批实施，逐步完善”的十六字方针边建设、边发挥作用。

国家经济信息系统的主要功能如下。

（1）收集、处理、存储和分析与国民经济有关的各类经济信息，及时、准确地掌握国民经济运行状况，为国家经济部门、各级决策部门及企业提供经济信息。

（2）为统计工作现代化服务，完成社会经济统计和重大国情国力调查的数据处理任务，进行各种统计分析和经济预测。

（3）为中央和地方各级政府部门制定社会、经济发展计划提供辅助决策手段。

（4）为中央和地方各级的经济管理部门进行生产调度、控制经济运行提供信息依据和先进手段。

（5）为各级政府部门的办公事务处理提供现代化技术。

2. 企业管理信息系统

企业管理信息系统面向工厂、企业，主要进行管理信息的加工处理。这是一类最复杂的管理信息系统，一般应具备对工厂生产监控、预测和决策支持的功能。企业复杂的管理活动给管理信息系统提供了典型的应用环境和广阔的应用舞台。

3. 事务型管理信息系统

事务型管理信息系统面向事业单位，主要进行日常事务的处理，如医院管理信息系统、饭店管理信息系统、学校管理信息系统等。由于不同应用单位处理的事务不同，这些管理信息系统的功能也各不相同。

4. 行政机关办公型管理信息系统

国家各级行政机关的办公管理自动化，对提高领导机关的办公质量和效率，改进服务水平具有重要意义。办公管理系统的特点是办公自动化和无纸化，如应用局域网、打印、传真、印刷、缩微等办公自动化技术，以提高办公效率。行政机关办公型管理信息学系统，对上要与行政首脑决策服务系统整合，为行政首脑提供决策支持信息。

5. 专业型管理信息系统

专业型管理信息系统指从事特定行业或领域的管理信息系统，如人口管理信息系统、科技人才管理信息系统、房地产管理信息系统等。这类管理信息系统专业型很强，使用的技术相对简单，规模一般较大。再如铁路运输管理信息系统、电力建设管理信息系统、银行信息系统、民航信息系统、邮电信息系统等。这类管理信息系统的特点是综合性很强，包含了上述各种管理信息系统的特点，也称为综合型管理信息系统。

1.4.3 管理信息系统的发展

现代管理信息系统是伴随着电子计算机的出现而发展起来的。只有计算机才能提供强有力的处理信息的能力。伴随计算技术的发展，管理信息系统经历过以下五个发展时期。

1. 数据处理系统发展时期

在 1950—1960 年，该系统称为数据处理系统，用于电子数据处理（Electronic Data Processing，EDP）、业务处理（Transaction Processing，TP）和记录保存（Record Keeping，RK）。

2. 数据处理系统发展时期

在 1960—1970 年，该系统被用来作常规业务管理，出现所谓管理报告系统（Management Reporting System，MRS）和信息管理系统（Information Management System，IMS），开始出现管理系统的概念。

3. 决策支持系统发展时期

计算机技术在常规管理中的应用获得成功，人们曾奢望用计算机技术实现管理全面自动化，但经过多方努力最终以失败而告终。人们终于认识到，对可程序化的管理业务可用计算机实现自动化；而对于非程序化的决策问题，计算机只能快速提供信息，进行运算，提供模型、方法，为决策者在决策分析过程中提供支持，于是产生了决策支持系统的概念，并进入决策支持系统发展时期。这时期在 1970 年—1980 年间，产生了决策支持系统（Decision Support System，DSS）和管理支持系统（Management Support System，MSS）。

4. 战略支持发展时期

20 世纪 80 年代，甚至更早一些年，两个重要因素把管理信息系统的研究推进到一个新的领域，这就是战略决策研究。这两个重要因素，一个是新技术革命带来了社会的变革，激烈而迅速变化的竞争成为时代的特征；一个组织的生存与发展关键在于“把握机遇、正确战略决策”，战略决策与管理成为管理研究与实践的主题。另一个是计算机技术和数学的发展为战略研究提供一定的支持，这时期在 1980—1990 年。

5. Internet 新经济发展时期

进入 20 世纪 90 年代中后期，计算机技术和通信技术得到了更为迅猛的发展。1993 年，美国《国家信息高速公路白皮书（NIH）》的发表宣告了人类社会的信息化进程进入到一个崭新的阶段——网络时代。Internet 的出现极大地改变了人们的行为模式；改变了企业的经营行为，跨地区跨国经营、企业激烈竞争迫使企业创新发展，准时制造（JIT）、MROII、企业流程再造（BPR）如此等等的经营管理模式层出不穷；它为人们发布与收集信息带来了表面上的极大方便，然而更真实的是它的反面——使信息有效浓缩和真伪信息的识别带来巨大的困难。管理信息系统的根本作用，不在于提供大量甚至爆炸性的信息，而在于对信息有效的浓缩和识别，Internet 把管理的主轴由组织内部转移到组织环境。Internet 环境下 MIS 建设的理论、方法、技术的研究已成为当今 MIS 的主题。

1.4.4 管理信息系统的应用

案例

中远集团管理信息系统的应用

中远集团是一家应用IT技术的全球化企业，业务覆盖物流、造船等领域，是世界第二大的物流企业，航线遍布全球160个国家和地区的1300多个港口。中远集团的物流、货运、经营管理和集装箱团队、散货团队等分布在沿海各大城市，天津、香港、青岛等，同时在日本、韩国、新加坡、美国、欧洲、澳大利亚、南非八大区域建立了海外的区域公司网络，形成了遍及世界各主要地区的跨国经营网络。

中远集团的特点和全球化的布局，决定了信息化在中远集团改革发展中不可或缺的地位，比如说从全球各地每天收回的运费，如果在当天就看到，没有信息化是绝对做不到的。信息技术的广泛应用，支撑了中远集团全球业务的平稳较快发展，集团各个成员公司在世界资本市场获得了高度认可，中远集团旗下的八家上市公司，在海内外上市作出了卓越的贡献。

中远集团每天在世界各地的集装箱一年有600多万个，每个集装箱有上千票提单，人脑是绝对不可能做到的，管理信息系统在中远集团的决策生产经营中发挥了非常重要的作用。第一，中远集团完成了全球集装箱经营管理系统的重大课题，现在总裁每天都可以看到全球集装箱运作状况信息。第二，有效地引进中远集团财务信息系统。他们利用SIP完成全球业务的信息化的财务整合，这样总裁通过计算机就可以看到每天运作经营的财务数据。第三，他们推动了中远信息的功能拓展。1998年以来，中远集团一直在致力于信息化系统，可以坐着调度，每天能看到 800多条航行在世界各国的中远船舶，在什么地方，装什么货物。第四，在管理信息系统运用方面，取得了明显的经济效益和社会效益。他们开发了具有在线交易特点的电子商务系统，使客户通过网络上传、询价、查看班机、定仓。

现在中远集团的总裁无论走到全球哪个地方，中远的指挥部就可以设在哪里，总裁不仅可以看到运营信息、处理邮件，还可以批阅日常文件，信息化给中远集团工业的现代化做出了极其重要的贡献。

参考讨论题：

1. 中远集团是怎样通过管理信息系统提高效率的？
2. 信息系统在中远集团发挥了哪些重要作用？
3. 要设计一个能够带来竞争优势的信息系统需要哪些条件？
4. 为了培养自己应用IT技术获得竞争优势的习惯，请你从组织信息技术应用顾问的角度（或消费者的角度）谈谈怎样使我们的大学获得竞争优势？

本章小结

本章主要介绍了信息、系统、信息系统、管理信息系统的基本概念及相关内容。信息是管理工作至关重要的组成部分，是管理信息系统的处理对象。管理信息系统在日常生活、工作、学习等方面广泛应用，其发展经历了五个阶段。目前在 Internet 环境下，MIS 建设的理论、方法和技术的研究仍是当今 MIS 的主题。

章节练习

1. 信息有哪些基本属性？认识数据与信息的区别与联系对管理者来说有什么意义？
2. 信息的价值如何衡量？如何才能正确的实现其价值？
3. 你如何理解系统？系统有哪些重要属性？
4. 简述信息系统具有哪些功能。如何理解环境与信息系统之间的关系？
5. 如何理解信息系统？信息系统的发展经历了哪些阶段？
6. 管理信息系统和信息系统有什么区别和联系？谈谈二者之间的关系。
7. TPS 与 MIS 有什么区别和联系？试分析航空公司、银行、百货超市中用到哪些信息系统？
8. 中国的餐饮服务业是否有采用信息技术获得战略优势的实际潜力？理由是什么？
9. 管理信息系统是什么？它和一般的计算机应用有什么不同？
10. 试论管理信息系统具有哪些系统的特点？如何理解管理信息系统的结构？

第2章　管理信息系统的技术基础

一个完整的管理信息系统需要多种技术的协同配合，包括信息技术、计算机网络技术、数据库技术、相关的开发语言等。信息技术是信息管理的重要手段，只有将这些技术与管理结合在一起，才能真正发挥管理信息系统的作用。本章就这些技术进行基本介绍，使读者对信息技术有一个全面的初步了解。

2.1　信 息 技 术

信息技术是指完成信息的获取、传递、加工、再生和使用等功能的技术，是提高和扩展人类信息能力的方法和手段。信息技术是由若干单元技术相互联系而构成的体系，其中的核心层次是信息的存储技术、处理技术、传输技术和控制技术，为最终的信息管理提供技术支持。要实现所有的技术功能，必须有计算机的硬件和软件及技术支持。

2.1.1　计算机硬件技术

计算机硬件指计算机系统中所有实体部件和设备的统称。从基本结构上来讲，计算机可以分为五大部分：运算器、存储器、控制器、输入设备和输出设备。而从外观看计算机是由主机（主要部分）、输出设备（如显示器）和输入设备（如键盘和鼠标）三大件组成的，其中主机是计算机的主体，在主机箱中有主板、CPU、内存、电源、显卡、声卡、网卡、硬盘、光驱等硬件。

1. 中央处理器

中央处理器 (Central Processing Unit，CPU)是计算机最重要的部件之一，是一台计算机的核心，相当于人的大脑。它的内部结构分为逻辑单元、控制单元和存储单元三大部分，用于执行程序指令、处理数据运算并完成各种控制。

逻辑单元是计算机进行算术计算和逻辑运算的场所；控制单元主要完成取指令、解释指令、执行指令的工作；存储单元用于临时存放 CPU 运行过程中的各种数据，包括对输入/输出数据、相应的指令等的存储。

其中的存储单元也称内存，泛指计算机系统中存放数据与指令的半导体存储单元。按其用途可分为主存储器和辅助存器。按工作原理分为 ROM（只读存储器）和 RAM（随机存取存储器）。ROM 可分为只读 ROM、可编程可擦除 ROM 和可编程 ROM。RAM 可分为静态

RAM 和动态 RAM。内存（RAM）是 CPU 处理信息的地方，目前它的计算单位已经上升到了吉字节（GB）。

2. 输入/输出设备

输入/输出（I/O）设备是计算机与外界进行通信（包括人机会话、数据交换等）的门户。输入设备是将数据、程序、文字符号、图像、声音等信息输送到计算机中，目前常用的输入设备有键盘、鼠标、触摸屏、数字转换器等，还有游戏杆、光笔、数码相机、数码摄像机、图像扫描仪、传真机、条形码阅读器、语音输入等新兴输入设备。

输出设备是将计算机的运算结果或者中间结果打印或显示出来。常用的输出设备有显示器、打印机、绘图仪等。目前有许多设备可以通过蓝牙进行数据的无线传输。

3. 外存设备

存储器分为内部存储器和外部存储器两种，计算机要执行的程序、要处理的信息和数据，都必须先暂时存入内存，才能由 CPU 取出进行处理。关机以后内存中所存储的数据就会消失，因此计算机还必须有外部存储器（简称外存）来存储数据。外存的特点是存储容量大、价格较低，所存储的数据在计算机关机后也不会丢失。目前，常用的外存设备有硬盘、光盘、U 盘、存储卡等，外存设备的容量也增大到了几百 GB 的级别，足以满足用户的存储需要。

计算机的这些设备要通过各种总线或控制器相互连接起来才能构成一个完整的计算机硬件系统。

4. 计算机硬件设备的简单工作过程

首先通过输入设备输入数据，然后控制器向输入设备发出指令，将数据存入存储器，控制器再向存储器发出取指令命令。程序指令逐条输入控制器，控制器对取入的指令进行译码，然后再向存储器发出取数指令，将数据送入运算器，同时向运算器发出运算指令，运算器执行运算，计算出结果，再把运算结果存入存储器。控制器向存储器发出取数命令，将数据输向输出设备，最后控制器向输出设备发出输出数据指令，输出计算结果。

2.1.2 计算机软件技术

计算机软件技术是与软件开发及软件使用相关的理论和技术的总称。软件技术概括起来包括三大部分，即软件理论、软件系统和软件开发。

计算机软件就是能使硬件正常工作的程序、数据及相关文档的集合。在计算机的实际使用过程中会用到许多的应用软件，而这些应用软件还需要一个“看不见的引擎”的支撑和驱动，即系统软件。

1. 系统软件

系统软件属于基本软件，它面向系统为整个系统服务，而面向用户的应用软件及中间件要通过它才能发挥作用。

系统软件包括操作系统软件、程序设计语言软件、数据库系统软件等。

（1）操作系统概述。

操作系统（Operating System，OS）是主要的系统软件，是最贴近硬件、最基础的一层软件，与具体应用领域无关，其他任何软件都依赖于它。OS 影响着计算机系统的稳定性和可靠性，是 CPU 接受指令的唯一程序，其他任何程序都要通过 OS 与 CPU 打交道。

操作系统是非常复杂的软件，通常由一个“内核”和其他程序模块组成，负责计算机软硬件资源的分配与调度和程序的执行，涉及进程管理、内存管理、设备管理、文件管理、网络支持、安全管理等。使用计算机之前，必须安装的第一个软件就是操作系统软件。

（2）目前最主流的操作系统。

① 使用最为广泛的操作系统 Windows。Windows 是一个多任务的操作环境，随着 Windows 操作系统的不断发展，其功能也在不断增强，更加的人性化。例如，对硬件的良好支持、不断提高的网络性能、多用户使用等足以使其成为最成功的操作系统。

从 1985 年开始的 Windows 1.0 到 2001 年 Windows XP 的正式发布，该操作系统的功能在各个方面有了极大的提高和集成，Windows XP 因为具有较好的硬件兼容性、成熟的图形界面、安全性以及极为优秀的多媒体功能，成为目前应用时间最长、使用人数最多、使用效率最高的一个版本，也是目前主流的操作系统。随之而来的是 Windows Vista 和 Windows7 操作系统的发布，它们不仅在外观界面和内核上有了较大变化，其安全可靠性、网络功能、通信功能和娱乐功能有了很大增强，操作更加方便。

Windows 操作系统能被大多数人认同和使用，是因为它有如下的优点：界面图形化、多用户多任务、出色的多媒体功能、硬件支持良好、众多的应用程序、支持多处理器等。

当然，Windows 操作系统也有自身的不足，如系统脆弱，一些网络漏洞会对用户造成影响等。

② 开源的操作系统 Linux。Linux 是一种计算机操作系统和它的内核的名字，是一款可免费获得的、为 PC 级用户提供多任务、多进程功能的操作系统，该系统也经历了多种版本。我国也有自己的 Linux，即红旗 Linux。一个 Linux 发行套件包含大量的软件，例如，软件开发工具、数据库、Web 服务器（如 Apache)、X Window、桌面环境（如 GNOME 和 KDE）、办公套件（如 OpenOffice.org）等。

由于拥有丰富的操作系统平台，因而 Linux 的代码中也充实了对不同硬件系统的支持，大大地提高了跨平台移植性。同时，基于 Linux 开放源代码的特性，越来越多的大中型企业及政府投入更多的资源来开发 Linux。现今世界上很多国家逐渐地把政府机构内部门的计算机转移到 Linux 上，这个情况还会一直持续。Linux 的广泛使用为政府机构节省了不少经费，也降低了对封闭源代码软件潜在的安全性的忧虑。

（3）程序设计语言软件。

计算机要编写程序就必须使用程序设计语言（Programming Language），程序设计语言是根据预先定义的规则写出预定语句的集合。语言的基础是一组记号和一组规则。根据规则由记号构成的记号串的总体就是语言。在程序设计语言中，这些记号串就是程序。程序设计语言包含三个方面，即语法、语义和语用。语法表示程序的结构或形式，亦即表示构成程序的各个记号之间的组合规则，但不涉及这些记号的特定含义，也不涉及使用者；语义表示程序的含义，亦即表示按照各种方法所表示的各个记号的特定含义，但也不涉及使用者；语用表示程序与使用的关系。

① 程序设计语言的基本成分。数据成分，用于描述程序所涉及的数据；运算成分，用以描述程序中所包含的运算；控制成分，用以描述程序中所包含的控制；传输成分，用以表达程序中数据的传输。

② 程序设计语言的分类。程序设计语言按照不同的依据有不同的分类方法，如表 2.1 所示。

表 2.1　程序设计语言的分类

分类依据	类　别	特　点	具体语言
按照对硬件依赖的程度分类	低级语言	与特定的机器有关、功效高，但使用复杂、烦琐、费时、易出差错	机器语言，汇编语言
	高级语言	在一定程度上与具体机器无关，易学、易用、易维护，接近自然语言	
按照其采用的范型分类	面向过程语言	可独立于计算机编写程序，程序不仅要说明做什么，还要告诉计算机如何做，程序需要详细描述解题的过程和细节	Fortran、Cobol、Pascal、C
	面向问题语言	不必关心问题的求解算法和求解的过程，只需指出问题是做什么，数据的输入和输出形式，就能得到所需结果	SQL、PERL
	面向对象语言	把语言中的数据当做对象，程序当做对象上执行的操作，具有封装、继承和多态的特性	C++、Java、Visual Basic .NET、C#

还有一种典型的语言是脚本语言。脚本语言(Scripting Language)是一种嵌入在另一种语言中、可以控制应用程序的程序设计语言。脚本语言一般都是解释执行的，具有程序设计语言的基本特征，它们总是嵌入在它们将要控制的应用程序之中。根据脚本语言的作用，可以把脚本语言分为作业控制脚本语言、GUI 脚本语言、Web 浏览器端脚本语言、Web 服务器端脚本语言、特定应用程序的脚本语言、文本处理脚本语言、嵌入式脚本语言、一般用途的脚本语言等。典型的 Web 服务器端脚本语言包括 ASP、ASP.NET、PHP、Perl、Python、Ruby 等，如 JavaScript 和 VBScript 都是典型的 Web 浏览器端脚本语言。

（4）数据库管理系统。

随着信息化社会的进程，数据资源在计算机应用中特别是信息处理中显得更加重要，其中最为主要的是数据库技术。

自 20 世纪 70 年代数据库技术兴起至今，其发展迅速，基于此，大型的数据库管理系统(Data Base Management System，DBMS)应运而生，它主要用于操纵和管理数据库，对数据库进行统一的管理和控制，以保证数据库的安全性和完整性。它可使多个应用程序和用户用不同的方法在同时或不同时刻去建立、修改和询问数据库。DBMS 提供数据定义语言（Data Definition Language，DDL）与数据操作语言（Data Manipulation Language，DML），供用户定义数据库的模式结构与权限约束，实现对数据的追加、删除等操作。

目前最流行的是关系型数据库管理系统，它将一个关系用一张二维表格来表示，用于存储具有相同属性的实体信息，并且通过建立各个表间的关系来实现数据信息共享，如 Visual FoxPro、Access、PowerBuilder、SQL Server、Oracle 等。

2. 应用软件

相对于系统软件而言，应用软件直接承担具体的应用任务，是为满足用户不同领域、不同问题的应用需求而提供的那部分软件。它可以拓宽计算机系统的应用领域，放大硬件的功能。较常见的如以下几种。

（1）文字处理软件。

用于输入、存储、修改、编辑、打印文字材料等，如 Word、WPS 等。

（2）信息管理软件。

用于输入、存储、修改、检索各种信息，如工资管理软件、人事管理软件、仓库管理软件、计划管理软件等。这种软件发展到一定水平后，各个单项的软件相互联系起来，计算机和管理人员组成一个和谐的整体，各种信息在其中合理地流动，形成一个完整、高效的管理信息系统（Management Information System，MIS）。

（3）辅助设计软件。

用于高效地绘制、修改工程图纸，进行设计中的常规计算，帮助人类寻求好的设计方案。

（4）实时控制软件。

用于随时搜集生产装置、飞行器等的运行状态信息，以此为依据按预定的方案实施自动或半自动控制，安全、准确地完成任务。

2.2 计算机网络技术

目前，企业的计算机网络已成为企业进行技术改造及提高企业管理水平的重要手段。随着我国与世界信息高速公路的接轨，企业通过计算机网络获得信息必将为企业带来巨大的经济效益和社会效益，企业的办公及管理都将朝着高效、快速、无纸化的方向发展。一个企业的 MIS 要与上级机关及外界交换信息，特别是其中的办公自动化（OA）系统、与上级机关及外界交换信息等都离不开 Intranet 的应用。可以这样说，现代企业 MIS 不能没有 Intranet，但 Intranet 的建立又必须依赖于 MIS 的体系结构和软硬件环境。

2.2.1 计算机网络基本概念

信息的流通离不开通信，信息的处理离不开计算机，所以计算机网络是计算机技术与通信技术密切结合的产物。

计算机网络是将分散在不同地点且具有独立功能的多个计算机系统，利用通信设备和线路相互连接起来，在网络协议和软件支持下进行数据通信，实现资源共享的计算机系统的集合。

其中的关键点是：

- 多台的计算机；
- 计算机间要有共同遵守的协议；
- 计算机间需要通信所需的传输设备；
- 网络的最终目的是实现资源共享。

2.2.2 计算机网络分类

计算机网络有多种分类标准。

1. 按地理覆盖范围分类

按计算机网络的覆盖范围，将网络分为四种，如表 2.2 所示。

表 2.2 按地理覆盖范围划分网络

网络名称	覆盖范围	示 例
局域网（LAN）	1km~几 km	一个建筑物内，一个小区内
城域网（MAN）	几 km~几十 km	一座城市内
广域网（WAN）	几十 km~几千 km	城市、国家、洲之间的网络
因特网（Internet）	几千 km 以上	跨越全球

局域网又称局部网，由单位或部门单独组建。这种网络组网便利，传输效率高。

广域网一般由多个部门或多个国家联合组建，能实现大范围内的资源共享。例如，我国的公用电话交换网（PSTN）、公用数字数据网（PDDN）、公用分组交换数据网（PPSDN）等都是广域网。

因特网又称网际网，是用网络互连设备将各种类型的广域网和局域网互连起来形成的网中网。Internet 的出现，使计算机网络从局部到全国进而将全世界连成一片。

2. 按通信介质分类

网络传输介质就是通信线路。按照通信介质，计算机网络可以分为两种，即有线网和无线网。

- 有线网：采用的通信传输介质是具体的物理介质，如同轴电缆、双绞线、光纤等。
- 无线网：采用卫星、微波、激光等无线传输介质的网络。

3. 按网络的拓扑结构分类

拓扑结构指网络的通信线路与各站点之间的各种几何排列形式，按这种几何形式网络可分为总线型、星型、环型、树型和混合型。

- 星型以一台设备作为中央节点，其他外围节点都单独连接在中央节点上。
- 总线型所有节点都连到一条主干电缆上，这条主干电缆就称为总线（Bus）。
- 环型各节点形成闭合的环，信息在环中作单向流动，可实现任意两点间的通信。

4. 按网络传输速度分类

按网络传输速率的大小可分为低速网、中速网和高速网（10Mbit/s，100Mbit/s，1000Mbit/s）。根据网络的带宽可分为基带网（窄带网）和宽带网。一般说来，高速网是宽带网，低速网是窄带网。

5. 按通信协议分类

通信协议是通信双方共同遵守的规则或约定。不同的网络采用不同的通信协议。例如，局域网中的以太网采用 CSMA/CD 协议，令牌环网采用令牌环协议；广域网中的分组交换网采用 X.25 协议，因特网则采用 TCP/IP 协议。

2.2.3 计算机网络工作原理

计算机网络的工作原理就是网络的体系结构。

1. 网络协议

计算机网络是各类终端通过通信线路连接起来的一个复杂系统，它们之间类型不同、连接方式、通信方式等都不一样，使得网络通信很困难。为了使各设备间有条不紊地交换数据，所有设备都必须遵守共同的规则，用以规定数据交换时的格式和时序，这些规则、约定或标准称为网络协议。一个完整的网络需要一系列协议构成一个网络协议集。

网络在设计时，是先将网络划分为多个相互联系又各自独立的层次，各层次内和层次间都要制定协议，这种计算机网络层次结构模型及各层次协议的集合就是计算机网络体系结构。

OSI（开放系统互连）参考模型就是一个描述网络层次结构的模型，其标准保证了各类网络技术的兼容性和互操作性，描述了数据或信息在网络中的传输过程及各层在网络中的功能和架构，它将网络划分为七层，如图 2.1 所示。

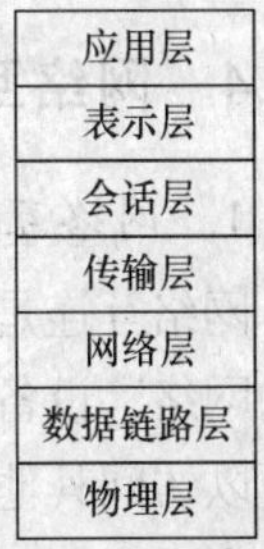

图 2.1　OSI 七层模型

2. 网络工作方式

网络的应用实际上采用客户/服务器模式，在客户与服务器之间通过交互，实现网络应用，以 Web 服务器与浏览器之间传输网页单元作为例，在应用层进行数据传输，是把一个网页的页面，分解成一行行的信息，然后再把这些信息连起来形成一行信息这样的结构，称为应用层的报文，用 M 表示。

在传输层，把 M 信息的前面要加上些控制信息，最主要的是端口号，以便识别应用程序。因为计算机同一时刻，可以运行多个进程。所有这些，形成传输层协议数据单元，称为报文段。

报文段需要靠下面的网络层进行传输，在报文段前面还要加上一些控制信息，如 IP 地址等，形成网络层协议数据单元，即分组，或者称为包。网络层对包进行路由和交换，因为网络层讨论在两个端主机之间进行数据传输，而在两个端主机之间，要通过一个通信网进行数据传输，通信网由多条链路组成，因此要选择路由。选择路由后，在中间结点的不同端口进行分组的存储转发，把分组交换到相应的链路上。中间结点可以是分组交换机，也可以是路由器。

路由功能，通过路由表，根据分组的 IP 地址对分组进行存储转发，或者称为交换。有两种交换方式，即电路交换和分组交换。计算机网络采用的是分组交换，分组交换又分为两种，即数据报和虚电路。采用数据报方式，分组自身携带地址，使得分组可以走不同的路由，数据传输效率高，但是可靠性相应也降低；虚电路方式面向连接，通过虚呼叫，可以形成虚电路，虚电路是面向连接的，因此提高了可靠性。由于是虚电路，并不独占物理电路，因此，虚电路方式性能非常好。它既采用了分组交换，又克服了数据报可靠性差的不足，是网络中经常采用的分组交换方式。虚电路又分为 PVC 和 SVC，PVC 即是永久虚电路，是由管理方法建立的专线，无须虚呼叫，是永远在线的。这样，网络层采用分组交换永久虚电路方式，形成了强大的传输和交换功能。

分组被交换到某个链路上后，具体的数据传输工作，就由这段链路两端结点间的链路层协议来接管。同样，链路层在分组前面也要加上有关差错控制、流量控制等控制信息，形成链路层协议数据单元帧，然后通过物理层进行传输。链路层协议包括两种，可靠的和不可靠的，可靠的是面向连接的，但是效率比较低。可靠的要进行流量控制和差错控制，提高了可靠性，但相应地也降低了传输效率，可以由用户进行选择。

最后，链路层数据帧通过物理层，以二进制代码形式进行传输，物理媒体将以信号波形方式，传输到对等层的结点。在发送方，数据要一层层进行打包的过程，传输到对等层结点后，还要在各层拆包，还原原来的数据 M。应用层把 M 组装成报文进行处理，最后实现应用层的功能。

各层协议共同作用，完成协议功能，实现数据传输，并且实现了网络应用的功能。

2.2.4 网络互连

1. 网络互连的含义

网络互连是指用一定的网络互连设备将多个拓扑结构相同或不同的、分布在不同地理位置的网络、设备连接起来，以构成更大规模的互连网络系统。其目的是使得一个网络上的用户可以访问其他网络上的资源，实现网络间的信息交换和资源共享。网络共享可以使得不同传输介质、不同拓扑结构的各种网络共存于一个大的网络中。这是计算机网络应用范围不断扩大的自然要求。

2. 网络互连的类型

互连的网络和设备可以是同种类型的网络、不同类型的网络，以及运行不同网络协议的设备与系统。根据网络的地理覆盖范围，网络互连分为四种类型。

（1）局域网间互连（LAN-LAN）。

局域网与局域网间的互连是最为常见的一种互连形式，如图 2.2 所示。其结构有如下两种。

- 同构网互连。具有相同协议的局域网的互连，简单方便，用中继器或网桥即可实现多个局域网的互连。
- 异构网互连。具有不同的网络协议的共享介质局域网的互连，也可通过网桥实现。

（2）局域网与广域网互连（LAN-WAN）。

局域网与广域网互连的互连应用非常广泛，这种互连可以通过路由器或网关实现，如图 2.3 所示。

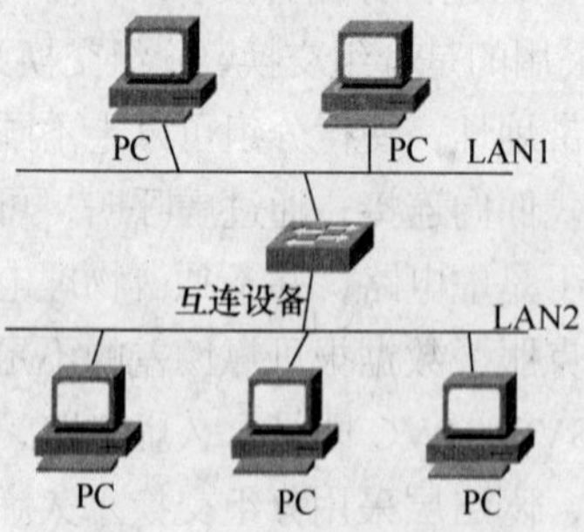

图 2.2 LAN-LAN 互连

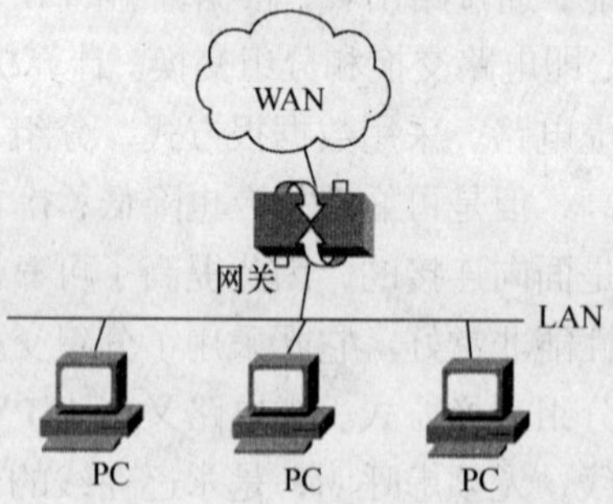

图 2.3 LAN-WAN 互连

（3）广域网间的互连（WAN-WAN）。

通过路由器和网关将两个或多个广域网互连起来，可以使分别连入各个广域网的主机资源能够实现共享，如图 2.4 所示。

（4）局域网-广域网-局域网间的互连（LAN-WAN-LAN）。

将两个分布在不同地理位置的局域网通过广域网实现互连。连接设备主要有路由器和网关，如图 2.5 所示。

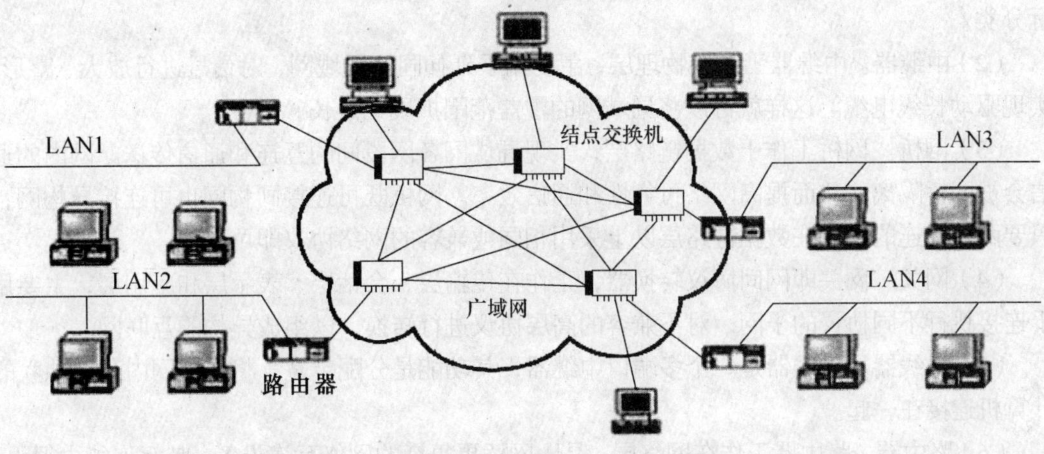

图 2.4　WAN-WAN 互连

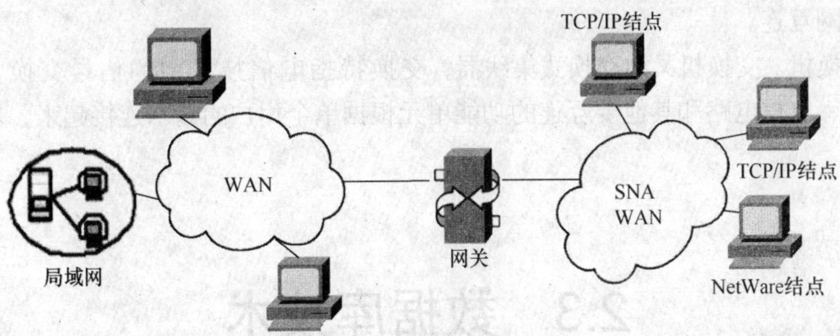

图 2.5　LAN-WAN-LAN 互连

实际上，无论何种类型的互连，每个网络都是互连网络的一部分，使得所有子网中的组成部分成为一个整体，同时实现互联网上的所有资源共享。

3. 网络互连的层次

由于网络体系结构上的差异，网络互连可以在不同的层次上进行。根据网络层次的结构模型，网络互连的层次可以分为如下四种。

- 物理层互连：互连设备是中继器。
- 数据链路层互连：互连设备是网桥。
- 网络层互连：互连设备是路由器。
- 高层互连：传输层及以上各层协议不同的网络之间的互连属于高层互连，互连设备是网关。

4. 网络互连设备

互连在一起的网络间要通信，需要用一些网络连接设备在它们之间进行协议转换。进行网络互连需要许多设备，常用的网络连接设备主要有网卡、中继器、集线器、网桥、路由器、网关和交换机，不同的网络连接设备工作在不同的协议层中。

（1）网卡。网卡是网络通信的主要部件之一。可以将局域网中的通信介质相连，达到将计算机接入网络的目的，它的性能直接影响网络功能和网上运行应用软件的效果。目前，网卡的总线位数已达 64 位以上，数据速率达 1 000Mbit/s。网卡主要以适应体积主机总线进行分类。

（2）中继器。中继器工作在物理层，主要用于延伸同构局域网，对信号进行放大、整形，实现驱动长线电缆。这样就可以将局域网的覆盖范围扩展或延长。

（3）网桥。网桥工作于数据链路层，实现局域网各网段间的互连和通信传送。网内的通信会被网桥隔离，从而提高网络可靠性和通信效率。网桥既可连接同构网也可连接异构网，只要两个互连的网络在数据链路层以上采用相同或兼容的网络协议即可。

（4）网关。网关即网间协议转换器，工作在传输层、会话层、表示层和应用层，主要用于连接执行不同协议的子网，对不兼容的高层协议进行转换，以组成异构的互联网。

（5）集线器。集线器是一个多端口中继器，其功能是分配带宽，将局域网内各自独立的计算机连接在一起。

（6）路由器。路由器工作在网络层，是比网桥更复杂的网络互连设备，其互连能力很强，可实现不同类型的局域网互连。只要网络层以上的高层协议相同或兼容，路由器也可实现局域网与广域网互连。

（7）交换机。交换机又称交换式集线器，交换特指电信技术中的信号交换，交换机能把用户线路、电信电路和其他要互连的功能单元根据单个用户的请求连接起来，从而提高了网络的带宽。

2.3 数据库技术

数据库技术是信息系统的一个核心技术，是一种计算机辅助管理数据的方法，它研究如何组织和存储数据，如何高效地获取和处理数据；是通过研究数据库的结构、存储、设计、管理以及应用的基本理论和实现方法，并利用这些理论来实现对数据库中的数据进行处理、分析和理解的技术。

数据库技术研究和管理的对象是数据，所以数据库技术所涉及的具体内容主要包括：通过对数据的统一组织和管理，按照指定的结构建立相应的数据库和数据仓库；利用数据库管理系统和数据挖掘系统设计出能够实现对数据库中的数据进行添加、修改、删除、处理、分析、理解、报表、打印等多种功能的数据管理和数据挖掘应用系统；并利用应用管理系统最终实现对数据的处理、分析和理解。

2.3.1 数据库基本概念

数据库技术涉及许多基本概念，主要包括信息、数据、数据处理、数据库、数据库管理系统、数据库系统等。

1. 信息

信息（Information）是反应客观世界中各种事物特征和变化的知识，是数据加工的结果，信息是有用的数据。

2. 数据

数据（Data）是用于描述现实世界中各种具体事物或抽象概念的，可存储并具有明确意义的符号，包括数字、文字、图形、声音等。

3. 数据处理

数据处理是指对各种形式的数据进行收集、存储、加工和传播的一系列活动的总和。其目的之一是从大量的、原始的数据中抽取、推导出对人们有价值的信息以作为行动和决策的依据；目的之二是为了借助计算机技术科学地保存和管理复杂的、大量的数据，以便人们能够方便而充分地利用这些宝贵的信息资源。

4. 数据库

数据库（Data Base，DB）是存储在计算机中的、有组织的、可共享的相关数据集合。

数据库中不仅包含有数据本身，还包含数据间的联系。由于数据库中的数据可以被多个用户进行共享，所以有效地降低了数据的冗余，提高了使用效率。数据库中的数据是由数据库管理系统统一管理和控制的，用户对数据库进行的各种数据操作都是通过数据库管理系统实现的。

2.3.2 数据模型

计算机不能直接处理现实世界中的具体事物，人类必须先借助数据模型将具体事物转换为计算机能处理的数据。所以数据模型是对客观事物及其联系的逻辑组织描述，数据库系统中用以提供信息表示和操作手段的形式构架。

1. 数据模型的内容

数据模型所描述的内容包括三个部分：数据结构、数据操作和数据约束。

（1）数据结构。

数据模型中的数据结构主要描述数据的类型、内容、性质以及数据间的联系等。数据结构是数据模型的基础，数据操作和约束都建立在数据结构上。不同的数据结构具有不同的操作和约束。

（2）数据操作。

数据模型中数据操作主要描述在相应的数据结构上的操作类型和操作方式，包括对数据的修改、更新、删除等。

（3）数据约束。

数据模型中的数据约束主要描述数据结构内数据间的语法、联系，数据间的制约和依存关系，以及数据动态变化的规则，以保证数据的正确、有效和相容。

一个数据模型除了应具备这三个要素以外，还应满足三方面的性能要求，即能比较真实地模拟或抽象表示现实世界；容易为人所理解；便于在计算机上实现。但目前还没有找到这样的数据模型。因此，人们常常采取多步抽象的方法，针对不同的抽象层次采用不同的数据模型。

2. 三类数据模型

（1）概念数据模型（Conceptual Data Model）。

概念数据模型是指用户容易理解的、对现实世界特征的数据抽象，它与具体的 DBMS 无关，是数据库设计员与用户之间进行交流的语言。常用的概念数据模型是实体–联系（E-R）模型，简称 E-R 模型。

（2）结构数据模型(Structural Data Model)。

数据结构模型又称逻辑数据模型(Logical Data Model)，是用户从数据库中所看到的数据模型，是具体的 DBMS 所支持的数据模型，如网状数据模型、层次数据模型、关系数据模型、面向对象数据模型等。

（3）物理数据模型(Physical Data Model)。

物理数据模型是描述数据在存储介质上组织结构的数据模型，它不但与具体的 DBMS 有关，而且还与操作系统和硬件有关，是物理层次的数据模型。

3. 常用结构数据模型

目前，数据库领域中最常用的结构（逻辑）数据模型有层次模型、网状模型和关系模型。

（1）层次模型。

层次模型是数据库系统中最早出现的数据模型，它用树形结构来表示各类实体以及实体间的联系。现实世界中许多实体之间的联系本来就呈现出一种很自然的层次关系，如行政机构、家族关系等，用层次模型对具有一对多的层次关系的部门描述非常自然、直观，容易理解。层次模型的一个基本特点是，任何一个给定的记录值只有按其路径查看时，才能显出它的全部意义，没有一个子记录值能够脱离父记录值而独立存在。

（2）网状模型。

在现实世界中事物之间的联系更多的是非层次关系的，而是相互交叉呈现网状结构的。现实中的多对多关系就是一种网状结构模型，如学生和课程两个实体间，一名学生可以选择多门课程学习，一门课程可以被多名学生选修，因此学生与课程之间存在多对多联系。这时就需要把现实世界的网状结构转换成系统所能处理的结构。

（3）关系模型。

目前，最为常用的是关系型数据模型。它与前两者本质的区别体现在表示实体间的联系上，前两者是通过用链接指针来存储和体现联系，而关系模型中数据的逻辑结构是一张二维表，它由行和列组成，用单一的二维表的结构表示实体及实体之间的联系。满足一定条件的二维表，就称为一个关系。关系模型要求关系必须是规范化的，即要求关系必须满足一定的规范条件，其中最基本的一条就是，关系的每一个分量必须是一个不可分的数据项，也就是说，不允许表中还有表。

20 世纪 80 年代以来，计算机厂商推出的数据库管理系统几乎都支持关系模型，非关系系统的产品也大都加上了关系接口，数据库领域当前的研究工作大都以关系模型为基础。

2.3.3 E–R 图

实体–联系方法(Entity- Relationship Approach)，简称 E–R 方法或 E–R 模型，是一种概念数据模型，提供了表示实体型、属性和联系的方法。

1. E–R 模型中的基本概念

（1）实体（Entity）。

客观存在并可相互区别的事物都称为实体。例如，王涛，计算机系等。

（2）属性（Attribute）。

实体具有若干特征，每个特征称为实体的一个属性。例如，每个学生实体都具有学号、姓名、年龄、性别、系别、年级等属性。

（3）实体型（Entity Type）。

对具有相同属性的一类实体的特征和性质的结构描述。例如，学生（学号，姓名，性别，年龄，系以及入学时间）就是一个实体型。

（4）实体集（Entity Set）。

若干同型实体的集合称为实体集。例如，信息学院的学生就是一个实体集。

（5）联系（Relationship）。

E-R 模型中反映为实体之间的联系，它反映客观事物之间的联系。

2. 两个实体集之间的联系

两个实体集之间的联系可以分为以下三类。

（1）一对一联系（1∶1）。

如果对于实体集 A 中的每一个实体，实体集 B 中至多有一个（也可以没有）实体与之联系，反之亦然，则称实体集 A 与实体集 B 具有一对一联系，记为 1∶1。

（2）一对多联系（1∶n）。

如果对于实体集 A 中的每一个实体，实体集 B 中有 n 个实体（n?0）与之联系，反之，对于实体集 B 中的每一个实体，实体集 A 中至多有一个实体与之联系，则称实体集 A 与实体集 B 具有一对多联系，记为 1∶n。

（3）多对多联系（m∶n）。

如果对于实体集 A 中的每一个实体，实体集 B 中有 n 个实体(n?0)与之联系，反之，对于实体集 B 中的每一个实体，实体集 A 中也有 m 个实体(m?0)与之联系，则称实体集 A 与实体集 B 具有多对多联系，记为 m∶n。

3. E-R 图要点

E-R 图中的符号约定如下。

- 实体（集、型）：用矩形表示，矩形框内写明实体名。
- 联系：用菱形表示，菱形框内写明联系名，并用无向边分别与有关的实体连接起来，同时在无向边旁标上联系的类型(1∶1, 1∶n 或 m∶n)。如果一个联系具有属性，则这些属性也要用无向边与该联系连接起来。
- 属性：用椭圆形表示，并用无向边将其与相应的实体连接起来。

需要注意的是，联系本身也是一种实体，也可以有属性，这些属性也要用无向边线与该联系连接起来。

4. 简单进销存系统的 E-R 图实例

图 2.6 所示为一个进销存管理系统的实体联系图，其中有六个实体：仓库、商品、货源、订单、客户、会员；六个联系：库存、进货、订货、采购、下达、包括；每个实体和联系都有自己的属性；实体间的联系方式有一对一，也有多对多。

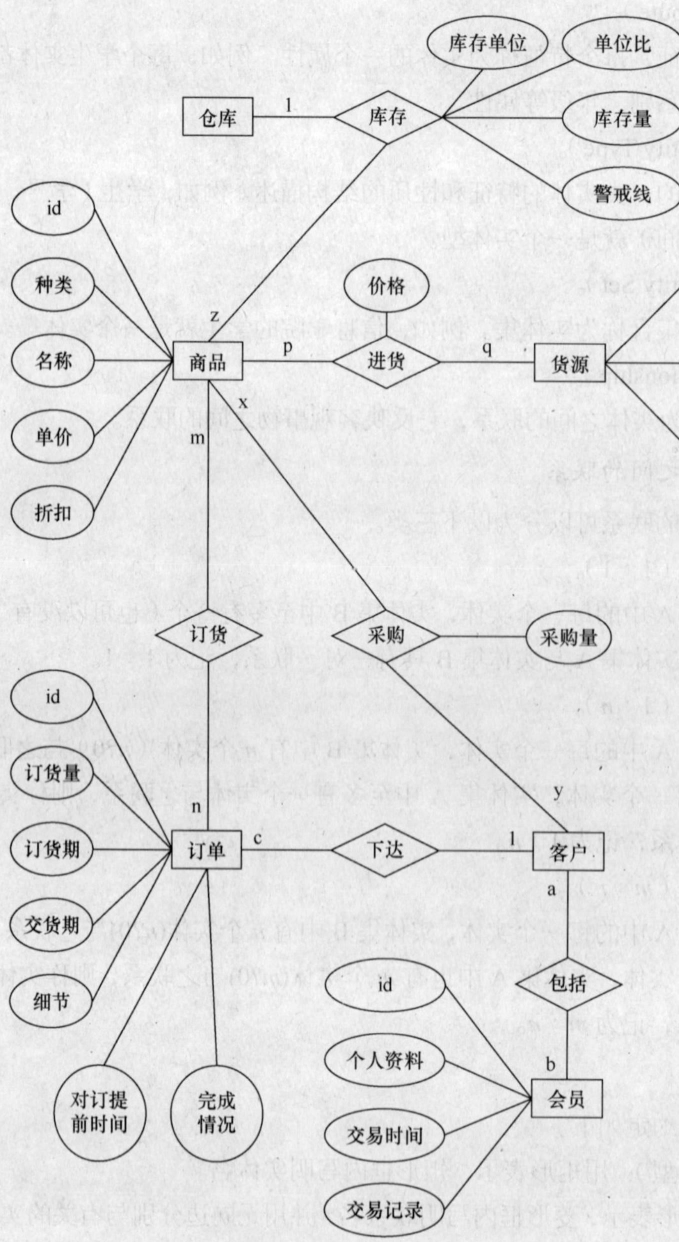

图 2.6　进销存系统实体联系图

2.3.4　关系数据库

关系数据库，是建立在关系数据模型基础上的数据库，借助于集合代数等概念和方法来处理数据库中的数据。目前，主流的关系数据库有 Oracle、SQL、Access、DB2、SQL Server、Sybase 等。

1．关系数据结构

（1）基本含义。

❑　单一的数据结构——关系，现实世界的实体以及实体间的各种联系均用关系来表示。

- 数据的逻辑结构——二维表，从用户角度看，关系模型中数据的逻辑结构是一张二维表。
- 一个关系就是一个二维表（但不是任意一个二维表都能表示一个关系），二维表名就是关系名。表中的第一行称为属性名，表中的每一个元组和属性都是不可再分的，且元组的次序是无关紧要的。

（2）常用的关系术语。

- 记录：二维表中每一行称为一个记录，或称为一个元组。
- 字段：二维表中每一列称为一个字段，或称为一个属性。
- 域：即属性的取值范围，除建表时指定数据类型和数据宽度外，还可用数据完整性进行约束。
- 关键字：在一个关系中用一个或几个字段的值可以唯一地标识一条记录时，这个（组）字段就称之为关键字（Key）。例如，在进销存关系中，货物号可以作为一个关键字。
- 对关系的描述：关系名（属性名 1，属性名 2，…，属性名 *n*）

2. 关系的操作

关系数据库是借助于集合代数等概念和方法来处理数据的。

（1）常用的关系操作及特点。

关系模型的常用操作包括查询操作方面的选择、投影、连接、除、并、交、差和数据操作方面的更新、插入、删除、修改。查询的表达能力是其中最主要的部分。

关系操作的特点是集合操作方式，操作的对象和结果都是数据集合，即关系。

（2）关系数据语言及其特点。

SQL（Structured Query Language）是一种基于关系数据库的标准语言，能够执行对关系数据库中数据的检索和操作功能，是集数据查询、定义、管理和控制于一体的关系数据语言，其使用方便、功能丰富、语法简单，并具有以下特点：

- 具有关系代数和关系演算双重特点；
- 是一种高度非过程化的语言（语句能独立执行，与上下文无关）；
- 既是一种自含式语言（以命令方式交互使用），又能够嵌入高级语言中使用；
- 采用面向集合的操作方式（操作对象和操作结果都是记录集）；
- 语句及语法类似自然语言，只有几个核心的命令动词，并有固定的命令格式。

（3）三类关系。

在关系数据库中，能够为用户提供基本数据信息的对象有如下三类。

- 基本关系（基本表或基表）：实际存在的表，是实际存储数据的逻辑表示。
- 查询表：查询结果对应的表。
- 视图表：由基本表或其他视图表导出的表，是虚表，不对应实际存储的数据。

3. 关系完整性约束

关系模型的完整性约束是为保证关系中数据的有效性、相容性和正确性，包括以下三个方面。

（1）实体完整性。

一般可由关系系统自动支持，或指定一个关系中元组（记录）的主关键字，要求其值不能为空、必须确定及没有重复值，这样就意味着关系中的每条记录是唯一的。

（2）参照完整性。

对于在数据库中建立了关联的两个关系而言，当对其中一个关系中的关键字记录进行更新、插入、删除操作时，相关联的另一个关系的值如何进行变化，以保证两个关系中数据的一致性。

（3）用户定义的完整性。

也称为域完整性。主要用于定义对关系中字段的取值需要遵循的约束条件，体现了具体领域中的语义约束，才能使字段的取值具有实际意义。例如，性别字段的取值只能是｛男，女｝，在具体的应用中需要由一条规划表达式实现。

2.3.5 关系型数据库管理系统

如前已述，数据库管理系统是对数据库进行管理的系统软件，它的职能是有效地组织和存储数据、获取和管理数据、接收和完成用户提出的各种数据访问请求。能够支持关系型数据模型的数据库管理系统，称为关系型数据库管理系统(Relational DataBase Management System，RDBMS)。

1. RDBMS 的基本功能

RDBMS 的基本功能包括以下 4 个方面。

（1）数据定义功能。

RDBMS 提供了数据定义语言（Data Definition Language，DDL），利用 DDL 可以方便地对数据库中的相关内容进行定义。例如，对数据库、表、字段和索引进行定义、创建和修改。

（2）数据操纵功能。

RDBMS 提供了数据操纵语言（Data Manipulation Language，DML），利用 DML 可以实现在数据库中插入、修改和删除数据等基本操作。

（3）数据查询功能。

RDBMS 提供了数据查询语言（Data Query Language，DQL），利用 DQL 可以实现对数据库的数据查询操作。

（4）数据控制功能。

RDBMS 提供了数据控制语言（Data Control Language，DCL），利用 DCL 可以完成数据库运行控制功能，包括并发控制（即处理多个用户同时使用某些数据时可能产生的问题）、安全性检查、完整性约束条件的检查和执行、数据库的内部维护（如索引的自动维护）等。

RDBMS 的这些功能都可以通过结构化查询语言（Structured Query Language，SQL）来实现，在不同的 RDBMS 产品中，SQL 中的基本语法是相同的。其实，DDL、DML、DQL 和 DCL 也都属于 SQL。

2. 数据库应用系统及其组成

数据库应用系统又称为数据库系统，是指拥有数据库技术支持的计算机系统，它可以实现有组织地、动态地存储大量相关数据，提供数据处理和信息资源共享服务的功能。

数据库应用系统一般由数据库、数据库管理系统、应用系统、数据库管理员和用户组成。

3. 数据库技术的应用方式

从其应用方式来看，数据库技术主要起着两方面的作用。

（1）信息系统开发作用。

利用数据库技术以及互联网技术，并结合具体的编程语言，可以开发一个信息系统，从而解决业务数据的输入和管理问题。在信息系统开发中，主要利用的是 RDBMS 的基本功能，即数据定义功能、数据操纵功能、数据查询功能以及数据控制功能。

（2）数据分析与展示作用。

利用 RDBMS 的数据查询功能对数据库中的数据进行关联组合或逐级汇总分析，并以表格、图形或报表形式将分析结果进行展示，从而解决业务数据的综合利用问题。

2.4 MIS 开发语言介绍

管理信息系统是以信息技术为基础，为企业管理和决策提供信息支持的系统。其特点是建立企业数据库，达到数据共享，从系统观点出发，按全局进行规划和设计信息系统。下面介绍几种常见的开发语言。

2.4.1 Visual FoxPro

Visual FoxPro（VFP）既是一种应用系统开发工具，也是一种数据库管理系统软件，是 Microsoft 公司的可视化数据库管理系统平台，主要用于开发数据管理与运算等方面的软件。它采用可视化的、面向对象的程序设计方法，使组织数据、定义数据库及规则、建立应用程序及用户界面等工作变得十分容易，它提供了功能完备的工具、极其友好的用户界面、简单的数据存取方式、独一无二的跨平台技术，有良好的兼容性、真正的可编译性和较强的安全性，是目前最快捷、最实用的数据库管理系统软件之一。

1. VFP 的界面特点

（1）命令窗口。

VFP 的界面中除与一般的窗口界面有相似的组成元素外，特别提供了一个活动的命令窗口，用于人机交互，其中可以输入相当于菜单功能的各种命令，以完成 VFP 中的各种功能。

（2）变动的菜单。

VFP 的主菜单系统除了常见的菜单项之外，其中有一项是动态变化的，随着打开的文件不同，“程序”菜单项进行相应的变化，如打开数据库文件时，该菜单项会自动变为“数据库”；打开表单文件时，该菜单项变为“表单”等，使得菜单的使用更加方便和简洁。

（3）工作方式。

VFP 的工作方式也很独特，有三种方式可以实现同样的功能：命令方式、菜单方式和程序方式，可以将所要进行的操作用其中任意一种方式实现。VFP 自身有一套完整的命令规则，简单易学，同时兼容程序设计的三种基本结构语句（顺序结构、分支结构和循环结构），将自身命令与这些语句相结合在程序中，能够实现应用程序所要完成的各种功能。

（4）多态的环境。

VFP 为用户提供可以配置工作环境的功能，如主窗口、默认目录、语法着色、数据、区域、常规、显示等方面，用户可根据自己的需要进行定制。执行【工具】菜单下的【选项】命令，进入相应的对话框中即可进行设置。

2. VFP 中的基本数据元素

无论是何种开发工具，只要利用计算机进行问题的处理，就离不开对数据的管理和操作。在 VFP 中处理的数据对象可以是常量、变量、数组及函数，将这些数据按照使用的要求定义为不同的数据类型，用各种运算符连接起来构成表达式以实现各种判断、生成各种条件，同时 VFP 还提供有两百多种函数用于更方便地实现程序设计中的各种功能。

3. VFP 的文件及其管理

（1）VFP 中的文件。

VFP 中可根据需要创建不同功能的文件，每种文件还用不同的扩展名区别其中存储的信息，如数据表文件中，.dbf 用于存储表中的基本信息，.fpt 用于存储表中备注型和通用型字段的内容，.cdx 用于存储表中的索引。修改和使用各个文件时都是针对其基本文件进行的操作。

常用的 VFP 文件如表 2.3 所示。

表 2.3 常用的 VFP 文件

文件类型	扩展名	含　义	功　能
表	.dbf	表的基本文件	用于存储系统中所有的信息，同一类实体的信息存储于一张表中
	.fpt	表的备注文件	
	.cdx	表的索引文件	
数据库	.dbc	数据库基本文件	用于管理系统中的表，建立表间的关联，设置完整性约束，创建系统所需的视图文件或查询文件
	.dct	数据库备注文件	
	.dcx	数据库索引文件	
查询	.qpr	查询程序文件	对一张或关联的多张表中信息的检索和统计
表单	.scx	表单基本文件	将系统涉及的数据以界面的方式提供给用户，以便进行显示、浏览及操作
	.sct	表单备注本文件	
报表	.frx	报表基本文件	将系统中的信息打印输出时需要生成的文件，要进行适当的格式编排
	.frt	报表备注本文件	
菜单	.mnx	菜单基本文件	管理系统中所有功能界面的组织和调用，能通过菜单的方式实现，用户可通过此完成对系统的使用
	.mnt	菜单备注本文件	
	.mpr	菜单程序本文件	
项目	.pjx	项目基本文件	实现对系统中文件的组织、管理，连编成一个应用程序
	.pjt	项目备注本文件	
程序	.prg	程序文件	完成一般的功能性的程序，可被调用
	.app	应用程序文件	连编后的应用程序，不能脱离环境运行
	.exe	可执行程序文件	连编后的可执行程序，能脱离环境运行

（2）文件管理。

VFP 中文件的管理和组织主要用项目管理器实现。在项目管理器中可以新建、添加、删除、修改各类文件，可将文件分类放置，文件层次级别采用展开/折叠的方式进行列表（类似资源管理器），使得文件操作非常方便。

项目管理器的另一个主要功能是实现系统的连编，在 VFP 中生成的文件及所用的其他文件都添加到项目管理器中后，利用一个“主程序”文件可以将所有相关文件连编成一个应用程序。

4. VFP 中提供的设计工具

VFP 提供了三种面向对象的程序设计工具，即设计器、向导和生成器，利用它们可以便捷、快速、灵活地进行应用程序的开发。

（1）设计器。

设计器为用户提供的友好的图形设计界面，是创建和修改应用系统中各对象的可视化工具。VFP 的每种文件都有自己对应的设计器，可以创建出比向导更具特殊功能的文件，是最主要的设计工具。

（2）向导。

向导是一种快捷的设计工具，用户通过向导过程中的提示和选择，不用编程就可以创建良好的应用程序界面或 VFP 中的文件，完成相关的一些操作。在向导过程中选择不同的选项，可以创建出不同功能和风格的文件，但是在功能上可能会有所限制。

（3）生成器。

主要用于简化创建或修改界面中控件的设计过程。生成器以对话框的形式出现，利用它可以完成简体表单、复杂控件等的属性设置过程，但不是所有的控件都提供生成器工具。

这三种工具各有特点和功能，设计器复杂而功能齐全，向导快而简单，生成器针对性强而操作方便。在具体的设计过程中，根据实际情况，可以先用向导创建一个较简单的框架，再用设计器进一步修改，期间对一些复杂控件属性可选择用生成器设置。配合使用可提高设计效率。

2.4.2 Visual Basic

Visual Basic，缩写为 VB，也是 Microsoft 公司推出的一种 Windows 应用程序开发工具。VB 是当今世界上使用最广泛的编程语言之一，它也被公认为是编程效率最高的一种编程方法。无论是开发功能强大、性能可靠的商务软件，还是编写能处理实际问题的实用小程序，VB 都是最快速、最简便的方法。

VB 同样采用可视化的开发图形用户界面（GUI）的方法，一般不需要编写大量代码去描述界面元素的外观和位置，而只要把需要的控件拖放到屏幕上的相应位置即可。初学者只要掌握几个关键词就可以建立实用的应用程序。

1. VB 与 VFP

VB 与 VFP 有很多相似之处，包括 VB 中常用的数据类型、常量、变量、函数、表达式的使用，在程序设计中使用的三种结构化语句，以及界面设计过程中使用的控件和基于面向对象的程序设计思想等。只是在具体的命令规则、文件、操作等方面有所区别，另外，VB 本身不是一个数据库管理系统软件，所以它对数据的使用及操作需要利用 ADO、DAO、ODBC 控件连接外部数据库管理软件，同时它还有许多网络功能。

2. VB 的主要功能和特点

（1）VB 的界面特点。

VB 界面是一个集成的开发环境，以工程的方式显示，集 VB 程序的设计、编辑、编译和调试于一体，集中提供程序开发所需要的各种工具、窗口和方法。

在 VB 中将开发一个应用程序视为一个工程，工程是组成一个应用程序的文件集合，利用工程管理器管理工程中的窗体和各种模块（类似于 VFP 中的项目管理器），以层次结构的方式列出当前工程中的所有文件，工程由窗体和模块组成。VB 集成环境如图 2.7 所示。

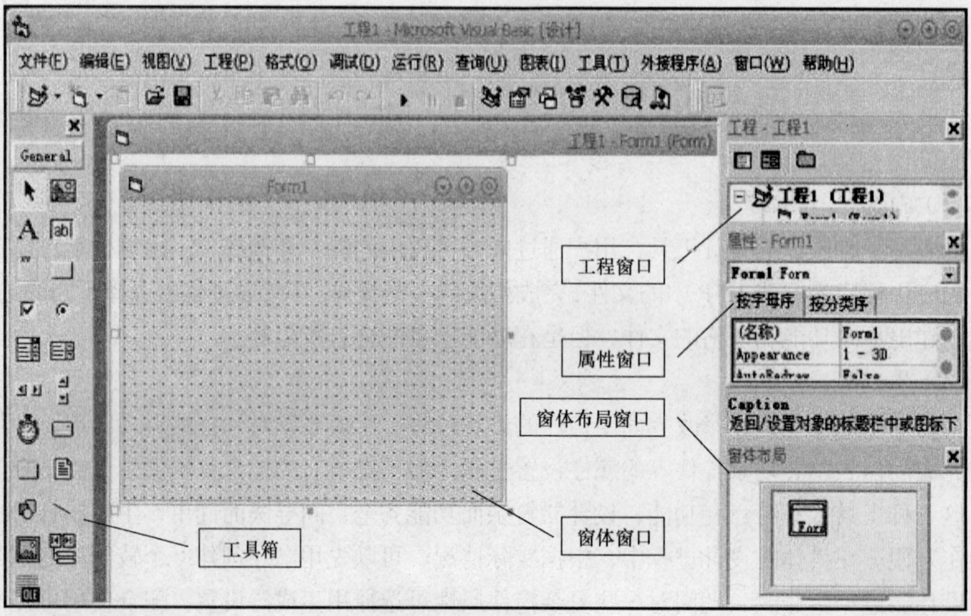

图 2.7 VB 集成环境

窗体用于设计应用程序的界面，其功能主要由其中的控件实现。

VB 工作状态（模式）包括设计、运行和中断。

（2）VB 程序的设计。

VB 主要用于设计各种功能的应用程序，主要的设计步骤如下。

① 设计用户界面。先建立一个工程（标准的 exe 类型工程），再确定对象，最常用的对象是窗体（即窗口，相当于 VFP 中的表单）。各种控件对象必须建立在窗体上，并为各个对象设置属性。

② 设置控件属性。窗体中的各个控件，要根据需要设置一些常用属性，即外观特征，如大小、颜色、表现形式等。

③ 编写程序代码。各个对象要实现功能，就必须为每个对象编写相应的程序事件代码。只要对 VB 提供的各种图形控件进行不同的事件驱动方式的设计和组合，就可方便、快捷地设计开发出小型的应用程序或实用的应用程序组件。

④ 保存和调试。将所有的文件保存，并通过运行进行调试，能实现所有的功能即可编译。

3. VB 中的文件

VB 应用程序至少有两种文件需要保存，一种是窗体文件（.frm），另一种是工程文件

(.vbp)。另外，还有其他一些可选文件，如类模块、标准模块、资源文件等。

工程是用于建立应用程序的文件集合,其中包括了与该工程有关的全部文件和对象清单，每次保存工程时，这些信息都要被更新，这些文件和对象还可被其他工程共享。

程序一旦设计完成并测试成功，就可以将它编译成可执行程序文件.EXE 文件，从而使其脱离 VB 环境直接运行。

VB 中的主要文件类型如表 2.4 所示。

表 2.4　VB 中的主要文件类型

扩 展 名	描 述
.bas	基本模块
.cls	类模块
.ctl	用户控件文件
.ctx	用户控件的二进制文件
.dca	活动的设计器的高速缓存
.ddf	打包和展开向导 CAB 信息文件
.dep	打包和展开向导从属文件
.dob	ActiveX 文档窗体文件
.dox	ActiveX 文档二进制窗体文件
.dsr	活动的设计器文件
.dsx	活动的设计器的二进制文件
.dws	部署向导脚本文件
.frm	窗体文件
.frx	二进制窗体文件
.log	加载错误的日志文件
.oca	控件类型库缓存文件
.pag	属性页文件
.pgx	二进制属性页文件
.res	资源文件
.tlb	远程自动化类型库文件
.vbg	VB 组工程文件
.vbl	控件许可文件
.vbp	VB 工程文件
.vbr	远程自动化注册文件
.vbw	VB 工程工作空间文件
.vbz	向导发射文件
.wct	WebClass HTML 模板

4. VB 与数据库

VB 作为开发数据库前台应用程序的一种工具，通过对外部程序的链接，实现对数据库系统的管理。

（1）调用外部程序。

在 VB 环境下，可以通过调用外部程序间接创建数据库。执行【外部程序】→【可视化数据管理器】命令，进入相应的窗口后，依次选择【文件】→【新建】→【Microsoft Access】

→【Version 6.0】(版本可根据自己需要选择)，进入新建数据库窗口后创建数据表。

(2)与 Data 控件的连接。

Data 控件是一个数据库连接控件，能将数据库中的数据信息通过应用程序中的数据绑定控件连接起来。当控件中的数据发生改变时，会自动修改表中对应的记录数据，实现对数据库的操作，从而实现利用 VB 程序代码操纵后台数据库的功能。

(3)DAO 数据访问对象。

DAO 数据访问对象是建立、连接和处理数据库的另一种方法。在使用 DAO 数据访问对象之前，先要添加 DAO 数据访问对象库；利用 DAO 数据访问对象的方法 set database 以指定的方式打开数据库，再用 set recordset 方法从数据库中读取数据赋予指定的记录。

(4)ADO 控件。

ADO 控件比 DAO 数据访问对象、Data 控件更灵活，功能更全面。该控件包括三种对象，即 Connection 对象、Recordset 对象和 Command 对象。对数据库进行操作时，先用 Connection 对象与数据库建立联系，然后用 Recordset 对象进行数据的操作和维护，再利用 Command 对象实现存储过程和参数的查询。

2.4.3 C 语言

C 语言(系统描述语言，适于设计操作系统)是目前世界上流行、使用最广泛的面向过程的高级程序设计语言。对操作系统和系统使用程序以及需要对硬件进行操作的场合，用 C 语言明显优于其他高级语言，许多大型应用软件都是用 C 语言编写的。

C 语言既可用于编写操作系统一类的系统软件，也可用来编写应用软件。

1. C 语言的特点

- ❑ 简洁紧凑。C 语言共有 32 个关键字、9 种控制语句，程序书写形式自由，主要用小写字母表示。
- ❑ 功能强大灵活。可完成操作系统、字处理器、图形、电子表格等项目，可用于编写其他语言的编译器。
- ❑ 数据类型和运算符丰富。有 34 种运算符、10 多种数据类型，组成各种表达式，实现各种复杂的数据结构运算。
- ❑ 模块化和结构化。使用结构化的控件语句和函数的模块形式编写代码，模块可在其他程序中被调用。
- ❑ 可移植性好。用 C 语言为某一系统编写的程序，只需做少量修改或无须修改，可在其他系统中编译并运行。

2. 用 C 语言进行程序设计的步骤

(1)创建源程序。

在某种编辑器(任一种字处理器都能作为编辑器)中输入程序的源代码，保存为一个后缀名为.c 的源文件。这是一种人类可以读懂的高级语言编码程序。

(2)编译源程序。

通过一种叫 C 语言编译器的工具将源程序转换为计算机能够识别的机器语言，称之为目标文件，其后缀名为.obj。

（3）建立可执行文件。

如果在编写源代码时用到了系统自带的预定义函数，则必须将编译源代码时生成的目标文件，与函数库中的预定义函数目标代码组合起来，这一过程由链接程序完成，生成最终的可执行程序文件，其后缀名为.exe。

（4）运行程序。

在命令操作环境下，输入要执行的程序文件名后按回车键，可直接执行该程序文件。

3. C 语言中的编程元素

C 语言为编程提供了许多基本元素，如标识符、常量、变量、运算符、表达式、数据类型、函数等。

（1）数据类型。

C 语言的数据类型非常特殊，与 VB 和 VFP 相比较要复杂一些，如图 2.8 所示。

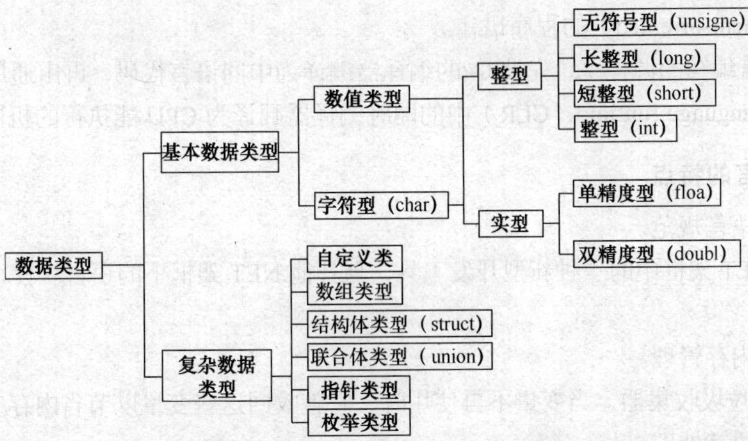

图 2.8　C 语言中的数据类型

（2）指针。

指针对变量的引用、函数的调用、数组的应用、链表的构成起着非常重要的作用，它具有很强的操作功能，可以加快内存的访问速度，使程序简洁和紧凑。

指针是专门用来存储其他变量地址的变量，是数值型变量，同样需要先声明后使用。在 C 语言中用一个单目运算符&放在某个变量名前，程序就可从中获取该变量的地址，再通过赋值的方式存储到指针中。而要通过使用指针来引用该变量时，须在指针名前加一个间接运算符 *。

（3）结构体。

结构体是由不同数据类型的相关数据组成的一种集合体，其中的成员可以具有不同的数据类型，可以包含数组或其他结构体。它解决了一组相关的数据具有不同的数据类型时如何处理的问题，有实际应用领域中非常有用。

结构体在使用前要先将其定义为一种新的数据类型，然后再声明结构体变量，程序才可以引用这个结构体变量。引用的方法一般采取分别引用结构体变量成员的方式，即结构体名.成员名，并通过对结构体中各成员赋值的方法来实现对结构体变量的赋值。

结构体可以与数组、指针及函数协作使用。

（4）共用体。

共用体类似于结构体，共用体虽然也有多个成员，但所有成员占用同一个内存区域，在某一时刻，共同体中只有一个成员的数据是有效数据（最后一次存入的数据）。如果想使几种不同类型的变量存放到同一个起始地址开始的存储区中，可使用共同体类型的变量实现。

共同体在使用前也需要先定义和声明，定义就意味着建立了一种新的数据类型，共同体的成员也可以是一个结构体。

使用共同体成员的方式与使用结构体成员类似，通过在变量名和成员名之间加运算符 • 表示是哪个共同体变量的成员。

2.4.4 C#

C#（C Sharp)是微软公司为.NET Framework 量身订做的程序语言，是一种最新的面向对象的编程语言。C#拥有 C/C++的强大功能以及 Visual Basic 简易使用的特性，是第一个组件导向（Component-oriented）的程序语言。

用 C#语言编写的源程序，先被 C#的编译器编译为中间语言代码，再由通用语言运行环境（common language runtime，CLR）中的即时编译器翻译为 CPU 能执行的机器码。

1．C#语言的特点

（1）通用语言规范。

C#属于.NET 架框中的一种新型开发工具，与其他.NET 架框下的语言一样，都遵循通用语言规范。

（2）自动内存管理。

CLR 内建垃圾收集器，当变量不再使用时，它就收回这些变量以节省内存空间。

（3）交叉语言处理。

任何遵循通用语言规范的程序设计语言源程序，都可编译为相同的中间语言代码。不同语言设计的组件可以互相通用，可以从其他语言定义的类派生出本语言的新类，使得在调试一种语言调用另一种语言的子程序时特别方便。

（4）更加安全。

C#不支持指针，所有对内存的访问都是通过对对象的引用变量实现的，只能访问内存中允许访问的部分，防止病毒程序使用指针访问私有成员。

（5）版本支持。

在.NET 中所有的组件或动态连接库不需要在注册表中注册，安装软件时只需将运行程序或库文件复制到指定文件夹中即可。

（6）完全面向对象。

在 C#中不存在全局函数、全区变量等，所有的函数和变量都必须定义在类中，C#不支持多重继承。

2．C#的数据类型

C#语言的数据类型主要有值类型和引用类型两种。

大部分固有的基本类型（如 int，char）是值类型，structs 也是值类型。引用类型包括类、接口、数组和字符串。二者的区别是一个值类型的实例代表了实际的数据（存在栈中)，而一个引用类型的实例代表指向数据的指针或者引用(存在堆中)。C#中的数据类型如图 2.9 所示。

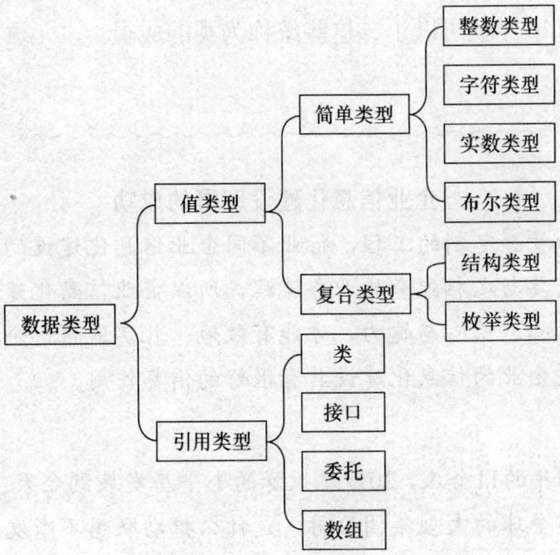

图 2.9　C#中的数据类型

3. C#中的类

(1)类的含义。

面向对象的程序设计方法中的类，是指将数据(数据成员)及处理这些数据的相应方法(函数成员)封装到类中，类是对一些具有相同特性和行为的事件的描述，类的实例就是对象。

(2)类的使用。

类在使用前要先定义，定义类实际上是定义了一个新的数据类型，在此基础上可以声明由它生成的对象。像所有的.NET 语言(VB.Net，JScript.Net 等)一样，C#访问.NET 类库。

C#有两个基本类，一个名叫 object 的类是所有其他类的基类，另一个名叫 string 的类也像 object 一样是这个语言的一部分。作为语言的一部分存在意味着编译器有可能使用它，即无论何时在程序中写入一句带引号的字符串，编译器会创建一个 string 对象来保存它。

由基类可以派生出子类，C#用继承的方法实现重用。

C#的类都是间接或着直接继承 System.Object 类这使得 C#中的类得以单根继承，如果没有明确指定继承类，编译器则默认该类继承自 System.Object 类，System.Object 类也可以用小写的 object 关键字表示两者完全相同。

由于 C#中每个变量或函数都必须属于一个类或结构，因此所有的变量或函数都是类或结构的成员。类的成员包括局部变量、字段、方法成员、属性、事件、索引指示器、重载操作符、构造函数和析构函数。

(3)类的成员。

类的成员主要有如下三个。

❑　属性：属性是存储了对象的信息，利用存取器方法对属性只读或者可读可写，(get,set)。

❑　方法：方法可以让用户利用对象执行某个操作，其实也可以用属性的设置来对其他的对象相互作用，只是方法可以完成复合操作。

- ❑ 事件：它可以在被触发的时候来完成某个相应的动作。

当定义好一个类后就可以对它封装，在使用类的时候只要知道它有哪些公共接口，有哪些属性，有哪些方法和事件就可以了，这些统称为类的成员。

案例

企业信息化建设取得的成功

企业信息化是一个量身定制的工程，行业不同企业信息化建设的的重点也不同。在企业信息化建设的同时，需要与之相配套的业务流程，所以企业信息化建设与流程重组任务都很艰巨，需要一把手的决心、信心与魄力，才能有效地、扎实地推进企业信息化。本文列举的成功经验，对其他相关企业的信息化建设具有很好的借鉴作用。

1. 联想集团

联想集团能从1984年的11个人，20万元投资的小平房发展到今天上万名员工，200多亿元营业额的分支机构遍布全球的大型集团公司，是什么推动联想不断发展和进步的呢？主要是管理创新以及持续的信息化应用。

联想的信息化建设是从1991年开始起步的，持续的信息化应用给联想带来了巨大的经济效益：2000年仅ERP上线的头一个季度，联想的净利润就比1999年同期增长了136%，高于1999年净利润的增长幅度近一倍；平均交货时间从1996年的11天，缩短为5.7天；存货周转天数由35天降到19.2天；应收账周转天数由23天缩短为15天；集团多法人结账由原来的30天下降为6天，单一法人结账仅仅只需1天。

联想的信息化建设并不是一蹴而就的，是一个循序渐进、从基础到高端的发展过程，包含如下过程：构建企业的网络基础设施，实现网络办公，建设企业核心的业务管理和应用系统，这里最有代表性的就是ERP。ERP针对企业经营三个直接增值环节设计客户关系管理（CRM）、供应链管理（SCM）以及产品生命周期管理（PLM）。

联想通过多年的实践，理解到企业信息化实质是：通过对先进的管理思想的消化，学习参照最佳行业实践，梳理、优化、再造业务流程，并应用IT技术，规范、集成、共享信息，从而达到提高效率、降低成本、提升客户满意度和企业运作管理水平的目的。

联想成功的经验，为离散集成类企业树立了榜样。在推进企业信息化建设中，既要学习先进经验，又需要量身定制，解决好通性和个性的关系。

2. 海尔集团

海尔集团于1992年制定了企业信息化的发展规划，同年建设了电冰箱计算机辅助设计系统，1996年建设了海尔Web网站及网络通信系统，1997年建设了企业内联网和外联网，实现了信息资源共享。通过与企业内部ERP紧密集成的B2B采购平台，实现了供应商之间的协同商务，企业供应商之间形成以采购订单为中心的战略合作伙伴关系，实现了信息互动沟通，达到双赢的目标。另一方面，海尔通过物流信息系统的实现和电子商务，可以在世界范围内选择合适的供应商，进行集中采购和控制，使海尔仓库面积减少了三分之二，资金周转次数提高50%~150%，库存资金降低15%~40%。2000年，海尔原材料网上采购达100%，通过网络手段销售达170亿元。海尔用于企业信息化的投入累计为3 500万元，产生的直接经济效益达到5亿元。

海尔信息化建设紧紧围绕创世界名牌这个目标。如果不能创世界名牌，不具备国际化的竞争力，信息化工程也就失去了方向，失去了意义。海尔抓住创造世界海尔产品名牌这个核心，以订单、市场为主线，积极推进企业生产柔性化、个性化、敏捷化，加强企业内部及营销管理，使海尔成为世界著名企业。

3. 黑龙江斯达造纸有限公司

原黑龙江造纸厂自进入市场经济以来举步维艰，仅1993年、1994两年就累计亏损3 667万元，外欠8 000万元，还存在较大的潜亏。1996年，新班子上任后，改变传统思维方式，以"三改一加强"为主题，以企业全面信息化为动力，实现了跨跃式发展。首先，利用合资契机，实现了资产重组，盘活良性资产，做到主、副业分离，成立了极具发展前景的黑龙江斯达造纸有限公司。其二，改组后的斯达进行了全面改革，彻底克服了机构臃肿、冗员过多、机制不活的弊端，进行了业务流程重组，适应于企业信息化的扁平式组织结构。其三，利用合资和企业多元投资，加之省政府资金的支持，对企业装备进行较大的改造，从根本上提高了企业的核心竞争力。在推进企业信息化的进程中，形成了集CIMS技术和ERP先进管理理念于一体的"斯达理念"，并以"斯达模式"推进企业信息化。

斯达理念是以数据信息为基础，以计算机网络化为手段，把握"两个市场（采购，销售）、一个源泉（生产）"，以旬成本电算化为核心，进行两级控制、两级制约，促进定性管理向定量管理、静态管理向动态管理、事后管理向超前控制的转变，不断追求高效益。

正是因为信息化系统的实施，从根本上杜绝了成本计价失真问题的发生，而且能精确反映出生产流程各个环节第一时间的情况，吨纸制造成本从1996年的4 103元下降到2000年的2 842元。

斯达以企业流程再造为突破口，以信息技术为依托，实现扁平化管理；以提高管理水平为重点，积极建设"管控一体化"系统，实现精益生产；以实现生产管理信息系统为主线，进行信息资源深度开发与利用，起到节能降耗、降低成本的作用。正是由于公司处理好了企业业务流程重组与企业信息化建设的关系，才使信息系统建设能充分发挥作用，使企业经济效益连年上升。同时，由于信息系统使企业管理水平更上一层楼，1999年公司顺利地通过了ISO 9002质量体系认证，又被国家质量管理协会评为全国132家用户质量满意企业。

4. 哈尔滨电机厂有限责任公司

哈尔滨电机厂有限责任公司（以下简称哈电机）是我国最大的发电设备制造企业，主要生产水轮机、水轮发电机、汽轮发电机、交流电机、直流电机、电站控制设备等6大类、50多个系列、3 000多种产品，生产类型为单件、小批、大成套。

为解决传统的产品设计体系、制造体系和管理体系中出现的一些影响企业竞争力的瓶颈问题，如生产进度控制不住，制造成本居高不下，项目管理困难，设计周期、技术准备周期长，产品设计、工艺设计资料不能有效支持企业的集约化管理等，哈电机积极推进企业信息化，重点是CIMS工程。哈电机制定了企业信息化发展规划，既有远期目标，又有近期实施计划。

哈电机企业信息化建设取得较大成效，成功的经验如下。

（1）在推进企业信息化进程中，实施企业一把手负责制，预计资金投入1 760万元，实际投入时按计划执行，说明企业领导高度重视企业信息化建设。

（2）从企业实际出发，实事求是地对企业进行调研，制定了企业信息化建设长期与近期规划，找准了制约企业发展的瓶颈，也找到解决问题的关键技术。

（3）在具体实施中，以制度化、正规化系统工程科学的方法进行CIMS工程实施，以设计团队形式组织产品开发，并行工程思想得到成功应用。

（4）虽然购买了国外产品，但在CIMS二次开发中，国内工程开发队伍与企业最终用户紧密配合，最终用户直接参与工程建设全过程，保证系统开发满足用户实际需求，解决了用户实际问题。

从1995—1999年哈电机在世界大型水轮发电机市场中连年排名第五，CIMS系统功不可没。

5. 北京第一机床厂

近十年来，世界数控机床的年产量增加了近10倍，目前年产量近15亿台，产值超过200亿美元。面对全球化的统一市场，中国机床产品在国内市场的占有率却从过去80%萎缩到现在低于40%，仅1995年我国进口金切机床就有84 518台，其中数控机床占54%，价值约8亿美元。即使在这种情况下，北京第一机床厂仍坚持不懈地应用信息技术提升机床产品，加强数控机床产品研究，提高数控机床产品的质量和数量。

北京第一机床厂自1990年实施CIMS工程以来，以缩短产品开发周期、提高和巩固产品质量、降低成本和提高对用户服务水平为目标，积极推进企业信息化建设。

在推进CIMS工程中，以内联网、互联网、数据库为基础，建设PDM为平台，实施制造过程流程再造，建立精益生产方式，建立精益生产下的质量保证体系；以CAD、CAPP、CAE组成工程设计系统；以柔性制造生产线、加工中心的DNC系统、轴套成组生产系统和半自动化立体仓库组成制造自动化系统；按照ISO 9001体系要求，建立了以采购质量、加工质量、装配质量和用户反馈意见为依托的质量管理信息系统。为了便于各分系统间信息集成，在总体设计时尽可能减少异构环境，各分系统都归集到Oracle数据库后实现信息共享。

北京第一机床厂将引进与自主开发相结合，以工程设计系统、柔性制造生产线、物流信息系统和质量管理信息系统为整体，紧紧围绕提高产品信息技术含量，推进CIMS工程。

6. 红河卷烟厂

红河卷烟厂CIMS工程主要由生产自动化、物流自动化和管理信息化三大系统构成，以生产自动化系统为基础，以物流自动化系统为主线，以集成企业特色的现代管理思想的管理信息化系统为核心，将业务流程的重组与企业信息化建设相结合，实现企业全面业务（人、财、物、产、供、销）的管理与运行的信息化。

红河卷烟厂的信息化发展战略是："以信息化带动工业化，以工业化促进信息化。使工业化与信息化互为依托，融为一体，整体推进。"经过不断的技术改造，红河卷烟厂已拥有了打叶复烤生产线、制丝生产线、干冰膨胀烟丝生产、卷接包生产设备和自动化辅助设备等具有国际先进水平的自动化生产系统。

在基础设施建设方面，经过不断的完善与升级，已形成了TCP/IP为主要应用协议、吉比特以太网为主干、HP小型机为主机系统、Oracle数据库为核心数据库系统、Cisco网络交换机、防火墙、网管软件为网络系统等先进、可靠的强大系统支撑平台。

接下来，随着红河卷烟厂CIMS系统的实施，促进了员工自身综合素质的提高。在“以人为本”的市场竞争中，员工自身综合素质的提高从根本上提升了企业的竞争实力。通过CIMS工程的实施，降低了生产成本、人工成本、库存占用率及废品率，缩短了辅料、零备件资金占用周期等。经初步综合估算，红河卷烟厂提高企业综合经济效益3%，按1999年利税25亿元计算，直接新增年利税7 500多万元，这对地方及国家的国民经济发展的贡献是巨大的。

7. 上海贝岭股份有限公司

上海贝岭创建于1988年，是中国微电子行业首家上市公司。该公司自成立以来，相继引进、消化和吸收了国际上先进的芯片工艺技术和设计技术，形成三大类产品：通信专用集成电路，每年支持着500～600万线交换机；金卡类专用芯片；智能家电类芯片，包括电子电度表芯片、模糊控制专用芯片。

公司大力发展企业信息化管理，每年投入巨资进行全公司管理信息系统的建设，逐步实现了以生产为中心的生产控制信息系统，以财务为中心的企业资源管理系统。目前，正在积极推进ERP/SAP系统，公司实施的重点工程有决策支持系统EDSS、成本管理系统以及基于知识管理的WebOA系统。

企业信息系统建设经历了三个阶段。面向制造应用阶段：建立以生产为中心的生产控制信息系统——在制品管理系统CAM；面向管理集成阶段：建立车间流程控制SFC；智能化信息系统建设阶段：建立工程生产决策支持系统（EDSS）。

贝岭微电子企业，在生产中除了必要的净化厂房、生产设备、工艺技术等条件外，要保证产品精度和质量，员工的专业技能好坏对产品质量影响较大，所以贝岭开发了基于知识管理的WebOA系统。它可实时掌握各项生产动态，监视WIP在工序间的运转并实现规模生产。这种建立在实时数据基础上的质量监控，大大加强了工艺的一致性、可靠性，提高了产品成品率，也就是提高了企业竞争力。

8. 上海宝山钢铁股份有限公司

宝钢产、销、研综合信息管理系统在前期阶段引进外援合作开发。在基础设施建设方面，宝钢顺利建成了企业主干网，该网采用当时最先进的ATM技术，带宽为155Mbit/s。该网络与宝钢二期TDM主干网彼此融合，覆盖宝钢19平方公里的厂区，并延伸到宝钢大厦、宝钢教委和驻外机构，成为支撑宝钢业务运作的信息高速公路。已建成并运行三个相对独立的局域网，都与宝钢股份公司主干网实现互连互通，是宝钢管理信息系统进一步发展的物质基础。

自1998年11月，上海地区钢铁企业实现大联合，组建新的上海宝钢集团公司以来，宝钢已扩展成特大型的钢铁企业集团。集团联合后，宝钢股份拟继续以信息化的手段提升其信息化效益。宝钢股份在重点推进ERP系统的建设和完善，开发用户档案信息系统，提升为客户服务的技术含量的同时，推进供应链（SCM）管理的研究和开发，计划在今后几年内，通过实施企业系统创新（ESI）工程，按照ERP的理念对业务流程进行优化、创新和再造，并完善相应的系统功能，把宝钢股份建成一个以客户为中心的、快速反应、高效运作的企业。为此，宝钢股份成立了企业系统创新部，负责策划、组织实施ESI工程。通过对宝钢股份现有信息系统的运行状况的剖析，按照ESI工程系统目标的要求，对宝钢股份业务流程实施彻底的重组再造，提出全新的业务流程再造方案，重建组织，并将现有的产、销、研综合信息管理系统扩容、升级为相应的管理计算机信息系统。

宝钢属连续流程类制造企业，在企业发展前期一定是走引进、消化、吸收和创新的道路，应用信息技术改革工艺和设备，逐步实现管控一体化。在取得成功后，推进企业综合管理信息化建设，达到企业产品上档次，企业管理规范化，企业生产规模化的目标。

本章小结

本章简单介绍了与管理信息系统的设计、开发和应用有关的各类信息技术，包括计算机的软硬件技术、计算机网络技术、数据库技术，以及几种常见的MIS开发语言。用户从中可以大致了解计算机的主要硬件及工作过程，几种主流的操作系统软件，通用的几类程序设计语言，计算机网络方面的一些基本概念，以及按照不同标准划分的计算机网络的类型；认识一些必要的计算机网络互连设备，对数据库中的一些基本概念进行了简述，特别对目前通用的关系型数据库进行了介绍；最后将目前应用比较多而又相对简单的 MIS 开发语言 VFP、VB、C、C#进行了综述。

章节练习

1. 简述计算机的主要硬件和软件技术。
2. 简述计算机网络的含义和分类。
3. 网络互连设备有哪些？各有何功能？
4. 简述数据库的含义和关系型数据库的特点。
5. E-R 图表示什么？其中各个图形的含义是什么？
6. VFP 中的文件有何特点？常用的设计工具有几种？
7. VB 与 VFP 有什么区别？VB 中至少有哪两种文件需要保存？
8. C 语言有哪些数据类型？
9. C 语言中的指针有什么作用？
10. 说明值类型和引用类型的区别，并与 C 语言相应类型进行比较。

第 2 篇

管理信息系统开发篇

本篇主要内容

- 第 3 章　管理信息系统战略规划与开发方法
- 第 4 章　管理信息系统的系统分析
- 第 5 章　管理信息系统的系统设计
- 第 6 章　管理信息系统的系统实施
- 第 7 章　面向对象的系统分析与设计

第 3 章　管理信息系统战略规划与开发方法

建设管理信息系统是一项耗资大、历时长、技术复杂且涉及面极广的系统工程。为保证系统的成功建设，必须从战略上研究企业信息化的发展规律，认真制定好发展管理信息系统的战略规划，并按此规划有重点、有步骤地开发系统。本章重点介绍管理信息系统规划的相关概念、方法和内容。

3.1　管理信息系统战略规划

管理信息系统的战略规划是一个组织战略规划的重要组成部分，也是企业管理信息系统的长远发展规划。管理信息系统战略规划是信息系统生命周期的第一阶段，这一阶段的主要目标是制订出管理信息系统的长期发展计划，这项工作的开展直接影响了管理信息系统的成败。

3.1.1　管理信息系统战略规划的内涵

规划一般指全面的、长远的发展计划。信息系统规划（Information System Planning，ISP）是信息系统实践中的主要问题，也是当代管理信息系统研究的主要课题之一。

1. 企业信息化建设中存在的问题

随着科技进步和社会经济的快速发展，国际社会和国内信息化进程的不断推进，信息系统建设的需求日益紧迫。尽管信息系统在多年的发展历程中经过多次革新，已经有了一定的发展，但仍不可避免地存在如下一些问题：

- 系统建设与组织的发展目标不协调；
- 系统解决问题的效率不高；
- 系统不能适应环境变化和组织变革的需要；
- 组织机构陈旧、管理相对落后；
- 系统操作人员综合素质不高；
- 系统开发、维护缺少统一的规范和标准。

产生以上相关问题的原因众多，而最主要的影响因素是在建设中缺乏科学、有效的系统规划。信息系统建设作为一项投资大、周期长、复杂度高的系统工程，制定科学的战略规划可以减少系统建设的盲目性，使系统具有良好的整体性和较高的环境适应性；通过有效地规划，缩短开发周期，合理分配和利用资源，节约开发成本；通过制定科学规划，找出系统建设中存在的主要问题，正确识别出为实现系统目标管理信息系统必须完成的任务，更好地促进信息系统的应用，带来更多的经济效益。

2. 管理信息系统的战略规划

管理信息系统的战略规划是关于信息系统长远发展的规划，它是将组织目标、支持和提供组织目标所需的信息、信息系统以及信息系统开发建设等要素集成的信息系统的方案。信息系统战略在理解企业的发展远景、业务规划的基础上，形成信息系统的远景、信息系统的组成结构、信息系统各部分的逻辑关系，以支撑组织商业规划的目标达成。

（1）战略规划的概念。

战略（strategy）是企业或组织的长远计划，一般是 3~5 年，长的有数十年，甚至上百年。由于战略规划的时间长，不定因素多，因而相对短期计划来说，就显得粗糙了很多。它主要描述企业的高层管理者关于企业发展的一些概念的集合，包括以下几个方面。

- 企业的环境：包括政治、经济、社会、技术环境，竞争对手和自身的环境，应用优势、劣势、机会、威胁等因素来分析。
- 企业的方向：包括企业的使命、愿景、目的。使命是企业成立的依据，是企业生存的根本；愿景是对未来的向往；目的则是行动方向位置的相对描述。
- 企业的目标和达到目标的战略：相对于目的而言，目标是可以量化的，如某炼焦企业年产量目标是 500 万吨，某商品经销商的年销售量目标是 100 万件。而达到目标的战略是一种途径的描述，是政策、策略和决策的集合。

（2）战略规划的目标和任务。

信息系统战略规划最主要的目标就是确定信息系统的目标。

在信息系统规划的目标上存在这两种不同的观点：一种是通过更好的硬件和软件来增强信息系统的信息处理能力；另一种是通过组织进行改造，建立更好的组织模式，为组织决策提供良好的信息支持。事实上，这两种观点的目标是一致的，都是为了建立能够为组织的整体发展提供服务的信息系统。但是，对具体的组织而言，由于各自的基础条件不一样，需要采取不同的方式。对在今后相当一段时间内，现有的组织模式能够适应其发展需要的组织，可以采取第一种观点；而对于现有的组织模式如不进行改造，就难以生存和发展的组织，采取第二种观点就是明智之举。这也是目前讨论比较多的重组问题。

信息系统战略规划的任务是指信息系统公开发的方向，确定开发能够达到的目标；确定系统开发的总体政策和策略；对人、财、物做总体的安排，工作的阶段进度计划等各种计划和安排；建立管理信息系统的总体结构，确保信息系统开发的整体协调性，避免开发的孤独性或重复性；预测未来的发展，提供系统未来的发展、研究方向和准则。

（3）战略规划的特点。

战略规划的有效性包括两个方面的内容：一方面是战略的正确与否，一个正确的战略应该做到企业的资源与环境的良好匹配；另一方面是战略是否适合于该企业的管理过程，也就是与企业的活动是否匹配。一个有效的战略通常有以下的特点。

❑ 方向目标明确：战略规划的方向应当是明确的，不应该有二义性。其内容应当使企业的人员感到振奋和鼓舞，经常用简单的一句话概括，如进入世界 500 强等，目标要先进，但经过努力应该可以达到，其描述的语言要简练，如年产量翻一番。

❑ 良好的可执行性：好的战略说明应当是通熟易懂的、明确的和可执行的，它应当是各级管理者的向导，使各级管理者能够确切地了解它，执行它，并使自己的战略与它保持一致。

❑ 组织认识落实：制定战略的人往往也是执行战略的人，“宝剑还需英雄用”，一个好的战略计划只有由好的人员执行，它才能很好地实现。因而，战略计划要求各级部门一级一级的落实，直到个人。高层管理者的战略一般应以方向和约束的形式告诉下级，下级接受任务，并以同样的方式告诉再下级，这样进行一级级的细化，做到人人皆知，这样战略计划也就个人化了。个人化的战略计划一方面可以激励大家开动脑筋，努力完成自己的计划；另一方面增强了企业的生命力和创造力。

3.1.2 管理信息系统规划的内容和步骤

1. 管理信息系统规划的内容

管理信息系统规划一般包括三年或更长期的计划，同时还包含一年的短期计划，其内容如下。

① MIS 的目标、约束及总体结构。其中，MIS 目标确定了其应实现的功能；MIS 的约束包括 MIS 实现的环境、条件（如管理的规章制度、人力、物力等）；MIS 的总体结构指明了信息的主要类别和主要的子系统。

② 单位（企业、部门）的现状。它包括计算机软件及硬件情况、产业人员的配备情况、开发费用的投入情况等。

③ 业务流程的现状、存在的问题和流程在新技术条件下的重组。企业流程重组实际上是根据信息技术的特点，对手工方式下形成的业务流程进行根本性地再思考、再设计。

④ 对影响规划的信息技术发展的预测。这里涉及的信息技术主要包括计算机硬件技术、网络技术及数据库处理技术等。规划中合理地采用新技术，有可能使开发出的 MIS 具有更强的生命力。

⑤ 近期计划。在战略规划中，应对即将到来的一段时间（比如一年）做出相当具体的安排，主要包括硬件设备的采购时间表、应用项目开发时间表、软件维护与转换工作时间表、人力资源的需求以及人员培训时间安排、财务资金需求等。

管理信息系统的规划应不断地修改。人员变化、技术变革、组织自身的变化都可能影响到整个规划，甚至一种新的硬件或软件的推出也能影响到规划。除此之外，修改规划的原因还可能来自信息系统之外的事物，如财务约束、政府的规章制度、竞争对手采取的行动等。

2. 管理信息系统规划的步骤

信息系统的战略规划的一般步骤如下。

① 确定规划性质：明确信息系统规划的期限和具体的规划方法。

② 收集相关信息：收集来自组织内部和外部环境中的与组织战略规划有关的各种信息。

③ 进行战略规划：对信息系统的目标、开发方法、功能结构、计划活动、信息部门的情况、财务情况、所担风险度和政策等多方面进行分析。

④ 定义约束条件：根据组织的财务资源、人力资源及信息设备等资源方面的限制，定义信息系统的约束条件和政策。

⑤ 明确战略目标：根据分析结果和约束条件，确定信息系统的开发目标，它是建立在前面四个步骤的基础上，确定系统在服务、质量、功能等方面的内容。

⑥ 提出未来的战略：选择所要建设的信息系统的思想，勾画出信息系统未来的框架，进行初步的子系统划分。

⑦ 确定实施进度：在确定每个子系统的项目优先权后，估计项目成本和人员要求等，列出开发进度表。

⑧ 评估信息系统规划：将规划形成文档，经组织的决策人员批准后生效，并将其作为组织整体规划的一部分。在信息系统规划文档的形成过程中需要反复听取各方面的意见，如组织决策人员、系统分析人员和有关方面专家的意见，特别要注意用户的意见和建议，使信息系统规划得到各方面的认可。

信息系统战略规划的一般过程如图 3.1 所示。

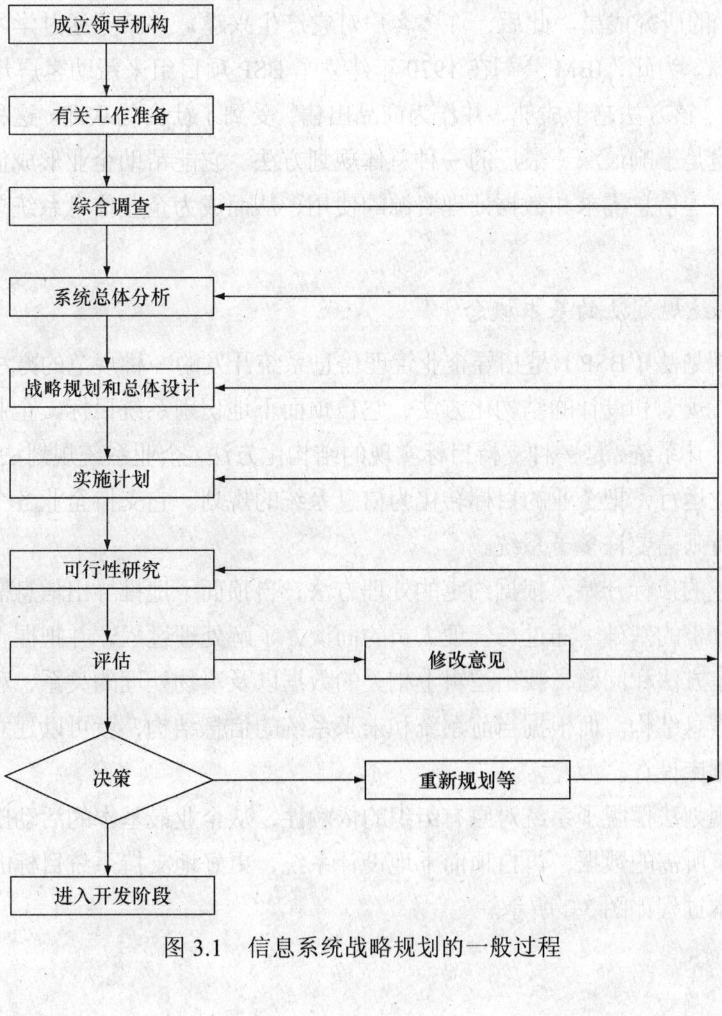

图 3.1　信息系统战略规划的一般过程

3.2 制定管理信息系统战略规划的常用方法

管理信息系统的规划是关于管理信息系统的长远发展的计划，其规划的方法很多，如企业系统规划法（BSP），关键成功因素法（CSF），战略目标集转化法（SST），企业信息分析与集成技术（BIAIT），信息工程法（IE），战略栅格法（SG），价值链分析法（VCA），战略一致模型（SAM），产出/方法分析（E/MA），投资回收法（ROI）等。本节将重点介绍企业系统规划法、关键成功因素法和战略目标集转化法。

3.2.1 企业系统规划法

20 世纪 60 年代中期，IBM 公司为了总结、吸取本公司以及其他公司开发信息系统失败的教训，认为有必要根据某些经过实践检验的原则和理论建立规范的方法，以指导企业信息系统的开发。1966 年，在 IBM 数据处理总部内成立了一个负责该企业信息系统控制和计划的部门，对信息系统的开发方法进行研究和探索，企业系统规划法（Business System Planning，BSP）就是他们的研究成果。此后，许多客户对它产生兴趣，并希望通过学习，更好地安排自己的信息资源。为此，IBM 公司在 1970 年建立了 BSP 项目组来帮助客户开展工作。20 世纪 70 年代以后，该方法趋于成熟，并作为商品出售，受到了社会的欢迎。这种信息系统规划方法，是最早也是影响最深、最广的一种总体规划方法。它能帮助企业形成信息系统的规划和控制机制，改善信息需求和数据处理资源的使用，从而成为企业信息系统总体规划的有效方法之一。

1. 企业系统规划法的基本概念

企业系统规划法（BSP）是指导企业管理信息系统开发的一种规范的方法，是一种对企业信息系统进行规划和设计的结构化方法，它自顶而下地识别系统目标、企业过程和数据以及自下而上地设计系统，是一种支持目标实现的结构化方法。企业系统规划法的主要思想是，用信息支持企业运行，把企业的目标转化为信息系统的规划。它支持企业各个层次的目标，而实现这种支持则需要许多子系统。

BSP 从企业的目标开始，根据约定的处理方法，自顶而下地推导出信息需求。事物处理是数据收集和分析的基础。通过与管理人员的面谈，了解处理过程，并把握企业成功的关键因素，明确决策方法和问题，找出逻辑上相关的数据以及事物处理的关系，利用这些信息可以定义未来的信息结构。而根据当前系统和未来系统的信息结构，就可以建立应用的优先级别，并开始数据库设计。

企业系统规划法摆脱了系统对原有组织的依赖性，从企业最基本的活动出发，进行数据分析，分析决策所需的数据，再自顶而下地设计系统，更好地支持系统目标的实现。企业系统规划法的基本过程如图 3.2 所示。

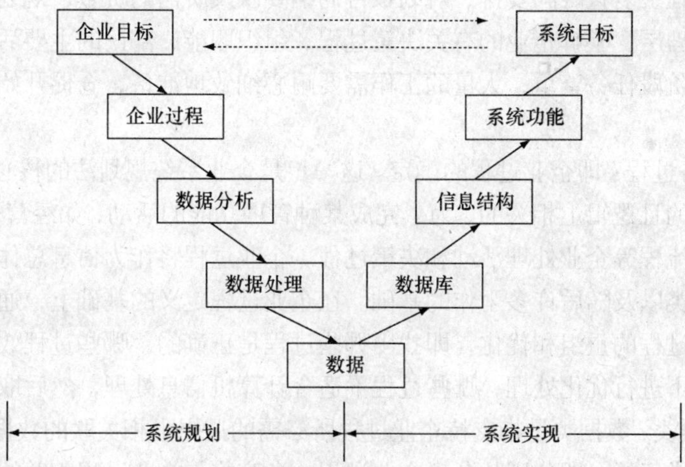

图 3.2　企业系统规划法的基本过程

2. 企业系统规划法的目标和作用

（1）企业系统规划的目标。

BSP 的主要目标是提供一个信息系统规划，用以支持企业短期和长期的信息需求。其具体的目标如下。

① 为管理者提供一个形式化、客观的方法，明确建立信息系统的优先顺序。

② 为具有较长生命周期的系统建设和保护系统的投资准备。

③ 为了高效率和有效地支持企业的目标，提供数据处理资源的管理。

④ 通过提供用户需求的系统，改善信息系统管理部门和用户之间的关系。

⑤ 将数据作为一种企业资源加以确定。

（2）企业系统规划法的作用。

BSP 是一种能够帮助规划人员根据企业目标制定信息系统规划的结构化方法，这种方法的作用体现在以下两个方面。

① 确定出未来信息系统的总体结构，明确系统的子系统组成和开发子系统的先后顺序。

② 对数据进行统一规划、管理和控制，明确各子系统之间的数据交换关系，保证信息的一致性。

企业系统规划法的优点在于它能保证信息系统独立于企业的组织机构，也就是能够使信息系统具有对环境变更的适应性。即使将来企业的组织机构和管理体制发生变化，信息系统的结构体系也不会因此而受到太大的冲击。

3. BSP 的工作步骤

BSP 是通过全面的调查，分析企业的信息需求，制定信息系统总体方案的一项系统工程，其具体过程如下。

① 确定目标：企业系统规划法必须反映企业最高层次决策人员对信息系统发展的想法，提出的建议也必须要通过他们的批准，得到他们的支持和参与，并对目标达成一致意见。

② 总体规划的准备工作：成立总体规划小组，该小组应该由企业的最高领导曾参与，并直接管制，下面再设一个规划研究组。准备阶段的主要任务是制定共组计划，内容包括：研

究计划、采访日程、复查时间安排、规划报告的纲要以及所需的资金；规划小组通过查阅资料，深入各个管理层，了解企业的有关决策过程、组织职能、部门的主要活动和存在的主要问题。准备工作阶段任务繁重，大量的工作需要耐心细致地准备，仓促开始规划有百害而无一利。

③ 定义业务过程：即企业过程的确定。这一步是企业系统规划法的核心。企业过程是指企业管理中必要的且逻辑上相关的、为了完成某种管理功能的活动，如经营规划、产品预测、库存控制、作业流程等企业处理活动和决策过程。企业过程将作为信息总体结构、现行系统分析、识别数据类以及随后许多工作的基础。在企业过程定义的基础上，通过信息系统的建立，实现对企业过程的重组和优化，即找出哪些过程是正确的，哪些过程效率低下，需要在信息技术的支持下进行优化处理，哪些过程不适合计算机信息处理，然后取消这些过程等。

④ 定义数据类：数据类是指支持企业过程所必需的逻辑上相关联的数据。对数据进行分类是按企业过程进行的，即分别从各项企业过程的角度将与企业过程相关的输入数据和输出数据按逻辑相关性归纳成数据类。

⑤ 分析系统：对现行企业过程、数据处理和数据文件进行分析，对欠缺的部分提出建议，对冗余的部分也提出意见。

⑥ 确定各管理层的要求：在整个规划过程中必须考虑管理人员对信息系统的要求，特别是对中后期发展的看法。通过与他们的交谈，明确目标、明确问题、明确信息需求和信息的价值，使系统规划人员与各管理部门之间建立密切的联系。

⑦ 定义信息结构：定义信息结构的目的是描述未来信息系统的框架和相应的数据类，因此其主要工作是划分子系统，可利用 U/C 矩阵来实现。

⑧ 评价信息资源管理：对于信息系统相关的信息资源的管理加以评价和优化，使其能够随着企业战略的变化而改变，目的在于使信息系统能够有效地甚至高效地开发、实施和运行。

⑨ 确定子系统开发的优先顺序：对信息系统总体结构中的子系统开发的先后顺序进行安排。

⑩ 计算机的逻辑配置：计算机的逻辑配置是在总体规划的后期，这是从系统需求的角度对计算机进行配置的基本要求，而不涉及具体的硬件型号。计算机的逻辑配置方案应该包括客观的约束条件、处理方式、联机存储量、设备和软件五个方面的内容。

⑪ 可行性研究：可行性研究是任何一项大型工程正式投入开发之前必须进行的一项工作。这对于保证资源的合理使用，避免浪费是十分必要的，也是项目开始能顺利进行的必要保证。信息系统建设是一项投资大、时间长的复杂工程，可行性研究虽然复杂、困难，但是十分必要。

⑫ 完成 BSP 研究报告，提出建议书和开发计划。企业系统规划法的具体工作步骤如图 3.3 所示。

4. U/C 矩阵的应用

企业系统规划法（BSP）实际上是用来划分子系统的，它根据信息的产生和使用来划分子系统。使用过程中，尽量把信息产生的企业过程和使用的企业过程划分在一个子系统中，从而减少了子系统之间的信息交换。它的核心是定义企业过程，而企业过程是管理企业所必需的一系列逻辑上相关的活动集合，常用的方法是 U/C 矩阵。

（1）U/C 矩阵及其建立。

U/C（Use/Create）矩阵是 IBM 公司于 20 世纪 70 年代初在 BSP 中提出的一种系统化得聚类分析方法。它通过数据由一些功能产生，并被一些功能所使用之间的关系，判断数据产生和使用之间的关系是否正确，对功能进行归类，为系统划分提供依据。

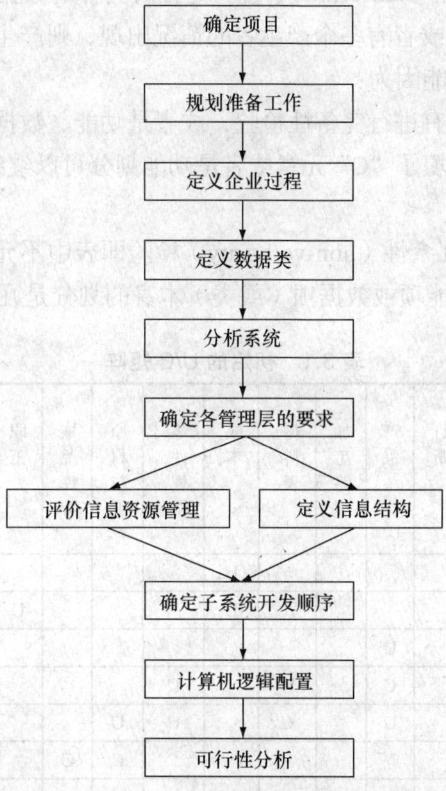

图 3.3　企业系统规划法工作的具体步骤

在建立 U/C 矩阵时，首先要进行系统化自顶向下的划分，然后逐个确定其具体的功能（或功能类）和数据（或数据类），最后添加上功能/数据之间的关系，即完成了 U/C 矩阵的建立过程。具体操作为：首先建立一张二维表，将所调查的数据类填入横向方向（X_i），将功能填入纵向方向（Y_i）；然后按照数据与功能之间的产生（Create）与使用（Use）关系，分别在对应的单元格中填入 C 或 U。

U/C 矩阵是一个以功能结构图、业务流程图、数据流程图的结果为基础，全面反映企业的业务功能与数据间关系的二维表（见表 3.1）。它是今后设计程序模块与子系统之间调用、处理或交换信息的方式和方法的依据。

（2）U/C 矩阵的正确性检验。

建立 U/C 矩阵后一定要根据“数据守恒”原则进行正确性检验，以确保系统功能数据项划分和所建 U/C 矩阵的正确性。因为 U/C 矩阵中的错误实质上就是一种“错误的”功能/数据关系，所以对它的正确性检验可以指出前段工作的不足和疏漏，或是划分不合理的地方，及时督促用户加以改正。U/C 矩阵的正确性检验可以从如下三个方面进行。

① 完备性检验。完备性（completeness）检验是指对具体的数据项（或类）必须有一个

产生者（即“C”）和至少一个使用者（即“U”），否则这个U/C矩阵的建立是不完备的。只有产生者而无使用者的数据是没有实际意义的，而只有使用者而无产生者的数据是“虚无”的；任何“合理”的功能必须有产生和使用数据发生，否则就是一个无效的功能。这个检验可及时发现表中的功能或数据项的划分是否合理，以及“U”、“C”元素有无填错或漏填的现象。

② 一致性检验。一致性（uniformity）检验是指对具体的数据项（或类）必有且仅有一个产生者（“C”）。如果没有或者有多个产生者的情况出现，则产生了不一致性的现象。这种不一致性现象产生的原因可能因为：

- ❑ 没有产生者——没有进行完备性检验，或者是功能、数据的划分不正确；
- ❑ 多个产生者——错填了“C”元素或者是功能划分可以继续细化或者数据定义模糊，或说明错误。

③ 无冗余性检验。无冗余性（non-verbosity）检验即表中不允许有空行空列，如漏填了“U”或“C”元素，或者功能项或数据项（或类）本身的划分是冗余的、没有必要的。

表3.1 初始的U/C矩阵

功能＼数据类	客户	订货	产品	加工路线	材料表	成本	零件规格	原材料库存	成品库存	职工	销售区域	财务	计划	设备负荷	材料供应	工作令
经营计划						U						U	C			
财务规划						U				U		C	U			
产品预测	U		U								U					
产品设计开发	U		C		U		C									
产品工艺			U		C		U	U								
库存控制								C	C						U	U
调度			U											U		C
生产能力计划				U										C	U	
材料需求			U		U										C	
作业流程				C										U	U	U
销售区域管理	C	U	U													
销售	U	U	U								C					
订货服务	U	C	U													
发运		U	U						U							
会计	U		U							U						
成本会计		U				C										
人员会计										C						
人员招聘考核										U						

（3）U/C矩阵的求解。

U/C矩阵的求解过程就是对系统结构划分的优化过程。它是基于子系统划分应相互独立，而且内部凝聚性高这一原则之上的一种聚类操作。其具体方法是使表中的“C”元素尽量地靠近U/C矩阵的对角线，然后再以“C”元素为标准，划分子系统。采用此方法划分的子系统独立性和凝聚性较好，可以不受干扰地独立运行。如表3.2所示，将表中的“U”、“C”从新排列，把“U”和“C”最密集的地方框起来，给框起一个名字，就构成其子系统。而框外的“U”则说明了子系统之间的数据流向。按照这种划分，整个系统被划分为经营计划、技术准备、生产制造、销售、财会和人事六个子系统。

表 3.2　调整后的 U/C 矩阵

功能	数据类	计划	财务	产品	零件规格	材料表	原材料库存	成品库存	工作令	设备负荷	材料供应	加工路线	客户	销售区域	订货	成本	职工
经营计划	经营计划	C	U													U	
	财务规划	U	C													U	U
技术准备	产品预测	U		U									U	U			
	产品设计开发			C	C	U							U				
	产品工艺			U	U	C	U										
生产制造	库存控制						C	C	U		U						
	调度			U					C	U							
	生产能力计划									C	U	U					
	材料需求			U		U					C						
	作业流程							U	U	U	U	C					
销售	销售区域管理			U									C		U		
	销售			U									U	C	U		
	订货服务			U									U		C		
	发运			U				U							U		
财会	会计			U									U				U
	成本会计														U	C	
人事	人员计划																C
	人员招聘考核																U

3.2.2　关键成功因素法

关键成功因素法（Critical Success Factors，CSF）也是信息系统开发规划的常用方法之一，于1970年由哈佛大学教授William Zani提出。关键成功因素是对企业成功起关键作用的因素，一个企业能否取得成功总是受到多种因素的影响，但真正起到决定性作用的影响因素并不多，关键成功因素法就是通过分析找出使得企业成功的关键因素，然后再围绕这些关键成功因素来确定系统的需求，并进行规划以获得良好的绩效，实现企业的目标。换句话说，关键成功因素法是以关键因素为依据来确定系统信息需求的一种 MIS 总体规划的方法。在现行系统中，总存在着多个变量影响系统目标的实现，其中若干个因素是关键的和主要的（即成功变量）。通过对关键成功因素的识别，找出实现目标所需的关键信息集合，从而确定系统开发的优先次序。

关键成功因素的四个主要来源如下。

（1）个别产业的结构。不同产业因产业本身特质及结构不同，而有不同的关键成功因素，此因素是决定于产业本身的经营特性，该产业内的每一公司都必须注意这些因素。

（2）竞争策略、产业中的地位及地理位置。企业的产业地位是由过去的历史与现在的竞争策略所决定的，在产业中的每一公司因其竞争地位的不同，其关键成功因素也会有所不同，对于由一两家大公司主导的产业而言，领导厂商的行动常为产业内小公司带来重大的问题，所以对小公司而言，大公司竞争者的策略，可能就是其生存的关键成功因素。

（3）环境因素。企业因外在因素（总体环境）的变动，会影响每个公司的关键成功因素。例如，在市场需求波动大时，存货控制可能就会被高阶主管视为关键成功因素之一。

（4）暂时因素。该因素大部分是组织内在某一特定时期对组织的成功产生重大影响的一些活动领域的因素。

常用的关键成功因素确定方法包括环境分析法、产业结构分析法、竞争分析法、突发因素分析法、市场策略对获利影响的分析方法等。

关键成功因素法主要包括以下几个步骤，如图 3.4 所示。

（1）了解企业或 MIS 的战略目标。

（2）识别所有的成功因素。

（3）确定关键成功因素。

（4）明确各关键成功因素的性能指标和评估标准。

（5）制订行动计划。

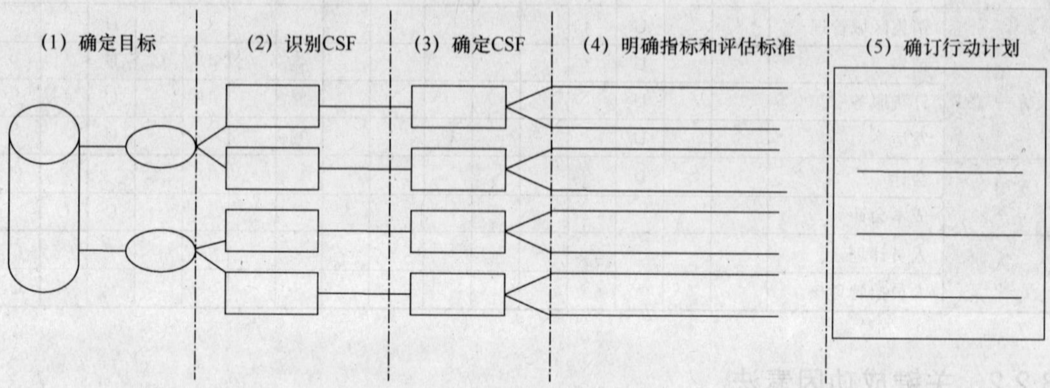

图 3.4　关键成功因素法工作步骤

关键成功因素法的优点是能够使所开发的系统具有很强的针对性，能够较快地取得收益。应用关键成功因素法需要注意的是，当关键成功因素解决后，又会出现新的关键成功因素，就必须再重新开发系统。

寻找关键成功因素的工具一般采用鱼骨图（因果图），这种工具形象直观，如图 3.5 所示是该工具的一个具体应用。该图形象分析了某企业顾客对产品不满意的主要原因涉及了人员、设备、材料、方法和环境多方面原因。

鱼骨图的绘制可以按照如下步骤进行。

（1）查找要解决的问题。

（2）把问题写在鱼骨的头上。

（3）召集同事共同讨论问题出现的可能原因，尽可能多地找出问题。

（4）把相同的问题分组，在鱼骨大骨上标出。

（5）根据不同问题征求大家意见，总结出正确的原因。

（6）逐个拿出所有问题，研究产生问题的原因。

（7）深入分析问题的多个层次，画出中骨、小骨，填写原因。

（8）列出多种解决方法。

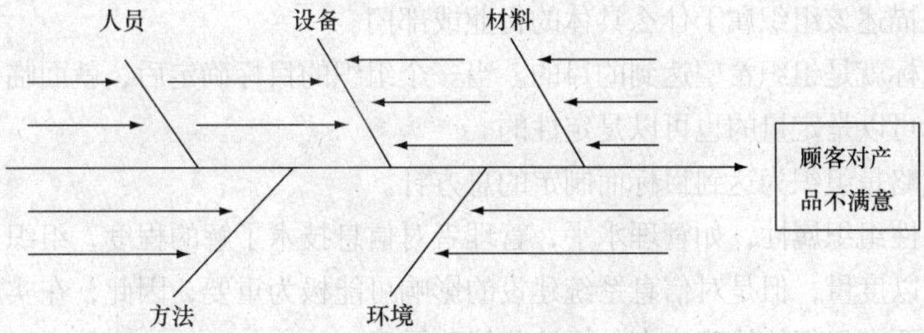

图 3.5 鱼骨图分析原因

3.2.3 战略目标集转化法

战略目标集转化法也叫战略集合转移法（Strategy Set Transformation，SST）。它是由 William King 于 1978 年提出的，他将整个战略目标看做一个“信息集合”，由使命、目标、战略和其他战略变量（如管理的复杂性、发展的趋势、重要的环境约束）等组成。信息系统的战略规划过程是把企业的战略目标转变为信息系统战略目标的过程。

战略目标集转移法的第一步是识别组织的战略集合。先考察组织是否有长期的战略计划，如果没有，可以采取以下的步骤去构造组织的战略集合。

（1）描绘出组织中各类人员结构，如生产工人、销售人员、管理人员、用户、政府代理人等。

（2）识别每类人员的目标。

（3）对于每类人员识别其使命及战略。

第（2）步的主要任务就是把组织的战略集合转化为信息系统的战略集合，包括系统的目标、约束和设计原则，这个转换过程包括对于组织战略集合的每一元素确定所对应的信息系统的战略要素。在此基础上，根据信息系统的战略集合所列举的使命、目标、战略，建立各种供选择的信息系统总体结构，提交管理部门。图 3.6 所示为信息系统战略规划过程略图。

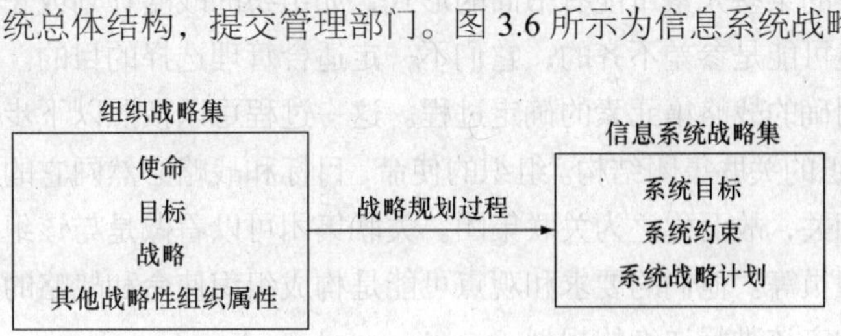

图 3.6 信息系统战略规划过程略图

图 3.6 说明信息系统战略集合来源于另一个信息集，即组织战略集，而图中信息系统战略规划过程是把由组织的使命、目标、战略以及其他组织特性组成的“组织战略集”转换成包括有系统目标、系统约束和系统战略规划的“信息系统战略集”。

1. 组织战略集

组织战略集是指组织的要求和方向等元素，是组织本身战略规划过程的产物，包括组织的使命、目标、战略以及其他一些与信息系统有关的组织属性。

组织的属性是描述该组织是什么，为什么存在，以及它能做出什么贡献。简单地说，组织的属性就是描述该组织属于什么具体的行业或部门。

组织的目标就是组织希望达到的目的。当一个组织的目标确定后，就面临着选择目标问题，这些目标可以是定量的也可以是定性的。

组织的战略是组织为达到目标而制定的总方针。

其他战略性组织属性，如管理水平，管理者对信息技术了解的程度，组织采用新技术的态度，虽然难以度量，但是对信息系统建设的影响可能极为重要，因此，在实施信息系统战略规划时一定要在组织的战略集内包括这些战略元素。

2. 信息系统战略集

信息系统战略集的构成元素有系统目标、系统约束和系统战略计划。

- 系统目标主要定义信息系统的服务要求，其描述类似于组织目标，但是更加具体。
- 系统约束包括内部约束和外部约束。内部约束产生于组织本身，如企业的人员组成、资金预算、财务计划等。外部约束来自于企业的外部，如政府和企业对组织报告的要求、信息系统所需的与其他系统的接口环境等。当然，还有许多其他的相关约束条件，也应该综合考虑。
- 系统的战略计划是信息系统战略集的重要因素，相当于在系统开发时应当遵循的一系列原则，如在提高管理决策方面的有效性原则，对系统应变能力和安全可靠性方面的要求，以及采用科学的开发方法等。如果缺少这些战略原则，就会导致信息系统开发的失误甚至失败。

3. 信息系统的战略规划过程

信息系统战略规划过程是将组织的战略集转化成一个适当的与之相关联的、一致的信息系统战略的过程。该过程主要包括以下几个步骤。

（1）识别和解释组织战略集。

组织的战略集的某些元素可能有书面的形式，如组织的战略计划或长期计划。但是，对于这些元素的描述可能是参差不齐的，它们不一定适合管理选择的目的。因此，信息系统规划者就需要一个明确的战略集元素的确定过程。这一过程可以按照以下步骤进行。

① 勾画出组织的关联集团结构。组织的使命、目标和战略必然同它的不同客户或对该组织有要求的集团相关，故而称之为关联集团。关联集团可以看做是与该组织有利害关系者，如客户、股东、雇员等。他们的要求和观点可能是构成组织使命和战略的基础，对这样的一些关联集团的结构应该进行详细的规划。

② 确定关联集团的要求。组织的使命、目标和战略要包括每个关联集团，即使用信息系统或与其直接有关的部门和人群的要求，包括对这些要求的特性做定性的描述以及直接或间接地说明这些要求被满足的程度。

③ 定义关联集团的任务和战略。一旦每个关联集团的要求特性明确后，相应的就要确定这些关联集团的任务和战略，这种联系很明显。

（2）进一步说明和验证战略集。

有了一些关于组织使命、目标和战略的初始描述后，就要送交组织的最高管理者进行审查，收集反馈信息。分析最高管理者满意的程度，然后判断战略集的优先次序，评价其他战略性组织元素。提交给企业最高管理者的形式有两种，一种是全部采用书面材料，另一种是送交评价报表。前者的形式会得到比较真实的反馈信息，而后者则容易得到最高管理者的主管意见，比较容易进行战略集合优先次序的综合判断，有助于评价其他组织的战略属性。

（3）将组织战略集转换到信息系统战略集。

该步骤是信息系统战略计划的核心过程。图 3.7 表示出了这样一个过程。图的上方是识别出来的各个关联集团，中间是“组织的战略集”，由组织的使命、目标、战略和其他战略属性构成；下方是信息系统战略集，包括系统目标、系统约束和系统设计战略。

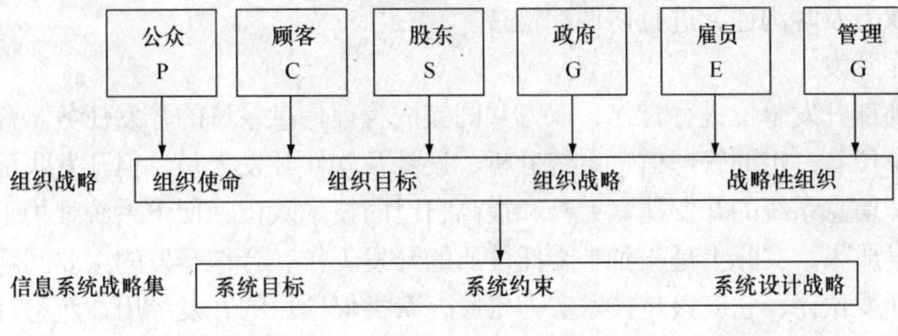

图 3.7　信息系统战略计划详图

3.3　管理信息系统的开发方式及策略

在管理信息系统开发过程中，采用何种开发方式与策略，是一个信息系统建设能否成功的关键。成功开发一个管理信息系统必须具有正确的指导思想，必要的开发条件保证，科学的组织管理，合理选择开发方式与策略。

1. 管理信息系统的开发方式

管理信息系统的开发方式主要有自行开发方式（也称独立开发方式）、委托开发方式、合作开发方式和外购商品化软件方式四种。这四种开发方式各有其优点和不足，需要根据使用单位的技术力量、资金情况、外部环境等各种因素进行综合考虑和选择。但是，不论哪种开发方式都需要有单位的领导和业务人员参加，并在管理信息系统的整个开发过程中培养、锻炼、壮大该系统的维护队伍。

（1）自行开发。

企业或单位完全以自己的力量进行自主开发。自行开发适合于自身拥有较强的管理信息系统分析与设计人才、程序设计人才、系统维护和使用人才的组织和单位，如大学、研究所、计算机公司、高科技公司等单位。自行开发的优点是开发费用少，实现开发后的系统能够适应本单位的需求且满意度较高，最为方便的是系统维护工作。缺点是由于不是专业开发队伍，容易受业务工作的限制，系统优化不够，开发水平较低，且由于开发人员是临时从所属各单位抽调出来进行管理信息系统的开发工作，这些人员在其原部门还有其他工作，所以精力有限，容易造成系统开发时间长，开发人员调动后，系统维护工作没有保证的情况。因此，一方面需要大力加强领导，实行“一把手”原则，另一方面可向专业开发人士或公司进行咨询，或聘请他们作为开发顾问。

（2）委托开发。

企业或单位将开发项目完全委托给一个开发单位，系统开发完成后再交付企业或单位使用。委托开发方式适合于使用单位无管理信息系统分析、设计及软件开发人员或开发队伍力量较弱、但资金较为充足的单位。双方应签订管理信息系统开发项目协议，明确新系统的目标和功能、开发时间与费用、系统标准与验收方式、人员培训等内容。委托开发方式的优点是省时、省事，开发的系统技术水平较高。缺点是费用高、系统维护需要开发单位的长期支持。此种开发方式需要使用单位的业务骨干参与系统的论证工作，开发过程中需要开发单位和使用单位双方及时沟通，进行协调和检查。

（3）合作开发。

企业与外部开发单位进行合作，双方共同完成管理信息系统的开发任务。合作开发方式适合于使用单位有一定的管理信息系统分析、设计及软件开发人员，但开发队伍力量较弱，希望通过管理信息系统的开发建立完善和提高自己的技术队伍，便于系统维护工作的单位。双方共享开发成果，实际上是一种半委托性质的开发工作。合作开发的主要问题是企业如何选择合适的开发伙伴，它应该是技术实力雄厚，有类似项目的开发经历，熟悉行业的特点，一般多为大专院校和科研院所，也可以通过招标的方式选择最佳开发伙伴。该方式的优点是相对于委托开发方式而言节约了资金，并可以培养、增强使用单位的技术力量，便于系统维护工作，系统技术水平较高。缺点是双方在合作中沟通易出现问题，需要双方及时达成共识，进行协调和检查。

（4）外购商品化软件。

目前，软件的开发正在向专业化方向发展。一批专门从事管理信息系统开发的公司已经开发出一批使用方便、功能强大的专项业务管理信息系统软件。为了避免重复劳动，提高系统开发的经济效益，也可以购买管理信息系统的成套软件或开发平台，如财务管理系统、小型企业管理信息系统、供销存管理信息系统等。此方式的优点是节省时间和费用，技术水平较高。缺点是通用软件的专用性较差，需要有一定的技术力量根据用户的具体要求对软件进行改善，必要时需要在原有软件平台上进行二次开发以满足实际需要。

2. 管理信息系统的开发策略

一般来说，管理信息系统的开发有三种策略：“自上而下”（Top Down）开发策略、“自下而上”（Bottom Up）开发策略和综合开发策略。在实际的管理信息系统开发中，根据项目的业务量大小、系统的复杂程序和用户对系统的期望值高低等因素，决定选择某种开发策略。另外，开发策略的选择往往和开发人员的经验、水平和习惯也有较大的关系。

（1）“自上而下”开发策略。

从企业或组织的高层管理者着手，首先考虑企业的总目标，然后确定需要哪些功能去保证目标的完成，从而划分相应的业务子系统，并进行各子系统的具体分析和设计。因此，它是从企业管理的整体进行设计，逐渐从抽象到具体，从概要设计到详细设计，体现出结构化的设计思想。“自上而下”策略的整体性和逻辑性较强，但对于一个规模较大的系统来说，可能因工作量太大而影响具体细节的考虑，并且开发费用也较大。

（2）“自下而上”开发策略。

从企业或组织的各个基层业务子系统（如物资供应、财务管理、生产管理）的日常业务处理开始进行分析和设计。当下层子系统的分析与设计完成后，再进行上一层系统的分析与设计，将各自的功能和数据加以综合考虑。该种方法可根据较少的资源边实施边见效，容易开发。但由于在具体子系统的实施时不能很好地考虑系统总目标和总功能，缺乏整体性和协调性，可能会导致功能和数据的冗余、矛盾。

（3）综合开发策略。

由于“自上而下”的方法适宜于系统的总体规划，而“自下而上”的方法适宜于系统的分析与设计阶段。因此，最好的策略是将它们结合起来使用，以便发挥各自的优点。在总体规划阶段，应用“自上而下”的策略确定新系统的目标和总体方案，在系统开发的以后各个阶段，就可以在上述系统目标和总体方案指导下，利用“自下而上”策略对一个个业务子系统进行具体功能和数据的分析、分解。这两种策略相结合，通过全面分析和调整之后，就能得到一个比较理想的新系统。

3.4 管理信息系统的开发方法

管理信息系统的开发是一项艰巨的工作，需要大量的人力、财力和时间的投入。系统开发的效率、质量、成本及用户的满意程度，除了管理和技术等方面的因素外，很大程度上取决于系统开发方法的选择。传统的系统开发方法，在编程前不重视系统的分析与设计，不重视开发文档的完善与管理。20 世纪 70 年代以来，西方在经历了“软件危机”以后，开始重视系统开发方法的研究，提出了许多新的系统开发方法。目前，管理信息系统的开发方法常用的有：结构化系统开发方法、原型法、面向对象法、计算机辅助软件工程法以及应用软件包法等。

3.4.1 结构化系统开发法

1. 结构化系统开发方法的基本思想

结构化系统开发方法（structured system development methodologies），亦称 SSA & D（Structured System Analysis and Design）或 SADT（Structured Analysis and Design Technologies），是前面所讲过的自顶向下结构化方法、工程化的系统开发方法和生命周期方法的结合，它是迄今为止开法方法中应用最普遍、最成熟的一种。

结构化系统开发方法的基本思想是用系统工程的思想和工程化的方法，按用户至上的原则，结构化，模块化，自顶向下地对系统进行分析与设计。具体来说，就是先将整个信息系统开发过程划分出若干个相对独立的阶段，如系统规划、系统分析、系统设计、系统实施等。在前三个阶段坚持自顶向下地对系统进行结构化划分。在系统调查或理顺管理业务时，应从最顶层的管理业务入手，逐步深入最基层。在系统分析，提出新系统方案和系统设计时，应从宏观整体考虑入手，先考虑系统整体的优化，然后再考虑局部的优化问题。在系统实施阶段，则应坚持自底向上地逐步实施。也就是说，组织人力从最基层的模块做起（编程），然后按照系统设计的结构，将模块一个个拼接到一起进行调试，自底向上、逐渐地构成整体系统。

2. 结构化开发方法的特点

结构化系统开发方法主要强调以下特点。

①“自顶向下”整体性的分析与设计和“自底向上”逐步实施的系统开发过程。即在系统分析与设计时要从整体全局考虑，要自顶向下地工作（从全局到局部，从领导到普通管理者）。而在系统实现时，则要根据设计的要求先编制一个个具体的功能模块，然后自底向上逐步实现整个系统。

② 用户至上。用户对系统开发的成败是至关重要的，故在系统开发过程中要面向用户，充分了解用户的需求和愿望。

③ 深入调查研究。强调在设计系统之前，深入实际单位，详细地调查研究，努力弄清实际业务处理过程的每一个细节，然后分析研究，制定出科学合理的新系统设计方案。

④ 严格区分工作阶段。把整个系统开发过程划分为若干个工作阶段，每个阶段都有其明确的任务和目标。在实际开发过程中要求严格按照划分的工作阶段，一步步地展开工作，如遇到较小、较简单的问题，可跳过某些步骤，但不可打乱或颠倒。

⑤ 充分预料可能发生的变化。系统开发是一项耗费人力、财力、物力且周期很长的工作，一旦周围环境（组织的内、外部环境、信息处理模式、用户需求等）发生变化，都会直接影响到系统的开发工作，所以结构化开发方法强调在系统调查和分析时对将来可能发生的变化给予充分的重视，强调所设计的系统对环境的变化具有一定的适应能力。

⑥ 开发过程工程化。要求开发过程的每一步都按工程标准规范化，文档资料也要标准化。

3. 系统开发的生命周期

用结构化系统开发方法开发一个系统，将整个开发过程划分为五个首尾相连接的阶段，一般称之为系统开发的生命周期（Life Cycle），如图 3.8 所示。

系统开发生命周期各阶段的主要工作如下。

（1）系统规划阶段。

系统规划阶段是根据用户的系统开发请求，进行初步调查，明确问题，确定系统目标和总体结构，确定分阶段实施进度，然后进行可行性研究。

（2）系统分析阶段。

系统分析阶段的任务是:分析业务流程；分析数据与数据流程；分析功能与数据之间的关系；最后提出分析处理方式和新系统逻辑方案。

（3）系统设计阶段。

系统设计阶段的任务是:总体结构设计；代码设计；数据库/文件设计；输入/输出设计；模块结构与功能设计。与此同时根据总体设计的要求购置与安装一些设备，进行试验，最终给出设计方案。

（4）系统实施阶段。

系统实施阶段的任务是:同时进行编程（由程序员执行）和人员培训（由系统分析设计人员培训业务人员和操作员），以及数据准备（由业务人员完成），然后投入试运行。

（5）系统运行与维护阶段

系统运行阶段的任务是同时进行系统的日常运行管理、评价、监理审计三部分工作，然后分析运行结果。如果运行结果良好，则送管理部门，指导生产经营活动；如果运行有问题，则要对系统进行修改、维护或者是局部调整；如果出现了不可调和的大问题（这种情况一般是系统运行若干年之后，系统运行的环境已经发生了根本的变化时才可能出现），则用户将会进一步提出开发新系统的要求，这标志着老系统生命的结束，新系统的诞生。这一全过程就是系统开发生命周期。在每一阶段均有小循环，在不满足要求时，修改或返回到起点。

4. 结构化系统开发方法的优缺点

结构化系统开发方法是在对传统自发的系统开发方法批判的基础上，通过很多学者的不断探索和努力而建立起来的一种系统化方法。这种方法的突出优点就是它强调系统开发过程的整体性和全局性，强调在整体优化的前提下来考虑具体的分析设计问题，即自顶向下的观点。它强调的另一个观点是严格地区分开发阶段，强调一步一步严格地进行系统分析和设计，每一步工作都及时地总结，发现问题及时地反馈和纠正，从而避免了开发过程的混乱状态，是一种目前广泛被采用的系统开发方法。

但是，随着时间的推移这种开发方法也逐渐地暴露出了很多缺点和不足。最突出的表现是它的起点太低，所使用的工具（主要是手工绘制各种各样的分析设计图表）落后，致使系统开发周期过长，带来了一系列的问题（如在漫长的开发周期中，原来所了解的情况可能发生较多的变化等）。另外，这种方法要求系统开发者在调查中就充分地掌握用户需求、管理状况以及预见可能发生的变化，这不大符合人们循序渐进地认识事物的规律性，因此在实际工作中实施有一定的困难。

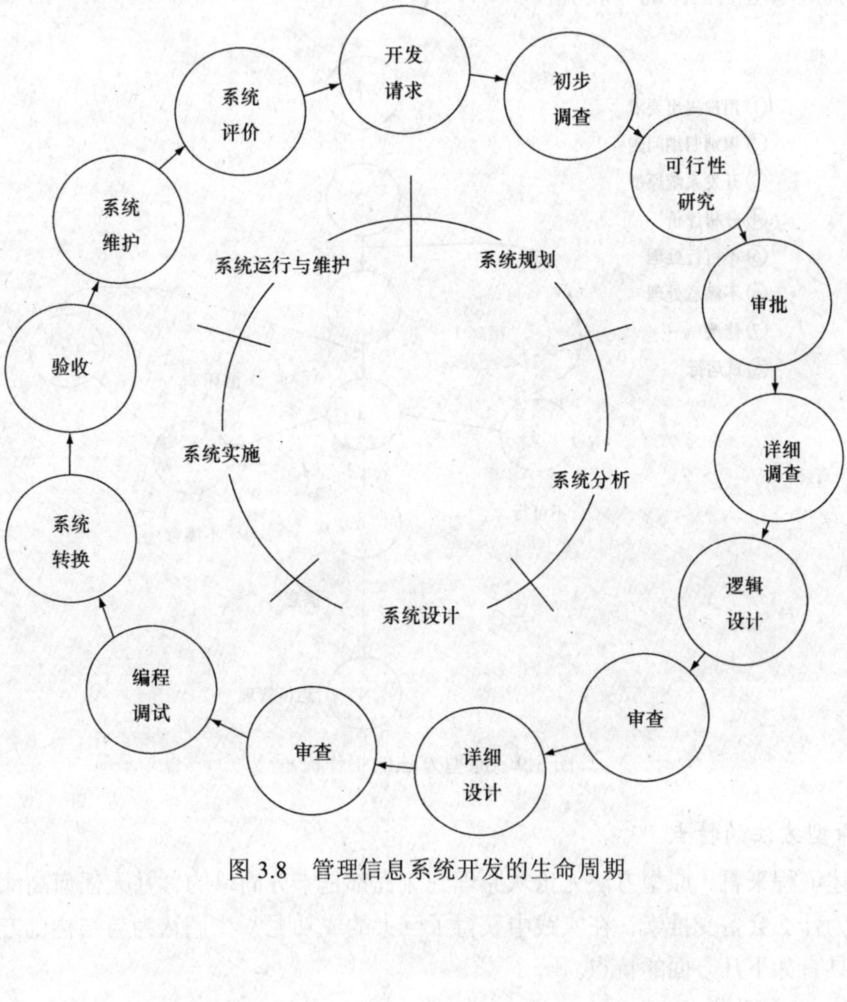

图 3.8 管理信息系统开发的生命周期

3.4.2 原型法

所谓原型（Prototype），是指由系统分析设计人员与用户合作，在短期内定义用户基本需求的基础上，开发出来的一个只具备基本功能、实验性的、简易的应用软件。原型方法（Prototyping），也称渐进法（Evolutionary）或迭代法（Iterative），是20世纪80年代随着计算机软件技术的发展，特别是在关系数据库系统（RDBS）、第四代程序生成语言和各种系统开发生成环境产生的基础之上，提出的一种从设计思想、工具、手段都全新的系统开发方法。与前面介绍的结构化方法相比，它扬弃了那种一步步周密细致地调查分析，然后逐步整理出文字档案，最后才能让用户看到结果的烦琐作法。原型法一开始就凭借着系统开发人员对用户要求的理解，在强有力的软件环境支持下，给出一个实实在在的系统原型，然后与用户反复协商修改，最终形成实际系统。

1. 原型方法的工作流程

原型方法的工作流程如图3.9所示。首先用户提出开发要求，开发人员识别和归纳用户要求，根据识别、归纳的结果，构造出一个原型（即程序模块），然后同用户一道评价这个原型。如果根本不行，则回到第③步重新构造原型；如果不满意，则修改原型，直到用户满意为止。这就是原型法工作的一般流程。

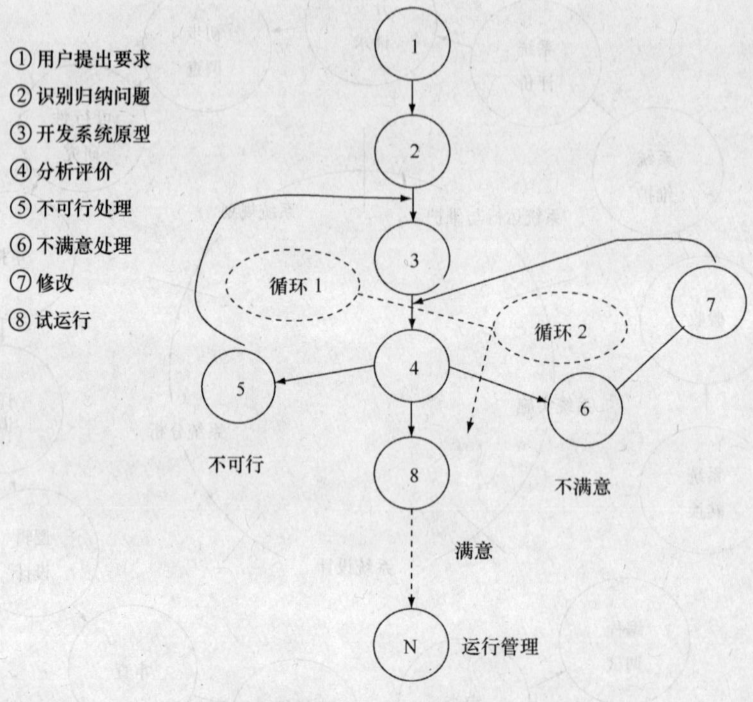

图3.9 原型方法的工作流程

2. 原型方法的特点

从上述流程来看，原型方法无论从原理到流程都是十分简单的，并无任何高深的理论和技术，但为什么会备受推崇，在实践中获得了巨大的成功呢？我们认为与结构化方法相比，原型方法具有如下几方面的特点。

（1）从认识论的角度来看，原型方法更多地遵循了人们认识事物的规律，因而更容易为人们普遍所接受，这主要表现在：①人们认识任何事物都不可能一次就完全了解，并把工作做得尽善尽美；②认识和学习的过程都是循序渐进的；③人们对于事物的描述，往往都是受环境的启发而不断完善的；④人们批评指责一个已有的事物，要比空洞地描述自己的设想容易得多，改进一些事物要比创造一些事物容易得多。

（2）原型方法将模拟的手段引入系统分析的初期阶段，沟通了人们的思想，缩短了用户和系统分析人员之间的距离，解决了结构化方法中最难于解决的一环。这主要表现在：①所有问题的讨论都是围绕某一个确定原型而进行的，彼此之间不存在误解和答非所问的可能性，为准确认识问题创造了条件；②有了原型后才能启发人们对原来想不起来或不易准确描述的问题有一个比较确切的描述；③能够及早地暴露出系统实现后存在的一些问题，促使人们在系统实现之前就加以解决。

（3）充分利用了最新的软件工具，摆脱了老一套工作方法，使系统开发的时间、费用大大地减少，效率、技术等都大大地提高。

3．软件支持环境

原型方法有很多长处，有很大的推广价值。但必须指出，它的推广应用必须要有一个强有力的软件支持环境作为背景，没有这个背景它将变得毫无价值。一般认为原型方法所需要的软件支撑环境主要有以下几方面。

（1）一个方便灵活的关系数据库系统（RDBS）。

（2）一个与 RDBS 相对应的，方便灵活的数据字典，它具有存储所有实体的功能。

（3）一套与 RDBS 相对应的快速查询系统，能支持任意非过程化的（即交互定义方式）组合条件查询。

（4）一套高级的软件工具（如 4GL 或信息系统开发生成环境等），用以支持结构化程序，并且允许采用交互的方式迅速地进行书写和维护，产生任意程序语言的模块（即原型）。

（5）一个非过程化的报告或屏幕生成器，允许设计人员详细定义报告或屏幕输出样本。

4．适用范围

作为一种具体的开发方法，原型法不是万能的，有其一定的适用范围和局限性。这主要表现在以下几方面。

（1）对于一个大型的系统，如果不经过系统分析来进行整体性划分，想要直接用屏幕来一个一个地模拟是很困难的。

（2）对于大量运算的、逻辑性较强的程序模块，原型方法很难构造出模型来供人评价。因为这类问题没有那么多的交互方式（如果有现成的数据或逻辑计算软件包，则情况例外），也不是三言两语就可以把问题说得清楚的。

（3）对于原基础管理不善、信息处理过程混乱的问题，使用有一定的困难。首先是由于工作过程不清，构造原型有一定困难；其次是由于基础管理不好，没有科学合理的方法可依，系统开发容易走上机械地模拟原来手工系统的轨道。

（4）对于一个批处理系统，其大部分是内部处理过程，这时用原型方法有一定的困难。

综上所述，我们得出结论，原型方法是在信息系统研制过程中的一种简单的模拟方法，与最早人们不经分析直接编程时代以及结构化系统开发时代相比，它是人类认识信息系统开发规律道路上的“否定之否定”。它站在前者的基础之上，借助于新一代的软件工具，螺旋式地上升到了一个新的更高的起点，它“扬弃”了结构化系统开发方法的某些烦琐细节，继承了其合理的内核，是对结构化开发方法的发展和补充。这种相互补充、相互促进的系统开发方式将会是今后若干年信息系统或软件工程中所使用的主要方法。

3.4.3 面向对象开发方法

面向对象系统的开发方法是从 20 世纪 80 年代各种面向对象的程序设计方法（如 small talk，C++等）逐步发展而来的。面对对象方法（Object Oriented，OO 方法）一反那种功能分解方法只能单纯反映管理功能的结构状态，数据流程模型（Data Flow Diagram，DFD）只是侧重反映事物的信息特征和流程，信息模拟只能被动地迎合实际问题需要的做法，从面向对象的角度为我们认识事物，进而为开发系统提供了一种全新的方法。

1. OO 方法的基本思想

OO 方法认为，客观世界是由各种各样的对象组成的，每种对象都有各自的内部状态和运动规律，不同对象之间的相互作用和联系构成了各种不同的系统。当我们设计和实现一个客观系统时，如能在满足需求的条件下，把系统设计成由一些不可变的（相对固定）部分组成的最小集合，这个设计就是最好的。而这些不可变的部分就是所谓的对象。

对象是 OO 方法的主体，对象至少应有以下特征。

（1）模块性。

即对象是一个独立存在的实体，从外部可以了解它的功能，但其内部细节是“隐蔽”的，它不受外界干扰。对象之间的相互依赖性很小，因而可以独立地被其他各个系统选用。

（2）继承和类比性。

事物之间都有一定的相互联系，事物在整体结构中都会占有它自身的位置。在对象之间有属性关系的共同性，在 OO 方法学中称之为继承性，即子模块继承了父模块的属性。通过类比方法抽象出典型对象的过程称之为类比。

（3）动态连接性。

即各种对象之间统一、方便、动态的消息传统机制。

因此，以对象为主体的 OO 方法就可以简单解释如下。

① 客观事物都是由对象（object）组成的，对象是在原事物基础上抽象的结果。任何复杂的事物都可以通过对象的某种组合结构构成。

② 对象由属性和方法组成。属性（attribute）反映了对象的信息特征，如特点、值、状态等。而方法（method）则是用来定义改变属性状态的各种操作。

③ 对象之间的联系主要是通过传递消息（message）来实现的，而传递的方式是通过消息模式（message pattern）和方法所定义的操作过程来完成的。

④ 对象可按其属性进行归类（class）。类有一定的结构，类上可以有超类（super class），类下可以有子类（subclass）。这种对象或类之间的层次结构是靠继承关系维系着的。

⑤ 对象是一个被严格模块化了的实体，称之为封装（encapsulation）。这种封装了的对象满足软件工程的一切要求，而且可以直接被面向对象的程序设计语言接受。

2. OO 方法的开发过程

按照上述思想，可将用 OO 方法开发的工作过程分为四个阶段。

- 系统调查和需求分析。对系统将要面临的具体管理问题以及用户对系统开发的需求进行调查研究，即先弄清要干什么的问题。
- 分析问题的性质和求解问题。在繁杂的问题城中抽象地识别出对象以及其行为、结构、属性、方法等。这一阶段一般被称之为面向对象分析，简称为 OOA。
- 整理问题。即对分析的结果作进一步地抽象、归类、整理，并最终以范式的形式将它们确定下来。这一阶段一般被称之为面向对象设计，简称为 OOD。
- 程序实现。即用面向对象的程序设计语言将上一步整理的范式直接映射（即直接用程序语言来取代）为应用程序软件。这一阶段一般被称之为面向对象的程序，简称为 OOP。

3．OOA 方法

面向对象的分析方法，即 OOA 方法，它是 OO 方法的一个组成部分。在一个系统的开发过程中进行了系统业务调查以后，就可以按照面向对象的思想来分析问题。但应该注意的是，OOA 所说的分析与结构化分析有较大的区别。OOA 所强调的是在系统调查资料的基础上，针对 OO 方法所需要的素材进行的归类分析和整理，而不是对管理业务现状和方法的分析（这也正是 OOA 方法在信息系统开发过程中目前还很少被人实际应用的原因之一）。

（1）处理复杂问题的原则。

用 OOA 方法对所调查结果进行分析处理时，一般依据以下几项原则。

① 抽象（abstraction）。是指为了某一分析目的而集中精力研究对象的某一性质，可以忽略其他与此目的无关的部分。在使用这一概念时，我们承认客观世界的复杂性，也知道事物包括有多个细节，但此时并不打算去完整地考虑它。抽象是科学地研究和处理复杂问题的重要方法。

抽象机制被用在数据分析方面，称之为数据抽象。数据抽象是 OOA 的核心。数据抽象把一组数据对象及作用其上的操作组成一个程序实体，使得外部只知道它是如何表示的。在应用数据抽象原理时，系统分析人员必须确定对象的属性以及处理这些属性的方法，并借助于方法获得属性。在 OOA 中属性和方法被认为是不可分割的整体。

抽象机制有时也被用在对过程的分解方面，被称之为过程抽象。恰当的过程抽象可以对复杂过程的分解和确定以及描述对象发挥积极的作用。

② 封装（encapsulation）。即信息隐蔽。它是指在确定系统的某一部分内容时，应考虑到其他部分的信息及联系都在这一部分的内部进行，外部各部分之间的信息联系应尽可能得少。封装的原则很像 SSA&D 中划分子系统或模块时的内部信息聚合度（cohesion）原则。如果分析人员能在 OOA 中封装需求分析的各个部分，则当需求改变时，各部分相对独立，系统的维护将对整个系统的影响程度减至最小。

③ 继承（inheritance）。是指能直接获得已有的性质和特征而不必重复定义它们。OOA 可以一次性地指定对象的公共属性和方法，然后再特化和扩展这些属性及方法为特殊情况，这样可大大地减轻在系统实现过程中的重复劳动。在共有属性的基础之上，继承者也可以定义自己独有的特性。

例如，计算机和质谱分析仪可以看做是设备管理中设备类的特化。这样，设备管理的一些特征指标可以被计算机和质谱分析仪理所当然地继承了下来。当然为了准确地描述计算机和质谱分析仪，在继承的基础上，还要定义一些特定计算机和质谱分析仪的属性。

④ 相关（association）。意指联合（union）或连接（connection），是指把某一时刻或相同环境下发生的事物联系在一起。

⑤ 消息通信（communication with message）。是指在对象之间互相传递信息的通信方式。

⑥ 组织方法。在分析和认识世界时，可综合来用如下三种组织方法（method of organization）:a.特定对象与其属性之间的区别，如股票与某种股票之间的关系；b.整体对象与相应组成部分对象之间的区别，如有价证券与具体某种股票和债券之间的关系；c.不同对象类的构成及其区别，如股票与债券等。

⑦ 比例（scale）。是一种运用整体与部分原则，辅助处理复杂问题的方法。

⑧ 行为范畴（categories of behavior）。多是针对被分析对象而言的，它们主要包括:a.基于直接原因的行为；b.时变性行为；c.功能查询性行为。

（2）OOA 方法。

OOA 方法是建立在对处理对象客观运行状态的信息模拟（实体关系图和语义数据模型）和面向对象程序设计语言的概念基础之上，这种关系可以形象地用图 3.10 表示。

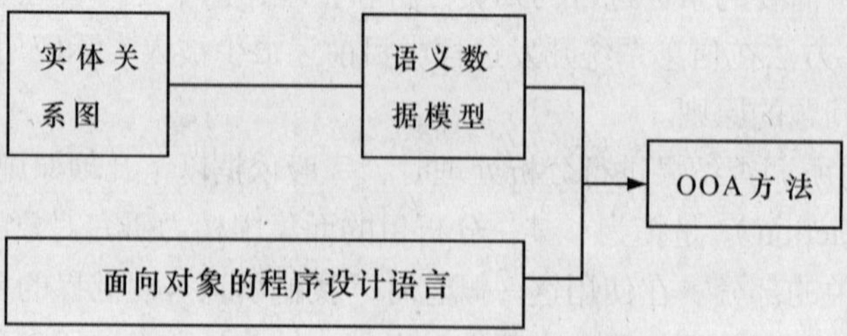

图 3.10　OOA 抽象的方法

OOA 方法从信息模拟中汲取了属性、关系、结构以及对象作为问题域中某些事物的、实体的表示方法等概念，从面向对象的程序设计语言中吸取了属性和方法的封装，属性和方法作为一个不可分割的整体以及分类结构、继承性等概念。面向对象的分析强调如下基本观点。

① 分析和规格说明的总体框架贯穿结构化方法，如整体和局部、类和成员、对象、属性等。

② 用消息进行用户和系统之间以及系统中实体之间的相互通信。

③ 在总体框架中对每个部分提供的方法和性能进行分类。

在用 OOA 具体地分析一个事物时，大致上遵循如下五个基本步骤。

第一步，确定对象和类。这里所说的对象是对数据及其处理方式的抽象，它反映了系统保存和处理现实世界中某些事物的信息的能力。类是多个对象的共同属性和方法集合的描述，它包括如何在一个类中建立一个新对象的描述。

第二步，确定结构。这里所说的结构是指问题域的复杂性和连接关系。类成员结构反映了泛化—特化关系，整体—部分结构反映整体和局部之间的关系。

第三步，确定主题。这里所说的主题是指事物的总体概貌和总体分析模型。

第四步，确定属性。这里所说的属性就是数据元素，可用来描述对象或分类结构的实例，可在图中给出，并在对象的存储中指定。

第五步，确定方法。这里所说的方法是指在收到消息后必须进行的一些处理方法。方法要在图中定义，并在对象的存储中指定。对于每个对象和结构来说，那些用来增加、修改、删除和选择一个方法本身都是隐含的（虽然它们是要在对象的存储中定义的，但并不在图上给出），而有些则是显示的，如计算费用等。

4. OOD 方法

面向对象的设计方法是 OO 方法中一个中间过渡环节。其主要作用是对 OOA 分析的结果作进一步的规范化整理，以便能够被 OOP 直接接受。在 OOD 的设计过程中，要展开的主要有如下几项工作。

（1）对象定义规格的求精过程。

对于 OOA 所抽象出来的对象—&—类以及汇集的分析文档，OOD 需要有一个根据设计要求整理和求精的过程，使之更能符合 OOP 的需要。这个整理和求精过程主要有两个方面：一是要根据面向对象的概念模型整理分析所确定的对象结构、属性、方法等内容，改正错误的内容，删去不必要和重复的内容等；二是进行分类整理，以便于一步数据库设计和程序处理模块设计的需要。整理的方法主要是进行归类，对类—&—对象、属性、方法和结构、主题进行归类。例如，在对学校系统的分析中，会抽象出若干个类—&—对象，它们反映的都是人（教师、学生、职工等），于是设计机制应考虑将它们归类到一起。希望先从人的描述开始，将人的属性通过继承机制加到学生、教师和职工的定义中去。

（2）数据模型和数据库设计。

数据模型的设计需要确定类—&—对象属性的内容、消息连接的方式、系统访问（access）、数据模型的方法等。最后每个对象实例的数据都必须落实到面向对象的库结构模型中。这个过程类似于后面提到的管理指标体系和基础数据统计指标体系。但不同的是，它不是从管理功能和基础业务处理过程着手考虑问题的，而是从类—&—对象属性集合角度考虑问题。

（3）优化。

OOD 的优化设计过程是从另一个角度对分析结果和处理业务过程的整理归纳，优化包括对象和结构的优化、抽象和集成。

对象和结构的模块化表示为 OOD 提供了一种范式，这种范式支持对类和结构的模块化。这种模块符合一般模块化所要求的所有特点，如信息隐蔽性好，内部聚合度强和模块之间耦合度（coupling）弱等。

抽象表示对明抽象（abstraction by specification）和参数化抽象（abstraction by parameterization）。

集成化使得单个构件有机地结合在一起，相互支持。

5. OO 方法的特点和面临的问题

OO 方法以对象为基础，利用特定的软件工具直接完成从对象客体的描述到软件结构之间的转换。这是 OO 方法最主要的特点和成就。OO 方法的应用解决了传统结构化开发方法中客观世界描述工具与软件结构的不一致性问题，缩短了开发周期，解决了从分析和设计到软件模块结构之间多次转换映射的繁杂过程，是一种很有发展前途的系统开发方法。但是同原型方法一样，OO 方法需要一定的软件基础支持才可以应用，另外在大型的 MIS 开发中如果不经自顶向下的整体划分，而是一开始就自底向上的采用 OO 方法开发系统，同样也会造成系统结构不合理、各部分关系失调等问题。所以笔者认为 OO 方法和结构化方法目前仍是两种在系统开发领域相互依存的、不可替代的方法。

3.4.4 CASE 方法

计算机辅助开发方法也称计算机辅助软件工程法（Computer Aided Software Engineering CASE），它是一种自动化和半自动化的系统开发方法。它集图形处理技术、程序生成技术、关系数据库技术和各类开发工具于一身，全面支持系统调查以外的每个开发步骤。严格地说，CASE 并不是真正意义上的独立方法。目前，CASE 仍是一个发展中的概念。各种 CASE 软件也较多，没有统一的模式和标准。

1. CASE 方法的基本思路

如果严格地从认知方法论的角度来看，计算机辅助开发并不是一门真正独立意义上的方法，但目前就 CASE 工具的发展和它对整个开发过程所支持的程度来看，又不失为一种实用的系统开发方法，值得推荐。

CASE 方法解决问题的基本思路是:在前面所介绍的任何一种系统开发方法中，如果自对象系统调查后，系统开发过程中的每一步都可以在一定程度上形成对应关系的话，那么就完全可以借助于专门研制的软件工具来实现上述一个个的系统开发过程。这些系统开发过程中的对应关系包括:结构化方法中的业务流程分析→数据流程分析→功能模块设计→程序实现；业务功能一览表→数据分析、指标体系→数据 / 过程分析→数据分布和数据库设计→数据库系统等；OO 方法中的问题抽象→属性、结构和方法定义→对象分类→确定范式→程序实现等。

另外，由于在实际开发过程中上述几个过程很可能只是在一定程度上对应（不是绝对的一一对应），故这种专门研制的软件工具暂时还不能一次"映射" 出最终结果，还必须实现其中间过程，即对于不完全一致的地方由系统开发人员再作具体修改。上述 CASE 的基本思路决定了 CASE 环境具有以下特点。

（1）在实际开发一个系统中，CASE 环境的应用必须依赖于一种具体的开发方法，如结构化方法、原型方法、OO 方法等，而一套大型完备的 CASE 产品，能为用户提供支持上述各种方法的开发环境。

（2）CASE 只是一种辅助的开发方法。这种辅助主要体现在它能帮助开发者方便、快捷地产生出系统开发过程中各类图表、程序和说明性文档。

（3）由于 CASE 环境的出现从根本上改变了开发系统的物质基础，从而使得利用 CASE 开发一个系统时，在考虑问题的角度、开发过程的做法以及实现系统的措施等方面都与传统方法有所不同，故常有人将它称之为 CASE 方法。

2. CASE 的特点

CASE 方法与其他方法相比，具有如下几方面的特点。

（1）解决了从客观世界对象到软件系统的直接映射问题，强有力地支持软件/信息系统开发的全过程。

（2）使结构化方法更加实用。

（3）自动检测的方法大大地提高了软件的质量。

（4）使原型化方法和 OO 方法付诸于实施。

（5）简化了软件的管理和维护。

（6）加速了系统的开发过程。

（7）使开发者从繁杂的分析设计图表和程序编写工作中解放出来。

（8）使软件的各部分能重复使用。

（9）产生出统一的标准化的系统文档。

（10）使软件开发的速度加快而且功能进一步完善。

3.5 企业流程重组

20 世纪 80 年代以来，国际管理学术界和企业界兴起了管理改革的热潮。首先兴起的是企业流程改进（Business Process Improvement，BPI）寻求对企业的业务流程的连续、渐进的改进。然而许多企业发现这种渐进的改进并不能从根本上解决企业所面临的挑战问题。1990 年美国管理学家 Hammer 将“重新设计”（Reengineering）的思想引入关联领域，1993 年美国管理学家 Champy 和 Hammer 提出了企业流程重组（Business Process Reengineering，BPR）的概念。BPR 在 20 世纪 90 年代成了西方管理界和企业界的热门话题，被认为是现代管理界的一场革命。一些大企业，如福特汽车、通用电器、IBM 等从 BPR 中获得了巨大的成功。然而据统计，企业流程重组的失败率却高达 70%以上。这说明究竟是实行 BPI 还是 BPR，需要根据企业面临的具体情况对待。

1. 企业流程重组的基本思想

企业流程又叫企业过程，是指为完成企业目标或任务而进行的一系列跨越时空的逻辑相关的一组活动。由于企业流程比企业的内部组织机构相对稳定，面向企业流程的信息系统在组织机构与管理体制变化时依然能够保持相对稳定的工作能力。20 世纪 90 年代后，企业流程在管理改革和信息系统建设中备受关注，此前，人们更加关注的是企业管理的层次结构和职能结构。企业流程直接体现企业的核心能力，是企业完成其使命、实现其目标的基础。传统的企业管理模式下的企业流程，非增值环节多，信息传递慢，同一流程各个环节之间和不同环节之间的关系混乱。特别是完整的企业流程被不同的部门分割，使企业难以及时捕捉迅速变化的市场机会，致使整个企业的效率与效益不高，竞争力不强，对市场形势与用户需求的变化反映迟钝，应变能力差。必须应用现代信息技术与管理方法，对企业流程进行改革与创新，企业才能在新的经济环境和市场形势下得以生存和发展。

企业系统规划法和关键成功因素法主要是以现行系统为基础，主管上先肯定现行系统的合理性，因此，他们从过程的观点看待企业，考虑更多的是在现行系统过程的基础上通过应用现代管理技术，借助于计算机技术来分析设计系统。虽然也涉及企业过程的改造，但是力度不够。由于企业的外部环境发生了深刻的变化，市场竞争日趋激励，企业的内部条件也随之变化，它能从市场获得资源的机会处于变化之中，多数情况下，应用企业系统规划法和关键成功因素法无法有效地解决企业面临的问题，难以获得预期的效益，必须重新考虑现行系统的合理性，因而提出了企业流程重组的概念。

2. 企业流程重组的概念

美国学者哈默（Hammer）和杰姆培（Champy）提出企业流程重组的概念是指对企业流程进行根本的再思考和彻底的再设计，以求企业的关键性能指标如质量、成本、服务、效益等，获得巨大的提高。

所谓根本的，是指不是枝节的、表面的，而是本质的。对现行系统进行彻底的怀疑，与企业系统规划法和关键成功因素法不同，它首先认为“现行系统都是不合理的”，强调用敏锐的眼光看出企业的问题，只有看出问题、看透问题，才能更好地解决问题。按照美国的说法是：在管理科学家的眼里，美国现在所有的政府和企业的管理均是“一无是处”。

所谓彻底的，就是要大破大立，不是一般的修补，这样才能为流程重组打下基础。正像我国政府改革那样，先转变政府职能，再精简组织结构，只有这样才能彻底。

所谓巨大的提高，是指成十倍、百倍，甚至千倍的提高，能够快速见到实际效果，使企业在量变的基础上发生质变，产生飞跃点。而不是改革了很长的时间，才提高 20%～30%。例如，有的企业人员裁减到原先的 10%，产量却提高了 10 倍，总体效益提高了上百倍。有的企业在 2～3 年内营业额从几亿元猛增到几百亿元。这种巨大的增长是在原来近似性增长的基础上的一种非线性的跳跃，是质的飞跃。可见，抓住跳跃点对企业流程重组十分关键。

企业流程与企业的运行方式、组织的协调合作、人的组织管理、新技术的应用于融合等紧密相关，因而，企业的流程重组不仅涉及技术，也涉及人文因素，包括观念的更新，组织的改革等，以新型的企业文化代替老的企业文化，以新的企业流程代替原有的企业流程，以扁平化的企业组织代替金字塔型的企业组织。其中，信息技术的应用是企业流程重组的核心，信息技术既是流程重组的出发点，也是流程重组的最终目标的体现者。

3. 企业流程重组的原则

企业流程重组应遵循以下原则。

（1）有一个明确的、具有启发性的目标，即共同目标。把企业流程看成是企业战略的对象，将企业流程与企业战略联系起来是流程重组项目成功的必要条件。然而，在一个复杂的大型企业中，战略和流程之间往往存在鸿沟。连接企业战略和企业流程的桥梁式流程远景。因此，流程创新应先从企业的战略开始，所期望的战略定位和流程远景应是企业流程再造的起点。

（2）充分考虑顾客的价值。在当今以消费为导向的时代，对急速变化的市场作出快速反应，有效地提供给顾客满意的产品和服务时企业流程重组的另一个驱动力。

（3）服从统一指挥。企业流程再造必须是一个自顶而下的过程，同时它又是一个跨越部门的综合性的全新的工程，为确保 BPR 的实施，必须使员工服从统一指挥。同时，要求领导者必须是企业高层的、资历深厚的、有威信的人员。

（4）做好横向和纵向沟通。一方面流程自顶向下推行，管理者必须为什么这样做，如何做，还要是员工理解流程重组的方法和目标；另一方面，流程重组会造成中层管理人员减少，这就要求部门之间增加沟通。

（5）树立典范、逐步推进，充分利用变革的连环效应。BPR 在实施过程中，并不可能所有的流程并驾齐驱，这要求精心挑选适当规模的实验项目，使企业的绩效得到明显地增长，向员工们表明流程重组的有效性，树立典范。然后再推广到整个组织，从而引起整个组织的变革，实现连环效应。

4. 企业流程重组的步骤

企业流程重组的过程就是为了寻找出合理的信息流，一般来讲，企业中存在物流、资金流、信息流等，而管理信息系统则是信息流的集中体现。如果一个企业在管理信息系统的开发过程中不进行流程重组，仅仅是用计算机模拟原有的企业流程，就势必会将原来的一些低效、冗余的业务处理过程带入多开发的信息系统中去，从而导致该信息系统的低效性。从这个意义上讲，企业流程重组就是为了寻找合理的信息流。

根据美国 BPR 专家 J. Teng 对众多企业和咨询公司所采用的 BPR 方法进行的归纳和总结，可以看出多数 BPR 方法都可以概括为下面七个阶段的工作。

（1）设计远景：企业高层主管应当从企业战略的高度来考虑 BPR。在项目启动第一阶段，高层主管就应该考虑的 BPR 的必要性。过去的流程是否需要做根本性的改变？项目需要达到怎样的目标？只有对这些问题有了清晰的认识，才能推动后续的流程改造有条不紊地进行。

（2）项目启动：在此阶段企业高层主管需要确定哪些流程需要再造，设定清晰的流程再造目标，成立 BPR 项目领导小组并制定详细的项目规划。这里需要强调的是：企业一定要让了解企业业务的高层主管直接加入项目小组并担任主要领导。

（3）流程诊断：对现有流程和子流程进行建模和分析，诊断现有流程，发现流程中的瓶颈，为流程再造定义基准。尽管一些专家认为 BPR 不应当拘泥于当前流程，但在实际工作中，忠实地描述现有流程，在此基础上寻找流程再造的突破口还是最直接的方法。

（4）设计新流程：在分析原有流程的基础上，设计新的流程原型并设计支持新流程的 IT 架构。此阶段的主要任务包括定义新流程的概念模型、设计新流程原型和细节、设计与新流程配套的人力资源结构、分析和设计新的信息系统。

（5）实施新流程：新流程是否可靠、方便、完善，还有待于这一阶段的检验。在 BPR 实践中得到的经验是：在此阶段，工作方式的变革容易产生一些困惑，需要通过管理层、项目组和员工之间的广泛沟通来消除矛盾。

（6）流程评估：业务流程再造结束后，就可以根据项目开始时设定的目标对当前流程进行评估，看新的流程是否达到了预期目标。

（7）持续改善：一次 BPR 项目的实施并不代表公司改革的任务完成，整个企业的绩效需要持续改善才能实现。这种持续的改善实际上就是不断对流程的分析和改变。

5. BPR 的几种经典方法

对于一个企业来说，BPR 是一个重大而复杂的系统工程，在项目实施过程中涉及多方面的活动和工作。参与企业信息化的成员在整个 BPR 过程中，不但应当知道如何进行 BPR，由谁来进行 BPR，而且还需要了解一些进行 BPR 的方法和工具。参加 BPR 的成员们如果能够有效地利用现代的 BPR 工具，就可以更有效地对企业中的问题流程进行改造，将 BPR 的各个阶段的工作有机地协调起来。在 BPR 中可以用到的技术和方法有很多，下面介绍一些常用的手法。

（1）头脑风暴法和德尔菲法。在讨论公司战略远景规划、决定企业再造时机过程中，头脑风暴法和德尔菲法是两种有用的方法。在运用头脑风暴法进行讨论时，鼓励与会者提出尽可能大胆的设想，同时不允许对别人提出的观点进行批评。运用头脑风暴法有助于发现现有企业流程中的弊病，提出根本性的改造设想。一些软件工具也可以用来支持这种讨论，与会者可以同时和匿名地对讨论议题提出他们的建议和意见，根据关键字来进行存储、检索、注释、分类和评价。德尔菲法则经常用来论证企业再造方案的可行性。可以将初步的再造方案发给若干事先选定的信息系统专家，征求他们的意见。然后将各位专家的反馈意见经过整理和分析后，第二次再发给专家，让他们考虑其他专家的看法，对有分歧的地方进行更深入地思考。这样，经过几轮征集，最终可获得比较一致的意见。这对于减少 BPR 的风险、设置正确的信息化战略是十分有用的。

（2）价值链分析法。在对企业的流程进行分析并选择被改造流程时，可以采用哈佛大学波特教授提出的价值链分析法。价值链分析法是辨别某种“价值活动”是否能给本企业带来竞争力的方法。这一理论最早发表在波特的一篇关于如何将价值链分析与信息技术结合起来的论文中，后来被发展成为企业战略分析的重要手段，对企业信息化建设也有很重要的应用价值。波特认为，在一个企业中，可以将企业的活动分为主要活动与辅助活动两种。主要活动包括采购物流、生产制造、发货物流、市场营销、售后服务等，辅助活动包括高层管理、人事劳务、技术开发、后勤供应等方面的活动。以上各项活动因企业或行业不同而具体形式各异，但所有的企业都是从这些活动的链接和价值的积累中产生了面向顾客的最终价值。因此，将一个企业的活动分解开来，并分析每一个链条上的活动的价值，就可以发现究竟哪些活动是需要改造的。例如，可以按照某项业务将有关的活动细分为几个范围(如将产品销售分解成市场管理+广告+销售人员管理+……)，从中发现可以实现差别化和产生成本优势的活动。

（3）ABC 成本法又称作业成本分析法。主要用于对现有流程的描述和成本分析。作业成本分析法和上述价值链分析法有某种程度的类似，都是将现有的业务进行分解，找出基本活动。但作业成本分析法着重分析各个活动的成本，特别是活动中所消耗的人工、资源等。

（4）标杆瞄准法。标杆瞄准法可用在设立改革的目标和远景、确定流程再造的基准等方面。在许多行业都有一些成功的企业，这些企业的做法可以为行业中的其他企业所效仿，因此，也可以将这些企业的一些具体的指标作为其他企业的标杆。丰田汽车的投资回报率（ROI）曾被作为日本汽车行业的标杆。当日产公司发现自己的投资回报率还不到丰田的一半时，他们就意识到问题的严重性。通过分析自己的业务流程，他们最后决定关闭了这间工厂。

（5）流程建模和仿真。对企业现有业务流程的分析并提出改造的方案可以用计算机软件的方法来进行，这就是企业信息流程建模。目前已经有许多企业信息流程建模方法和相应的软件系统问世。ARIS（集成化信息系统架构）方法和工具是由德国萨尔大学企业管理研究所所长及 IDS-Scheer 公司总裁 Wilhelm Scheer 教授所提出。其设计理念是希望提出一个整合性的框架，将描述一个企业流程的重要观念尽量纳入到模型之中。IDEF0 方法是 ICAM DEFinition Method 的简称，是美国空军 20 世纪 70 年代末 80 年代初在 ICAM(Integrated Computer Aided Manufacturing)基础上采用 SADT 等方法发展起来的一套建模和分析方法。

1990 初期，IDEF 用户协会与美国国家标准与技术学会合作，建立了 IDEF0 标准，并在 1993 年公布为美国信息处理标准。目前，IDEFO 是多种国际组织所承认的标准。为了减少项目的复杂性，使项目得以顺利进展，项目实施小组可以运用基于计算机软件的建模分析工具，如 BPWIN 等来建模。使用这些方法对企业业务流程建模后，不但描述企业现行流程，进行流程诊断和设计新流程，还可以对企业业务流程进行有关成本、效益等方面的模拟和分析。

在上述这些方法中，头脑风暴、德尔菲法、价值链分析和竞争力分析都是经典的管理方法和技术，而 ABC 成本法、标杆瞄准法、流程建模和仿真则是比较新的方法，尤其是流程建模和仿真，为 BPR 项目提供了有力的工具。将上面这些的方法和技术综合在一起，就为 BPR 团队提供了一整套有力的工具，可以在整个业务流程再造过程中运用。

案例 1

某集团制定企业信息系统战略规划的案例

1. 背景介绍

某集团型企业，拥有多个子公司，集团公司的主要功能，除对投资决策、战略规划等方面进行统一运作外，还对采购、销售、库存、财务等进行统一管理，其目标是追求功能和业务领域的优化和协同性，以求得市场份额的不断增长。各子公司主要以产品项目为中心，开展专业化生产活动，以支持集团公司的多元化产品发展战略。该集团已经制定的企业发展战略是：建立标准规范、统一平台的集约化财务管理，建立集中采购和统一配送的物流和销售管理模式，建立集团化的战略决策支持系统。

2. 信息战略规划要坚持三大原则

高度集成原则——集团的信息化规划要符合集中式管理的集成要求；总体优化原则——集团的信息化系统要总体规划，统一标准、统一平台；信息充分柔性原则——指集团的信息化系统要考虑企业未来发展的需要和分步实施的要求。

3. 信息应用系统的建设目标

根据企业的发展战略目标，集团信息战略规划为：构造一个支持集团化管理和异地化信息管理系统的信息化管理平台，并在此平台上建立“四个中心”、“三个快速反映体系”、“三个JIT”。“四个中心”是指数据中心、文件中心、结算中心、财务中心；“三个快速反映体系”是指快速营销体系、快速供应体系、快速生产体系；“三个JIT”是指定时、定量、定点采购，定时、定量、定点送料，定时、定量、定点配送。

4. 信息规划常用的方法

信息规划战略常用的方法有BSP业务系统规划法、CSF关键成功因素法、SST战略集合转化法等。BSP方法的基本思路：要求所建立的信息系统支持企业目标；表达所有管理层次的要求；向企业提供一致性信息；对组织机构的变革具有适应性实质。CSF方法的基本思路：通过分析找出使企业成功的关键因素，围绕其确定系统需求，进行规划。SST方法的基本思路：把整个战略目标看成“信息集合”（使命、目标、战略、管理复杂性、环境约束等）。信息战略规划的过程就是把组织的战略目标转化为信息系统战略目标的过程。

不同的企业由于经营战略、企业规模和管理水平的不同，以及处在信息化建设的不同阶段，制定信息技术战略的出发点不同，可能会采取不同的方法，也可以综合运用几种方法。但是，不论采用哪种方法，都要从企业经营战略出发而不是从信息系统的需求出发，避免陷入脱离目标而进行盲目建设的困境，要着眼于引进现代管理理念、模式和方法，从经营管理的变革出发而不是从技术的变革出发，有利于充分利用企业的现有资源来满足关键需求，避免信息系统无法有效地支持组织的决策。

一般信息化战略要根据企业的发展的战略不断地作出调整，以适应企业发展的需要，信息战略的目标、任务、重点可以变，但是企业的基础信息框架不能有大的变动，对信息资源基础管理不能变，这样才能保证信息系统的完整性，不致于由于信息战略变化而引起新的信息孤岛。

5. 分三个阶段，开展集团信息化建设

在本案例中，集团的信息化可以分三个阶段来走，每个阶段又有各自的建设重点。

第一阶段的建设重点包括五个方面：一是完善基于Internet/Intranet制造系统的总体信息构架平台，建成覆盖和各有关子公司通讯的综合管理信息网络和信息系统；二是逐步实现与各子公司局域网挂接，进行信息集成；三是和子公司企业信息系统的进行信息交互；四是与驻外分销机构进行信息集成；五是和配套企业针对生产计划和库存情况等方面的信息进行交换，达到在最大限量减少库存的前提下，保证外购配套件的适时、适量、成套供应。

第二阶段的建设重点包括七个方面：一是建立统一的数据中心；二是尽可能利用公司计算机系统原有数据，在对原有数据加工整理的基础上，规范公司的数据管理，统一数据标准，解决企业内部信息源头多、信息重复不一致的问题；三是建立集团统一标准的数据库平台，开发专用接口包、通用接口工具，实现各子公司原有系统和新建系统的信息集成；四是开发出基于数据仓库的OLAP系统，支持全面的多维分析；五是建立统一的文件中心，建立集团公司和下属公司之间的自动办公化系统，实现自动的管理和控制信息流和行政事务工作流，实现集团和下属公司的行政事务办公的自动化、集团化、无纸化、远程化；六是统一结算和财务中心，按照集团化管理的要求，整合和完善现有的财务系统，实现集团资金从各股份公司分散运作改为由集团公司统一调度；七是实现分销机构的成品销售与总部门结算财务的在线管理。

第三个阶段的建设重点包括三个方面：一是按照供应链的思想，建立动态快速供应体系。通过电子商务网站的升级与完善和实施电子化供应链系统，实现供应商的优化管理和网上电子采购；二是定时、定量、定点采购供应；三是根据企业的信息化发展战略制定出配套的集团企业信息资金、人力和时间等方面的计划和安排，以及其他方面的考虑。同时给出分阶段目标和考核指标。

根据集团企业的信息化三个阶段的发展战略，可以制定出企业的基础信息框架结构，并分别制定出配套的资金、人力和时间以及其他有关方面的计划和安排，给出阶段性的考核指标。篇幅所限，不做具体的叙述。

案例2

中铁货代业务操作信息系统案例

1. 背景介绍

中铁国际货运代理有限责任公司（China International Freight Agency Co. Ltd. 下称中铁货代CRIFA）是铁道部中铁集装箱运输中心下属的、经外经贸部批准、在国家工商行政管理局注册的国际货运代理企业。公司于1996年成立，目前已有17家分公司，2个合资公司，2个办事处，经营代理网络遍及全国主要城市及北美地区，业务涉及海铁联运，大陆桥运输、过轨运输及物流服务等，与多家船公司和货代公司建立了良好的合作关系。

随着中铁货代业务量的增大，以前基于手工作业的弊端表现得越来越明显。特别是到了2001年，情形更加明显，首先是箱号的查询与核对，箱量的统计与报告，应收应付账款的对账变得非常烦琐，有的甚至变得不能为之。另外，每个人掌握的是自己负责的那一块业务，业务信息不能共享，领导为了获得汇总报表，不得不一遍又一遍地手工计算。还有，这些业务信息掌握在每个业务员手中，一旦该业务员出差或休假就会造成工作的停顿，还带来了潜在的风险。因此，此种局面不但造成了日常工作的重复劳动及效率低下，更重要的是已经限制了公司的业务发展，因此，建立一套中铁货代业务信息系统迫在眉睫。

2. 需求分析

中铁货代的主要业务如下。

（1）过境运输，包括过境中国至俄罗斯，过境中国至中亚，过境中国至蒙古，过境中国至朝鲜，过境中国至越南等。

（2）过轨（香港）运输。

（3）国际铁路联运，中国到俄罗斯、中亚，朝鲜的货物联运。

（4）进出口运输，海铁联运业务。

（5）国内国际物流服务。

3. 解决方案与实施

中铁通过调研得知，目前市场上没有现成的货代软件可供使用，因此决定委托东方网景信息科技公司为中铁开发一套业务信息系统。

东方网景有一套现成的PowerInfo信息系统，能够比较好地实现企业协同、信息共享，它是完全基于BS的程序架构，能够方便地扩展到分公司使用。但其缺点是没有现成的业务流程。经过研究，决定在Powerinfo的基础上进行二次开发，满足中铁公司的所有需求。

（1）系统方案。

① 系统采用BS的程序架构，既要满足何时何地都能办理业务的需要，能够极方便地进行扩展，又能最大限度地减少各个工作站包括各分公司及办事处的维护费用。

② 实现信息共享、知识管理、商务智能的需要。

实现如下主要功能：a.国联部业务操作；b.物流部业务操作；c.海运部业务操作；d.箱管部业务操作；e.财务的处理；f.查询统计报表。

③ 按照业务流程不同的部门、不同的员工授予不同的权限，实现对不同的业务信息进行浏览、修改和审批。

④ 电子商务平台。公司可通过此平台向客户提供互联网信息服务。

⑤ 实现货代业务供应链上的协同。

由于软件系统完全采用BS结构，大大降低了软件公司的开发成本，大部分的工作都可以远程维护和修改。

（2）实施步骤。

为了系统的顺利实施，公司成立了由综合技术发展部经理牵头、各部门经理参加的项目小组，公司领导亲自抓落实。并且制定了系统分三步走的战略。

第一步：先开通邮件功能、BBS功能、公司文件管理、员工管理、客户管理等简单功能。

第二步：业务操作模块试运行。

第三步：系统正式上线试运行。

2002年5月份，系统上线试运行。

（3）系统运行取得的效果。

该系统基本实现了如下目标。

① 减少重复劳动，提高工作效率。

② 规范公司业务操作流程。

③ 信息共享，知识管理。

④ 增强企业协同，增大公司核心竞争力。

⑤ 服务客户，赢得客户。

通过运行该系统，公司2002年业绩取得了惊人的发展，完成箱量34000TEU，运输收入超亿元，分别比上年增长262%和172%。

专家点评：本系统是一个集中式的信息处理模型系统，业务上可支持中铁国际货代公司的国际、国内货代业务，国际国内铁路、海铁联运业务。管理上可支持员工业绩考核、内部信息互通，外部客户管理等，其特点如下。

① 基础好。本系统是在原有系统PowerInfo信息系统的基础上针对货代业务开发集成的，原有系统的网站、员工管理、客户管理和邮件功能都有成熟的应用基础，增强了企业内部的管理和沟通，有力地支持了业务系统的运行。

② 信息共享程度高。由于各业务合作伙伴和公司各业务部门在同一个系统中录入、处理业务信息，大量的原始和加工过的信息积淀于数据库中，从而解决了信息孤岛和信息使用混乱的问题。增加了企业内部以及企业与企业间的协同性。

③ 合适的信息交流窗口。本系统的电子商务平台既可以收集内部员工的业务信息，还可以供客户查询货物跟踪信息及与客户进行信息交流，提高了信息服务的及时性和质量，实现货代业务供应链上的协同。

④ 系统采用BS的程序架构，既要满足何时何地都能办理业务的需要，能够极方便地进行扩展，又能最大限度地减少各个工作站包括各分公司及办事处的维护费用。

⑤ 按照业务流程不同的部门、不同的员工授予不同的权限，实现对不同的业务信息进行浏览、修改和审批

本章小结

管理信息系统规划是信息系统实践环节的主要问题，也是现代管理信息系统研究的主要课题之一。信息系统的建设是一个投资巨大、历时较长、复杂度高的系统工程，采取科学的规划可以减少盲目性，使系统有良好的整体性、较高的适应性，建设工作有良好的阶段性，从而做到大大缩短系统开发周期，节约开发费用。

本章从系统战略规划、系统开发方式、方法、策略等几个方面进行了介绍；并详细介绍

了几种制定战略规划的常用方法，着重强调了确定系统开发优先顺序的方法及基于企业流程重组的信息系统规划方法等内容。

章节练习

1. 管理信息系统的开发应当遵循哪些原则？
2. 管理信息系统的开发方式有哪几种?开发策略有哪些？
3. 管理信息系统的开发方法主要有哪些?试简述各种开发方法的基本思想。
4. 结构化系统开发方法有什么特点？有什么优缺点？
5. 系统开发的生命周期分为哪几个阶段？每个阶段主要做一些什么工作？
6. 原型法（prototyping）的工作流程是什么？其适应范围是什么？
7. 试简述面向对象开发方法（OO 方法）的开发过程。
8. 面向对象分析法（OOA）所依据的基本原则是什么？
9. 简述面向对象设计法（OOD）主要完成的几项工作？
10. 简述计算机辅助开发方法（CASE）的特点。

第 4 章 管理信息系统的系统分析

系统分析是继系统规划之后的一个重要任务。系统分析是指应用系统思想和方法，把复杂的对象分解成简单的组成部分，找出这些部分的基本属性和彼此之间的联系。本章将对系统分析的任务、系统分析的内容、系统分析的方法、系统分析的步骤及最终形成的系统分析报告的撰写方法进行详细介绍。

4.1 系统调查与分析概述

4.1.1 系统分析的任务

系统分析主要是由系统分析员完成的，其基本任务是分析用户和市场的需要和要求，这就需要系统分析员充分与客户交流，明确用户的实际需要，并通过可行性分析、业务流程分析和数据流程分析等手段，发现问题并解决问题，最终形成一个系统说明书。该说明书主要描述系统“做什么”的问题，系统说明书经过审核通过后，将作为系统设计的依据。系统设计阶段将具体实现这些功能，即由系统设计阶段解决“怎么做”的问题。

在具体完成系统之前，首先要明确系统要完成的各项功能，即系统要“做什么”，只有明确了方向才有可能做出让客户满意的系统；否则，方向不明，只能做无用功，给客户和公司带来不必要的损失。所以，在实际工作中，万万不可忽视系统分析阶段的工作，不要急于进行系统设计。

为了明确用户的实际需要，在系统分析阶段，分析员应深入到企业进行实地调研，在总体规划的基础上，与用户密切配合，用系统的思想和方法，对企业的业务活动进行全面的调查分析，掌握具体的工作流程，收集票据、账单、报表等资料，分析现行系统的不足，找出制约现行系统的瓶颈，并根据企业的条件，找出几种可行的解决方案。

系统分析员要圆满完成自己的任务，一定要注重与用户的沟通，这往往是系统分析的难点。在系统分析阶段中，要使用户和系统分析员把共同的理解明确的表达出来，通常是很困难的。因为双方缺乏共同语言，交流时存在隔阂。一方面，系统分析员缺乏用户的专业知识，在系统调查中往往会被大量的资料、复杂的业务流程搞得焦头烂额，更谈不上找到制约现行系统的瓶颈了；另一方面，用户往往缺乏对计算机的足够知识，不了解计算机能做什么、不能做什么，一些用户虽然熟悉业务，但不能明确的告诉分析员业务流程。这些都会使系统分析结果存在偏差，导致最终完成的系统不符合用户的需求，而给企业和用户带来损失。

由此可见，系统分析员的知识水平和工作能力决定了系统的成败。系统分析员应该具有的知识结构为：首先应该具有深入扎实的信息系统方面的专业知识和实践经验，即他们必须具有计算机软硬件的知识和开发应用的实践经验，以及信息处理，包括MIS、网络、通信、数据库等方面的知识和实践经验；其次，应该具有经济管理或企业管理方面较丰富的理论知识和实践经验；同时应该具有优秀领导者的素质、才能和领导艺术，在信息系统开发的实践中不断丰富自己、提高自己，使自己的知识结构更趋于合理。

4.1.2 系统分析的内容与方法

系统分析的主要内容和方法如下。

（1）可行性分析。由于用户不了解计算机能做什么、不能做什么，他们提出的开发要求不一定能够实施。这就要求系统分析员从经济、技术、时间等方面进行考虑和分析，具体来说，可行性分析的主要内容是要求以全面、系统的分析为主要方法，经济效益为核心，围绕影响项目的各种因素，运用大量的数据资料论证拟建项目是否可行。对整个可行性研究提出综合分析评价，指出优缺点和建议。在可行性分析阶段，可以采用的研究方法有净现值法和投资回收期法等。

（2）系统业务调查分析。即业务流程分析，是对业务功能分析的进一步细化，从而得到业务流程图，该流程图是一个反映企业业务处理过程的“流水账本”。然后，在分析现有业务流程的基础上进行业务流程重组，产生更为合理的业务流程。 为了完成该阶段的任务，可以采用问卷调查、开会调查、参加实践等方式。

（3）数据流程调查分析。数据流程调查分析是根据业务流程分析的结果，把其中信息和数据的传递流动和处理过程抽象出来，舍去了具体组织机构、信息载体、处理工作等物理组成，单纯从数据流动过程来考察实际业务的数据处理模式，并最终形成数据流程图。

（4）系统化分析。系统化分析指在系统业务调查分析和数据流程调查分析的基础上，找出原系统的缺陷和不足，并结合用户的需求对原系统进行改进，给出新系统所要采用的信息处理方案。

（5）新系统逻辑模型的确定。针对系统化分析提出的信息处理方案，形成新系统的逻辑方案，包括新系统的业务流程图、数据流程图、逻辑结果等方案。

（6）编写系统分析报告。系统分析报告又称系统说明书，是系统分析阶段的成果和重要文档。它反映了这一阶段调查分析的全部情况，是下一步设计与实现系统的主要依据。用户可以通过系统分析报告来验证和认可新系统的开发策略和开发方案，而系统设计师则可以用来知道系统设计工作并作为以后的系统设计标准。

4.1.3 系统可行性分析

1. 系统可行性分析的内容

系统可行性分析主要从以下几个方面考虑。

（1）技术可行性。技术可行性主要从项目实施的技术角度，考虑设计技术方案是否合理，并进行比选和评价。设计技术主要包括软件技术和硬件技术。

① 软件技术：软件包括系统软件和应用软件，系统软件应考虑操作系统提供的接口是否符合需要，如是否具备实时处理或批处理的能力，数据库管理系统的功能是否足够，网络软

件的性能能否满足等。应用软件应考虑该软件是否存在，技术是否成熟等因素。

② 硬件技术：硬件技术应考虑计算机的存储量、运算速度，外部设备的功能、可靠性等因素。

在进行技术可行性分析时，应尽可能采用成熟的技术，慎重使用先进技术。

（2）经济可行性。经济可行性主要从项目及投资者的角度进行资本预算，评价项目的财务盈利能力，进行投资决策。资本预算主要是评估项目费用的支出和经济效益。在费用支出方面，主要考虑主机费用、外围设备费用、软件开发费用、人员培训费用、维护费用等；经济效益不仅考虑货币能够计算出来的直接效益，还应关注难以用货币表示的间接效益，比如由于使用该系统提高了工作效益，从而提高了企业的管理水平，节省了人力，简化了业务流程，提高了企业素质，促进了业务的规范化等。

（3）组织可行性。组织可行性指制订合理的项目实施进度计划、设计合理的组织机构、选择经验丰富的管理人员、建立良好的协作关系、制订合理的培训计划等，保证项目顺利执行。

（4）社会可行性。社会可行性指所建立的信息系统能否在该企业实现，在目前的操作环境下能否很好的运行，即组织内外是否具备接受和使用新系统的条件。由于新系统的建立，可能导致企业的某些制度，甚至是管理体制的变动，对于这些变动，组织的承受能力影响着系统的生存，尤其是从手工系统过渡到人机系统，这个因素的影响更大。领导者不积极参与或旁观怀疑，中下层怕改变工作性质，由于懒惰或惧怕心里而反对采用新技术，都是系统失败的关键因素。

2. 可行性分析报告模板

根据国家标准《计算机软件产品开发文件编制指南》的相关指导性说明，可行性分析报告的模板如下所示。

1. 引言

1.1 编写目的。阐明编写可行性研究报告的目的，提出读者对象。

1.2 项目背景。应包括：

- 所建议开发软件的名称
- 项目的任务提出者、开发者、用户及实现软件的单位
- 项目与其他软件或其他系统的关系

1.3 定义。列出文档中用到的专门术语的定义和缩写词的原文。

1.4 参考资料。列出有关资料的作者、标题、编号、发表日期、出版单位或资料来源，可包括：

- 项目经核准的计划任务书、合同或上级机关的批文
- 与项目有关的已发表的资料
- 文档中所引用的资料，所采用的软件标准或规范

2. 可行性研究的前提

2.1 要求。列出并说明建议开发软件的的基本要求，如：

- 功能
- 性能
- 输入/输出

- 基本的数据流程和处理流程
- 安全与保密要求
- 与软件相关的其他系统
- 完成日期

2.2 目标。可包括：

- 人力与设备费用的节省
- 处理速度的提高
- 控制精度或生产力的提高
- 管理信息服务的改进
- 决策系统的改进
- 人员工作效率的提高

2.3 条件、假定和限制。可包括：

- 建议开发软件运行的最短寿命
- 进行显然方案选择比较的期限
- 经费来源和使用限制
- 法律和政策方面的限制
- 硬件、软件、运行环境和开发环境的条件和限制
- 可利用的信息和资源
- 建议开发软件投入使用的最迟时间

2.4 可行性研究方法

2.5 决定可行性的主要因素

3. 对现有系统的分析

3.1 处理流程和数据流程

3.2 工作负荷

3.3 费用支出。如人力、设备、空间、支持性服务、材料等项开支

3.4 人员。列出所需人员的专业技术类别和数量

3.5 设备

3.6 局限性。说明现有系统存在的问题以及为什么需要开发新的系统

4. 所建议技术可行性分析

4.1 对系统的简要描述

4.2 与现有系统比较的优越性

4.3 处理流程和数据流程

4.4 采用建议系统可能带来的影响，可包括：

- 对设备的影响
- 对现有软件的影响
- 对用户的影响
- 对系统运行的影响
- 对开发环境的影响

- ❑ 对经费支出的影响

4.5 技术可行性评价。包括：

- ❑ 在限制条件下，功能目的是否达到
- ❑ 利用现有技术，功能目的是否达到
- ❑ 对开发人员数量和质量的要求，并说明能否满足
- ❑ 在规定的期限内，开发能否完成

5. 所建议系统经济可行性分析

5.1 支出

5.2 效益

5.3 收益/投资比

5.4 投资回收周期

5.5 敏感性分析。指一些关键性因素，如：

- ❑ 系统生存周期长短
- ❑ 系统工作负荷量
- ❑ 处理速度要求
- ❑ 设备和软件配置变化对支出和效益的影响等的分析

6. 社会因素可行性分析

6.1 法律因素。如：

- ❑ 合同责任
- ❑ 侵犯专利权
- ❑ 侵犯版权

6.2 用户使用可行性。如：

- ❑ 用户单位的行政管理
- ❑ 工作制度
- ❑ 人员素质等能否满足要求

7. 其他可供选择的方案

逐个阐明其他可供选择的方案，并重点说明未被推荐的理由。

8. 结论意见

- ❑ 可着手组织开发
- ❑ 需等待若干条件具备后才能开发
- ❑ 需对开发目标进行某些修改
- ❑ 不能进行或不必进行
- ❑ 其他

可行性分析报告写好后，应提交到正式会议上讨论，参加会议的人员应包括用户的领导、管理人员、系统设计人员以及有经验的局外人。会议上应充分讨论各种可能出现的问题，并结合经验做出尽可能符合实际的判断。如果可行性报告在会议上通过，则该文书就成为下一阶段工作的依据，否则应重新进行可行性论证，直到该报告通过才可进行系统的开发。

4.2 系统业务调查分析

业务调查分析是信息系统开发的基础工作，是在可行性分析之后进行的工作。

1. 系统业务调查分析的概念

业务调查分析主要是分析和认识现行组织系统，是在分析员的指挥下，由开发人员和用户一起，对现行组织的结构、功能、业务流程进行深入分析，建立现行组织的业务模型，为新系统的建立打下基础。

2. 系统业务调查分析的方法

在进行系统业务调查分析时，可采用以下介绍的方法。

（1）现有文件。该方法指可以参阅现有的组织结构图、规章制度手册、工作方法说明、岗位职责、工作流程图、操作手册等文件，从中获取信息，来了解组织现行的业务内容和方法。该方法可以快速获取信息，并从中发现问题。

（2）问卷调查。问卷调查指把需要了解的内容以选择、问答等形式表现出来，发给被调查者，由其进行填写。该方法具有针对性，可针对需要了解的内容设计问卷，并得到较为明确的回答。问卷调查在设计时要简洁、易懂、易答，使被调查者愿意填写、真实填写。

（3）访问。即通过与相关工作人员面谈来获取信息。访问前要组织一组问题，这些问题可以包括以下几个方面：

- ❑ 你的工作岗位是什么？
- ❑ 你的工作任务是什么？
- ❑ 你的工作流程是怎样的？
- ❑ 你的工作于那些部门相关？
- ❑ 你的工作中会涉及或生成哪些报表、数据？
- ❑ 目前工作的困难在哪里？
- ❑ 对于你的工作而言，你认为新系统应解决什么问题？

（4）参加实践。通过实践，可以更深刻的体会到组织的运行方法，对组织有个更细致、全面的了解。

4.2.1 组织结构调查

组织结构，指的是一个组织（部门、企业、车间、科室等）的组成及这些组成部分之间的隶属关系或管理与被管理的关系。通常以组织结构图的方式来表示，如图 4.1 所示。在组织结构图中，清晰地描述了组织的管理层次、管理人员分和职权范围。

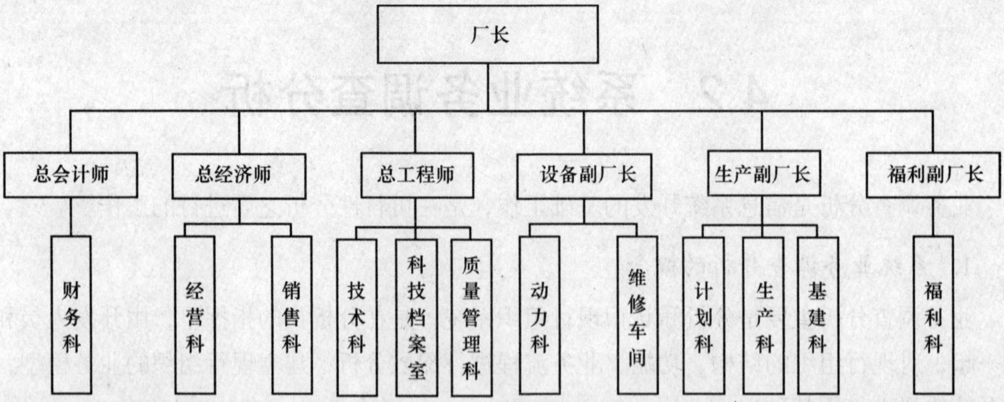

图 4.1　组织结构图

4.2.2　管理功能调查

一个组织或企业，必须具备一些功能，才能实现组织或企业的目标。例如，一个水泥厂，必须具有生产、销售、后勤、人事、财务等基本功能，才能使厂子正常运作。对管理功能的调查，可以用管理功能图来描述，如图 4.2 所示。在管理功能图中，清晰地描述了系统应该具备的功能及各种功能间的层次关系。

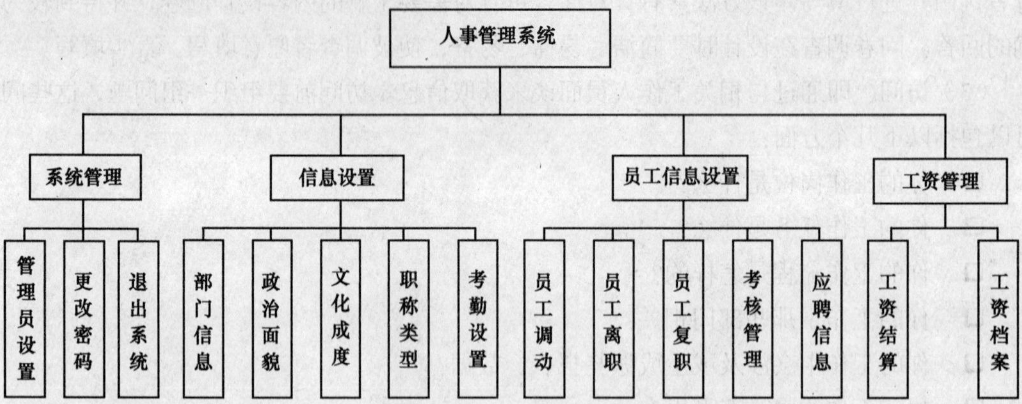

图 4.2　功能管理图

4.2.3　业务流程调查

业务流程调查，是对业务功能分析的进一步细化，它应顺着原系统信息流动的过程逐步地进行，内容包括各环节的处理业务、信息来源、处理方法、计算方法、信息流经去向、提供信息的时间和形态（报告、单据、屏幕显示等）。

描述业务流程的图表主要有业务流程图（Transaction Flow Diagram，TFD）和表格分配图。

1. 业务流程图

（1）业务流程图的概念。

业务流程图是一种描述系统内各单位、人员之间业务关系、作业顺序和管理信息流向的图表，利用它可以帮助分析人员找出业务流程中的不合理流向。业务流程图主要描述业务走向，以业务处理过程为中心。

（2）业务流程图的画法。

业务流程图的绘制方法没有严格规定，只要能简明真实的反应实际业务过程即可。业务流程图的基本符号及含义，如图 4.3 所示。

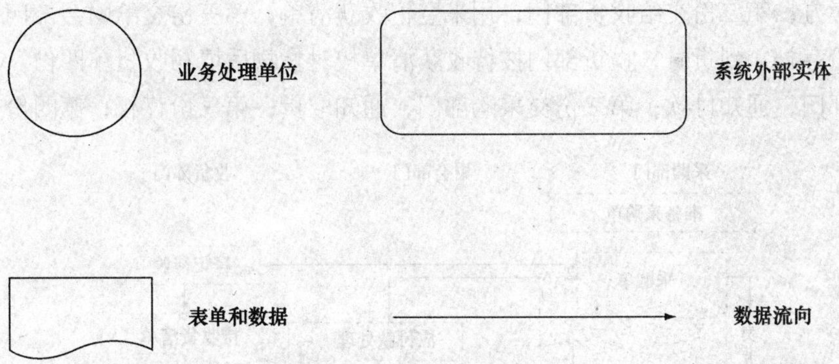

图 4.3　业务流程图符号

某企业的物资管理业务流程图如图 4.4 所示。其处理过程是：车间填写领料通知单，到仓库领料，库长根据用料计划审批领料通知单，未批准的领料通知单退回车间。库工收到已批准的领料通知单后，首先查阅库存账，若有货，则通知车间前来领取所需物资，并登记用料流水账，否则通知采购人员缺货。同时，库存人员定期统计库存状况，生成库存报表上交有关部门。

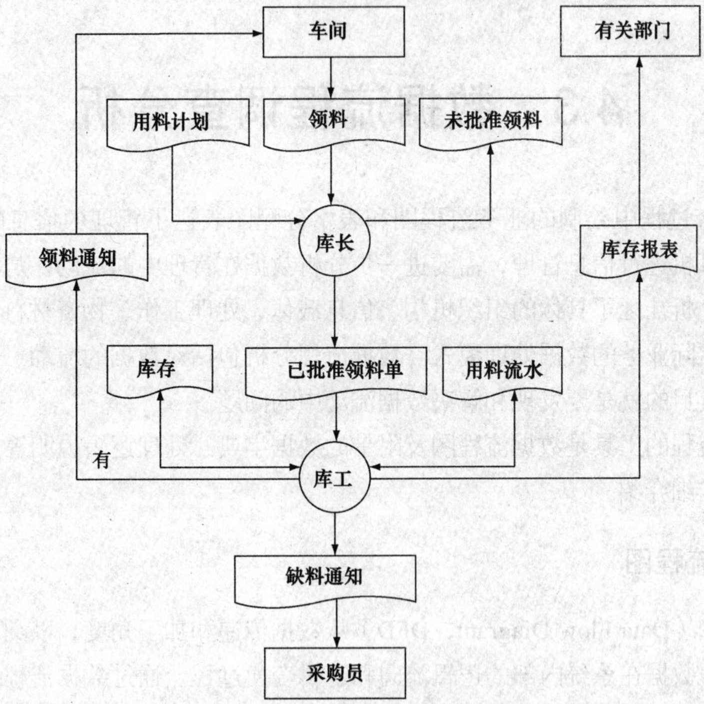

图 4.4　某企业的物资管理业务流程图

2. 表格分配图

表格分配图可帮助分析员表示出系统中各种单据和报告都与哪些部门发生业务关系。图 4.5 所示为一张能反映采购过程的表格分配图，其中，每一列表示一个部门，箭头表示复制单据的流向，每张复制单据上都标有号码，以示区别。由图 4.5 可见，采购单一式四份，第一份交给卖方；第二份交给收货部门，用来登记收获清单；第三份交给财会部门，登记应付账；第四份存档。到货时，收货部门按待收获清单校对货物后填写收货单四份。其中，第一份交财会部门，通知付款；第二份交采购部门，通知取货；第三份存档；第四份交给卖方。

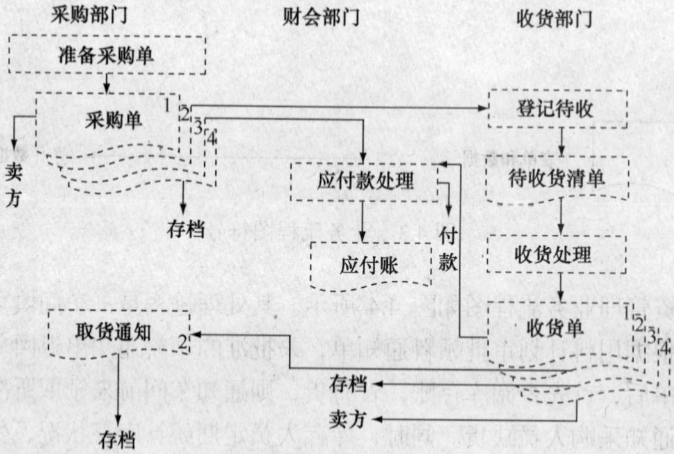

图 4.5　表格分配图

4.3　数据流程调查分析

在业务调查过程中绘制的业务流程图和表格分配图表达了管理中信息的流动和存储过程。为了用计算机进行信息管理，需要进一步分析数据在管理中的流动。与业务流程分析相比，数据流程分析社区了具体的组织机构、信息载体、处理工作、物资材料等，单从数据流动过程来考虑实际业务的数据处理模式。数据流程分析包括对数据的流动、传递、处理、存储等的分析，其目的就是要发现和解决数据流动中的问题。

描述数据流程的工具是数据流程图及附带的数据字典、处理逻辑说明等图表，下面对这三种工具进行详细介绍。

4.3.1　数据流程图

数据流程图（Data Flow Diagram，DFD）从数据传递和加工角度，以图形方式来表达系统的逻辑功能、数据在系统内部的逻辑流向和逻辑变换过程。通过数据流程分析，既可以将系统的业务流程特点和用户需求展露无疑，分析系统的数据流向及其相互调用关系，又可以为系统设计打下基础。

1. 数据流程图特点

数据流程图具有抽象性和概括性的特点。

（1）抽象性。在数据流程图中，完全舍弃了具体的物质（如组织机构、工作场所、物资流动等），只剩下数据的流动、加工处理和存储。

（2）概括性。数据流程图把系统对各种业务的处理过程联系起来，形成一个整体，给出系统的全貌，而业务流程图只能孤立地分析各个业务，不能反映出各业务之间的数据关系。

2. 数据流程图的符号

数据流程图有四种符号，它们的名称及画法如图 4.6 所示。

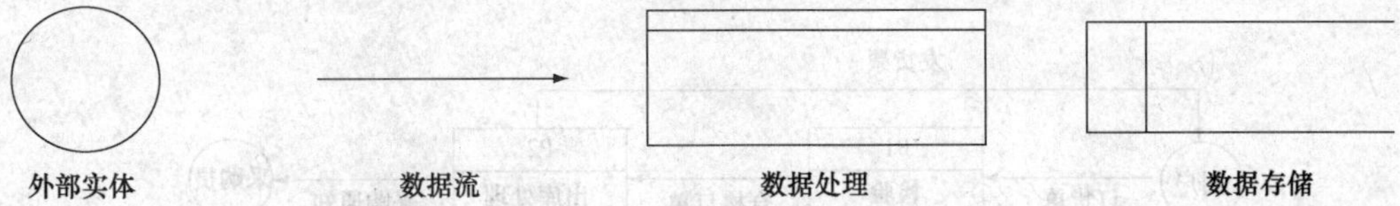

图 4.6　数据流程图的符号

（1）外部实体（External Entity）。

外部实体简称 S，也称为数据源，指系统之外的人或者单位，它们和本系统有着信息传递关系，是系统输入信息的源和输出信息的宿。在绘制某一子系统的数据流程图时，凡属于本子系统之外的人或者单位，都被列为外部实体。

（2）数据流（Data Flow）。

数据流简称 D。数据流表示流动着的数据，该数据可以是表示各种输入和输出的报表、单据、凭证、信件等，也可以表示对数据文件的存储操作。箭头指示数据流动的方向，一般会在数据流符号上标明数据流的名称。

（3）数据处理（Process）。

数据处理简称 P，也称为数据加工，描述对数据进行的操作。在数据处理符号中，下方的矩形写处理的名称，如开发票、出库处理等，上方的矩形填写与该处理唯一对应的标志。如图 4.7 中的“P1”，即 P1 表示“检查订单”这一数据处理过程。

数据处理既要接收输入数据流，又要有输出数据流，如果一个数据处理仅有输入数据流，而没有输出数据流（有输入，无输出），称之为黑洞；如果一个数据处理仅有输出，没有输入，称之为奇迹。这些都是由于疏忽或考虑不周造成的。

（4）数据存储（Data Store）。

数据存储简称 F。数据存储指通过数据文件、文件夹或账本等存储数据，用一个右边开口的长方形表示。图形右部填写存储的数据和数据集的名字，左边填写该数据存储的标志。

从数据存储中流入或流出的数据，其含义可能表示数据的使用、移动、创建、修改等，要根据具体情况具体分析。需要注意的是，流入或流出数据流时，数据流的方向很重要，如果是读文件，则数据流的方向应从文件流出，写文件时则刚好相反；如果是又读又写，则数据流是双向的。如图 4.8 所示，库存检查时，需要从库存文件中读数据与领料单核对，所以数据流向从“库存文件”流出。

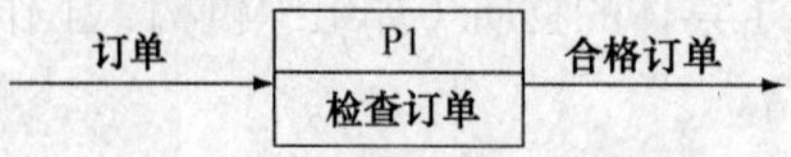

图 4.7　数据处理示例

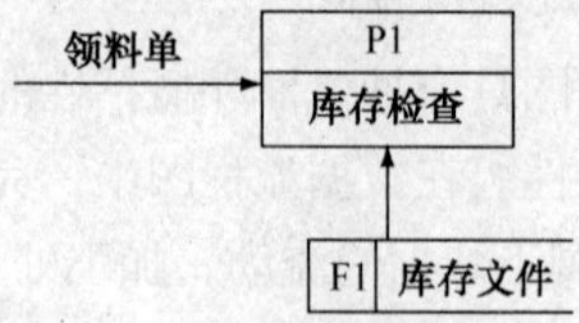

图 4.8　数据存储示例

图 4.9 所示为某销售过程的数据流程图，其销售流程为：用户将定货单交给某企业的业务经理，经检验后，对不合格的订单要由用户重填，合格的订单交仓库保管员作出库处理，即查阅库存台账，如果有货则向用户开票发货；如缺货，则通知采购员采购。

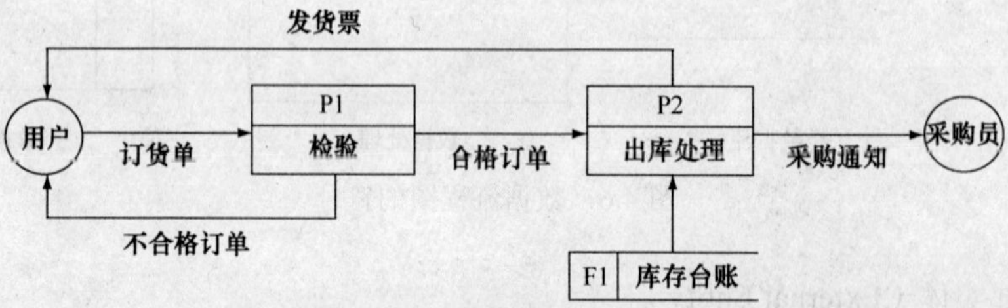

图 4.9　销售流程图

3．数据流程图的画法

由于数据流程图完全舍弃了具体的物质，描述的是数据的流动、加工处理和存储，所以在绘制数据流程图时，要注重把握数据的流动方向、加工处理过程和存储介质。

绘制数据流程图应遵循“由外向里”的原则，即先确定系统的边界，再考虑系统的内容，先画输入和输出，再画处理内部。具体绘制步骤如下。

（1）确定所开发系统的外部实体，即系统的数据来源和去处。

（2）确定系统的输入数据流和输出数据流。系统内部数据流的绘制应按照从输入端到输出端的顺序绘制，逐步通过数据的存储和加工处理连接起来。当数据流的组成或者值发生变化时，就在此处画一个处理框；如果需要反映数据的存储或者在处理时需要用到其他文件，就应该画上该文件，即画一个存储框。

（3）由外向里分解处理。如果在处理的内部还有数据流，则可以将该处理分解成若干个子处理，用这些数据流把子处理连接起来。在分解子处理的过程中，要注意以下问题：

- 合理编号：数据流程图的顶层称为 0 层，称它是第 1 层的父图，第 1 层是第 0 层的子图。为了便于管理，子图的编号规则为：子图的编号由父图的编号+小数点+局部号组成。如果父图（第一层处理）的编号为 P1，则子图（第二层处理）的编号为 P1.1，P1.2…。这种编号方式既能反映出子图所属的层次关系，也能说明它的父图编号等信息。
- 子图与父图的平衡：子图和父图的数据流必须平衡，这里的平衡指子图的输入与输出数据流必须与父图中对应处理的输入和输出数据流相同。在图 4.10 中，父图 P2 这个处理过程的输入数据流是“订货单”，输出数据流是“提货单”，则 P2 处理的子图不论对该处理进行了怎样的细化，其输入数据流与输出数据流都与父图保持一致。但以下两种情况是允许的：一是子图的输入与输出比父图中相应处理的输入与输出表达的更加详细。例如，在图 4.10

中，父图的“订货单”数据流由客户、品种、账号、数量部分组成，则图 4.11 中的子图和父图是平衡的。二是考虑平衡时，可以忽略枝节性的数据流。例如在图 4.11 中，子图的处理中增加了一个输出，表示出错的数据流，则子图和父图仍可以看做平衡。

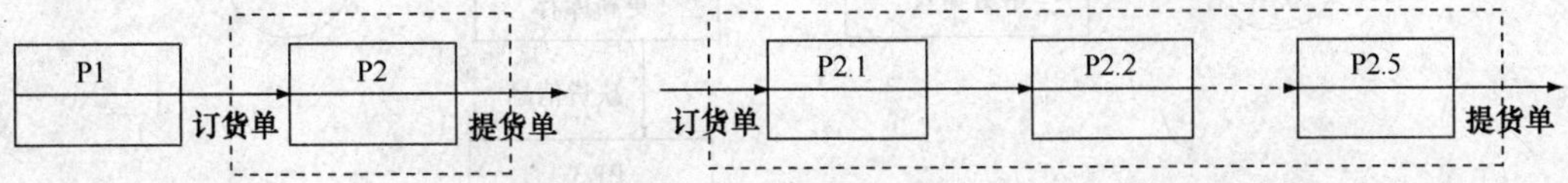

图 4.10　子图和父图的平衡 1

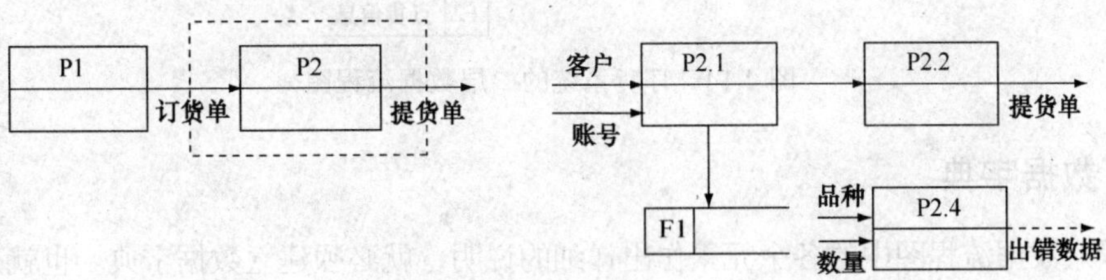

图 4.11　子图和父图的平衡 2

❑　分解的程度：对于规模较大的系统的数据流程图，如果一下子把各个处理分解成基本处理单元，则整个数据流程图看起来就会非常复杂，使人难以理解。所以，对于一个复杂的处理，一般将其子图单独绘制出来，分解子图的深度不要超过七个。

图 4.12 至图 4.14 所示为某订货系统的数据流程图，该系统的功能说明如下：假设某一企业采购部门每天需要一张订货报表，报表按材料编号排序，报表中列出所有需要再次订货的材料。对于每种需要再次订货的材料应列出下列数据：材料编号、名称、订货数量、目前价格（或参考价格）、主要供应单位、第二供应单位等。材料入库或出库称为事务，通过放在仓库的 CRT 终端把事务报告给订货系统。当某种材料的库存数量少于库存量临界值时就应该再次订货。

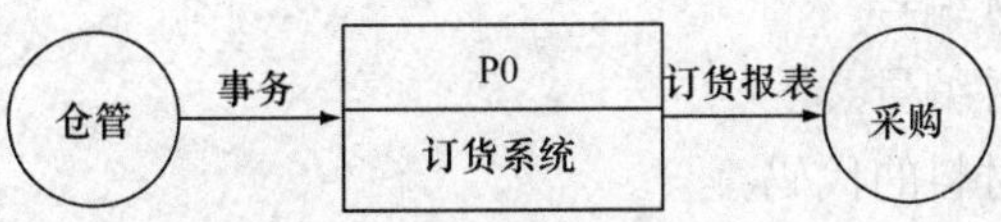

图 4.12　订货系统的顶层数据流程图

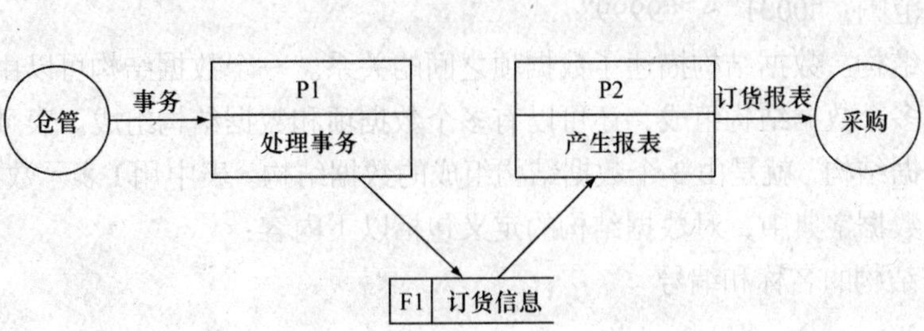

图 4.13　订货系统的一层数据流程图

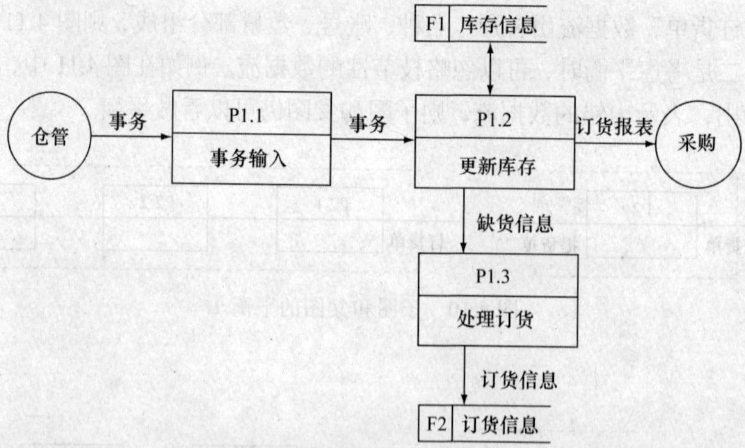

图 4.14 订货系统的二层数据流程图

4.3.2 数据字典

为了对数据流程图中的各个元素作出详细的说明，就必须建立数据字典。也就是说，给数据流程图上每个成分给予定义和说明就构成了数据字典。具体来说，数据字典就是对数据流程图中的数据项、数据结构、数据流、处理逻辑、数据存储和外部实体六个方面进行具体的定义和说明。下面对数据字典的这六个内容进行详细介绍。

（1）数据项。数据项又称为数据元素，是数据的最小单位。分析数据特征应从静态和动态两方面进行。在数据字典中，仅对数据的静态特征进行定义，具体包括：

- ❑ 数据项的名称、编号、别名、简述
- ❑ 数据项的类型
- ❑ 数据项的长度
- ❑ 数据项的取值范围

例如：

数据项编号：I02-01
数据项名称：教材编号
别　　　名：教材编号
简　　　述：某材料的代码
类　　　型：字符型
长　　　度：6
取 值 范围：“0001”~“9999”

（2）数据结构。数据结构描述了数据项之间的关系。一个数据结构可以由多个数据项组成，也可以由多个数据结构组成，还可以有多个数据项和数据结构组成。表 4.1 所示的“用户订货单的数据结构”就是由 3 个数据结构组成的数据结构。表中用 I 表示数据项，DS 表示数据结构。在数据字典中，对数据结构的定义包括以下内容：

- ❑ 数据结构的名称和编号
- ❑ 简述
- ❑ 数据结构的组成

例如：

数据结构编号：DS03-01

数据结构名称：用户订货单

简　　　述：用户所填用户情况及订货要求等信息

数据结构组成：DS03-02 +DS03-03+ DS03-04

表 4.1　用户订货单的数据结构

DS03-01：用户订货单		
DS03-02：订货单标识	DS03-03：用户情况	DS03-04：配件情况
I1：订货单编号	I3：用户代码	I10：配件代码
I2：日期	I4：用户名称	I11：配件名称
	I5：用户地址	I12：配件规格
	I6：用户姓名	I13：订货数量
	I7：电话	
	I8：开户银行	
	I9：账号	

（3）数据流。数据流由一个或一组固定的数据项组成。定义数据流时，注重从以下几方面定义：

- ❑ 数据流的编号、名称
- ❑ 数据流的描述
- ❑ 数据流的组成
- ❑ 数据流的来源
- ❑ 数据流的去向
- ❑ 数据的流量

例如：

数据流编号：F03-08

数据流名称：领料单

简　　　述：车间开出的领料单

数据流组成：材料编号+材料名称+领用数量+日期+领用单位

数据流来源：车间

数据流去向：发料处理模块

数据流量：10 份／时

高峰流量：20 份／时（上午 9：00－11：00）

（4）处理逻辑。处理逻辑的定义仅对数据流程图中最底层的处理逻辑加以说明，包括：

- ❑ 处理逻辑的编号、名称
- ❑ 处理逻辑的描述
- ❑ 处理逻辑的处理过程
- ❑ 输入、输出数据流
- ❑ 处理的频率

例如：

处理逻辑编号：P02-03

处理逻辑名称：计算电费
简　　　　述：计算应交纳的电费
输入的数据流：数据流电费价格，来源于数据存储文件价格表；数据流电量和用户类别，来源于处理逻辑“读电表数字处理”和数据存储“用户文件”。
处　　　　理：根据数据流“用电量”和“用户信息”，检索用户文件，确定该用户类别；再根据已确定的该用户类别，检索数据存储价格表文件，以确定该用户的收费标准，得到单价；用单价和用电量相乘得该用户应交纳的电费。
输出的数据流：数据流“电费”一是去外部项用户，二是写入用户电费账目文件。
处 理 频 率：对每个用户每月处理一次。

（5）数据存储。数据存储在数据字典中重点描述数据的逻辑结构。具体描述包括：

- ❑ 数据存储的编号、名称
- ❑ 数据存储的描述
- ❑ 数据存储的组成
- ❑ 关键字

例如：

数据存储编号：F03-08
数据存储名称：库存账
简　　　　述：存放配件的库存量和单价
数据存储组成：配件编号+配件名称+单价+库存量+备注
关　键　字：配件编号
相关联的处理：P2，P3

（6）外部实体。外部实体的定义包括：

- ❑ 外部实体的编号、名称
- ❑ 外部实体的描述
- ❑ 有关的数据输入和输出

例如：

外部实体编号：S03-01
外部实体名称：用户
简　　　　述：购置本单位配件的用户
输入的数据流：D3-06，D3-08
输出的数据流：D3-01

数据字典在整个系统的开发、运行及维护阶段是必不可少的工具。其建立方式有手工方式和计算机方式。在开发过程中，如果用户的需求发生变化，则数据字典也应该作相应的修改。在系统开发过程中，一般由专人即数据管理员对数据字典进行管理，任何人包括分析员、设计员、程序员，若要修改数据字典的内容，都必须通过数据管理员，以保证数据字典的完整和一致。

4.3.3 描述处理逻辑的工具

在数据字典中，对比较简单的处理逻辑进行了定义，但对于复杂的处理逻辑，需要专门的处理逻辑工具加以说明。常用的工具有结构化语言、判断表和判断树三种。

1. 结构化语言

结构化语言是模仿计算机语言的处理逻辑描述方法。结构化语言可以使用“IF”、“THEN”、“ELSE”。结构化语言与程序设计语言的差别在于它没有严格的语法规定，结合了自然语言的简单易懂和计算机语言的规范框架。例如，某成绩管理系统对学生成绩等级的判定可以用以下的语言描述：

```
IF  成绩>=90 且 成绩<=100    THEN   等级=“优秀”
IF  成绩>=80 且 成绩<90         THEN   等级=“良好”
IF  成绩>=70 且 成绩<80         THEN   等级=“一般”
IF  成绩>=60 且 成绩<70         THEN   等级=“及格”
IF  成绩<60                     THEN   等级=“不及格”
```

2. 判断表

判断表使用表格来描述处理逻辑。如果用文字表达一种多元的逻辑关系，不仅十分烦琐，阅读起来也比较困难。采用判断表可以清晰地表达条件、决策、行动之间的逻辑关系。表 4.2 描述了“奖学金发放的处理逻辑”。

表 4.2　奖学金发放条件审核的判断表

决策规则号		1	2	3	4
条件	英语达到四级	Y	Y	Y	Y
	英语达到六级	N	N	Y	Y
	计算机达到二级	N	Y	Y	Y
	计算机达到三级	N	N	N	Y
行动	院级 B 类奖学金	√			
	院级 A 类奖学金		√		
	校级 B 类奖学金			√	
	校级 A 类奖学金				√

3. 判断树

判断树使用一种树形分叉图形表示处理逻辑。它由两部分组成，左侧用分叉表示条件，右侧表示采取的行动。图 4.15 所示为用判断树的方法描述了“奖学金发放的处理逻辑”。

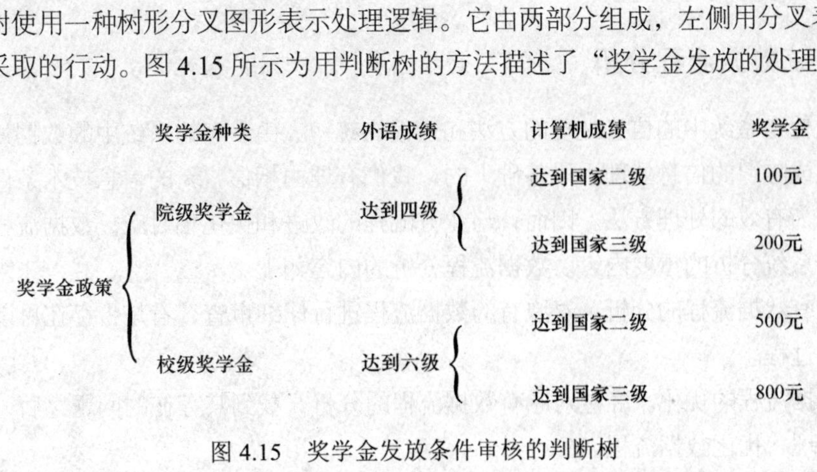

图 4.15　奖学金发放条件审核的判断树

4.4 系统化分析

在原系统详细调查的基础上进行系统化分析是提出新系统逻辑模型的重要步骤。其目的是通过对原有系统的调查和分析，找出原系统业务流程和数据流程的不足，提出优化和改进的方法，给出新系统所要采用的信息处理方案。系统化分析主要包括系统目标分析、系统业务流程分析、系统数据流程分析、数据分析等。

4.4.1 系统目标分析

经过对企业的业务流程分析、数据流程分析等详细分析后，可能会发现可行性分析中提出的系统目标存在一些问题，需要重新修订，使系统目标适应组织的管理需求和战略目标。由于系统目标对系统建设具有举足轻重的意义，必须经过仔细论证才能修改。

4.4.2 系统业务流程分析

分析原有系统中存在的问题是为了在新系统建设中予以克服或改进。系统中存在的问题可能是管理思想和方法落后，业务流程不尽合理，也可能是因为计算机信息系统的建设为优化原业务流程提供了新的可能性，这时，就需要在对现有业务流程进行分析的基础上进行业务流程重组，产生新的更为合理的业务流程。其过程如下。

（1）原有流程的分析。分析原有的业务流程的各处理过程是否具有存在的价值，其中包括哪些过程可以删除或合并，原有业务流程中哪些过程不尽合理，可以进行改进或优化。

（2）业务流程的优化。原有业务流程中哪些过程存在冗余信息处理，可以按计算机信息处理的要求进行优化。

（3）确定新的业务流程。画出新系统的业务流程图。

（4）新系统的人机界面。新的业务流程中人与机器的分工，即哪些工作可由计算机自动完成，哪些必须有人的参与。

4.4.3 系统数据流程分析

数据流程是系统中的信息处理的方法和过程的统一。由于老的系统中的数据处理是建立在手工处理或陈旧的信息处理手段基础上的，我们有理由相信，新的信息技术条件将为数据处理提供更为有效的处理方法。因而，与业务流程的改进和优化相对应，数据流程的分析和优化一直是系统分析的重要内容。数据流程分析的内容如下。

（1）原有数据流程的分析。对原有的数据流程进行仔细审查，看是否存在可以删除或者合并的处理过程。

（2）数据流程的优化。经过对原有数据流程的分析，找到其存在的问题之后，要对这些问题进行处理，优化数据流程。

（3）确定新的数据流程。画出新的数据流程图。

4.4.4 数据分析

数据分析包括数据属性分析、数据存储分析、数据查询分析、数据输入/输出分析。

1. 数据属性分析

数据用属性的名和属性的值来描述事物某方面的特征。一个事物的特征可能表现在各个方面，需要用多个属性的名和其相应的值来描述。例如，对某职工来说，其属性名／属性值包括姓名／王明，性别／男，年龄／25，基本工资／2000 等。

数据属性分析包括静态特性分析和动态特性分析，静态特性分析指分析数据的类型（字符型、数据型、日期型等）、数据的长度（位数、数位数）、取值范围（最大值、最小值）和发生的业务量（如每天发生几笔）。

数据的属性按动态特性可以分为固定值属性、固定个体变动属性和随机变动属性。固定值属性的数值基本上不变，也叫固定半固定数据。例如，成本系统中的定额材料消耗量，工资系统中的职工姓名和应得工资等。固定个体变动属性指数据项的属性名和个体集相对固定不变，但其值是变动的。例如，工资系统中，电费扣款一项，扣款人员变动不大，但每人所扣电费则每月都在变化。随机变动属性指数据项的个体是随机出现的，值也是变动的。例如，工资系统中的病事假扣款。

2. 数据存储与查询分析

数据存储分析是数据库设计在系统分析阶段要做的工作，其内容首先是分析用户要求，也就是调查清楚用户希望从管理信息系统中得到哪些有用信息，然后用适当的工具进行描述。数据查询要求分析是通过调查和分析，将用户需要查询的问题列出清单或绘出查询方式示意图。

3. 数据的输入/输出分析

分析各种数据输入的目的和适用范围、数据量的大小以及存在的问题。例如，输入的数据是否都得到了有效的利用，哪些数据的输入是多余的或者是不符合实际需要的，现在的数据输入方式是否能满足要求，输入速度是否能完成数据量的要求，是否需要改变输入方式和增加输入设备。

在输出方面，应对各种输出报表的目的和使用范围进行分析，弄清哪些报表是多余的，或者是不符合实际要求的，系统的处理速度和打印速度是否能满足输出的要求等。

4.5 新系统逻辑模型的确定

4.5.1 建立模型

逻辑方案是新系统开发中要采用的管理模型和信息处理方法。逻辑方案是系统分析阶段的最终成果，内容包括如下几个方面。

（1）新系统的业务流程。它是业务流程分析和优化重组后的结果，包括原系统的业务流程的不足及其优化过程、新系统的业务流程、新系统业务流程中人机界面的划分。

（2）新系统的数据流程。它是数据流程分析的结果，包括原数据流程的不合理之处及优化过程、新系统的数据流程、新的数据流程中的人机界面划分。

（3）新系统的逻辑结构。即新系统中的子系统划分。

（4）新系统中数据资源的分布。即确定数据资源如何分布在服务器或主机中。

（5）新系统中的管理模型。确定在某一具体管理业务中采用的管理模型和处理方法。

4.5.2 编写系统分析报告

系统分析报告又称系统说明书，是系统分析阶段的成果和重要文档。它反映了这一阶段调查分析的全部情况，是下一步设计与实现系统的主要依据。用户可以通过系统分析报告来验证和认可新系统的开发策略和开发方案，而系统设计师则可以用来知道系统设计工作和作为以后的系统设计标准。此外，系统分析报告还可作为评价项目成功与否的标准。一份合格的系统分析报告不仅能充分展示前段调查的结果，还要反映系统分析结果——新系统逻辑方案。系统分析报告应达到的基本要求是全面、系统、准确、翔实、清晰地表达系统开发的目标、任务和系统功能。

系统分析报告的模板如下所示。

1. 引言
   1.1 编写目的
   1.2 背景
   1.3 定义
   1.4 参考资料
2. 任务概述
   2.1 目标
   2.2 用户的特点
   2.3 假定的约束
3. 现行系统情况概述
   3.1 现行系统的组织情况分析
   3.2 现行系统的业务流程分析
   3.3 现行系统的数据流程分析
4. 新系统的目标
   4.1 对功能的规定
   4.2 对性能的规定
   4.3 输入输出的要求
   4.4 数据管理要求
   4.5 故障处理要求
   4.6 其他专门要求
5. 新系统的逻辑方案
   5.1 新系统的结构
   5.2 新系统的业务流程图
   5.3 新系统的数据流程图
   5.4 新系统软、硬件初步配置

5.5 新系统中使用的管理模型

6. 新系统开发的费用预算与进度安排

案例

某高校学生选课系统分析

1. 系统背景介绍

“选课”是现在高校行政管理工作中一项很重要的课题，而且是每个学期都必须要面对的问题。选课工作做不好，学生不知道自己将要学习的课程，老师也不知道自己将要讲授的课程，教务处的排课计划、教室安排等其他调度工作也无从做起。因此，如何解决高校教务管理中的选课工作便成为如今各大高校面临的很实际的问题。

随着近几年学校的持续扩招，学生人数逐年增加。为了满足广大学生的求学需要，各个高校的师资力量、硬件配置也随之增强。这样一来，日常行政部门的工作也就越来越繁重，这一点在选课上显得尤为突出。而传统的手工操作，即费时又费力，而且容易出错，工作效率较低。因此，拥有一套实用、高效、完善的在线选课系统就显得尤为重要，它可以提升高校的教育质量和教学管理质量，提高工作效率，降低行政成本。

2. 组织结构图

某高校的组织结构图如图4.16所示。

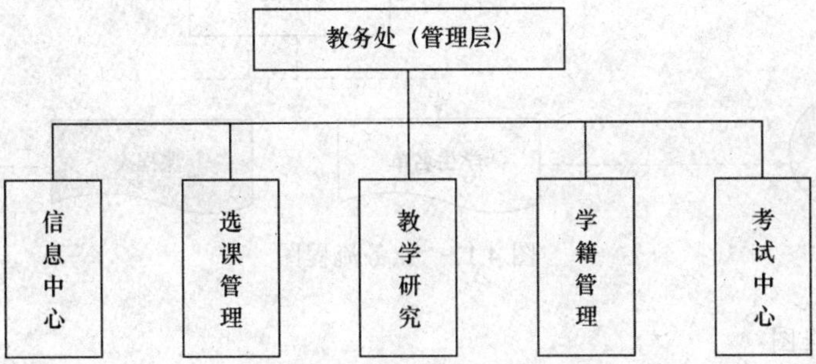

图 4.16　某高校组织结构图

3. 业务流程图

（1）教师开课。

教师提出开课申请提交审批，通过审批后的课程信息进入教学安排。

（2）学生选课。

提供学生浏览全部选修课信息的功能，然后接受学生的选课操作。

获取学生及其所选课程的信息后，提供学生浏览自己所选课程的安排情况。

得到选课系统的指令，在相应时间内可以让学生修改自己的选课。

学生根据教务处提供的课程信息、选课单等进行选课，系统核对选课信息正误，如果正确则记录到该生课程表；如果错误则返回学生进行修改。

将选课系统统计好的课程信息及课程表反馈给学生供其浏览。

（3）教务处协调选课。

教务处根据教师提交审批的课程编制课程信息供学生浏览。

审核学生选课单正误，如正确则将课程编写进入课程表反馈给学生。

将学生选课名单情况反馈给教师。

具体业务流程图如图4.17所示。

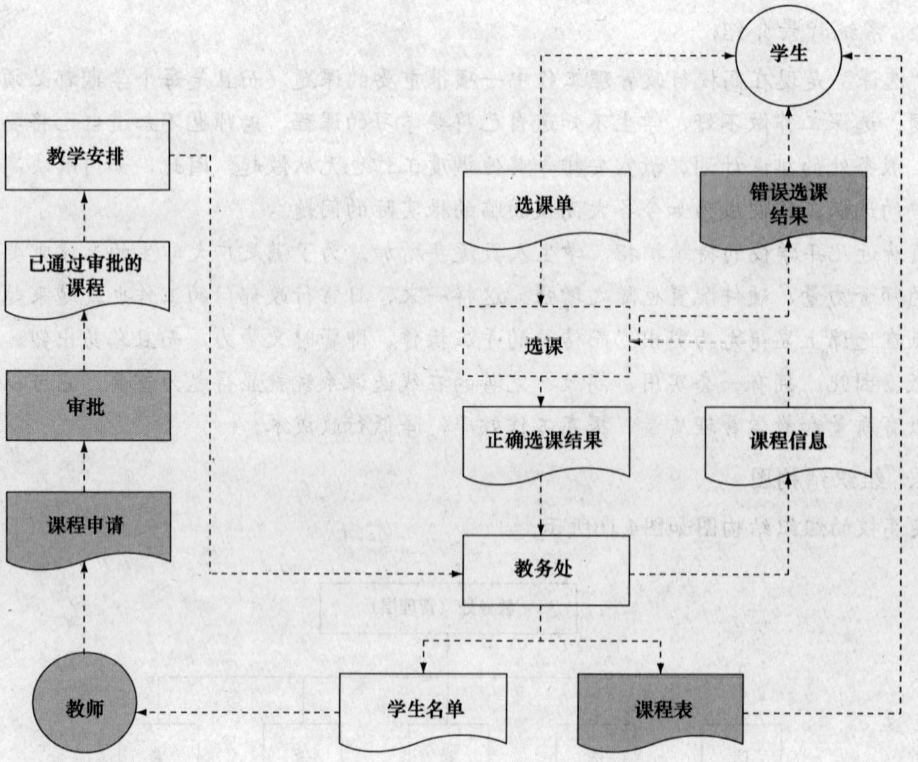

图 4.17　业务流程图

4. 数据流程图

顶层数据流程图如图4.18所示。

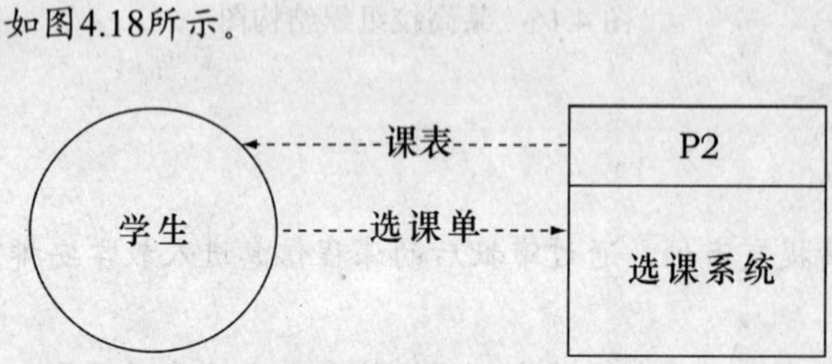

图 4.18　顶层数据流程图

第一层数据流程图如图4.19所示。

5. 数据字典

（1）数据项。

表4.3所示为数据项列表。

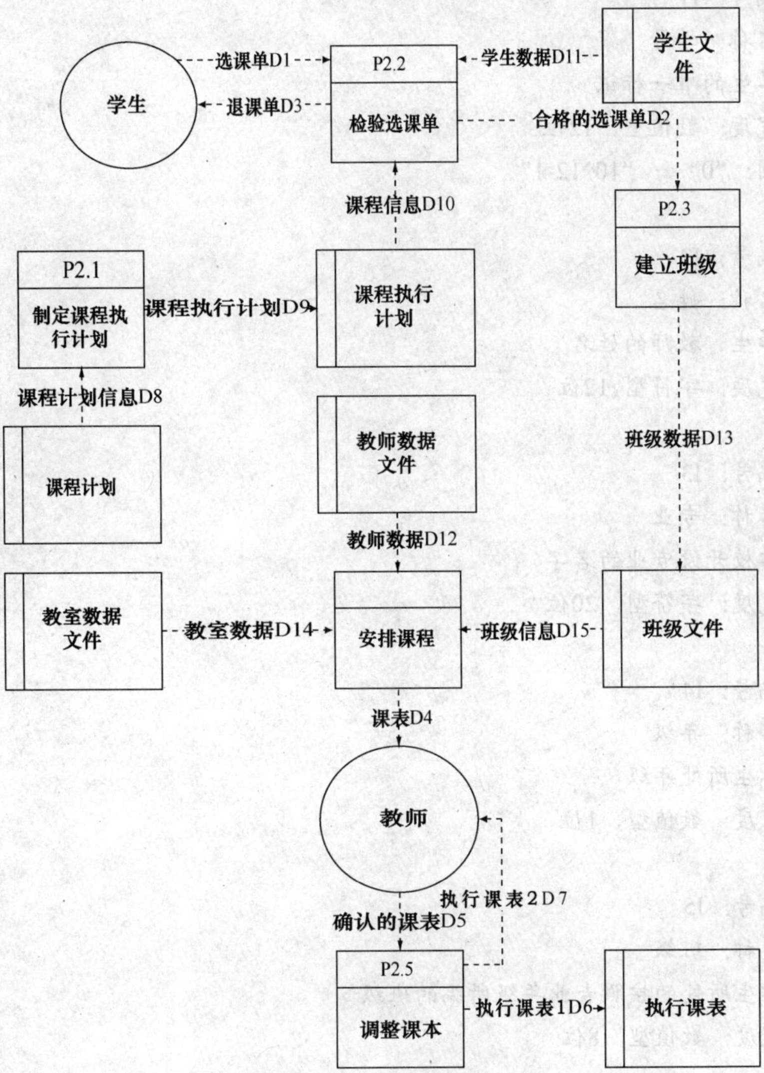

图 4.19　第一层数据流程图

表 4.3　数据项列表

编　号	名　称	编　号	名　称
I1	学号	I12	教室编号
I2	姓名	I13	教室容量
I3	专业	I14	教室类别
I4	年级	I15	教师编号
I5	班级	I16	教师职称
I6	课程号	I17	所属院系
I7	课程名称	I18	课程执行状态
I8	课程类别	I19	课表编号
I9	学分	I20	课程表状态
I10	开设学期	I21	选课单编号
I11	教学班级编号	I22	选课单状态

数据项编号：I1
数据项名称：学号
描述：学生的唯一标识
类型及宽度：数值型，12位
取值范围："0" ~ "10^12-1"

数据项编号：I2
数据项名称：姓名
描述：学生、教师的姓名
类型及宽度：字符型 12位

数据项编号：I3
数据项名称：专业
描述：学校开设专业的名字
类型及宽度：字符型，20位

数据项编号：I4
数据项名称：年级
描述：学生所处年级
类型及宽度：数值型，1位

数据项编号：I5
数据项名称：班级
描述：学生所处的按照专业年级所编的班级
类型及宽度：数值型，8位

数据项编号：I6
数据项名称：课程号
别名：课程ID
描述：某一门课程的编号
类型及宽度：数值型，4位

数据项编号：I7
数据项名称：课程名称
描述：学校开设课程的名字
类型及宽度：字符型，20位

数据项编号：I8
数据项名称：课程类别

描述：学校开设课程的类别
类型及宽度：字符型，2位

数据项编号：I9
数据项名称：学分
描述：学校开设课程的学分绩点
类型及宽度：数值型，2位

数据项编号：I10
数据项名称：开设学期
别名：学期
描述：学校一个教学班开展活动的基本时间单位
类型及宽度：数值型，2位

数据项编号：I11
数据项名称：教学班级编号
别名：教学班
描述：每个教学班有一个编号
类型及宽度：数值型，9位

数据项编号：I12
数据项名称：教室编号
别名：教室
描述：每个教学班有一个编号
类型及宽度：字符数字型，9位

数据项编号：I13
数据项名称：教室容量
别名：教室大小
描述：每个教室有一个容量
类型及宽度：数值型，2位

数据项编号：I14
数据项名称：教室类型
别名：教室大小
描述：每个教室属于一种
类型及宽度：字符型，2位

数据项编号：I15

数据项名称：教师编号
别名：工号
描述：每个教师都有一个唯一工号
类型及宽度：字母数字，6位

数据项编号：I16
数据项名称：教师职称
别名：职称
描述：每个教师都有职称
类型及宽度：字符型，4位

数据项编号：I17
数据项名称：所属院系
别名：院系
描述：每个教师都归属于一个院系
类型及宽度：字符型，8位

数据项编号：I18
数据项名称：课程执行状态
描述：教学计划中的课程处于未开、预开、开设、已开4种状态
类型及宽度：字母数字，4位

数据项编号：I19
数据项名称：课表编号
别名：课表号
描述：制定课表、调整课表过程中产生的课表具有不同的编号
类型及宽度：数值型，9位

数据项编号：I20
数据项名称：课程表状态
描述：制定课表、调整课表过程中的课表处于不同状态
类型及宽度：字符型，9位

数据项编号：I21
数据项名称：选课单编号
描述：每个学生提交的选课单编号
类型及宽度：数字型，9位

数据项编号：I22

数据项名称：选课单状态

描述：学生提交的选课单经过检查，可能是不合格的

类型及宽度：数值型，2位

（2）数据结构

数据结构编号：DS1

数据结构名称：学生（选课时）基本信息

简述：学生选课时需要的基本信息

数据结构构成：学号+姓名+专业+年级+班级

数据结构编号：DS2

数据结构名称：所选课程基本信息

简述：学生选课时需要记录的课程信息

数据结构构成：课程号+课程名+课程类别+开设学期

数据结构编号：DS3

数据结构名称：教学班级名单

简述：一个教学班的学生名单构成

数据结构构成：学号+姓名+专业+年级+班级

（3）数据流

数据流编号：D1

数据流名称：选课单

简述：学生根据可选课程提交的选课记录信息

数据流来源：U1学生

数据流去向：P2检验选课单

数据流组成：选课单编号+学生（选课时）基本信息+所选课程信息+选课单状态

单位时间数据流量：选课开放期间10KB/s

数据流编号：D2

数据流名称：合格的选课单

简述：学生程提交的符合全程教学计划安排的选课记录信息

数据流来源： P2检验选课单

数据流去向：P3建立班级

数据流组成：选课单编号+学生（选课时）基本信息+所选课程信息+选课单状态

单位时间数据流量：选课开放期间10KB/s

数据流编号：D3

数据流名称：不合格的选课单

简述：学生程提交但不符合全程教学计划安排的选课记录信息

数据流来源：P2检验选课单

数据流去向：U1学生
数据流组成：选课单编号+学生（选课时）基本信息+所选课程信息+选课单状态
单位时间数据流量：选课开放期间10KB/s

数据流编号：D4
数据流名称：课表
简述：根据班级、教师、教师信息初步的课程安排
数据流来源：P4安排课程
数据流去向：U2教师
数据流组成：课表编号+教师编号+教室+班级+课程时间段+课程编号+课程名称+课表状态
单位时间数据流量：安排课程结束后约100KB/s

数据流编号：D5
数据流名称：确认的课表
简述：教师确认教务处安排的课表可以执行
数据流来源：U2教师
数据流去向：P5调整课表
数据流组成：课表编号+（某个）教师编号+教室+班级+时间+课程编号+课程名称+课程表状态
单位时间数据流量：安排课程结束后不确定

数据流编号：D6、D7
数据流名称：执行课表1、执行课表2
简述：对教师确认的课表进行调整后正式下发的执行课表
数据流来源：P6调整表
数据流去向：U2教师、F3执行课表
数据流组成：课表编号+教师编号+教室+班级+时间+课程编号+课程名称+课程表状态
单位时间数据流量：调整课表结束后不确定

数据流编号：D8
数据流名称：课程计划信息
简述：全程教学计划里下一学期要开设的课程信息
数据流来源：F1课程计划
数据流去向：P1制订课程执行计划
数据流组成：开设学期+（课程编号+课程名称+使用专业+学分+课程类别）
单位时间数据流量：不确定

数据流编号：D9
数据流名称：课程执行计划
简述：全程教学计划里下一学期要开设的课程信息
数据流来源：P1制订课程执行计划
数据流去向：F2课程执行计划
数据流组成：开设学期+（课程编号+课程名称+使用专业+学分+课程类别+课程执行状态）
单位时间数据流量：不确定

数据流编号：D10
数据流名称：课程信息
简述：部分课程执行计划的记录
数据流来源：F2课程执行计划
数据流去向：P2检验选课单
数据流组成：课程编号+课程名称+使用专业+开设学期+学分+课程类别
单位时间数据流量：不确定

数据流编号：D11
数据流名称：学生数据
简述：用于检验选课单的某个学生的基本信息
数据流来源：F2学生文件
数据流去向：P2检验选课单
数据流组成：学生编号+学生姓名+专业+班级
单位时间数据流量：检验选课单时100KB/s

数据流编号：D12
数据流名称：教师数据
简述：用于安排课程的教师部分信息
数据流来源：F5教师数据文件
数据流去向：P4安排课程
数据流组成：教师编号+教师职称+所属院系
单位时间数据流量：不确定

数据流编号：D13
数据流名称：班级数据
简述：根据选课情况产生的教学班级信息
数据流来源：P3建立班级
数据流去向：F7班级文件
数据流组成：课程编号+课程编号+课程名称+学分+教师编号+教师姓名+教学班级名单
单位时间数据流量：不确定

数据流编号：D14
数据流名称：教室数据
简述：排课时需要的教室信息
数据流来源：F6教室数据文件
数据流去向：P4安排课程
数据流组成：教室编号+容量+类别
单位时间数据流量：不确定

数据流编号：D15
数据流名称：班级信息
简述：对教学班进行管理时的班级信息，与班级数据相同
数据流来源：F6教室数据文件
数据流去向：P4安排课程
数据流组成：教学班级编号+课程编号+课程名称+学分+教学班名单
单位时间数据流量：不确定

（4）处理逻辑

处理逻辑编号：P2.1
处理逻辑名称：制订课程执行计划
简述：学校统一制订的课程执行的计划
输入的数据流：课程信息
处理：具体如何制订
输出的数据流：课程执行计划
处理的频率：每学期一次

处理逻辑编号：P2.2
处理逻辑名称：检验选课单
简述：检验选课单是否符合要求
输入的数据流：选课单
处理：查看学生是否符合选课条件
输出的数据流：合格的选课单和不合格的选课单
处理的频率：每人一次

处理逻辑编号：P2.3
处理逻辑名称：建立班级
简述：根据选课情况建立班级
输入的数据流：合格的选课单
处理：合理分配班额
输出的数据流：班级数据

处理的频率：每学期三次

处理逻辑编号：P2.4

处理逻辑名称：安排课程

简述：安排具体的课程

输入的数据流：班级信息、教师数据、教室数据

处理：合理安排课程

输出的数据流：课表

处理的频率：每学期三次

处理逻辑编号：P2.5

处理逻辑名称：调整课表

简述：最后调整课表

输入的数据流：确认的课表

处理：再次检查与确认课表无误

输出的数据流：执行课表1、执行课表2

处理的频率：每学期三次

（5）数据存储

数据存储ID：F1

名称：课程计划

别名：全程教学计划

描述：每个年级各专业都有一个全程教学计划，指出了大学四年所开设的课程及其开设的学期

数据结构：课程计划编号+适用专业+{课程编号+课程名称+学分+课程类别+开设学期}

主键：课程计划编号

备注：每个专业有一个全程教学计划

数据存储ID：F2

名称：课程执行计划

别名：每个学期的教学执行计划

描述：每个学期有一个教学执行计划

主键：课程执行计划编号

辅助键：课程编号+适用专业

备注：每个学期全校产生一个教学执行计划

数据存储ID：F3

名称：执行课表

别名：课程表

描述：每个学期全校有一个执行课表

数据结构：课程计划编号+{教学班级+课程编号+课程名称+学分+课程类别+教师+教室+上课时段}

主键：课程表编号

备注：每个学期全校有一个教学执行课表

（6）外部实体

外部实体编号：U1

外部实体名称：学生

简述：选课的主体

输入的数据流：不合格的选课单

输出的数据流：选课单

外部实体编号：U2

外部实体名称：教师

简述：教学的人

输入的数据流：课表、执行课表1

输出的数据流：确认的课表

6. 复杂处理逻辑

安排课程：本处理负责根据学生选课结果安排课表，需要考虑学生上课时间，教师上课时间，教室使用时间及人数来决定是否排课。其判定表如表4.4所示。

表 4.4 判定表

条 件	1	2	其 他
学生有课	N	N	
教师有课	N	N	
教室有课	N	Y	
教室容量够	Y	Y	
学生当天课程任务过重	N	Y	
结 果			
直接安排	Y		
不安排			N
请示领导后安排		Y	

本章小结

系统分析是管理信息系统开发的重要阶段，包括可行性分析、业务分析、数据流程分析、系统化分析等步骤，最后完成新系统的逻辑方案设计，形成系统分析报告。

在系统开发之前，首先应对要开发的系统进行可行性分析，包括管理上的可行性、技术上的可行性、经济上的可行性等，形成可行性分析报告。

之后对企业进行业务流程分析，得到业务流程图，并在分析现有业务流程的基础上进行业务流程重组，产生更为合理的业务流程。

为了用计算机进行信息管理，需要进一步分析数据在管理中的流动，即数据流程调查分析，它舍去了具体组织机构、信息载体、处理工作等物理组成，单纯从数据流动过程来考察实际业务的数据处理模式，并最终形成数据流程图。

经过系统业务调查分析和数据流程调查分析找出原系统的缺陷和不足，并结合用户的需求对原系统进行改进，给出新系统所要采用的信息处理方案，形成新系统的逻辑方案。

最终编写系统分析报告。它反映了这一阶段调查分析的全部情况，是下一步设计与实现系统的主要依据。

章节练习

1. 系统分析的目的是什么？

2. 系统业务流程图和数据流程图有什么关系？

3. 根据下列描述绘制物资订货的业务流程图。

采购部查询库存信息及用户需求，若商品的库存量不能满足用户的需要，则编制相应的采购订货单，并交送给供应商提出订货请求。供应商按订单要求发货给该公司采购部，并附上采购收货单。公司检验人员在验货后，发现货物不合格，将货物退回供应商，如果合格则送交库房。库房管理员再进一步审核货物是否合格，如果合格则登记流水账和库存账目，如果不合格则交由主管审核后退回供应商。

4. 根据下列描述绘制“报损”的业务流程图和数据流程图。

若库房里的货品由于自然或其他原因而破损，且不可用的，需进行报损处理，即将这些货品清除出库房。具体报损流程：由库房相关人员定期按库存计划编制需要对货物进行报损处理的报损清单，交给主管确认、审核。主管审核后确定清单上的货品必须报损，则进行报损处理，并根据报损清单登记流水账，同时修改库存台账；若报损单上的货品不符合报损要求，则将报损单退回库房。

5. 根据下列描述绘制收费的原始决策表和决策树（重量用 W 表示）。

邮寄包收费标准如下：若收件地点在 1 000km 以内，普通件每公斤 2 元，挂号件每公斤 3 元。若收件地点在 1 000km 以外，普通件每公斤 2.5 元，挂号件每公斤 3.5 元；若重量大于 30 公斤，超重部分每公斤加收 0.5 元。

第5章 管理信息系统的系统设计

系统设计是新系统的物理设计阶段。根据系统分析阶段所确定的新系统的逻辑模型、功能要求，在用户提供的环境条件下，设计出一个能在计算机网络环境上实施的方案，即建立新系统的物理模型。系统分析阶段的任务是解决“做什么”，系统设计阶段的任务是解决“怎么做”，其工作质量直接影响到新系统的稳定性、可靠性、精确性和运行费用的高低。

5.1 系统设计概述

5.1.1 系统设计的依据

系统设计是在系统分析的基础上由抽象到具体的过程，同时还应考虑系统实现的内外环境和主客观条件。通常，系统设计的依据可以从以下几方面考虑。

（1）系统分析的成果。根据系统分析得到的“系统说明书”所规定的目标、任务和逻辑功能进行系统设计。

（2）现行技术。主要指可供选择的计算机软硬件技术、数据管理技术以及数据通信与计算机网络技术。

（3）现行的信息管理和信息技术的标准、规范和有关法律制度。

（4）用户需求。系统设计时应充分理解用户的要求，尽量使用户满意。

5.1.2 系统设计的原则

在系统设计过程中，应遵循以下基本原则。

（1）系统性原则。系统设计要从整个系统的角度进行考虑，系统代码要统一，设计标准要规范，传递语言要一致，实现数据或信息全局共享，提高数据重用性。

（2）灵活性原则。为了维持较长的系统生命周期，要求系统具有很好的环境适应性。现代化企业要对外界环境的变化有很强的适应能力，为此，系统应具有较好的开放性和结构的可变性。在系统设计中，应尽量采用模块化结构，提高数据、程序模块的独立性，尽量减少模块间的耦合程度，使各个子系统的依赖程度减到最低。

（3）可靠性原则。指系统抗干扰的能力及受外界干扰时的恢复能力。它是评价系统设计质量的一个重要指标。一个成功的管理信息系统必须具有较高的可靠性，如安全保密性、检错及纠错能力、抗病毒能力等。

（4）经济性原则。指在满足系统需求的前提下，尽量减小成本。一方面，在硬件投资上不能盲目追求技术上的先进，而应以满足应用需要为前提。另一方面，系统设计中应尽量避免不必要的复杂化，各模块应尽量简洁，以便缩短处理流程、减少处理费用。

（5）简单性原则。简单性原则指只要能达到预定的目标和实现预定的功能，系统就应避免一切不必要的复杂，尽量简单，消除冗余处理过程，使系统清晰。

（6）综合平衡性原则。系统设计的各个原则是相互联系而又相互制约的，比如系统的可靠性和经济性，为了提高系统的可靠性，需要采取一些措施，这就必然会增加系统制作的成本，但系统可靠性提高的同时，又为系统的运行和维护节约了成本。此时，需要从系统目标出发，在各个相互制约的原则之间权衡利弊，保证各项原则的综合平衡。

5.1.3　系统设计的内容

系统设计的任务是将系统的逻辑模型转化为物理模型，其过程一般分为初步设计和详细设计两个阶段。初步设计的主要内容是完成对系统总体结构和基本框架的设计。系统详细设计阶段的主要内容是在系统初步设计的基础上，将设计方案进一步细化，如数据库设计、编码设计等。这两个阶段的主要工作有以下几项。

（1）总体设计。包括信息系统流程图设计、功能结构图设计、功能模块图设计等。

（2）代码设计（Data code design）和设计规范的制订。

（3）系统物理配置方案设计。包括外围设备（Peripheral）配置、通信网络选择和设计、数据库管理系统的选择等。

（4）数据存储设计。包括数据库设计、数据库的安全保密设计等。

（5）计算机处理过程设计。包括输入/输出设计、处理流程图设计、编写程序设计说明书等。

5.2　系统总体结构设计

5.2.1　系统总体布局

系统的总体布局是指系统的软硬件资源及数据资源在空间上的配置方案，通常有以下几种方案可供选择。

从信息资源管理的集中程度来看，系统总体布局方案有：集中式系统和分布式系统。

从信息处理的方式来看，系统总体布局方案有：批处理方式和联机方式。

（1）集中式系统。这是一种集设备、软件资源、数据于一体的集中管理系统，主要有三种类型：单机批处理系统、单机多终端分时系统和主机——智能终端系统。

（2）分布式系统。利用计算机网络将分布在不同地点的计算机硬件、软件、数据等信息资源联系在一起，服务于一个共同的目标而实现相互通信和资源共享，就形成了信息系统的分布式结构，具有分布式结构的系统称为分布式系统。分布式系统运行的网络环境有：局域网、广域网、局域网和广域网混合形式以及互联网、内联网、外联网及其混合模式。

5.2.2 软件系统结构设计

软件系统是实现整个系统各项功能与目标的中心环节，软件系统的设计与实施是系统建设的重点和关键所在。软件系统结构设计的主要任务，就是根据系统的总体目标和功能将系统合理划分成若干个功能模块，正确地处理各模块之间的调用关系和数据联系，定义各模块的内部结构等。

1. 系统功能结构图

系统功能结构是从计算机实现的角度出发，对子系统进行进一步的划分，明确系统及子系统功能模块的组成。一般用系统功能结构图来描述，如图 5.1 所示。

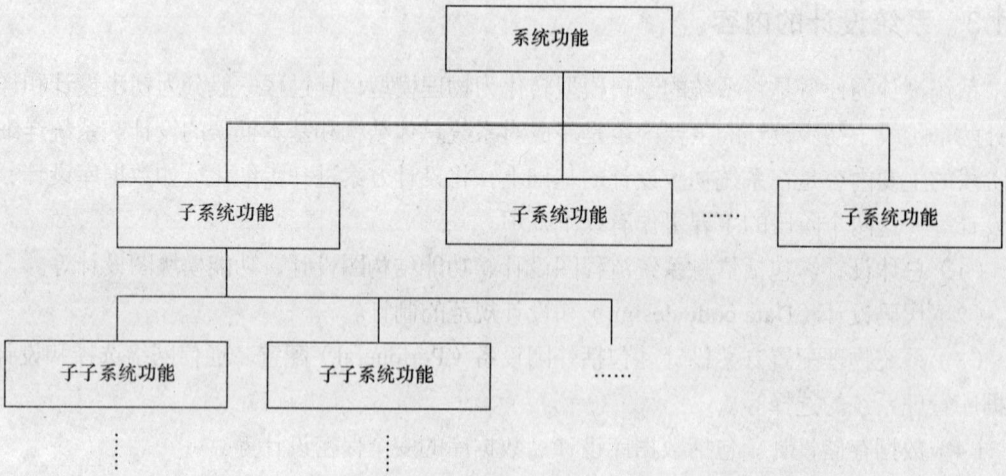

图 5.1　系统功能结构图

系统功能结构图不仅有效地表达了系统和各个子系统的功能，而且也表达了系统和子系统之间的隶属关系。图 5.2 所示为一个学生管理系统的功能结构图，从图中可以看出各子系统的具体功能以及系统与子系统的隶属关系。

2. 系统功能结构设计的原则

（1）独立性原则。独立性原则是指子系统功能的划分必须使得子系统内部功能模块的内聚性较好，即每个功能模块间最好相互独立，尽量减少各种不必要的数据调用和控制联系，并将联系比较密切、功能相似的模块相对集中，这样对于以后的搜索、查询、调用都比较方便。

（2）重用性原则。重用性也称为复用性。简单地说，就是能重复地利用同一资源。重用性高，可以做到一次开发多次使用。好的系统功能划分应该使得其中的功能实现方法可以大量重复使用，这样必然会减少系统发开的工作量，提高软件生产率。

（3）无依赖原则。无依赖原则是指在系统功能结构设计中要保证子系统之间的联系尽量少，接口要简单、明确。

（4）数据共享原则。数据共享原则也就是子系统功能划分的结果应使数据冗余尽量减小。

（5）发展性原则。发展性原则是说子系统功能的划分应考虑今后管理发展的需要，能够适应今后管理的发展。

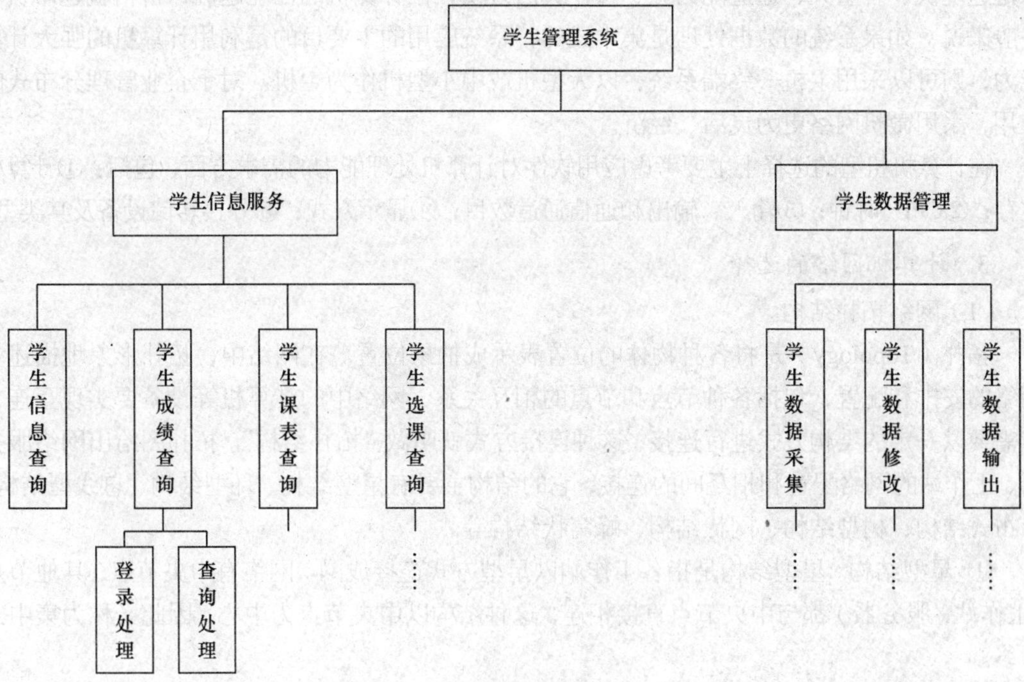

图 5.2 学生管理系统功能结构图

5.2.3 系统物理配置方案设计

随着信息技术的发展，多种多样的计算机技术产品为信息系统的建设提供了极大的便利，可以根据应用的需要选择性能各异的软、硬件产品，即系统的物理配置。

1. 物理配置的依据

选择软硬件产品时，要考虑以下问题。

（1）系统吞吐量，即每秒钟执行的作业数。系统吞吐量越大，则系统的处理能力就越强。系统吞吐量与系统硬件、软件的选择有着直接的关系，如果要求系统具有较大的吞吐量，就应当选择具有较高性能的计算机和网络系统。

（2）系统响应时间，即从用户向系统发出一个作业请求开始，经系统处理后给出应答结果的时间。如果要求系统具有较短的响应时间，就应当选择运算速度较快的 CPU 及具有较高传递速率的通信线路，如实时应用系统。

（3）系统可靠性，指系统可以连续工作的时间。例如，对于每天需要 24 小时连续工作的系统，可以采用双机双工结构方式。

（4）集中式（Centralized processing）或分布式（Distributed processing）。如果一个系统采用集中式的处理方式，则信息系统既可以是主机系统，也可以是网络系统；若系统处理方式是分布式的，则应采用微机网络。

（5）地域范围。对于分布式系统，要根据系统覆盖的范围决定采用广域网还是局域网。

2. 计算机硬件选择

计算机硬件的选择主要取决于数据处理方式和运行的软件系统。管理对计算机的基本要求是速度快、容量大、通道能力强、操作灵活方便，但计算机的性能越高，价格就越昂贵。一般来说，如果系统的数据处理是集中式的，系统应用的主要目的是利用计算机的强大计算能力，则可以采用主机—终端系统，以大型机或中小型机作为主机。对于企业管理分布式的应用，采用微机网络更为灵活、经济。

在计算机机型的选择上主要考虑应用软件对计算机处理能力的需求方面，包括：①计算机主存；②CPU 时钟；③输入、输出和通信通道数目；④显示方式；⑤外接转储设备及其类型。

3. 计算机网络的选择

（1）网络拓扑结构。

拓扑（Topology）是将各种物体的位置表示成抽象位置。在网络中，拓扑形象地描述了网络的安排和配置，包括各种节点和节点的相互关系。网络中的计算机等设备要实现互连，就需要以一定的结构方式进行连接，这种连接方式就叫做“拓扑结构”。拓扑图给出网络服务器、工作站的网络配置和相互间的连接，它的结构主要有星型结构、环型结构、总线型结构、分布式结构、树型结构、网状结构、蜂窝状结构等。

① 星型结构。星型结构是指各工作站以星型方式连接成网。网络有中央节点，其他节点（工作站、服务器）都与中央节点直接相连，这种结构以中央节点为中心，因此又称为集中式网络。

星型结构具有如下特点：结构简单，便于管理；控制简单，便于建网；网络延迟时间较小，传输误差较低。其缺点是成本高、可靠性较低、资源共享能力较差。

② 环型结构。环型结构由网络中若干节点通过点到点的链路首尾相连形成一个闭合的环，这种结构由公共传输电缆组成环型连接，数据在环路中沿着一个方向在各个节点间传输，信息从一个节点传到另一个节点。

环型结构具有如下特点：信息流在网中是沿着固定方向流动的，两个节点仅有一条道路，故简化了路径选择的控制；环路上各节点都是自举控制，故控制软件简单；由于信息源在环路中是串行地穿过各个节点，当环中节点过多时，势必影响信息传输速率，使网络的响应时间延长；环路是封闭的，不便于扩充；可靠性低，一个节点故障，将会造成全网瘫痪；维护难，对分支节点故障定位较难。

③ 总线型结构。总线型结构是指各工作站和服务器均挂在一条总线上，各工作站地位平等，无中心节点控制，公用总线上的信息多以基带形式串行传递，其传递方向总是从发送信息的节点开始向两端扩散，如同广播电台发射的信息一样，因此又称广播式计算机网络。各节点在接收信息时都进行地址检查，看是否与自己的工作站地址相符，相符则接收网上的信息。

总线型结构的网络特点如下：结构简单，可扩充性好，当需要增加节点时，只需要在总线上增加一个分支接口便可与分支节点相连，当总线负载不允许时还可以扩充总线；使用的电缆少，且安装容易；使用的设备相对简单，可靠性高；维护难，分支节点故障查找难。

④ 分布式结构。分布式结构的网络是将分布在不同地点的计算机通过线路互连起来的一种网络形式。分布式结构的网络具有如下特点：由于采用分散控制，即使整个网络中的某个局部出现故障，也不会影响全网的操作，因而具有很高的可靠性；网中的路径选择最短路径算法，故网上延迟时间少，传输速率高，但控制复杂；各个节点间均可以直接建立数据链路，信息流程最短；便于全网范围内的资源共享。缺点为连接线路用电缆长，造价高；网络管理

软件复杂；报文分组交换、路径选择、流向控制复杂；在一般局域网中不采用这种结构。

⑤ 树型结构。树型结构是分级的集中控制式网络，与星型结构相比，它的通信线路总长度短，成本较低，节点易于扩充，寻找路径比较方便；但除了叶节点及其相连的线路外，任一节点或其相连的线路故障都会使系统受到影响。

⑥ 网状结构。在网状结构中，网络的每台设备之间均有点到点的链路连接，这种连接不经济，只有每个站点都要频繁发送信息时才使用这种方法。它的安装也复杂，但系统可靠性高，容错能力强。有时也称为分布式结构。

⑦ 蜂窝状结构。蜂窝状结构是无线局域网中常用的结构。它以无线传输介质（微波、卫星、红外等）点到点和多点传输为特征，是一种无线网，适用于城市网、校园网和企业网。

在计算机网络中还有其他类型的拓扑结构，如总线型与星型混合、总线型与环型混合连接的网络。在网络选择上应根据应用系统的地域分布、信息流量等进行综合考虑，选择合适的网络拓扑结构

（2）网络的逻辑设计。

通常首先按软件将系统从逻辑上分为各个子系统，然后按需要配置设备，如主服务器、主交换机、分系统交换机、子系统间的集线器、通信服务器、路由器和调制解调器，并考虑各设备之间的连接关系与结构。

（3）网络操作系统。

目前流行的网络操作系统有 Netware、 Windows NT、UNIX 等。 UNIX 历史最早，是唯一能够适用于所有应用平台的网络操作系统。Netware 网络操作系统适用于文件服务器／工作站模式，具有较高的市场占有率。 Windows NT 随着 Windows 操作系统的发展和客户机—服务器模式向浏览器—服务器模式延伸，是很有发展前景的网络操作系统。

4. 数据库管理系统的选择

管理信息系统以数据库系统为基础，一个好的数据库管理系统对管理信息系统的应用有着举足轻重的重要影响。在数据库管理系统的选择上，主要考虑：①数据库的性能；②数据库管理系统的系统平台；③数据库管理系统的安全保密性能；④数据的类型。

目前，软件市场上有许多数据库管理系统，如 Oracle、 Sybase、SQL Server、 Informix、FoxPro 等。Oracle、 Sybase 是大型数据库管理系统，运行于客户机—服务器模式，是开发大型 MIS 的首选； FoxPro 在小型 MIS 中最为流行。 Microsoft 公司推出的 Visual FoxPro 在大型管理信息系统开发中也获得了大量应用，而 Informix 则适用于中型 MIS 的开发。

5. 应用软件的选择

根据应用需求开发管理信息系统最容易满足用户的特殊管理要求，但是成本较高。因此，商品化应用软件成了系统设计人员首选的应用软件。选择应用软件时应考虑如下几点。

（1）是否能够满足用户的需求。根据系统分析的结果，在软件功能上应注意以下问题：

- 系统必须处理哪些事件和数据？软件能否满足数据表示的需要？
- 系统能够产生哪些报告、报表、文档或其他输出？
- 系统要储存的数据量及必须满足哪些查询需求？

（2）软件的灵活性。由于存在管理需求上的不确定性，系统应用环境会经常发生变化。因此，应用软件要有足够的灵活性，以适应对软件的输入、输出和系统平台的升级要求。

（3）软件的技术支持。对于商品化软件，稳定的技术支持是必需的。这一方面是为了保证软件能够满足需求的变化，另一方面是便于今后随着技术的发展而不断升级。

（4）相关企业对应用软件的选择情况。

5.3 系统详细设计

5.3.1 代码设计

代码就是用来表示客观事物的实体类别和属性的一个或一组易于计算机识别和处理的特定符合或记号，它可以是字符、数字、特殊符号或它们的组合。代码设计的任务就是把信息系统要处理的事物用特定的字符、数字或其组合来描述，以便于计算机系统的识别和处理。

1. 代码的作用

（1）可使数据的表达方式标准化。

（2）可减少信息量，节省存储空间。

（3）便于信息的传递和进行分类、合并、检索等处理，提高计算机处理信息的效率。

（4）标明事物所处状态。

2. 代码的设计原则

（1）唯一性。每个代码都仅代表唯一的实体或属性。

（2）标准化与通用性。凡是国家和主管部门对某些信息分类和代码有统一规定和要求的，则应采用标准形式的代码，以使其通用化。

（3）合理性。代码结构要合理，尽量反映编码对象的特征，并与事务分类体系相适应，以便代码具有分类的标识作用，如身份证号码。

（4）稳定性。代码应能适应环境的变化，要具有不能改变的持久性，避免经常修改代码，具有稳定性。

（5）可扩充性与灵活性。代码系统要考虑系统的发展变化。当增加新的实体或属性时，直接利用原代码加以扩充，而不需要变动代码系统。

（6）具有规律性。代码应便于编码和识别。代码应具有逻辑性、直观性好的特点，便于用户识别和记忆。

（7）简洁性。代码的长度应以短小为好，代码的长度会影响所占据的存储单元和信息处理速度，也会影响代码输入时出错的概率及输入、输出速度。

3. 代码的分类

（1）顺序码。

顺序码是用一串连续的数字来表示系统中的客观实体或实体属性。这种编码的优点是简单、易处理、容易学习和掌握。缺点是因为编码本身没有任何实际含义，所以不能反映编码对象的特点。此外，由于编码按顺序排列，新增加的数据只能排在最后，删除数据会造成空码，缺乏灵活性。所以，建议将此种方法作为其他编码的补充或组成部分。

（2）区间码。

区间码是按编码对象的特点把编码分成若干个区段，每一个区段表示编码对象的一个类别。它的编制方法就是按某种分类规则将编码对象划分成若干区段，给每个区段赋予相应的含义进行顺序编号。例如，居民身份证号码是特征组合码，由十七位数字本体码和一位数字校验码组成。排列顺序从左至右依次为：六位数字地址码、八位数字出生日期码、三位数字顺序码和一位数字校验码。

区间码的优点是码中数字值和位置都代表一定的意义，从结构上反映了数据的类别，信息比较可靠，同时便于计算机进行分类处理，插入和删除也比较容易。它的缺点是由于编码反映的信息比较全面，包含的区间较多，所以一般编码位数会相对较长，给编码的维护造成一定的困难。

（3）助记码。

助记码是指用可以帮助记忆的字母和数字来表示编码对象。助记码的优点是直观形象、便于记忆和使用。缺点是不利于计算机处理，特别是当编码对象较多时，也容易引起联想出错，所以这种编码主要用于数据量较少的信息系统。

（4）缩写码。

缩写码是把人们习惯使用的缩写字直接用于编码，如 kg（千克）、km（千米）等。缩写码的优点是简单、直观，便于记忆和使用。但是，由于缩写码数量有限，所以它的适用范围也有限。

4. 代码中的校验位

代码输入的正确性直接会影响整个信息处理工作的质量。特别是人们在处理时，发生错误的可能性更大。比如，抄写错误，1 写成 7；易位错误，1234 写成 1324 等。为了保证正确输入，需在原有代码结构的基础上，另外加上一个校验位，使它成为代码的一个组成部分。代码一旦输入，计算机会用事先规定的算法按输入的代码数字计算出校验位，并将它与输入的校验位进行比较，以证实输入是否有错。

计算校验位的方法主要有算术级数法、几何级数法、质数法等。它们的基本原理都是属于随机数法。其计算过程是：输入原代码；将原代码的各位数分别乘以权重（算数级数法的权数一般是 1、2、3…，几何级数法的权数一般是 2、4、8、16…，质数法的权数一般是 2、3、5、7…）；计算各乘积之和；用一个模数去除乘积之和；所得余数作为校验位；将校验位置于原代码之后，组成新代码。以算数级数法为例：

源代码：1 2 3 4 5

权：6 5 4 3 2

乘积之和：6+10+12+12+10=50

校验位（乘积之和/模，取余数）：以 11 为模，则 50/11 的余数为 6

新代码：1 2 3 4 5 6

5.3.2 数据库设计

数据库设计是在选定的数据库管理系统基础上，建立数据库的过程。数据库设计的关键是如何建立一个数据模型，使其能够正确地反映用户的现实环境，包括向用户及时、准确、全面地提供所需要的信息和支持用户对所有需要处理的数据进行处理，并且具有较高的运行效率，易于理解和维护。

数据库设计的全过程包括用户需求分析、概念结构设计、逻辑结构设计和物理结构设计四个阶段。对于信息系统开发来说，数据库系统设计中用户需求分析已经在系统分析阶段的系统调查、业务分析、数据流程分析和数据字典创建中得到充分进行。因此，数据库设计开始于数据库概念结构设计。

1. 概念结构设计

概念结构设计是根据用户需求分析的结果,设计数据库的概念数据模型(简称概念模型)。目前，用于建立概念模型的方法有许多种，其中最常用、最著名的方法是实体—联系方法，即 E-R 图法。下面就对 E-R 图进行详细说明。

（1）E-R 图的组成符号，如图 5.3 所示。

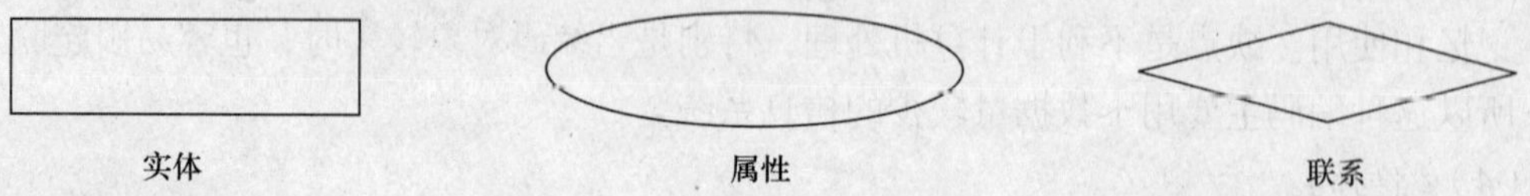

图 5.3　E-R 的组成符号

这三种组成符号的含义如下。

实体（Entity）：是现实世界中描述客观事物的概念。实体用一个矩形方框表示，方框内写上实体的名称。

属性（Attribute）：一般是指实体具有的某种特性，用来描述一个实体。属性用椭圆形表示，在椭圆形内写上属性的名称，用无向边把属性与实体相连。

联系（Relationship）：现实世界的事物总是存在着这样或那样的联系，这里主要讨论实体之间的联系。联系用菱形表示，在菱形内写上联系的名称，用无向边把菱形与相联系的实体连接，无向边上标注联系的类型。

图 5.4 所示的 E-R 图样例体现了储户和储蓄所之间的联系。

（2）实体之间联系的类型。

实体之间的联系类型可分为三种：一对一的联系、一对多联系和多对多联系。三种联系如图 5.5 所示。

① 一对一的联系。如果对于实体集 A 中的任何一个实体，B 中至多只有一个实体与其发生联系；反之，B 中的每一个实体至多对应实体集 A 中的一个实体，则称 A 与 B 是一对一联系。例如，一个班级只有一个正班长，一个班长只在一个班中任职，则班长和班级就是一对一的联系。其 E-R 图如图 5.6（a）所示。

② 一对多联系。如果对于实体集 A 中的每一实体，实体 B 中有一个以上实体与之发生联系；反之，B 中的每一实体至多只能与实体集 A 中的一个实体对应，则称 A 与 B 是一对多的联系。例如，一个班级中有若干名学生，每个学生只在一个班级中学习，则班级和学生就是一对多的联系。其 E-R 图如图 5.6（b）所示。

③ 多对多联系。如果实体集 A 中至少有一实体对应于 B 中一个以上实体；反之，B 中也至少有一个实体对应于 A 中一个以上实体，则称 A 与 B 为多对多联系。例如，一门课程

同时有若干个学生选修，一个学生可以同时选修多门课程，则学生和课程之间就是多对多的关系。其 E-R 图如图 5.6（c）所示。

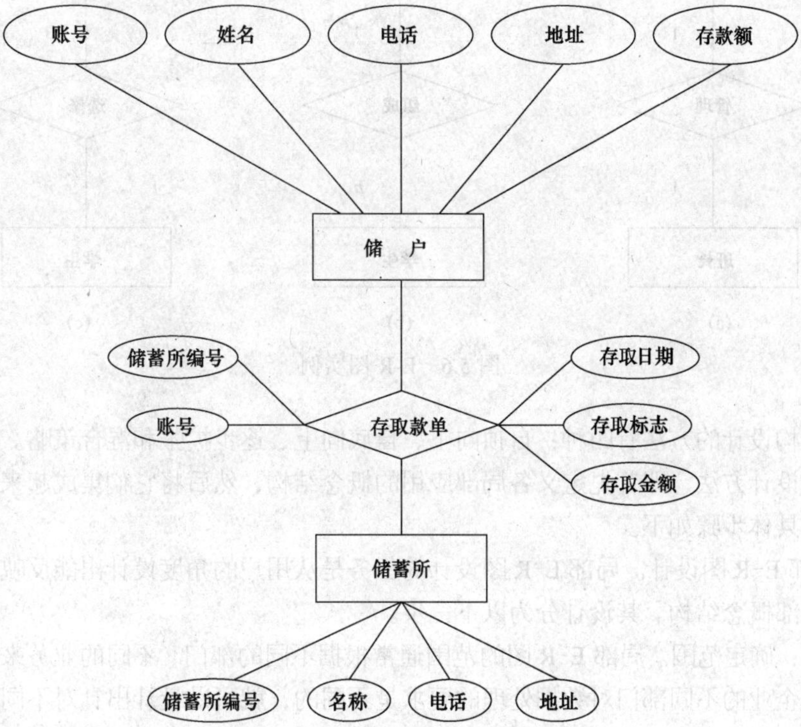

图 5.4　E-R 图样例

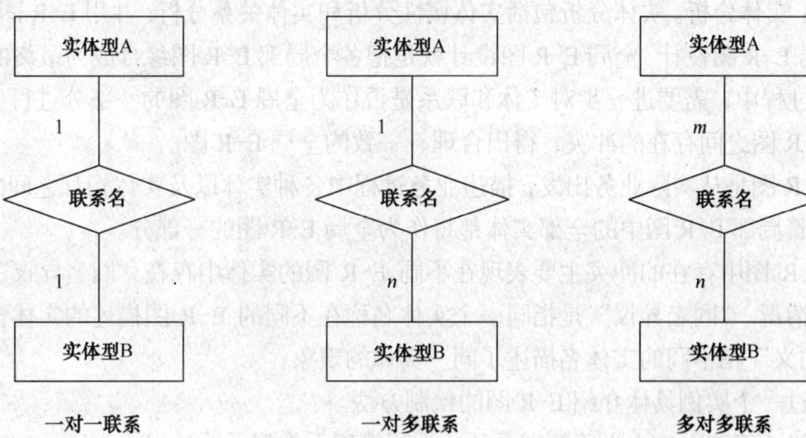

图 5.5　实体之间的联系

（3）基于 E-R 图的概念结构设计。

将需求分析得到的用户需求抽象为信息结构，即概念模型的过程就是概念结构设计。它能真实、充分地反映现实世界，包括事物和事物之间的联系，能满足用户对数据的处理要求，是对现实世界的一个真实模型。

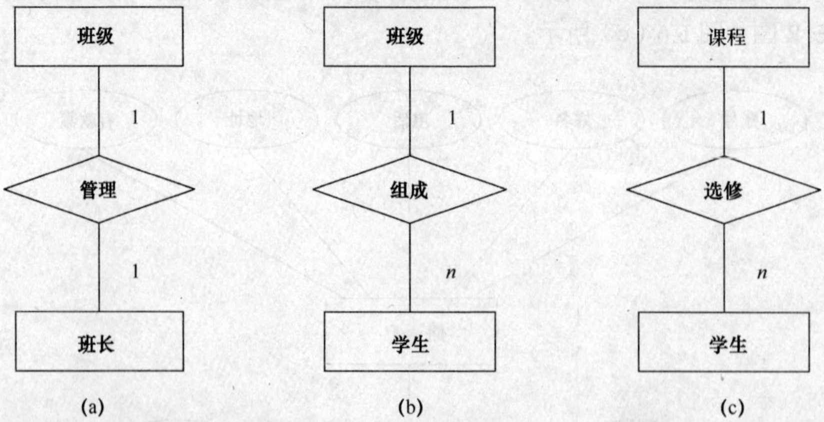

图 5.6 E-R 图实例

概念结构设计的方法有四种：自顶向下、自底向上、逐步扩张和混合策略。最常用的是自底向上的设计方法，即首先定义各局部应用的概念结构，然后将它们集成起来，得到全局概念结构。具体步骤如下。

① 局部 E-R 图设计。局部 E-R 图设计的任务是从用户的角度设计出能反映局部现实数据关系的局部概念结构。其设计分为以下三步。

第一步：确定范围。局部 E-R 图的范围通常根据不同的部门、不同的业务来进行自然划分。例如，企业的不同部门对数据处理的要求是不同的，就可以设计出针对不同部门数据要求的局部 E-R 图。

第二步：识别实体。实体是组织中各种事务，它可以是存在于业务过程中的订单、卡片等，也可以是组织中的人员、设备、产品、计划、工资等。

第三步：实体分析。实体分析包括实体属性分析和实体关系分析，并用 E-R 图描述结果。

② 全局 E-R 图设计。全局 E-R 图设计就是把各个局部 E-R 图综合成为最终的全局 E-R 图。在综合过程中，需要进一步对实体和联系是否作为全局 E-R 图的一部分进行确认，并消除各局部 E-R 图之间存在的冲突，得出合理、一致的全局 E-R 图。

局部 E-R 图是从实际业务出发，描述业务过程中各种实体以及实体相互之间的联系。但这并不意味着局部 E-R 图中的全部实体都将作为全局 E-R 图的一部分。

局部 E-R 图中存在的冲突主要表现在不同 E-R 图的实体中存在“同名异议”和“异名同义”两种情况。“同名异议”是指同一个实体名称在不同的 E-R 图描述的实体含义完全相同，“异名同义”指不同的实体名描述了同一实体的现象。

下面通过一个实例具体介绍 E-R 图的绘制方法。

例如，学生管理系统由学籍管理系统、课程管理系统等子系统组成。

- 学籍管理系统需求简单描述如下。

学生都住指定的宿舍

若干学生组成班级

每个班级指派一名教师做班主任进行日常管理

学生的个人材料（姓名、性别、年龄、籍贯等基本信息）要存档保管学籍管理系统的 E-R 图如图 5.7 所示。

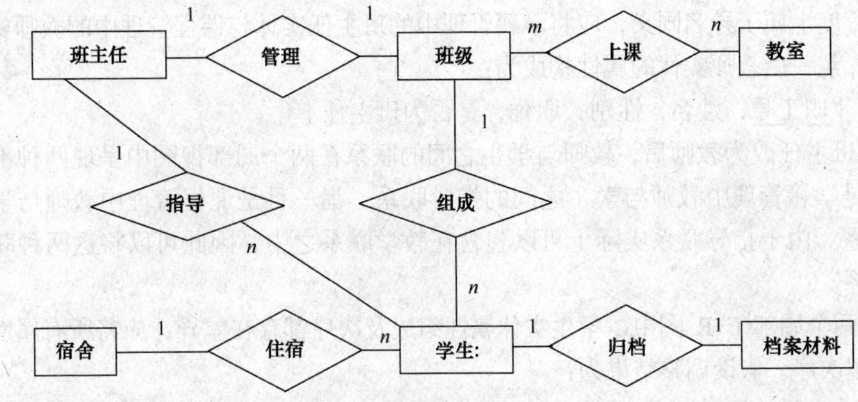

图 5.7　学籍管理系统的 E-R 图

该 E-R 图中省略了各个实体的属性描述（其中有下画线的属性为实体的键）：

学生：{学号，姓名，出生日期，性别……}

档案材料：{档案号，……}

班级：{班级号，学生人数}

班主任：{职工号，姓名}

宿舍：{宿舍编号，地址，人数}

❑ 课程管理系统局部 E-R 图如图 5.8 所示。

各实体的属性分别为：

学生：{姓名，学号，性别，年龄，所在系，年级，平均成绩}

课程：{课程号，课程名，学分}

教师：{职工号，姓名，性别，职称}

教科书：{书号，书名，定价}

教室：{教室编号，地址，容量}

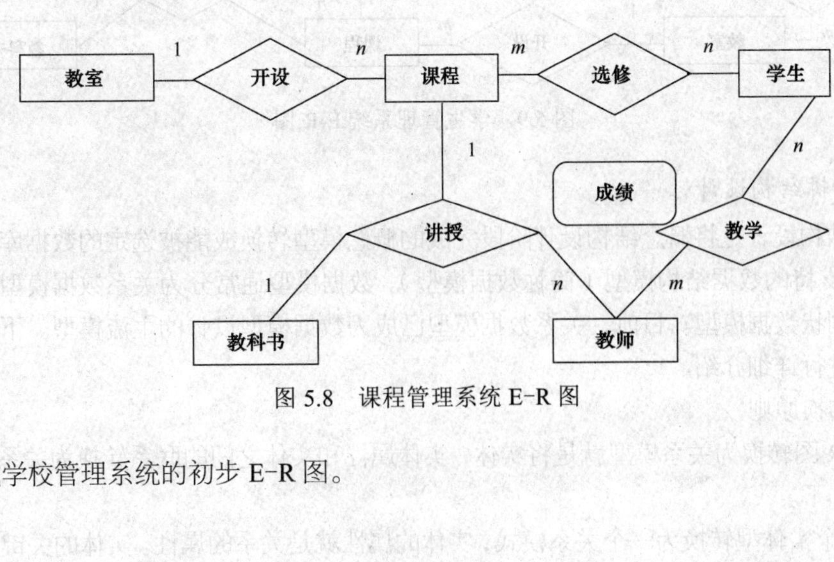

图 5.8　课程管理系统 E-R 图

❑ 生成学校管理系统的初步 E-R 图。

合并学籍管理 E-R 图和课程管理 E-R 图。两个 E-R 图存在多种冲突。

a. 班主任实际上也属于教师，也就是说学籍管理中的班主任实体与课程管理中的教师实体在一定程度上属于异名同义，应将学籍管理中的班主任实体与课程管理中的教师实体统一称为教师，统一后教师实体的属性构成为：

教师：{ 职工号，姓名，性别，职称，是否为班主任 }

b. 将班主任改为教师后，教师与学生之间的联系在两个局部视图中呈现两种不同的类型，一种是学籍管理中教师与学生之间的指导联系，另一种是课程管理中教师与学生之间的教学联系。由于指导联系实际上可以包含在教学联系之中，因此可以将这两种联系综合为教学联系。

c. 在两个局部 E-R 图中，学生实体属性组成及次序都存在差异，应将所有属性综合，并重新调整次序。假设调整结果为：

学生：{ 学号，姓名，出生日期，年龄，所在系，年级，平均成绩 }

解决上述冲突后，将学籍管理 E-R 图与课程管理 E-R 图合并为初步 E-R 图，如图 5.9 所示。

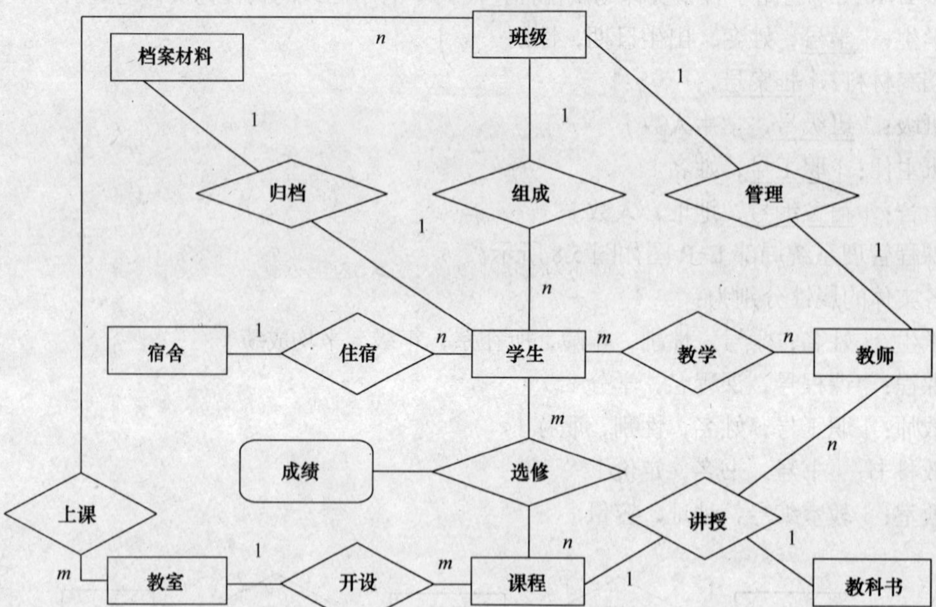

图 5.9 学生管理系统 E-R 图

2. 逻辑结构设计

逻辑结构设计是将概念结构设计阶段完成的概念模型转换成能被选定的数据库管理系统（DBMS）支持的数据结构模型（简称数据模型）。数据模型通常分为关系数据模型、层次数据模型和网状数据模型。目前，关系数据模型已成为数据模型设计的主流模型。下面对关系数据模型进行详细介绍。

（1）转换原则。

将 E-R 图转换为关系模型就是将实体、实体属性和实体之间的联系转换为关系模式。其转换原则如下。

① 一个实体型转换为一个关系模式，实体的属性就是关系的属性。实体的关键字就是关

系的关键字。

② 一个1∶1联系可以转换为一个独立的关系模式，也可以与任意一端对应的关系模式合并。如果转换为一个独立的关系模式，则与该联系相连的各实体的关键字及联系本身的属性均转换为关系的属性，每个实体的关键字均是该关系的候选关键字。如果与某一端对应的关系模式合并，则需要在该关系模式的属性中加入另一个关系模式的关键字和联系本身的属性。

③ 一个1∶*m*联系可以转换为一个独立的关系模式，也可以与*m*端对应的关系模式合并。如果转换为一个独立的关系模式，则与该联系相连的各实体的关键字以及联系本身的属性均转换为关系的属性，而关系的关键字为*m*端实体的关键字。

④ 一个*m*∶*n*联系转换为一个关系模式。与该联系相连的各实体的关键字及联系本身的属性均转换为关系的属性，而关系的关键字为各实体的关键字的组合。

⑤ 三个或三个以上实体间的一个多元联系转换为一个关系模式。与该多元联系相连的各实体的关键字及联系本身的属性均转换为关系的属性，而关系的关键字为各实体关键字的组合。

⑥ 具有相同关键字的关系模式可合并。合并方法是将其中一个关系模式的全部属性加入另一个关系模式中，然后去掉其中的同义属性（可能同名也可能不同名），并适当调整属性的次序。

（2）逻辑结构设计中的规范化理论。

信息系统的运行效率在很大程度上取决于数据库系统的效率，而面对任何一个信息系统之中数量极为庞大的数据，应该如何以最优的方式组织这些数据，形成以规范化形式存储的数据库，是信息系统开发中的一个十分重要的问题。为使数据存储为有一定标准的数据存储的结构，IBM公司的科德（E.F.Codd）在1971年首先提出规范化理论（Normalization Theory）。规范化理论虽然以关系数据模型为背景，研究如何设计一个关系数据库，但它对一般的数据库逻辑设计，同样具有重要的指导意义。

对于一个结构不合理的数据库而言，常常会出现诸如数据冗余、插入、删除异常等情况。一般地，把分解关系模式以消除异常的过程称之为规范化，而把分解后的关系模式的规范形式（或者说把关系模式的分类标准）称之为范式。根据要求的宽严不同，可以把范式依次分为第一范式（记为1NF）、第二范式（记为2NF）和第三范式（记为3NF），依此类推。对于信息系统开发来说，一般只需规范到第三范式即可。

① 第一范式（1NF）。数据库表中的字段都是单一属性的，不可再分。这个单一属性由基本类型构成，包括整型、实数、字符型、逻辑型、日期型等。

例如，表5.1符合第一范式，而表5.2不符合第一范式。

表5.1 符合第一范式数据库表

字段1	字段2	字段3	字段4
**	**	**	**

表5.2 不符合第一范式数据库表

<table>
<tr><td>字段1</td><td>字段2</td><td colspan="2">字段3</td><td>字段4</td></tr>
<tr><td>**</td><td>**</td><td>字段3.1</td><td>字段3.2</td><td>**</td></tr>
</table>

②第二范式（2NF）。数据库表中不存在非关键字段对任一候选关键字段的部分函数依赖（部分函数依赖指的是存在组合关键字中的某些字段决定非关键字段的情况），也即所有非关键字段都完全依赖于任意一组候选关键字。

假定选课关系表为 SelectCourse（学号，姓名，年龄，课程名称，成绩，学分），关键字为组合关键字（学号，课程名称），因为存在如下决定关系：

（学号，课程名称）→ (姓名，年龄，成绩，学分)

这个数据库表不满足第二范式，因为存在如下决定关系：

（课程名称)→（学分）　　　　　　（学号）→（姓名，年龄）

即存在组合关键字中的字段决定非关键字的情况。

由于不符合 2NF，这个选课关系表会存在如下问题。

- 数据冗余：同一门课程由 n 个学生选修，“学分”就重复 n-1 次；同一个学生选修了 m 门课程，姓名和年龄就重复了 m-1 次。
- 更新异常：若调整了某门课程的学分，数据表中所有行的“学分”值都要更新，否则会出现同一门课程学分不同的情况。
- 插入异常：假设要开设一门新的课程，暂时还没有人选修。这样，由于还没有“学号”关键字，课程名称和学分也无法记录入数据库。
- 删除异常：假设一批学生已经完成课程的选修，这些选修记录就应该从数据库表中删除。但是，与此同时，课程名称和学分信息也被删除了。很显然，这也会导致插入异常。

把选课关系表 SelectCourse 改为如下三个表：

学生：Student（学号，姓名，年龄；

课程：Course（课程名称，学分）；

选课关系：SelectCourse（学号，课程名称，成绩）。

这样的数据库表是符合第二范式的，消除了数据冗余、更新异常、插入异常和删除异常。

③ 第三范式（3NF）。在第二范式的基础上，数据表中如果不存在非关键字段对任一候选关键字段的传递函数依赖则符合第三范式。所谓传递函数依赖，指的是如果存在“A → B → C”的决定关系，则 C 传递函数依赖于 A。因此，满足第三范式的数据库表应该不存在如下依赖关系：

关键字段 → 非关键字段 x → 非关键字段 y

假定学生关系表为 Student（学号，姓名，年龄，所在学院，学院地点，学院电话），关键字为单一关键字“学号”，因为存在如下决定关系：

（学号）→（姓名，年龄，所在学院，学院地点，学院电话）

这个数据库是符合 2NF 的，但是不符合 3NF，因为存在如下决定关系：

（学号）→（所在学院）→（学院地点，学院电话）

即存在非关键字段“学院地点”、“学院电话”对关键字段“学号”的传递函数依赖。它也会存在数据冗余、更新异常、插入异常和删除异常的情况。因此，把学生关系表分为两个表：

学生：（学号，姓名，年龄，所在学院)

学院：（学院，地点，电话）

这样的数据库表是符合第三范式的，消除了数据冗余、更新异常、插入异常和删除异常。

3. 物理结构设计

物理结构设计是在逻辑结构设计的基础上进一步设计数据存储模式的一些物理细节。物理结构设计的主要内容如下。

（1）库文件的组织形式。例如，选用顺序文件组织形式、索引文件组织形式等。

（2）存储介质的分配。例如，将易变的、存取频繁的数据存放在高速缓存上，稳定的、存取频度小的数据存放在低速存储器上。

（3）存取路径的选择等。

5.3.3 输入/输出设计

系统输入输出（I/O）设计是直接影响用户对于软件系统的评价，从而影响软件产品的竞争力和寿命。良好的输入/输出设计可以增加用户对于软件系统的满意度，提高用户的使用效率，因此，必须对输入/输出设计给以足够的重视。

1. 输入设计

（1）输入设计的原则。

① 最小量原则。即在满足处理要求的前提下应使输入量尽量小，同一项数据内容不要重复输入，系统能够计算出的数据也不要由用户来输入。这是因为输入量越小，则出错概率越小，同时输入效率越高。

② 及早检验原则。即对输入数据的检验应尽量接近原始数据发生点，使错误能及时得到改正，避免错误在系统中不断扩散。

③ 快速性原则。在网络环境下，一些数据的输入校验，会传输到远程服务器上校验，如密码输入需要校验。此时就要注意输入速度问题，要尽量提高系统对用户输入的反馈速度。

（2）输入设备的选择。

输入设计首先要确定输入设备的类型和输入介质，目前常用的输入设备有如下几种。

① 键盘输入。这是目前最常用的一种输入方式，输入后通过屏幕显示确认，使用较方便。但这种方式输入速度较慢，工作量大，且容易出错。键盘输入主要适用常规的、少量的数据输入。

② 光电设备输入。这是一种直接通过光电设备，对实际数据进行采集并且将其转换成计算机能够识别和接受的数据形式。

③ 声音输入。通过语音识别系统，利用转换器和语音分析手段，与预先存入系统的语音特征参量进行对比，通过逻辑判断完成识别与辨认。

（3）输入格式的设计。

输入格式分为两种，一种是原始单据的设计，另一种是人机界面设计。

原始单据的设计原则如下。

① 便于填写。原始单据的设计要保证填写的速度、正确、全面、简易和节约，具体地说应该做到：填写量小，版面排列简洁、易懂。

② 便于归档。单据大小要标准化，预留装订位置，标明传票的流动路径。

③ 单据的格式应能保证输入精度。

人机界面设计的原则如下。

① 以通信功能作为界面设计的核心。人机界面的关键是使人与计算机之间能够准确地交流信息。一方面，人向计算机输入时应尽量采取自然的方式；另一方面，计算机向人传递的信息必须准确。

② 界面尽量保持始终一致。界面的色调、图标、格式、操作方法等应保持一致，忌一个界面一种操作方法。

③ 界面应当能够提供帮助。界面应该提供帮助功能，将有关的提示、信息、说明等放在用户随手可得的位置。

④ 尽量减少用户操作。对于一些相对固定的数据，不要让用户频繁输入，而应让用户使用鼠标选择。

⑤ 输入画面尽可能接近实际。例如，某个会计信息系统软件的凭证录入画面是表格式的，与实际凭证一模一样，甚至连颜色也一样，这样，用户对系统的认可程度会加深。

⑥ 提高容错能力。误操作、按键连击等均有可能导致输入失误。巧妙地进行程序设计，可以避免此类错误的发生。

（4）输入校验。

在输入数据过程中不可避免地会出现各种错误，对于系统中的主要数据，确保其正确性是非常重要的。

输入错误的种类主要有三类。

① 数据本身错误，是指由于原始数据填写错误、书写不清等原因引起的输入数据错误。

② 数据数量错误，其中包括数据的多余或不足。这是在数据收集过程中产生的差错。

③ 数据的延迟，对数据质量的要求不仅包括内容和数量，同样也包括数据的时效性。数据延迟是在数据收集过程中所产生的差错。

数据出错的校验方法有以下几种。

① 重复校验。这种方法将同一数据先后两次输入，然后由计算机程序自动予以对比校验，如两次输入内容不一致，计算机将显示或打印出错信息。

② 视觉校验。输入的同时，由计算机打印或显示输入数据，然后与原始单据进行比较，找出差错。

③ 校验位校验。这种方法是利用代码的校验位完成对原始代码的正确性检验。

④ 控制总数校验。采用控制总数校验时，工作人员先用手工求出数据的总值，然后在数据的输入过程中由计算机程序累计总值，将两者对比校验。

⑤ 格式校验。即校验数据记录中各数据项的位数和位置是否符合预先规定的格式。

⑥ 逻辑校验。即根据业务上各种数据的逻辑性，检查有无矛盾。

⑦ 界限校验。即检查某项输入数据的内容是否位于规定范围之内。凡在此范围之外的数据均属出错。

⑧ 顺序校验。即检查记录的顺序，如要求输入数据无缺号时，通过顺序校验，可发现被遗漏的记录。又如，要求记录的序号不得重复时，可查出有无重复的记录。

⑨ 记录计数校验。这种方法通过计算记录个数来检查记录是否遗漏和重复。不仅对输入数据，而且对处理数据、输入数据及出错数据的个数等均可进行计数校验。

⑩ 平衡校验。平衡校验的目的在于检查对应项目间是否平衡。

⑪ 对照校验。对照校验就是将输入的数据与基本文件的数据相核对，检查两者是否一致。

2. 输出设计

输出是系统产生的结果，对于多数用户来说，输出是系统开发的目的和评价系统开发成果与否的标准。

（1）输出设计的内容。

输出设计的内容主要包括以下几项。

① 有关输出信息使用方面的内容，包括信息的使用者、使用目的、报告量、使用周期、有效期、保管方法、复写份数等。

② 输出信息的内容，包括输出项目、位数、数据形式（文字、数字）。

③ 输出格式，如表格、图形或文件。

④ 输出设备，如打印机、显示器、卡片输出机等。

⑤ 输出介质，如输出到磁盘还是磁带上。

（2）输出报告。

输出报告标出了各常量、变量的详细信息，也给出了各种统计量及其计算公式、控制方法。设计输出报告时要注意以下几点。

① 方便使用者。

② 要考虑系统的硬件性能。

③ 尽量利用原系统的输出格式，确需修改，应与有关部门协商，征得用户同意。

④ 输出表格要考虑系统发展需要。例如，是否在输出表中留出位置，满足将来新增项目需要。

⑤ 输出的格式要根据硬件能力，并试制输出样品，经用户同意后才能正式使用。

⑥ 保持输出内容和格式的统一性，可以提高系统的规范化程度和编程效率。对于同一内容的输出，在显示器、打印机、文本文件和数据库文件上都应具有一致的形式。

设计打印输出报告之前应收集好各项有关内容，填写到输出设计书上。表 5.3 所示为输出设计书样例。

表 5.3 输出设计书样例

<table>
<tr><td>资料代码</td><td>GZ-01</td><td colspan="2">输出名称</td><td colspan="2">工资主文件一览表</td></tr>
<tr><td>处理周期</td><td>每月 1 次</td><td>形　式</td><td>打印表</td><td>种　类</td><td>0-001</td></tr>
<tr><td>份　数</td><td>1</td><td>报　送</td><td colspan="3">财 务 科</td></tr>
<tr><td>项 目 号</td><td>项目名称</td><td colspan="2">位数及编辑</td><td colspan="2">备　注</td></tr>
<tr><td>1</td><td>部门代码</td><td colspan="2">X(4)</td><td colspan="2"></td></tr>
<tr><td>2</td><td>工号</td><td colspan="2">X(5)</td><td colspan="2"></td></tr>
<tr><td>3</td><td>姓名</td><td colspan="2">X(12)</td><td colspan="2"></td></tr>
<tr><td>4</td><td>级别</td><td colspan="2">X(3)</td><td colspan="2"></td></tr>
<tr><td>5</td><td>基本工资</td><td colspan="2">9999.99</td><td colspan="2"></td></tr>
<tr><td>6</td><td>房费</td><td colspan="2">999.99</td><td colspan="2"></td></tr>
</table>

5.3.4 处理流程图设计

处理流程图是系统流程图的展开和具体化，所以其内容更为详细。在系统流程图中，仅给出了每一处理功能的名称，而在处理流程图中，则需要使用各种符号具体地规定处理过程的每一个步骤。

由于每个处理功能都有自己的输入和输出，对处理功能的设计过程也应从输出开始，进而进行输入、数据文件的设计，并画出较详细的处理流程图。

图 5.10 所示为工资系统中建立扣款文件子系统的处理流程图，从图中可见，该子系统由四个单一的运行程序组合而成，这些程序是：建立扣款文件程序、修改扣款文件程序、排序程序和合并程序。随着计算机系统软功能的增强，有许多处理不必专门编写程序，这时处理流程图设计这一步就可以简略。

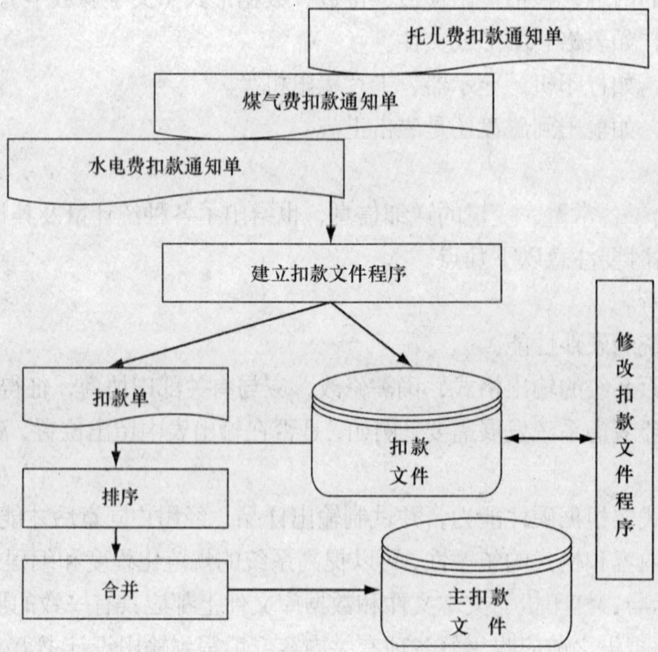

图 5.10　建立扣款文件处理流程图

5.4　系统设计规范的制定

在系统处理流程图中，详细地列举了系统的程序与数据文件的数量。但是如果不是对系统内部的程序、文件和处理方法事前予以统筹命名、统一标准，将来无论在系统的使用和操作方面，或者在管理方面，都会造成极大的混乱。为此，应尽早从系统的角度，全面考虑，制定设计规范。这种规范是整个系统的公用标准，它具体地规定了文件名和程序名的统一格式、编码结构、代码结构、统一的度量名等。

例如，某工资管理信息系统的设计规范中对程序名的规定为 GAABBX，其中：

G 表示工资系统程序或程序文件；

AA 表示文件类型，由两个拼音字母组成；

BB 表示文件作何种处理；

X由一位数字组成，用以区分同类型程序。

5.5 系统设计报告

系统设计阶段的最后一项工作是编写系统设计报告，系统设计报告既是系统设计阶段的主要成果，又是新系统的物理模型，也是下一阶段即系统实施的重要依据。

1. 系统设计报告撰写格式

1. 引言
    - 1.1 编写目的
    - 1.2 背景
    - 1.3 参考资料
2. 设计概述
    - 2.1 系统功能
    - 2.2 项目开发者
    - 2.3 系统安全和保密限制
3. 信息系统结构
    - 3.1 信息系统模块结构图
    - 3.2 各个模块的IPO图
4. 计算机系统的配置
    - 4.1 硬件配置
    - 4.2 软件配置
    - 4.3 网络配置
5. 代码设计
6. 数据库设计
    - 6.1 概念模型设计
    - 6.2 逻辑模型设计
    - 6.3 物理模型设计
7. 输入/输出设计
    - 7.1 输入设计
    - 7.2 输出设计
8. 系统实施方案及说明

此外，除了对设计方案的具体内容进行详细说明之外，还必须要注明报告编写人、撰写时间、审阅人、份数等基本信息，同时要将评审意见及审批人员名单附于系统设计说明书之后，经上级部门批准后，系统实施方案方可生效。

2. 系统设计报告撰写内容

（1）引言。说明项目的背景、编写目的、引用资料和专门术语。

（2）设计概述。设计概述的内容包括：系统的功能、设计目标及设计策略；项目开发者、用户、本系统与其他系统或机构的联系；系统的安全和保密限制。

（3）信息系统结构。这是系统设计阶段最主要的工作，它包括信息系统模块结构图和各个模块的IPO图。

（4）计算机系统的配置。包括硬件配置（主机，外存，终端与外设，其他辅助设备、网络形态）、软件配置（操作系统，数据库管理系统，语言，软件工具，服务程序，通信软件）和网络配置（计算机系统的分布及网络协议文本）。

（5）代码设计。主要包括系统内各种代码的类型、名称、功能、数量、结构、使用范围及要求等。

（6）数据库设计。主要包括数据库设计的目标、主要功能要求、需求性能规定、运行环境要求、逻辑设计方案、物理设计方案等。

（7）输入/输出设计。输入设计包括各种数据输入方式、输入设计的选择，输入数据的格式设计，输入数据的校验方法；输出设计包括选择输出介质及确定输出内容及格式。

（8）系统实施方案及说明。主要对实施的计划安排、工作顺序和步骤、实施方案、经费预算等进行说明。

案例

学生选课系统的设计

根据第4章中对学生选课系统的系统分析结果，现对该系统的系统设计进行描述。

1. 计算机系统设计

经过对系统的功能分析和技术可行性分析，最终确定软、硬件方案如下。

硬件配置：系统采用C/S体系结构
网络拓扑结构为星型
通信介质为双绞线和光纤

软件配置：操作系统采用Windows 2000 Advanced Server
前端平台采用浏览器、服务器程序开发使用ASP技术
后台数据库采用SQL Server 2000

2. 系统功能及结构设计

经过系统分析，得出本系统的功能结构图，如图5.11所示。

各模块功能如下。

- ❑ 登录界面：登录需要账号和密码。
- ❑ 学生信息管理模块：管理员用于添加和删除学生信息的模块。
- ❑ 教师信息管理模块：管理员用于添加和删除教师信息的模块。

❑ 教师密码修改和学生密码修改模块：对管理员设置的初始密码或自己设置的密码进行更改。

❑ 教师录入成绩模块：教师可对选课学生的信息进行浏览，并进行成绩录入。

❑ 学生选择课程模块：学生可对课程的信息进行浏览，并进行课程选择，选择的课程不能重复，且不能超过 3 门。

❑ 学生成绩查询模块：列出学生选择课程的成绩，以供学生浏览。

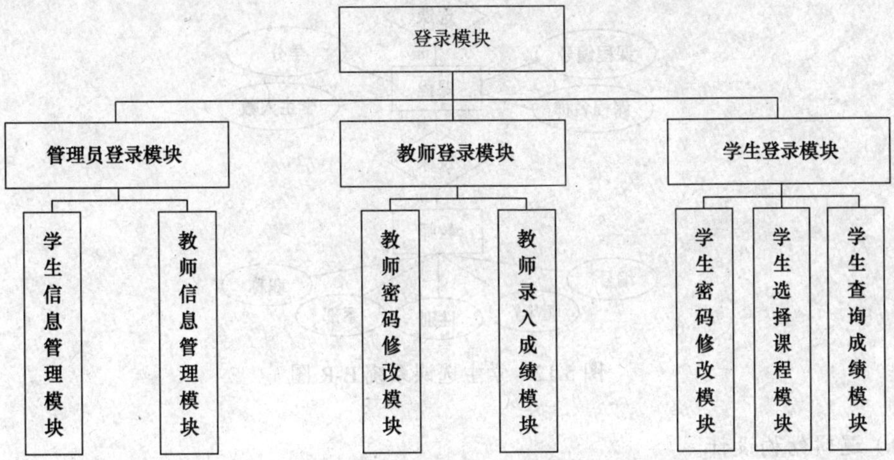

图 5.11　学生选课系统功能结构图

3. 编码设计

代码名称：学生学号；　代码类型：区间码；　代码长度：10

####　　##　　##　　##

（入学年份）　（所在系部）　（专业班级）　（班级内部编码）

代码名称：教师编码；　代码类型：区间码；　代码长度：6

##　　##　　##

（所在系部）　（教研室）　（内部编码）

代码名称：课程编码；　代码类型：区间码；　代码长度：6

##　　##　　##

（所在系部）　（教研室）　（内部编码）

4. 数据库详细设计

（1）概念结构设计。

根据需求分析的结果，设计出“学生选课信息系统”数据库的E-R图，如图5.12所示。

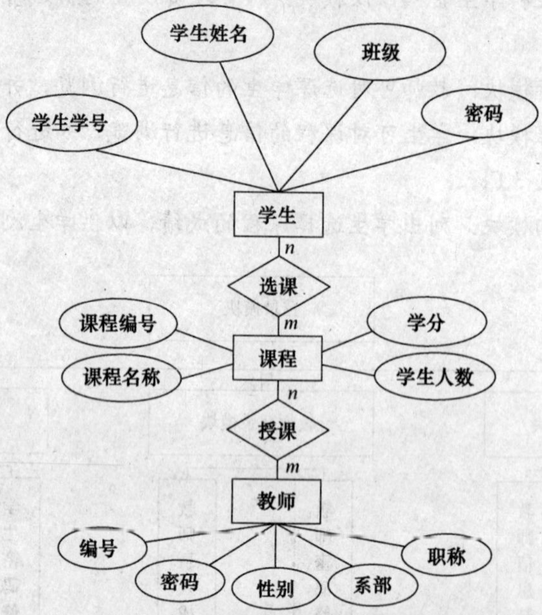

图 5.12　学生选课系统 E-R 图

（2）逻辑结构设计。

学生选课系统的逻辑结构设计如表5.4～表5.9所示。

表 5.4　学生信息表 StudentTable

字　段	类　型	长　度	是否主键	说　明
StuNo	nvarchar	8	是	学生学号
ClassNo	nvarchar	8		学生班级
StuName	nvarchar	10		学生姓名
StuPwd	nvarchar	8		学生密码

表 5.5　教师信息表 TeacherTable

字　段	类　型	长　度	是否主键	说　明
TeaNo	nvarchar	10	是	教师编号
TeaName	nvarchar	10		教师姓名
TeaPwd	nvarchar	8		教师密码
DepartNo	nvarchar	2		系部编号
Teapwd	nvarchar	10		教师密码

表 5.6　课程信息表 CourseTable

字　段	类　型	长　度	是否主键	说　明
CorsNo	nvarchar	10	是	课程编号
CorsName	nvarchar	10		课程名称
Point	nvarchar	2		学分
StuNumber	nvarchar	2		学生人数

表 5.7　学生成绩表 ScoreTable

字　段	类　型	长　度	是否主键	说　明
CorsNo	nvarchar	10	是	课程编号
StuNo	nvarchar	10	是	学生学号
Score	int	4		成绩

表 5.8　教师授课表 TeachTable

字　段	类　型	长　度	是否主键	说　明
CorsNo	nvarchar	10	是	课程编号
TeaNo	nvarchar	10	是	教师编号
Location	nvarchar	10		地点
CorsTime	nvarchar	10		时间

表 5.9　管理员信息表 AdminTable

字　段	类　型	长　度	是否主键	说　明
AdminNo	nvarchar	10	是	管理员编号
Adminpwd	nvarchar	10		管理员密码
AdminName	nvarchar	10		管理员姓名

本章小结

系统设计阶段的主要任务是解决“怎么做”的问题。这一阶段是在前一阶段系统分析的基础上，进一步明确新系统如何满足管理系统的要求。进行系统设计时要考虑系统性原则、灵活性原则、可靠性原则、经济性原则、简单性原则、综合平衡性原则等。

总体设计对系统功能进行规划，给出系统的逻辑结构，包括系统总体布局的设计、软件系统结构设计和系统物理配置方案设计。

代码设计的任务就是把信息系统要处理的事物用特定的字符、数字或其组合来描述，以便于计算机系统的识别和处理。在进行代码设计时，要把握代码的唯一性、合理性、稳定性等原则。

数据存储设计是根据所选择的具体数据库系统，进行数据库设计，包括数据库的概念结构设计、逻辑结构设计和物理结构设计。

输入、输出设计为用户提供方便的人机交互手段，能够为管理人员提供实用、快捷的信息，同时是评价软件实用性的重要标准。

处理流程图确定了信息处理的具体步骤。

系统设计规范具体地规定文件名和程序名的统一格式、编码结构、代码结构、统一的度量名等。

程序设计说明书和系统设计报告是系统设计阶段的成果，为系统实施阶段的工作提供具体的方案。

章节练习

1. 系统设计的原则是什么？

2. 数据库设计共分为几步？

3. 代码设计的原则是什么？

4. 用哪些方法可以校验数据输入中的错误？

5. 已知产品入库管理过程：从生产车间将制造出来的产品连同填写好的入库单一起送至仓库，仓库检验员进行产品质量与入库单检验，检验不合格的产品和入库单退回车间，而合格的产品由保管员进行产品入库处理，同时登记入库流水账。根据以上描述画出入库管理的功能模块结构图。

第 6 章　管理信息系统的系统实施

当系统分析与系统设计工作完成之后，开发人员的工作重点就从分析、设计和创造性的思考阶段转入实践阶段。在此期间，将投入大量的人力、物力、财力进行较长时间的物理系统的实施、程序设计、程序和系统调试、人员培训、系统转换等一系列工作，这个过程称之为系统实施。

系统实施作为系统开发的最后一个阶段，对于系统的质量、可靠性、可维护性等性能有着十分重要的影响。系统实施是以系统分析和设计文档为依据的，开发人员只有通过系统开发文档，对系统目标、总体结构、系统代码设计、输入/输出设计、数据库设计、处理过程设计以及系统运行环境有了明确的了解和认识以后，才能开始系统实施活动。管理信息系统的规模越大，系统实施阶段的任务就越复杂。

6.1　系统实施概述

在信息系统的生命周期中，经过了系统规划、系统分析、系统设计等阶段后，便开始了系统实施阶段的任务。在系统分析和系统设计阶段，系统开发的工作主要集中在逻辑、功能和技术设计上，工作的成果是以各种系统分析和设计文档来体现的。系统实施阶段要继承此前各阶段的工作成果，将技术设计转化为物理实现，因此系统实施阶段的成果是系统分析和系统设计阶段工作的结晶。

6.1.1　系统实施的概念

1. 系统实施的概念

所谓的系统实施（System Applying），就是将系统设计阶段的结果在计算机上实现，将原来纸面上的、类似于设计图式的新系统方案转换成可执行的应用软件。

由于系统实施工作是在系统设计之后才开始的，是以系统分析和系统设计为基础的，必须按照系统设计的文档进行，因此对信息系统的整个生命周期来说，系统分析和系统设计比系统实施更重要。只有在这两个阶段的工作完成后，才能进行系统实施的工作，这部分工作应在系统开发过程中提前开展。因为有一些系统开发工作者，特别是编程人员，往往将开发的重点放在编程上，在没有完全了解系统需求的情况和总体设计的条件下，盲目地编程，这样开发出来的新系统必然不能满足用户的需求。

2. 系统实施的主要任务

系统实施是信息系统开发的最后阶段。这个阶段的任务，是实现系统设计阶段提出的物理模型，按照实施方案开发出一个可以实际运行的信息系统，交付用户使用。系统设计说明书详细规定了系统的结构，规定了各个模块的功能、输入和输出，规定了数据库的物理结构。这是系统实施的出发点。如果说开发信息系统是盖一幢大楼，那么系统分析和设计就是根据盖楼的要求画出的各种蓝图，而系统实施则是调集各种资源如人员、设备、材料等，在盖楼的现场，根据图纸按照实施方案的要求将大楼盖起来。

具体来说，这一阶段的任务包括以下几个方面。

（1）按总的设计方案购置和安装计算机及网络，即系统的软硬件准备。硬件设备包括计算机主机、输入/输出设备、存储设备、其他辅助设备（电源、空调设备等）、通信设备等，还包括对这些设备的购置、安装、测试。软件设备包括系统软件、数据库管理系统以及一些应用程序，这些软件有些需要购买，有些则需要组织人力编写。软硬件的准备工作要花费大量的人力、物力，持续相当长的时间。

（2）数据准备。数据的收集、整理、录入是一项既烦琐，劳动量又大的工作。如果没有一定的基础数据的准备，系统测试不能很好地进行。一般来说，确定数据库物理模型之后，就应进行数据的整理与录入。这样既分散了工作量，又可以为系统测试提供真实的数据。在实际的工作中，这方面的内容往往容易被人忽视，甚至系统完成后只能作为摆设放在那里而不能真正运行。因此，要强调一点，不能将系统的实现仅仅归结为编程或者购买机器。这几方面的任务是相互联系、彼此制约的。它们的关系如表 6.1 所示。

（3）人员培训。主要指对用户的培训，用户包括主管人员和业务人员。系统投入运行后，他们将在系统中工作。这些人多数来自现行系统，他们精通业务，但往往缺乏计算机知识。为保证系统测试和运行的顺利进行，应根据他们的基础，提前进行培训，使他们适应，并且逐步熟悉新的操作方法。有时，改变用户旧的工作习惯要比更换新软件更加困难。

（4）系统测试。系统测试是系统质量可靠性得到保证的关键，也是对系统分析、系统设计和编程的最终评审。运用一定的测试技术与方法，通过程序测试、模块测试、组装测试和系统测试几个步骤，发现系统可能存在的问题。

（5）新旧系统转换，也称系统切换和运行，是指以新开发的系统替换旧的系统，并使其投入使用的过程。它包括系统交付前的准备工作、系统转换的方法、步骤等。

表 6.1　系统实施阶段的主要活动及相互关系

	程序编制	设备购置	人员培训	数据准备
程序编制		提供调试设备	培训有关人员 试用软件	提供试验数据 调试程序
设备购置	提供对设备的要求		培训有关人员 接收设备	提供存储量和内存要求
人员培训	提供程序以培训人员	提供培训设备		提供培训的实验数据
数据准备	规定数据准备的内容、格式	提供录入设备	提供录入人员	

3. 系统实施阶段的特点

与系统分析、系统设计阶段相比，系统实施阶段的特点是工作量大，投入的人力、物力多。因此，这一阶段的组织管理工作也很繁重。对于这样一个多工种、多任务的综合项目，合理地调度安排就十分重要。在我国的信息系统建设中，项目负责人往往一身兼任多种角色。在系统分析阶段，他是系统分析员；在设计阶段，他又是主要设计师；在实施阶段，他又是组织者。在系统分析阶段，系统分析员的主要任务是调查研究、分析问题，与用户一起充分理解用户要求。在系统设计阶段，系统设计人员的任务是精心设计，提出合理方案。在实施阶段，他们的任务是组织协调，督促检查。他们要制定逐步实现物理模型的具体计划，协调各方面的任务，检查工作进度和质量，组织全系统的调试，完成旧系统向新系统的转换。在实际工作中，系统分析员往往是这几个阶段的组织者。作为合格的系统分析员，不仅要有坚实的计算机科学知识，丰富的管理知识和经验，还要有较强的组织能力。

6.1.2 硬件及物理系统的实施

1. 硬件设备的购置

信息系统的硬件设备购置需要考虑的主要问题有：环境问题、硬件的购置和硬件的验收。

（1）环境问题。信息系统是以电子计算机以及网络通信技术为基础的，它们对环境有一定的要求，其中包括清洁、湿度、电源、各种热噪声等多种因素。环境对提高系统的可靠性十分重要。要保持良好的工作环境，就需要必要的硬件设备。所以提供合适的环境、设备是系统实施中非常基础和重要的一项工作。

（2）硬件的购置。购置计算机硬件以及网络硬件和其他资源是一项十分细致的工作，技术含量非常高，因此，组织配备好人员，安排好购置计划是十分重要的。硬件设备的购置需要考虑的问题包括价格、性能、可靠性、稳定性、可维护性、售后服务、供应商的信誉等。当硬件的设备数量少、价格低时，可以直接选购；而当硬件的设备数量多、价格高时，一般要采用竞标方式选购。另外，由于信息技术的发展非常快，购置硬件设备时要有灵活性和应变能力。所以，硬件设备的购置是具有挑战性的。

（3）硬件的验收。硬件设备的验收是十分重要的。由于信息系统设计的设备比较复杂，技术含量非常高，所以在验收时，要有专人负责，交代清楚，手续明白。即使是一条电缆、一个插头也必须清楚。应尽量将可能遇到的各种情况考虑到，并用适当的方法测试系统在技术文件规定的极限工作条件下的运行状态。此外，在验收时，应注意资料的完整性。不论是用户的各种参考资料，还是操作员使用的运行维护手册，都必须清点归档，妥善保管。如果这方面的工作注意不够，也会影响系统的正常运行。

在硬件购置中应引起重视的另一个方面是备用配件的问题，特别是对易损件，应有充分的准备。

总之，硬件设备的购置工作是系统实现的一个重要的环节。项目负责人不一定通晓这方面所有的技术细节，可以委托硬件专家来具体负责。

2. 物理系统的实施

信息系统的物理系统的实施是计算机系统和通信网络系统设备的购置、数据库系统的安装、机房标准和设备的安装调试等一系列活动的总和。

（1）网络系统的实施。

信息系统通常是一个由通信线路把各种设备连接起来组成的网络系统。信息系统的网络有局域网和广域网两种。局域网（LAN）通常指一定范围内的网络，可以实现楼层内部和邻近的几座大楼之间的内部联系。广域网（WAN）设备之间的通信，通常利用公共电信网络，实现远程设备之间的通信。

网络的实施主要是通信设备的安装、电缆线的铺设、网络性能的调试等工作。通常用的通信线路有双绞线、同轴电缆、光纤电缆以及微波和卫星通信等。

（2）数据库系统的实施。

数据库系统的实施包括购买商品化数据库管理系统以及建立起自己系统所需的数据库。因为数据库系统涉及硬件和软件，所以数据库系统的确定要与计算机的硬件、软件结合起来综合考虑。购买的数据库商品软件可与硬件购置同步进行。建立数据库时，当数据与数据流程分析进行的比较规范而且系统开发者对数据库技术比较熟悉时，可以迅速地建立起数据库（不包括基础数据录入）。

6.2 程序设计

程序设计就是为各个模块编写程序，这是系统实现阶段的核心工作。在系统开发的各个阶段中，编程是最容易，也是人们已掌握得较好的一项工作。根据结构化方法设计了详细的方案，又有了高级语言，初级程序员都可以参加这一阶段的工作。当然，程序员的水平高低也决定了程序的水平。

6.2.1 程序设计的基本要求

1. 程序设计的标准

对于什么是好程序，50年代与70年代末的观点有很大不同。50年代的计算机内存小、速度慢，人们往往把程序的长度和执行速度放在很重要的位置，费尽心机缩短程序长度，减少存储量，提高速度。现在情况有了很大的不同，一般认为好程序应具备下列素质：

① 能够工作；

② 调试代价低；

③ 易于维护；

④ 易于修改；

⑤ 设计不复杂；

⑥ 效率高。

第①点当然是最基本的。一个根本不能够工作的程序当然谈不上“好”，即使谈执行速度、程序长度等指标也毫无意义。第②点调试代价低，即花在调试上的时间少。它是衡量程序好坏，也是衡量程序员水平的一个重要标志。国外有人做过试验，选两个题目，找12个有经验的程序员来编写和调试程序。结果发现最差的与最好的程序员调试时间之比是28：1。第③、④、⑤点要求程序可读性强，易于理解。

在相当长的一个时期里，人们认为程序是用于给机器执行而不是给人阅读的。因而，程序员中存在严重的低估编程方法、不注意程序风格的倾向，认为可以随意编写程序，只要结果正确就行了。读这种程序像读“天书”。可读性（readability）是 20 世纪 70 年代提出的新概念，主张程序应使人们易于阅读，编程的目标是编出逻辑上正确而又易于阅读的程序。

程序可读性好，自然易于理解、易于维护，并将大大降低隐含错误的可能性，从而提高程序的可靠性。

要使程序的可读性好，程序员应有一定的写作能力。他应能写出结构良好、层次分明、思路清晰的文章。程序员在写程序时应该记住：程序不仅是给计算机执行的，也是供人阅读的。

要使程序可读性好，总的要求是使程序简单、清晰。20 世纪 70 年代以来，人们总结了使程序简单、清晰的种种技巧和方法，包括：

① 用结构化方法进行详细设计；

② 程序中包含说明性材料；

③ 良好的程序书写格式；

④ 良好的编程风格。

2. 编程风格

注意使用一些编程的技术，可以提高程序的可读性，举例简单说明如下。

（1）简单、直接地反映意图。

把要说的事情直截了当地说清楚，让人一目了然地、准确地知道你说的事情，不需要过多地想象、分析。

（2）变量名、文件名、过程名应规范化。

理解变量的含义是理解程序逻辑的关键。在一个系统中，涉及的变量、过程、文件很多，编写程序的人也很多。因此，在编写程序之前，应对名字做出统一的规范标准。例如，主模块用 M 表示，第一层模块分别为 M1，M2，…，第二层模块为 Mll，M12，…，M21，M22，…等。

变量名应显式说明，同一变量名不要具有多种含义。一个变量在不同程序段中表示不同的含义，即使计算机不混淆，也不便于人的阅读理解，在修改程序时也容易造成错误。

（3）表达式的书写应一气呵成。

（4）合理使用 GOTO 语句。

按照结构化程序设计的原则，程序中可以不用 GOTO 语句。但是，在某些情况下，使用 GOTO 语句更为直截了当。所谓合理使用，主要注意三条原则。

① 在一个程序中不要多用 GOTO 语句。DUkstra 有句名言：“程序员的水平同他在程序中使用 GOTO 语句的密度成反比”。因此，一定要避免使用不必要的 GOTO 语句。

② 在其他结构形式难以控制程序流向的情况下才使用 GOTO 语句。例如，在循环体内遇到例外情况需要跳出时使用。

③ 不要使 GOTO 语句相互交叉。在程序中两个 GOTO 语句互相缠绕，容易引起混乱。

3. 程序的内部文档

程序的“内部文档”，指程序内部带有的说明材料。内部文档可以用注释语句书写。程序适当加注释后，阅读时就不必再看其他说明材料了。因此，这是提高程序可阅读性的有力手段。注释可以出现在程序的任何位置，但要与程序结构配合起来效果才好，并且需要注意以下几点。

（1）注释必须与程序一致，否则它毫无价值，甚至使人感到莫明其妙，所以修改程序时，要注意对注释进行相应的修改。

（2）注释不是重复程序语句，而应提供从程序本身难以得到的信息。

（3）对程序段作注释，而不是对每个语句作注释。

如果模型的详细设计是 PDL 描述的，编程时可将 PDL 描述作为注释嵌套在程序中。

除了加注释之外，采用缩排式书写程序也有助于阅读。

6.2.2 程序设计语言的选择

在信息系统的实施过程中，一个重要的任务就是选择程序设计的语言。由于不同的程序语言对系统生命周期中的编码、测试、维护与管理等环节的影响很大，特别是针对大型软件系统，软件测试和维护阶段的成本很高，所以应当综合考虑编码、测试和维护的各个阶段来选择程序设计的语言，而避免将眼光仅仅局限在编写程序代码上。

迄今为止，据不完全统计，程序设计的语言已有数百种之多，其中绝大多数用于特定的项目开发，只有相当少的程序设计语言被广泛使用。程序设计语言的发展大致经历了四代。

第一代语言：机器语言。它是随着计算机的发明而产生的第一代计算机语言，其指令代码由操作码和操作数的绝对地址构成，指令无须翻译和解释，可以直接执行。机器语言往往与其运行的特定机器相对应，语言指令与机器操作有一一对应的关系，不同的机器，所用的语言不同。由于机器语言太不直观，一般不直接用来进行程序设计。

第二代语言：汇编语言。它属于低级程序设计语言。它是为了改善机器语言的不直观性而发展起来的基于助记符的语言，每个操作指令通过特定的易于理解的助记符来表达。汇编语言与机器指令之间基本上是一一对应的关系，某些宏汇编的宏指令可以与一串特定的机器指令性对应，以表达某些常用的操作。汇编语言也是面向机器的，特定的计算机一般都有自己专门的汇编语言。由于语言以助记符表达，计算机不能直接识别，因此程序要经过翻译，转换成机器能够识别的机器语言才能运行。由于汇编语言要涉及机器的硬件细节，比较难学难用，容易出错，且无法移植，不易维护，因此在现行系统的开发中已经很少使用，只在某些特殊的需要时才直接使用。

第三代语言：高级语言。由于第一代、第二代语言与人类基本思维方式和表达问题、解决问题的方法相距甚远，人们设计并开发了在符号、概念和语法上与人类思维和表达方式相近的第三代语言，即高级程序设计语言。高级语言的一条语句往往能够在功能上对应若干条汇编语言指令，甚至相当于一小段汇编程序。高级语言的优势在于它不依赖特定的机器，对于不同种类的机器，其符号、概念、语义形式、语法规则等基本上一致，从而使软件具有一定的可移植性。由于高级语言较少使用原始符号，接近人的表达方式，容易被人理解，但是却不能被机器直接识别，所以需要一种特殊的程序来解释高级语言的每一个语句的含义，即解释程序；或者说把高级语言翻译成机器语言的程序，即编译语言。用高级语言写出的源程序必须经过编译后才能在计算机上运行。由于高级语言容易学习、理解和使用，编码速度快，并且引入了控制结构语句、功能函数、宏替换等，使软件生产的效率有了极大的提高，因此很多系统的开发都用高级语言进行程序设计。

第四代语言：4GL。高级语言是面向数据处理的过程化语言，必须在程序说明中描述“怎样做”，而 4GL 是面向知识处理的非过程化语言，在程序说明中只需说明“做什么”即可，因此是直接面向应用的。

随着计算机技术的发展，程序设计语言也在不断发展，种类会越来越多，功能也越来越完善。信息系统的开发以数据处理为主，前端工具是数据库开发，目前已有许多优秀的面向对象的集成开发环境面市。现在比较主流的开发工具有 Visual Studio 系列，Dephi6.0，Power Builer 8.0，C++ Builer5.5 等。它们各有所长，都受到信息系统开发商的喜欢。后台主要是数据库服务器，由于数据管理基本上采用大型的数据库管理系统（DBMS），如 Qracle，SQL Server 7，Sybase 10 等。不论使用哪种语言，在信息系统的开发过程中，语言的选择都应考虑以下因素：

- 信息系统所处理问题的性质；
- 计算机的软件、硬件和所选语言在机器上所能实现的功能；
- 系统的可维护性、可移植性等。

6.2.3 程序设计的方法

1. 结构化程序设计

结构化程序设计被称为软件发展中的第三个里程碑，其影响比前两个里程碑（子程序、高级语言）更为深远。结构化程序设计的概念和方法、支持这些方法的一整套软件工具，构成了结构化革命。这是存储程序计算机问世以来，对计算机界影响最大的一个软件概念。

对于什么是“结构化程序设计”，至今还没有被普遍接受的定义。通常认为结构化程序设计包括以下四方面的内容。

（1）限制使用 GOTO 语句。

从理论上讲，只用顺序结构、选择结构、循环结构这三种基本结构就能表达任何一个只有一个入口和一个出口的程序逻辑。为实际使用方便，往往允许增加多分支结构、REPEAT 型循环等两三种结构，程序中可以完全不用 GOTO 语句。这种程序易于阅读、易于验证。在某些情况下，如从循环体中跳出，使用 GOTO 语句描述更为直截了当。因此，一些程序设计语言还是提供了 GOTO 语句。但是无限制地使用 GOTO 语句，将使程序结构杂乱无章、难以阅读、难以理解，其中容易隐含一些错误。

（2）逐步求精的设计方法。

在一个程序模块内，先从该模块功能描述出发，一层层地逐步细化，直到最后分解、细化成语句为止。

（3）自顶向下的设计、编码和调试。

这是把逐步求精的方法由程序模块内的设计推广到一个系统的设计与实现。这正是本书介绍的结构化方法的来源。

（4）主程序员制的组织形式。

这是程序人员的组织形式。一个主程序员组的固定成员是主程序员一人，辅助程序员一人，程序资料员（或秘书）一人，其他技术人员按需要随时加入组内。主程序员负责整体项目的开发，并负责关键部分的设计、编码和调试。辅助程序员在细节上给主程序员以充分的支持。主程员、辅助程序员必须在程序技术方面和项目管理方面具有经验和才能，必须完全熟悉该项目的开发工作。这种组织方式的好处在于显著减少了各子系统之间、各程序模块之间通信和接口方面的问题。把设计的责任集中在少数人身上，有利于提高质量。

作为这种组织形式中的一个程序员，不仅应具备程序设计的基本知识，对项目所在的领域有较深入的了解，熟悉开发的技术环境，因而能承担一定的程序编写，更为重要的是必须有高度的组织纪律性和团队精神，使自己的工作融入整个系统，与组内其他成员协调一致地工作。为此，必须严格遵守以下几点。

① 不使用可能干扰其他模块的命令或函数。

② 按总体设计的要求传递参数，不随意修改其内容与含义。

③ 按规定的统一格式操作公用文件或数据库。

④ 按统一的原则使用标识符。

⑤ 按统一要求编写文档。

⑥ 保持程序风格的一致。

2. 面向对象的程序设计

传统的过程式程序设计随着软件危机和应用系统的不断膨胀越来越显得力不从心，随着20世纪70年代面向对象的编程语言OOPL的出现，以及C++的发展成熟，面向对象程序设计OOP思想得到广泛的认同和普及。至90年代，各种程序语言或工具都引入了这一思想；其优越性是有目共睹的，它已成为这一时代软件产业的主体技术。

在OOP方法中，一个对象即是一个独立存在的实体，对象有各自的属性和行为，彼此以消息进行通信，对象的属性只能通过自己的行为来改变，实现了数据封装，这便是对象的封装性。而相关对象在进行合并分类后，有可能出现共享某些性质，通过抽象后使多种相关对象表现为一定的组织层次，底层次的对象继承其高层次对象的特性，这便是对象的继承性。另外，对象的某一种操作在不同的条件环境下可以实现不同的处理，产生不同的结果，这就是对象的多态性。现有的OOPL中都不同程度地实现了对象的以上三个性质。

（1）封装性。

一般以类（class）来创建一个对象，类表现为一种数据结构，对外提供的界面包括一组数据以及操作这些数据的方法（函数或过程），而隐藏了内部实现的细节，对象操作者只需要了解该对象的界面即可。这样大大增强了模块化程度，很好地实现了软件重用和信息隐藏。

为了更好地保持安全性和独立性，类有部分数据可以定义为私有数据，其他类的对象或过程不能直接访问私有数据，而一般情况下利用消息机制向对象发送消息，对象所有类就需要定义对应的消息响应函数，主动接受消息并作处理，这也是OOPL的一大特点。

（2）继承性。

类通过继承定义成不同的层次结构，将相关类的特点抽象出来作为父类，子类继承父类的结构和方法后，再定义各自特定的数据和操作，或者还可以通过重载将父类的某些特殊操作进行重新定义。继承一个单一的父类时叫单继承，如果有两个或两个以上的父类则是多继承。这样做的目的不仅体现了软件重用技术，同时又可最大限度地精简程序，减少冗余代码，极大地提高了程序开发和运行效率。

（3）多态性。

类的某些操作允许同一名称具有多种语义。OOPL的这些特点使程序员进行面向对象程序设计时与进行过程式的程序设计有很大的不同，体现在以下几个方面。

① 设计程序不采用顺序性的结构，而是采用对象本身的属性与方法来解决问题。

② 在解决问题的过程中，可以直接在对象中设计事件处理程序（接受事件消息），而不用调用子过程严格地按顺序执行，很方便地让用户实现自由无顺序的操作。

③ 数据与程序不是分离的，数据是特定对象的数据，也只有对象的函数或过程才能对数据进行处理。一个对象中的函数或过程共享对象的数据，解决了因调用子过程出现大量数据传递的情况（如函数返回值和较多参数）。

④ 不用设计公用程序模块，因特定方法下的公用模块很难再扩展为更复杂的处理方式，只需设计类就可以实现重用，而且类库中提供大量基类，掌握它们后可以加快开发过程，开发小组还可以按自已设想的基类放入类库共享。

⑤ OOPL 非常适合于 Windows 环境下的程序开发，可以充分利用 Windows 的各种资源来构造应用程序，这也就需要程序员比较熟悉 Windows。

3. 可视化编程技术

虽然 OOPL 提高了程序的可靠性、可重用性、可扩充性和可维护性，但应用软件为了适应 Windows 界面环境，使用户界面的开发工作变得越来越复杂，有关这部分的代码所占比例也越来越大。因此，Microsoft 公司推出 Visual Basic 以后，可视化编程技术受到极大的欢迎，编程人员不再受 Windows 编程的困扰，能够所见即所得地设计标准的 Windows 界面。

可视化编程技术的主要思想是用图形工具和可重用部件来交互地编制程序。它把现有的或新建的模块代码封装于标准接口封包中，作为可视化编程编辑工具中的一个对象，用图符来表示和控制。可视化编程技术中的封包可能由某种语言的一个语句、功能模块或数据库程序组成，由此获得的是高度的平台独立性和可移植性。在可视化编程环境中，用户还可以自已构造可视控制部件，或引用其他环境构造的符合封包接口规范的可视控制部件，增加了编程的效率和灵活性。

可视化编程一般基于事件驱动的原理。用户界面中包含各种类型的可视控制部件，如按钮、列表框、滚动条等，每个可视控制部件对应多个事件和事件驱动程序。发生于可视控制部件上的事件触发对应的事件驱动程序，完成各种操作。编程人员只要在可视化编程工具的帮助下，利用鼠标或选单建立、复制、缩放、移动或清除各种已提供的控件，然后使用该可视化编程工具提供的语言编写每个控件对应的事件程序，最后可以用解释方式运行来测试程序。这样，通过一系列的交互设计就能很快地完成一个应用项目的编程工作。

另外，一般可视化编程工具还有应用专家或应用向导提供模板，按照步骤对使用者进行交互式指导，让用户定制自已的应用，然后就可以生成应用程序的框架代码，用户再在适当的地方添加或修改以适应自已的需求。

面向对象编程技术和可视化编程开发环境的结合，改变了应用软件只有经过专门技术训练的专业编程人员才能开发的状况。它使软件开发变得容易，从而扩大了软件开发队伍。由于大量软件模块的重用和可视控件的引入，技术人员在掌握这些技术之后，就能有效地提高应用软件的开发效率，缩短开发周期，降低了开发成本，并且使应用软件界面风格统一，有很好的易用性。

6.3 系统测试与调试

系统测试和调试的目的是发现程序和系统中可能存在的错误并及时予以纠正。当一个管理信息系统用具体的编码实现详细设计中规定的算法以后，就要进行系统的测试和调试了。

6.3.1 系统测试

信息系统的测试是信息系统开发过程中非常重要而漫长的阶段。其重要性表现在它是保证系统质量和可靠性的关键，是系统分析、系统设计和系统实施的最后复查。因为在系统的开发过程中人们不可能保证不出现一点错误，所以，对于一个隐藏着错误和缺陷的系统，如果这些错误和缺陷不在系统正式投入运行之前被纠正，问题在运行期间迟早会暴露出来，到那时再纠正错误就会付出更高的代价，甚至造成生命和财产的重大损失。信息系统的漫长性表现在测试工作量往往占开发总量的40%以上，而对于一些特别重要的大型系统，测试的工作量和成本将会更大，甚至超过系统开发各阶段总和的3～5倍。

1．测试的概念

人们常常有一种错觉，认为程序编写出来之后就接近尾声了，或者认为一个程序输入一些数据运行一两次就“通过”了。事情并没有这么简单。据统计，一个较好的程序员，在他交付的程序中，错误率为 1%，而一个水平低的程序员编写的程序，可能每个语句都含有一两个错误。在一个大型的软件系统中，“错误百出”是不必大惊小怪的，这是由于人类本身能力的局限。当然这并不是说可以姑息系统开发中的错误。恰恰相反，随着信息技术在国民经济一些重要领域的应用日益广泛，软件系统的任何错误，都可能造成生命财产的重要损失。问题的关键是尽早发现和纠正这些错误，减少错误造成的损失，避免重大损失。

目前，检验软件有三种手段：动态检查、静态检查和正确性证明。

程序正确性证明技术目前还处于初级阶段，近期内还不可能适用于大型系统。设置命题及其证明需要大量的脑力劳动，推导过程冗长，如一个 433 行的 ALGOL 程序，其证明长达 46 页。人们自然要问，怎样证明这 46 页中没有错误?尽管如此，正确性证明仍是一个诱人的课题，对未来的软件可能产生深远影响。

静态检查指人工评审软件文档或程序，发现其中的错误。这种方法手续简单，是一种行之有效的检验手段。据统计，30%～70%的错误是通过评审发现的，而且这些错误往往影响很大。因此，这是开发过程中必不可少的质量保证措施。系统开发的每一个阶段都要对所产生的文档进行评审。这样，错误发现早，纠正早，使开发成本大为降低。评审强调要有局外专家参加，可取各家之长。评审是直接检查软件文档，错误的排除也比较容易，也容易发现产生错误的原因。

动态检查就是测试，即有控制地运行程序，从多种角度观察程序运行时的行为，发现其中的错误。也就是说，测试是为了发现错误而执行程序。测试只能证明程序有错误，而不可能证明程序没有错误。认为测试能说明程序没有错误的想法是十分有害的。在这种认识指导下，人们往往会潜意识地寻找那些容易使程序通过的测试数据，忽视那些容易暴露程序错误的数据，使隐藏的错误不被发现，而不能达到测试的目的。

测试的目的如下。

① 测试是指用意在发现错误而执行一个程序的过程。

② 一个好的测试用例是指这个测试用例有很高的概率可以发现一个尚未发现的错误。

③ 一个成功的测试是指它成功地发现了一个尚未发现的错误。

测试的目的是为了发现程序的错误。因此，测试的关键问题是如何设计测试用例，即设计一批测试数据，通过有限的测试用例，在有限的研制时间、研制经费的约束下，尽可能多地发现程序中的错误。

测试有模块测试、联合测试、验收测试和系统测试四种类型。

（1）模块测试。

模块测试是对一个模块进行测试，根据模块的功能说明，检验模块是否有错误。这种测试在各模块编程后进行。

模块测试一般由编程人员自己进行，模块测试有以下项目。

① 模块界面：调用参数（流入数据）数目、顺序和类型。

② 内部数据结构：如初始值对不对，变量名称是否一致，共用数据是否有误。

③ 独立路径：是否存在不正确的计算、不正确的循环及判断控制。

④ 错误处理：预测错误的产生及后处理，看是否和运行一致。

⑤ 边界条件：对数据大小界限和判断条件的边界进行跟踪运行。

（2）联合测试。

联合测试即是通常说的联调。联合测试可以发现总体设计中的错误，如模块界面的问题；按照前面分“版本”的实现方法，这种测试是各个版本实现后完成有关接口的测试。

各个模块单独执行可能无误，但组合起来相互产生影响，可能会出现意想不到的错误，因此要将整个系统作为一个整体进行联调。联合测试的方法有两种，即根据模块结构图由上到下或由下到上进行测试。

① 由上到下。设置下层模块为假模块，检查控制流，较早发现错误，而不至于影响到下层模块。但这种方法要制作的假模块太多，而且不能送回真实数据，可能发现不了内在的错误。

② 由下到上。先设置上层模块为假模块，测试下层模块执行的正确性，然后逐步向上推广。这种方法方便，设计简单，但要到最后才能窥得全貌，有一定的风险。

较好的方法是二者结合，高层由上到下，低层由下到上，到中层进行会合。

（3）验收测试。

验收测试检验系统说明书的各项功能与性能是否实现，是否满足要求。

验收测试的方法一般是列出一张清单，左边是需求的功能，右边是发现的错误或缺陷。

常见的验收测试有所谓的 Q 测试和 P 测试，这两种测试都是由用户进行的。但前者由使用者在应用系统开发所在地与开发者一同进行观察记录，后者由用户在使用环境中独立进行。

（4）系统测试。

系统测试是对整个系统的测试，将硬件、软件和操作人员看做一个整体，检验它是否有不符合系统说明书的地方。这种测试可以发现系统分析和设计中的错误，如安全测试是测试安全措施是否完善，能否保证系统不受非法侵入。俗话说“没有不透风的墙”，那么什么才算是安全的呢？即安全的标准是什么?可以这样定义：如果入侵一个系统的代价超过从系统中获得的利益时，那么这个系统是一个安全的系统。再例如，压力测试就是测试系统在正常数据数量以及超负荷量（如多个用户同时存取）等情况下是否还能正常地工作。

2. 测试的原则

测试阶段应注意以下一些基本原则。

① 测试用例应包括输入数据和预期的输出结果。

② 不仅要选用合理的输入数据作为测试用例,而且应选用不合理的输入数据作为测试用例。例如，在程序中输入表示三角形的边长的三个整数，判断是否构成等腰三角形、等边三角形及不等边三角形。测试这个程序时，不仅要选用“5，5，6”和“6，6，6”这样一些“合理”数据作为用例，而且还要选用“1，2，3”和“1，2，4”这样一些“不合理”的输入数据，以便证实程序不会把这些不可能构成三角形的边长错误地认为这是“不等边三角形”。

③ 既要检查程序是否完成了它应做的工作，又要检查它是否还做了它不应做的事情。例如，对于工资管理程序，要检查它是否为每个职工产生了一个正确的工资单，还要检查它是否产生了多余的工资单。

④ 测试用例应长期保留，直到这个程序被废弃。精心编制测试用例对今后的测试带来了方便。一旦程序被修改、扩充，需要重新测试，这在很大程度上将重复以前的测试工作。保留测试用例，可以验证发现的错误是否已经改正，也可以易于发现因修改、扩充可能产生的新错误。

传统的测试方法分为“白箱测试”和“黑箱测试”。

白箱测试是根据一个软件部件的内部控制结构，测试是否依据设计正确地执行。

黑箱测试是根据一个软件部件由外部界面所能观察到的功能效果，测试它是否与其他部件正确地沟通，一般指输入正确时，看是否有正确的输出。

3. 测试用例设计

既然测试工作不可能采用穷举测试方法，那么测试用例的选择就是测试的关键问题。好的测试用例应以尽量少的测试数据发现尽可能多的错误。下面介绍几种测试用例的设计技术。

（1）语句覆盖法。

一般来说，程序的某次运行并不一定执行其中的所有语句。因此，如果某个含有错误的语句在测试中并没有执行，这个错误便不可能发现。为了提高发现错误的可能性，应在测试中执行程序中的每一个语句。语句覆盖法就是要选择这样的测试用例，使得程序中的每个语句至少能执行一次。

（2）判断覆盖。

判断覆盖是指设计测试用例使程序中的每个判断的取"真"值和取"假"值的每一个分支至少通过一次。

（3）条件覆盖。

条件覆盖是指执行足够的测试用例，使得判断中的每个条件获得各种可能的结果。一般来说，条件覆盖比判断覆盖要求严格，因为判断覆盖的对象是每个判断结果，而条件覆盖考虑每个判断中的每个条件。但是，由于条件覆盖分别考虑每个条件而不管同一判断中诸条件的组合情况，因此，测试用例有可能满足条件覆盖的要求，但不满足判断覆盖的要求。

（4）条件组合覆盖。

设计测试用例时，要使得判断中每个条件的所有可能取值至少出现一次，并且每个判断本身的判定结果也至少出现一次。

条件组合覆盖综合了判断覆盖、条件覆盖的要求，因此，比单纯的判断覆盖或条件覆盖都要强。

（5）路径覆盖。

设计测试用例，使它覆盖程序中所有可能的路径。

路径覆盖的测试功能很强。但对于实际问题，一个不太复杂的程序，其路径数可能相当庞大而且又不可能完全覆盖。

以上这五种测试均属于“白箱测试”，下面介绍“黑箱测试”的例子，即边界值测试。

（6）边界值测试。

经验证明，程序往往在处理边缘情况时犯错误，因此检查边缘情况的测试用例效率是比较高的。例如，某个输入条件说明了值的范围是-1．0-1．0，则可以选-1．0，1．0，-1．001和1.，因1为测试用例。再如，一个输入文件可以有1～255个记录，则分别设计有0个、1个、255个、256个记录的输入文件等。

把边界值的概念扩大，可以设计出种种的测试用例。例如，对文件只处理第一个记录、中间一个记录、最后一个记录、不存在的记录等。下面是一些测试用例。

（1）新记录。

① 在文件第一个记录之前加一个记录。

② 在文件最后一个记录之后加一个记录。

③ 插入的新记录对应实体是实际不可能存在的。

④ 记录的域不全。

（2）处理业务。

① 处理文件的第一个记录。

② 处理文件的最后一个记录。

③ 处理中间的一个记录。

④ 处理同一程序刚建立的记录。

⑤ 连续处理相邻记录。

⑥ 试图处理一个不存在的记录。

⑦ 处理业务使某个数值超过常规（如库存数为负或域值上溢）。

⑧ 对某些关键数据输入有错误的数据。

⑨ 同一业务处理过程中造成多重例外和出错。

（3）记录删除。

① 删去文件的第一个记录。

② 删去文件的最后一个记录。

③ 试图删去不存在的记录。

④ 连续删去多个记录。

⑤ 删去一个记录，并试图处理这个记录。

（4）试验逻辑。

① 检查所有能产生最大值、最小值、平均值的计算。

② 除式中除数为零。

③ 数据域放最小数或最大数。

④ 数据域填入允许值之外的数。

（5）报告程序。

① 负号是否全打印出来。

② 全 9 是否打全。

③ 全 0 看高位压缩情况。

④ 交叉结算平衡结果是否有报告。

从以上列举的这些例子可以看出，这种方法表面上看起来很简单，但许多程序的边界情况极其复杂，要找出适当的测试用例，需要有一定的经验和创造性。使用得当，这种方法是相当有效的。

6.3.2 系统调试

测试的目的是充分发现软件的错误信息，调试是在测试完成结果分析之后，对结果分析发现的错误进行程序诊断并且寻求改正的过程。

1. 程序调试过程

程序调试过程如图 6.1 所示。程序调试过程开始于一个测试用例的执行，若测试结果与期望结果有出入，即出现了错误征兆。调试过程首先要找出错误原因，然后对错误进行修正。因此，调试过程有两种可能：一是找到了错误原因并纠正了错误；二是错误原因不明，调试人员只得做某种推测，然后再设计测试用例证实这种推测，若一次推测失败，再做第二次推测，直到发现并纠正了错误。

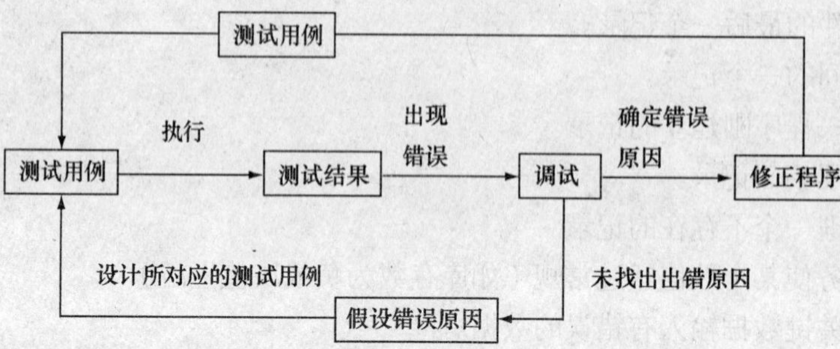

图 6.1 调试过程

2. 程序调试策略

在实际调试过程中可灵活采用多种方法来进行查错、排错。

❑ 内存信息检查。在程序执行过程中发现问题，输出内存数据作为静态检查分析。

❑ 程序执行信息跟踪。实际程序中存在多种输出路径时，在程序中设置输出，对照输出检查程序执行路径和出错原因。

在程序调试过程中常用的几种调试策略如下。

（1）试探法。

分析错误的外在表现形式，猜想程序故障的大概位置，采用一些简单的纠错技术，获得可疑区域的有关信息，判断猜想是否正确。经过多次试探，找到错误的根源。这种方法与个人经验有很大关系。

（2）跟踪法。

对于小型程序，可采用跟踪法。跟踪法分正向跟踪和反向跟踪。正向跟踪是沿着程序的控制流，从头开始跟踪，逐步检查中间结果，找到最先出错的地方。反向跟踪是从发现错误征兆的地方开始回溯，人工沿着控制流往回追踪程序代码，直到确定错误根源。

（3）对分查找法。

若已知程序中的变量在中间某点的预期正确值，则可以用赋值语句把变量置成正确值，运行程序看输出结果是否正确。若输出结果没有问题，说明程序错误在前半部分，否则在后半部分。然后对有错误的部分再用这种方法，逐步缩小查错的范围。

（4）归纳法。

从错误征兆的线索出发，分析这些线索之间的关系，确定错误的位置。首先要收集、整理程序运行的有关数据，分析出错的规律，在此基础上提出关于错误的假设，若假设能解释原始测试结果，说明假设得到证实；否则重新分析，提出新的假设，直到最终发现错误原因。

（5）演绎法。

分析已有的测试结果，设想所有可能的错误原因，排除不可能的、互相矛盾的原因。对余下的原因，按可能性的大小，逐个作为假设解释测试结果，直至找到错误原因。必要时，对列出的原因加以补充修正。

随着测试技术和软件开发环境的发展，功能越来越强大的自动测试和调试工具，可以支持断点设置、单步运行和各种跟踪技术，为程序的调试提供了很大的方便。但是，无论哪种工具都代替不了开发人员对整个文档和程序代码的仔细研究和认真审查所起的作用。

6.4 系统转换

系统的试运行和系统转换是系统实施的最后一个环节，它是一项容易被人忽视的工作，但对系统运行的安全性、可靠性、准确性来说又是十分重要的工作。

系统转换也称作系统切换，是指以新开发的系统替换旧的系统，并使之投入使用的过程。为了保证原有系统有条不紊地顺利转移到新系统，在系统转换前应仔细拟定方案和措施，确定具体的步骤。它包括系统交付前的基础数据准备工作、系统转换的方式和步骤等。

1. 基础数据准备

数据准备是一项基础工作，应按照系统分析所规定的详细内容组织和统计系统所需的数据。首先要把原系统中的数据分类整理出来，即把原系统的文件数据加工成符合新系统要求的数据。其中包括历史数据的整理、格式化、分类、编码、统一口径的调整、个别项目的增删等。在整理过程中若发现信息缺少、不一致等情况，应由有经验的管理者来补充或完善，并把整理出来的数据转化为新系统所要求的格式，然后录入计算机。因为基础数据要回答组织经营管理最关心的问题，所以要运行一个新系统，必须要准备系统运行中用到的各种基础数据或初始化信息。表 6.2 所示为基础数据与组织管理之间的关系实例。

基础数据的准备应遵循以下原则。

- 基础数据统计工作要严格科学化，具体方法应程序化、规范化。
- 计量工具、计量方法、数据采集渠道和程序都应该固定，以确保新系统运行有稳定可靠的数据来源。
- 各类统计和数据采集报表应标准化、规范化。

表 6.2　基础数据与组织管理之间的关系

	物料清单	工作中心	工艺路线	库存信息	需求信息	会计科目	供需双方信息
生产什么	√				√		√
生产多少	√			√	√		√
生产过程	√	√	√				√
供应周期	√	√	√				√
资源能力	√	√	√				√
成本费用	√	√	√	√	√	√	√

2. 系统试运行

系统试运行是系统调试的延续。在系统联调时使用的是系统测试数据，这样很难测试出系统在实际运行中可能出现的一些预料不到的问题。因此，一个系统在正式运行前，应该让它实际地运行一段时间即试运行。在试运行阶段的主要工作如下。

（1）对系统进行初始化，设置系统的起始运行时间，输入该时刻各类数据处理的原始状态。

（2）输入数据，记录系统的运行数据和运行状态。

（3）核对新系统输出和原系统输出的结果。

（4）对实际系统的输入方式进行考察，考察是否方便、效率如何、安全可靠性、误操作保护等。

（5）对系统实际运行、响应速度进行实际测试，包括运算速度、传输速度、输出速度等。

3. 人员培训

为了使新系统能够按预期目标正常运行，对用户人员进行必要的培训是在系统转换之前不可忽视的一项工作。

管理信息系统是一个人机系统，它的正常运行需要很多人参加工作，将有许多人承担系统所需输入信息的人工处理过程，以及计算机操作过程。这些人通常来自现行系统，他们熟悉或精通原来的人工处理过程，但缺乏计算机处理的有关知识，为了保证新系统的顺利使用，必须提前培训有关人员。

需要进行培训的人员主要有以下两类。

（1）事务管理人员。

新系统能否顺利运行并获得预期目标，在很大程度上与这些第一线的事务管理人员（或主管人员）有关系。因此，可以通过讲座、报告会的形式，向他们说明新系统的目标、功能，说明系统的结构及运行过程，以及对企业组织机构、工作方式等产生的影响。对事务管理人员进行培训时，必须做到通俗、具体，尽量不采用与实际业务领域无关的计算机专业术语。

例如，可以就他们最关心的以下问题展开对话：

① 计算机管理信息系统能为我们做些什么？

② 采用新系统后，我们和我们的职工必须学会什么新技术？

③ 采用新系统后，我们的机构和人员将发生什么变动？

④ 今后如何衡量我们的任务完成情况？

大量事实说明，许多管理信息系统不能正常发挥预期作用，其原因之一就是没有注意对有关事务管理人员的培训，因而没有得到他们的理解和支持。所以，今后在新系统开发时必须注意这点。

（2）系统操作人员。

系统操作人员是管理信息系统的直接使用者，统计资料表明，管理信息系统在运行期间发生的故障，大多数是由于使用方法错误而造成的，如图 6.2 所示。所以系统操作人员的培训应该是人员培训工作的重点。

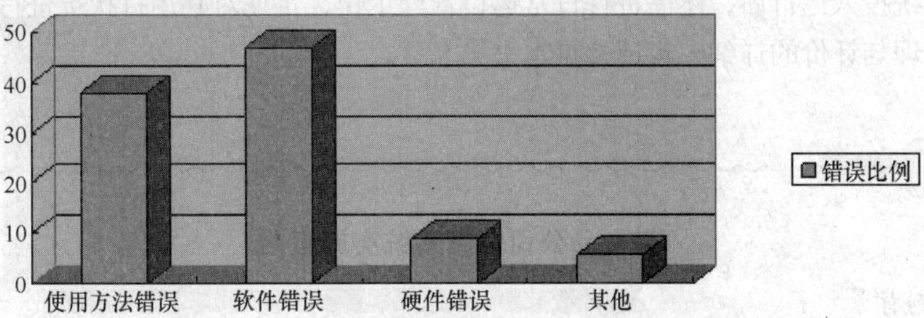

图 6.2　软件故障原因对比

4. 系统转换方式的选择

系统的交付使用即系统的转换，包括把旧系统的文件转换成新系统的文件，数据的整理和录入，也包括人员、设备、组织机构的改造和调整，有关资料档案的建立和移交。系统转换的最后形式是将全部控制权移交给用户单位。

系统转换有四种方式，如图 6.3 所示。

（1）直接转换方式。

这种方式是新系统直接替换老系统。这种方式的优点是转换简单、费用最低。但是由于新系统还没有承担过正常的工作，可能出现意想不到的情况，因而风险大。实际应用中，应有一定的措施，一旦新系统出现问题，老系统能顶替工作。

（2）平行运行方式。

在这种方式下，新老系统并行运行一段时间，可以保持系统转换期间工作不间断，新老系统还可以进行比较。但是两个系统并行运转，费用较高。

（3）试运行方式。

这种方式类似于平行运行方式。在试运行期间，老系统照常运行，新系统承担部分工作，等试运行感到满意时再全面运行新系统，停止老系统的运行。

（4）逐步转换方式。

这种方式是新系统一部分一部分地替代老系统，直到全部代替老系统。这种方式避免了直接转换方式的危险性，费用也比平行运行方式低。但是这种方式接口复杂，必须事先充分考虑。当新、老系统差别太大时，不宜采用这种方式。

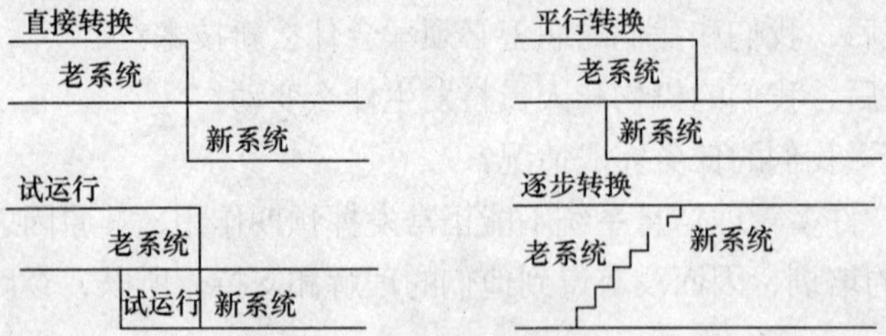

图 6.3　系统转换的四种方式

然而在实际工作中，往往采用这几种方式混合使用。例如，系统中不很重要的部分采用直接转换方式，重要部分采用平行转换方式。这样，各种方式取长补短，可使旧系统平稳地过渡到新系统。

管理系统投入运行后，还需进行日常运行管理工作，定期对其运行状况进行集中评价，有关系统管理与评价的详细内容请参见本书第 8 章。

案例

某食品公司信息系统实施案例

1. 案例背景

（1）公司的发展历程。

该公司诞生于我国台湾，已经营近 20 年，有 40 家分店， 1992 年 12 月，该公司出资 66 万美元，与虹口区烟糖公司签订了合作协定。随后在北京、无锡、杭州、成都等地建立了分公司及 100 余家直销连锁店。

（2）该公司信息系统发展历程。

快速发展过程中，该公司的战略实施遇到的困难用传统的管理手段很难解决，于是该公司的管理者想到应用飞速发展的信息技术帮助企业解决这些困难。

2. 公司信息系统实施过程

（1）软件选型、供应商选择。

一般说来，一个企业在考虑实施信息系统时，有两种软件模式可以选择。一种是直接购买成熟的软件 Package。但由于每个企业都有着自己的特色，即使是再好的软件包，也只能满足 70%~80% 的需求。选择这种方式实施信息系统的企业，既不可能做到最成功，也不可能做得很失败。另一种是根据软件原型按客户要求进行定制，选择这种方式的话，需要企业和软件供应商花大力气来调研，了解企业需求，为客户量身定做合适的软件系统。这是一种投入大，且冒风险的方式，但如果成功了的话，它又能带给企业巨大的好处。

对于该公司来说，过去有过信息系统实施不成功的痛苦经验，又面临着潜在的强大竞争对手威胁、做出关键的战略抉择的关头。经过一番抉择，最终，该公司还是选择了赌一把，花大力气来认认真真实施信息系统，把它做成一个精品，让信息系统成为自己真正的核心竞争力。基于这样的考虑，该公司选择了金盛软件公司。

（2）项目启动。

在完成了供应商选择后，2001 年 10 月 6 日，该公司上海分公司举行了实施信息系统的开工会，标志着该公司正式开始进入信息系统实施过程。

① 金盛需求调研。公司食品 ERP 系统项目的承包商金盛软件公司，通过平常密切而又灵活随意的方式，不断与该公司进行很好的沟通，对各项业务情况有所了解。

② POS 系统开发。鉴于该公司的行业特殊性，即该公司是将制造业与零售业结合起来，采用前店后厂（甚至现场制作并销售）的方式来经营的，这就必须要求软件供应商提供一套完整的解决方案，既包含前端的 POS，又包含后面的 ERP，而且两者应该无缝连接。

③ POS 系统实施。该公司此次虽然上的是新 POS 系统，但并没有换掉旧的 POS 终端机，仍使用过去的 POS 机。在上新 POS 系统软件之前，金盛先把各个门店里的 POS 机都收回来，软件升级后，再发放回去。从 2001 年 10 月 17 日开始实施 POS 系统，到 2001 年 10 月 20 日所有门店的 POS 系统正常运作，该公司只用了 3 天时间将 POS 系统在所有的门店内全面铺开、调试并运行成功。

④ 人员培训。该公司食品的职工结构情况是，很多一线老员工年龄偏大，新系统对她们来说无疑是个挑战。一方面，该公司要求金盛把 POS 终端做的简单易操作，称之为“老大妈 POS 系统”；另一方面以严格的制度，加之很好的激励来促使老员工学习新技术。

（3）系统的优化细化。

2001年12月底至2002年1月初是系统的细化、优化阶段，加大了每月进行财务清理的频率，以核查系统运行的正确性及有效性。

3. ERP 系统实施

（1）库存系统。

库存系统是该公司进入ERP系统实施的第一关，是数据的源头之一。该公司通过实施库存系统吹响了ERP实施的号角。通过对老员工的培训，提高员工计算机的操作能力，为库存系统的正式实施打下基础。

在实施了库存系统后，该公司又相继实施了财务管理等其他模块。

（2）基础数据的正确性。

基础数据的正确性是ERP系统能正常运转的前提条件之一。系统实施过程中严格控制数据录入，采用多次盘点的方式保证真实正确的数据录入。

（3）系统逐步完善。

由于金盛的实施工程师们知道ERP是一个完整的流程系统，而不是简单的操作行为的堆积，所以保证流程的畅通是非常重要的。该公司采取的信息系统实施方案是，先用短短的三个月时间搭好整个系统框架，暂时忽略其中的细节。这样可以在短时间内使系统贯穿公司整个流程。三个月之后，再做详细的“装修”工作。

（4）减少实施环节。

许多 ERP 的实施者为了保险起见，都使用了“并行”的实施方法，即在一段过渡时期内，让操作者一边使用信息系统，一边用手工或旧的方式工作，这样可以保证操作人员不会因为不熟悉系统而耽误了正常工作。

而该公司和金盛的实施者们却没有沿用这种方法，他们认为这种方法对该公司这样一个企业并不合适。首先，该公司的操作人员一般文化素质比较低，他们自然会在实施的初期抵制新事物，而“并行”的实施方法会为他们提供各种各样的理由不使用系统，导致系统很难进一步实施。其次，由于该公司门店数量的巨大，如果使用手工和系统“并行”的方式，对账和盘点时又将是一笔笔糊涂账，对实施是非常不利的。所以该公司和金盛的实施者们决定尽量减少系统实施中的不必要环节，选用直接切换系统。使用这种实施策略的风险显而易见。但该公司采取了一些降低风险的策略，加大力度培训操作人员和奖惩操作人员使得操作人员在最短的时间内掌握系统操作，从而降低新系统的风险。

（5）流程与人员调整。

该公司在信息系统实施过程中尽量避免使用 BPR 这个敏感词语，但事实上，信息系统的实施都会或多或少地牵涉到流程的改进和人员的调整。信息系统实施过程中，对现有流程进行了改进，关掉了两个仓库，撤销了一个部门，同时也增加了一个原来没有的部门和一些重要的工作岗位。例如，营运经理是一个新增的重要岗位，负责对记账后的数据进行分析。数据的准确性加上适当的分析，使公司的许多决策有了科学的依据。

4. 信息系统带来的收益

首先，在实施信息系统前，该公司的管理流程在许多地方存在漏洞，直接导致了对账时出现的财务漏洞和盘点时出现的大量的误差。比如，对以礼品为产品定位的该公司而言，每年过节发放购物券是不可避免的，而购物券的出售价格与券的面值一般是不同的，一般前者要小于后者。而出售购物券的折扣额又是随着节日的临近而递减的，所以有些门店或个人虚报出售时间，为自己获取差额利润。而金盛的系统充分考虑到了这些因素，为购物券编号，实时向总公司传送购物券销售情况，用信息系统防止了这种漏洞。

原来该公司没有规范的物料代码、客户代码、供应商代码，甚至没有完整的员工代码，使这边记过的账别的地方又重记一笔，账物不符也是常事。随着信息系统逐渐融入该公司的日常管理运作中，对账和盘点的难度和差错都在急剧下降。到了第三次盘点时，盘点的正确率达到了98%。

其次，前面提到过该公司的新产品研发力量比较弱，所以该公司使用地域扩张的战略来弥补这一点，而这同时也带来了新的问题。随着直营店和加盟店数量的快速增长，而且这些直营店和加盟店都遍布在全国各地，要使这些直营店和加盟店的管理模式与总部一致是非常困难的。但信息系统使管理模式可以在全国的任何地方快速复制，为该公司的地域扩张战略提供了基础和支持。

最后，烘焙业讲求的是对市场需求的快速反应。但随着门店数量的增加，对市场需求的把握将越来越困难。如今直营店和加盟店的信息系统直接将销售数据定时传送到公司总部，有专人对数据进行分析，该公司可以知道什么时段卖什么产品最好，可以知道该公司所发放的购物券究竟产生了多少价值，甚至还可以对特许加盟店的商业价值作出评估。

本章小结

本章主要介绍了系统分析与系统设计工作完成之后转入的系统实施的实践阶段，该阶段主要进行了物理系统的实施、程序设计、程序和系统调试、人员培训、系统转换等一系列工作。

物理系统实施的任务主要是根据系统目标做好设备的选购、安装。

在程序设计中，通常会采用结构化的设计方法，提高程序的可靠性、可维护性、可理解性和开发效率。同时，还应当注意采用合适的开发工具和环境。

系统转换是系统实施的最后阶段，在系统应用中应根据具体情况灵活运用，选择恰当的转换方法。

章节练习

1. 什么是系统实施？系统实施阶段的工作任务有哪些？
2. 为什么说系统实施不当也容易导致系统失败？
3. 程序设计的主要方法有哪些？它们的主要特点是什么？
4. 程序调试的方法有哪些？
5. 什么是系统转换？系统转换有几种方式？每种方式各有什么利弊？
6. 系统维护包括哪些内容？系统维护分为几种类型？
7. 如何准备基础数据。
8. 为什么必须对用户及各方面人员进行培训。

第 7 章　面向对象的系统分析与设计

前面的章节详细介绍了用结构化方法开发软件的过程，随着信息系统的日益庞大和复杂，传统的结构化方法越来越表现出明显的缺点，如可修改性差、可重用性差等。这是因为结构化方法的本质是功能分解，从代表目标系统整体功能的单个处理着手，自顶向下不断把复杂的处理分解为子处理，这样一层一层地分解下去，直到仅剩下若干个容易实现的子处理功能为止，然后用相应的工具来描述各个最低层的处理。因此，结构化方法是围绕实现处理功能的"过程"来构造系统的。然而，用户需求的变化大部分是针对功能的，因此，这种变化对于基于过程的设计来说是灾难性的，用户需求的变化往往造成系统结构的较大变化，从而需要花费很大代价才能实现这种变化。面向对象（Object Oriented，OO）的方法正是在这种背景下产生的，且成为目前软件领域的主流技术。

7.1　面向对象方法的基础理论

1. 面向对象方法的基本原理

面向对象程序设计（Object Oriented Programming，OOP）是近代程序设计领域的一大革命。它提高了程序设计者的工作效率和软件的重复使用率，并降低了维护成本。面向对象程序设计实际上是围绕组成问题领域的事物进行的程序设计，所关心的是对象及对象间的相互关系，整个程序系统只由对象组成，对象间的联系只通过消息传递进行，系统运行就是多个对象经过消息传递互相联系，共同完成某一工作。

面向对象方法以对象为中心，将客观世界看成由许多不同种类的对象构成，每个对象都有自己的内部状态和运动规律，不同对象间的相互联系和作用构成了完整的客观世界。这种方法的出发点是按人们通常的思维方式，建立直接表现事务及其相互关系的概念，由此建立适应人们一般模式的描述问题的模型。

2. 面向对象的基本概念

（1）对象（object）。

"对象"指现实世界中各种各样的实体。它可以指具体的事物也可以指抽象的事物。例如，现实生活中的电话、电视、钟表等都可称为对象。仔细观察这些对象，就会发现它们有两方面的特征：一是它们的状态特征，如电视的色彩值、记忆频道等；二是它们的行为特征，如电视可以对画面进行色彩调整，可以进行频道设置等。状态特征称之为属性，行为特征称之为方法或事件。

（2）类（class）。

类是对一个或几个相似对象的描述，是对象的抽象模块。它包含有所创对象的属性描述和行为特征的定义。类是一个集合，而对象是这个集合中的一个实例。例如，各种各样、大大小小的房屋均属于建筑类；中专生、大专生、大学生均属于学生类。可以将大学生看做学生类中的一个对象。类是对象的基础，以类和对象为中心的设计思路也正是面向对象程序设计的关键。类是面向对象程序设计中最重要的概念之一，掌握类和对象的使用是实现面向对象的程序设计的前提和基础。

（3）子类和超类（subclass and supperclass）。

子类是指由某一个类派生出的类，它在共享该类的描述后，再对这些描述进行某些修改，或添加一些新的描述，这样就形成了一个新类。超类的概念和子类相对应，子类被派生出来后，被派生的类就是这个子类的超类，也叫父类。例如，大学生是学生类的子类，学生是大学生类的超类。

（4）消息（message）。

消息是指对象间相互联系和相互作用的方式。一个消息主要由五部分组成：发送消息的对象、接收消息的对象、消息传递办法、消息内容（参数）和反馈。

（5）封装（encapsulation）。

对象间的相互联系和相互作用过程主要通过消息机制得以实现。对象之间并不需要过多地了解对方内部的具体状态或运动规律。面向对象的类是封装良好的模块，类定义将其说明（用户可见的外部接口）与实现（用户不可见的内部实现）显式地分开。类是封装的最基本单位。封装防止了程序相互依赖性而带来的变动影响。使用封装技术有助于提供模块的程序，建立良好的接口，以帮助用户设计、实现复杂的任务。

（6）继承（inheritance）。

我们可能根据类的某种属性把对象进行分类，一旦属性被确定下来，所有在它之下的类都将自动地包含该属性。一个类可以从一个较简单、较基本的类中继承它的特性，并在此基础上扩展成一个更复杂、更明确的类，这种机制就是继承。子类可以继承父类的所有内部状态和运动规律。继承性提供了通用的功能，用户根据需要进行更具体的定义，这样用户就可以在已有类的基础上，建立自己的更完善的类体系。通过类的继承关系，使公共的特性能够共享，提高了软件的重用性。

（7）重载（overload）。

重载指类的同名方法在给其传递不同的参数时可以有不同的运动规律。在对象间相互作用时，即使接收消息对象采用相同的接收办法，但消息内容的详细程度不同，接收消息对象内部的运动规律也可能不同。在设计中，重载就是用户可能根据需要设计具有相同名字的多个方法，但使用时可以带不同的数据类型。这样做的好处就是提供了代码的可读性，通常我们根据方法的功能来定义其名称，这样很可能发生一些不必要的冲突。但有了重载的概念后，只要各方法的参数表不同，就可根据参数类型的区别来选择正确的方法，使这些同名、同功能的方法可以对不同的数据进行恰当的操作。

（8）多态。

多态是面向对象的程序设计语言核心的特征。多态意味着一个对象有着多重特征，可以在特定的情况下，表现不同的状态，从而对应着不同的属性和方法。多态性是允许将父对象设置成为和一个或更多的它的子对象相等的技术，赋值之后，父对象就可以根据当前赋值给它的子对象的特性以不同的方式运作。

7.2 面向对象方法的建模工具

7.2.1 UML 主要工具介绍

自 20 世纪 90 年代，结构化系统开发方法的应用日渐萎缩，面向对象系统开发的方法日趋成熟，其重要标志是各种支持面向对象系统开发过程的工具不断涌现。统一建模语言（UML）就是其中应用最广泛的工具之一。

1. UML 的发展史

UML（Unified Modeling Language）是用来对软件密集系统进行可视化建模的一种语言。

公认的面向对象建模语言出现于 20 世纪 70 年代中期。从 1989 年到 1994 年，其数量从不到 10 种增加到了 50 多种。在众多的建模语言中，语言的创造者努力推崇自己的产品，并在实践中不断完善。但是，面向对象方法的用户并不了解不同建模语言的优缺点及相互之间的差异，因而很难根据应用特点选择合适的建模语言；虽然不同的建模语言大多类同，但仍存在某些细微的差别，极大地妨碍了用户之间的交流。因此在客观上，极有必要在精心比较不同的建模语言优缺点及总结面向对象技术应用实践的基础上，组织联合设计小组，根据应用需求，取其精华，去其糟粕，求同存异，统一建模语言。

1994 年 10 月，Grady Booch 和 Jim Rumbaugh 开始致力于这一工作，于 1995 年 10 月发布了第一个公开版本，称之为统一方法 UM 0.8(Unitied Method)。1995 年秋,OOSE 的创始人 Ivar Jacobson 加盟到这一工作中。经过 Booch、Rumbaugh 和 Jacobson 三人的共同努力，于 1996 年 6 月和 10 月分别发布了两个新的版本，即 UML 0.9 和 UML 0.91，并将 UM 重新命名为 UML(Unified Modeling Language)。1996 年，一些机构将 UML 作为其商业策略已日趋明显。UML 的开发者得到了来自公众的正面反应，并倡议成立了 UML 成员协会，以完善、加强和促进 UML 的定义工作。当时的成员有 DEC、HP、I-Logix、 Itellicorp、 IBM、ICON Computing、MCI Systemhouse、Micr osoft、Oracle、Rational Software、TI 以及 Unisys。这一机构对 UML 1.0(1997 年 1 月)及 UML 1.1(1997 年 11 月 17 日)的定义和发布起了重要的促进作用。在美国，截至 1996 年 10 月，UML 获得了工业界、科技界和应用界的广泛支持，已有 700 多个公司表示支持采用 UML 作为建模语言。1996 年底，UML 已稳占面向对象技术市场的 85%，成为可视化建模语言事实上的工业标准。1997 年 11 月 17 日，OMG 采纳 UML 1.1 作为基于面向对象技术的标准建模语言。UML 代表了面向对象方法的软件开发技术的发展方向，具有巨大的市场前景，也具有重大的经济价值和国防价值。

目前，UML 的最高版本是 UML2.0，但广泛流行的版本主要还是 UML1.3 和 UML1.4。

2. UML 的主要内容

要描述清楚一个复杂的系统，至少应该描述系统的功能、结构及其动态的行为方式。因此，UML 将面向对象的分析和设计（OOA&D）要建立的系统模型划分为系统功能视图、系统静态视图和系统动态视图三种。三种视图是对系统三个不同侧面的描述，它们结合起来才能构成对一个复杂系统的清晰、完整的定义和描述。针对三种不同的视图，UML 提供了不同的工具进行描述，如图 7.1 所示。

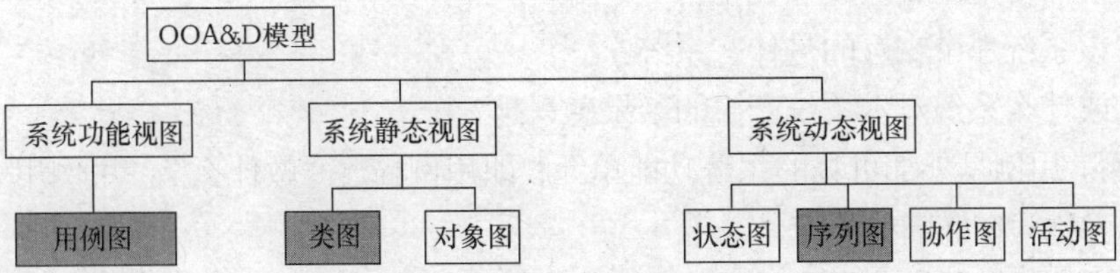

图 7.1　OOA&D 的模型结构

系统功能视图展现一个系统应具有的功能集合。UML 提供了用例图（Use Case Diagram）来描述从系统用户角度看到的或需要的系统功能。用例图是其他视图的核心和基础，其他视图的构造依赖于用例图所描述的内容,因此系统开发的最终目的是为了实现用例图中的功能。

系统静态视图也成为逻辑视图，用于展现系统的静态结构，揭示系统内部的组成元素及它们之间的关系。由于采用 OO 方法建立的系统的基本组成元素是对象，而对象又是类的实例，所以静态视图实际上用于描述类、对象和它们之间关系。UML 提供了类图和对象图来描述静态结构。每个系统都有唯一的类图和对象图，对象图是类图的必要补充，它描述系统在某个特定时刻的静态结构。

系统动态图用于展现系统的动态行为特征。采用 OO 方法建立的系统，其动态行为特征主要体现在对象状态的变化和对象之间的动态协作。因此，UML 提供了序列图（Sequence Diagram）、状态图（State Diagram）、协作图（Collaboration Diagram）和活动图（Activity Diagram）来刻画系统的动态特征。其中，序列图是按时间顺序描述对象之间的交互；协作图是按时间和空间的顺序描述对象间的关系和交互方式；状态图主要描述一个对象的状态的变化和转移情况；活动图主要描述对象类服务的动作及其执行过程，以及角色与系统的交互动作及其过程。

在图 7.1 中，带阴影的用例图、类图、序列图是任何系统都要建立的不可或缺的基本模型。这三种模型已基本上对系统的功能、结构和行为进行了完整的展现。当上述三种模型无法准确刻画系统时，可根据系统的实际需要来选择其他的模型对系统进行补充描述。

（1）用例图。

用例图显示谁是相关的用户、用户希望系统提供什么样的服务，以及用户需要为系统提供的服务，便于软件开发人员最终实现这些服务。

用例图包含参与者(Actor)、用例(Use Case)，以及它们之间的关系，即关联关系(Association)、包含关系(Include)、扩展关系(Extend)和泛化关系(Generalization)。用例图的基本模型如图 7.2 所示。

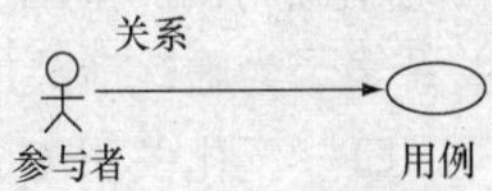

图 7.2　用例图基本模型

① 参与者。参与者也称为角色，指是系统外部的一个实体，它以某种方式参与用例的执行过程。参与者通过向系统输入或请求系统输入某些事件来触发系统的执行。在 UML 中，参与者用人形图标表示，参与者的名字写在人形图标的下方。

在获取用例前首先要确定系统的参与者，开发人员可以通过回答以下的问题来寻找系统的参与者。

❑ 谁将使用该系统的主要功能？
❑ 谁将需要该系统的支持以完成其工作？
❑ 谁将需要维护、管理该系统，以及保持该系统处于工作状态？
❑ 系统需要处理哪些硬件设备？
❑ 与该系统那个交互的是什么系统？
❑ 谁或什么系统对本系统产生的结果感兴趣？

② 用例。用例是外部可见的系统功能单元，即用例描述“做什么”。用例用一个椭圆表示，用例的名称写在椭圆的下方。

在识别用例的过程中，可通过回答以下问题分析用例。

❑ 参与者希望系统完成什么功能？
❑ 系统是否存储和检索信息，由哪个参与者触发？
❑ 当系统改变状态时，是否通知参与者？
❑ 是否存在影响系统的外部事件？
❑ 哪个参与者通知系统这些事件？

③ 用例关系。

❑ 关联关系（Association）。关联关系描述参与者与用例之间的关系，即参与者与用例之间用箭头相连。图 7.3 所示为汽车租赁系统的基本用例图，“客户”通过该系统可以完成“预定”、“取车”、“还车”的相关事宜。

❑ 包含关系（Include）。一个用例可以简单地包含其他用例具有的行为，并把它所包含的用例行为作为自身行为的一部分，这被称作包含关系。在 UML 中，包含关系表示为虚线箭头加<<include>>字样，箭头指向被包含的用例。如图 7.4 所示，“网上预定”用例包含“填写电子表格”。

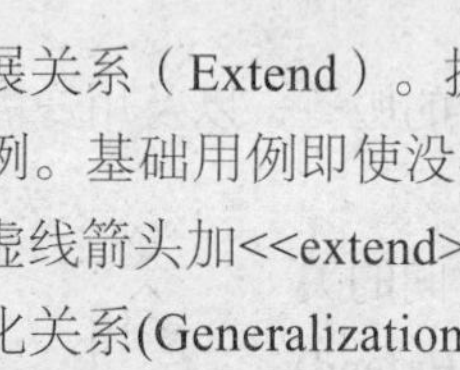

图 7.3 关联关系

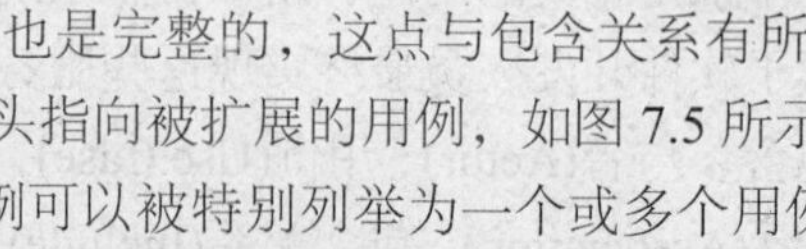

图 7.4 包含关系

❑ 扩展关系（Extend）。扩展关系是把新的行为插入到已有的用例中的方法，原用例称为基础用例。基础用例即使没有扩展用例也是完整的，这点与包含关系有所不同 。扩展关系表示为虚线箭头加<<extend>>字样，箭头指向被扩展的用例，如图 7.5 所示。

❑ 泛化关系(Generalization)。一个用例可以被特别列举为一个或多个用例，这被称为用例泛化。如果系统中一个或多个用例是某个一般用例的特殊化时，就需要使用用例的泛化关系。在用例泛化中，子用例表示父用例的特殊形式。子用例从父用例处继承行为和属性，还可以添加、覆盖或改变继承的行为。在 UML 中，用例泛化用一个三角箭头从子用例指向父用例，如图 7.6 所示。

图 7.7 所示为汽车租赁系统中客户参与的用例。具体描述为：客户可以通过网络和电话预定汽车，其中通过网络预定需要填写预定表。预定得到确认后可以取车，应在规定时间内

还车，否则要缴纳罚金。

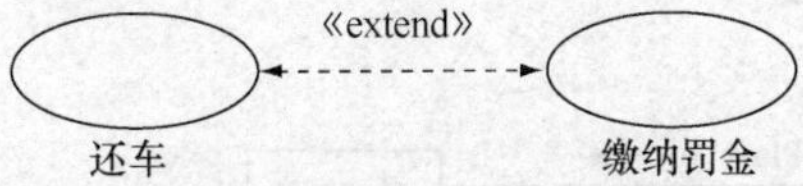

图 7.5　扩展关系

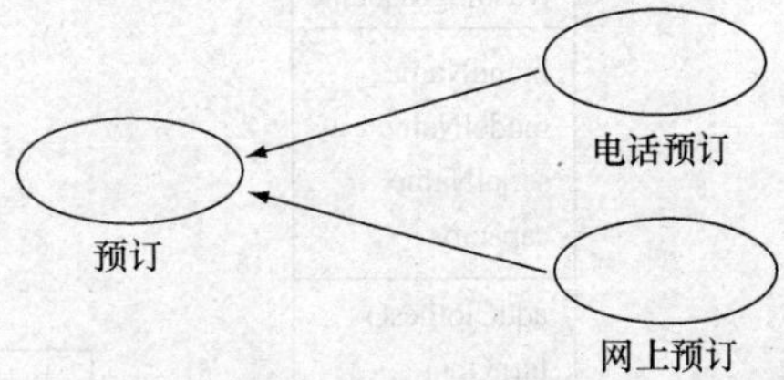

图 7.6　泛化关系

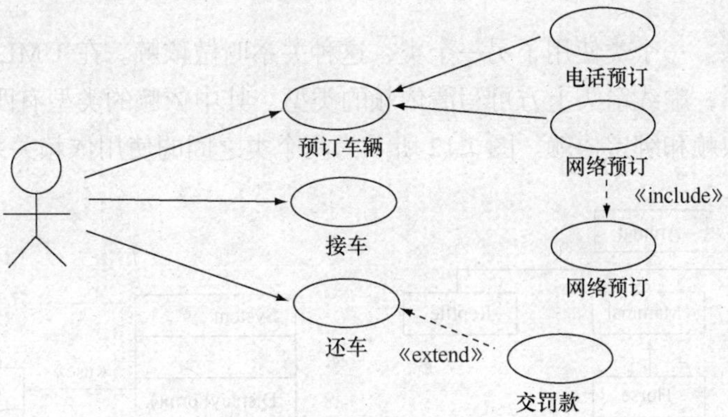

图 7.7　汽车租赁系统中客户参与的用例图

（2）类图和对象图。

类图和对象图除了“类”和“对象”的表示符号不同之外，类图和对象图所用的建模元素及其表示符号都是相同的，因此放在一起加以阐述。

① 类图和对象图的符号。在 UML 中，类图和对象图都用长方形表示，分成上、中、下三个区，分别表示类或对象的名称、属性和方法，如图 7.8 所示。

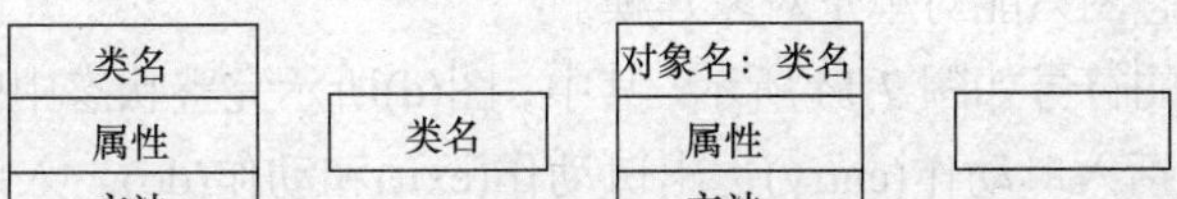

(a) 类的完整和简化表示符号　(b) 对象的完整和简化表示符号

图 7.8　类和对象表示符号

图 7.9 所示为洗衣机这个类的基本属性和方法。

② 类之间的关系。类之间有四种关系：关联关系、泛化关系、依赖关系和实现关系。

❑　关联关系。当类之间在概念上有连接关系时，类之间的连接叫做关联，用一条直线表示。图 7.10 所示为球员和球队的关联关系。

❑　泛化关系。泛化关系也称继承关系。一个类(子类)可以继承另一个类(父类)的属性和方法，父类是比子类更一般的类。在 UML 中，父类到子类的连接线表示继承关系。指向父类的连接线带一个空心箭头，表示 is a kind of(属于……中的一种)。图 7.11 所示为动物之间的泛化关系。

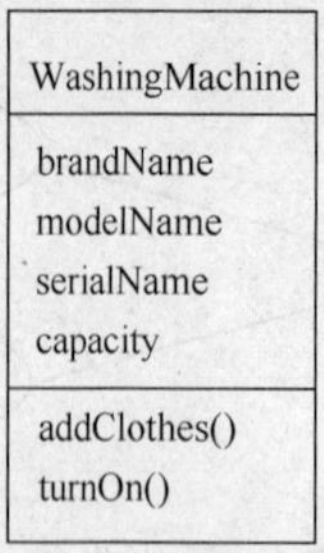

图 7.9 洗衣机类图

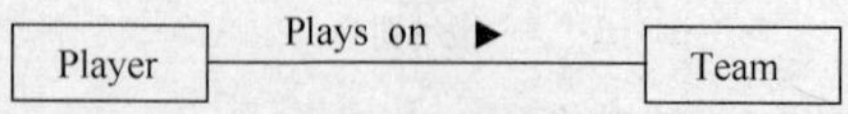

图 7.10 球员和球队的关联关系

❑ 依赖关系。一个类使用了另一个类，这种关系叫做依赖。在 UML 中，用带箭头的虚线表示依赖关系，虚线箭头上方可写清依赖的类型。其中依赖的类型有四种：使用依赖、抽象依赖、授权依赖和绑定依赖。图 7.12 所示为两个类之间的使用依赖关系。

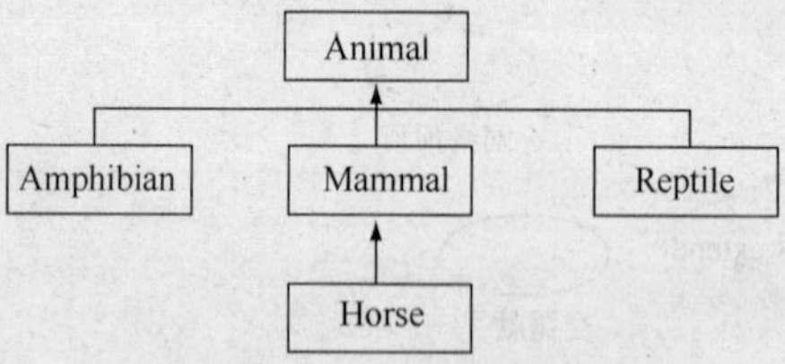

图 7.11 动物之间的泛化关系

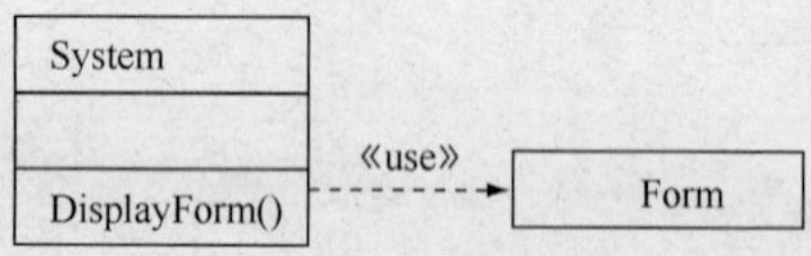

图 7.12 两个类之间的使用依赖关系

❑ 实现关系。实现关系用-------▷表示，由实现者指向被实现者。实现关系通常在两种情况下被使用：接口与实现该接口的类之间；用例以及实现该用例的协作之间，如图 7.13 所示。

（3）状态图。

状态图描述了一个对象所处的可能的状态，以及状态之间的转变，并给出了状态变化序列的起点和终点。状态图只能对单个对象建模。

状态图单个元素的符号如图 7.14 所示。其中，图(d)所示完整状态中的活动表指该状态中发生的活动，一般包括入口动作(entry)、出口动作(exit)和动作(do)。入口动作指系统进入该状态时发生的动作；出口动作指系统离开该状态时发生的动作；动作指系统处于该状时发生的动作。图 7.15 所示描述了传真机的状态。

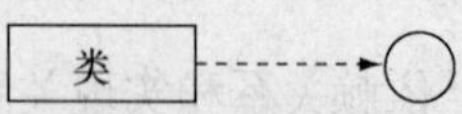

图 7.13 类和接口的实现关系

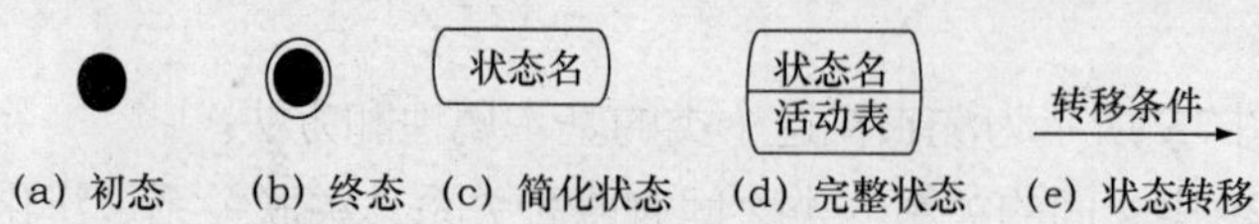

图 7.14 状态图符号

（4）序列图。

序列图也叫做顺序图、时序图。对象之间的交互是按照一定时间顺序发生的，序列图就是描述这一交互序列的模型。

序列图将交互关系描述为一个二维图形，其中，横轴代表各自独立的对象，纵轴代表时间，时间延竖线向下延伸，越往下时间越靠后。序列图由对象、生命线、激活和消息四部分组成，如图 7.16 所示。

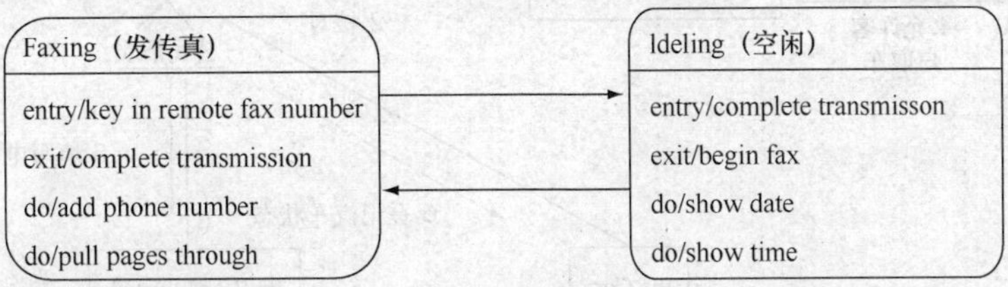

图 7.15　传真机的状态图

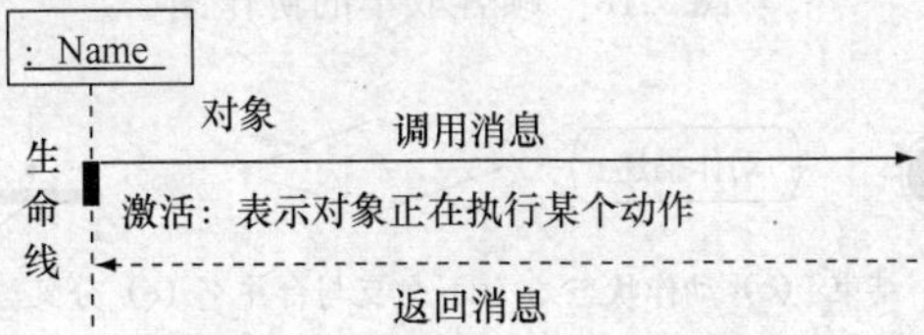

图 7.16　序列图的表示符号

图 7.17 所示描述了用遥控器锁车的序列图。具体过程为：当按下锁车按钮时，汽车自动上锁，闪动一下车灯并发出一声嗡鸣，表示车已上锁。

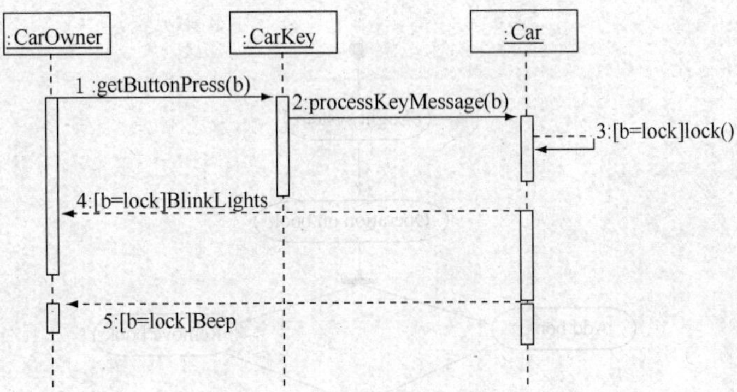

图 7.17　遥控器锁车的序列图

（5）协作图。

协作图是序列图之外另一种表示交互的方法。序列图主要侧重于对象间消息传递在时间上的先后关系，而协作图则侧重于对象间及对象和角色间交互的静态关系。

图 7.18 所示为汽车租赁系统中顾客取车的协作图。在图 7.18 中，对象间的连接用一条线段表示，在线段上用箭头指明对象间的交互方向及动作。

（6）活动图。

活动图是 UML 对于系统的动态行为建模的一种常用工具。它描述活动的顺序，展现从一个活动到另一个活动的控制流。

活动图的基本组成元素如图 7.19 所示。其中，“分支”表示对象类所具有的条件行为，即用一个布尔表达式的真假判定动作的流向；“分叉”用于将动作流分为两个或多个并发运行的分支；“汇总”用于同步这些并发的分支。

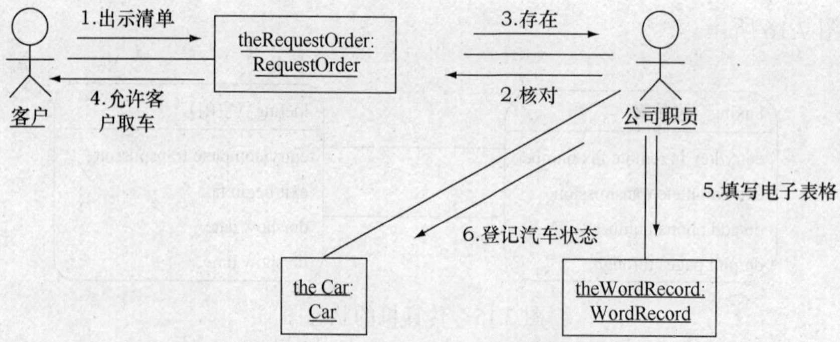

图 7.18 顾客取车的协作图

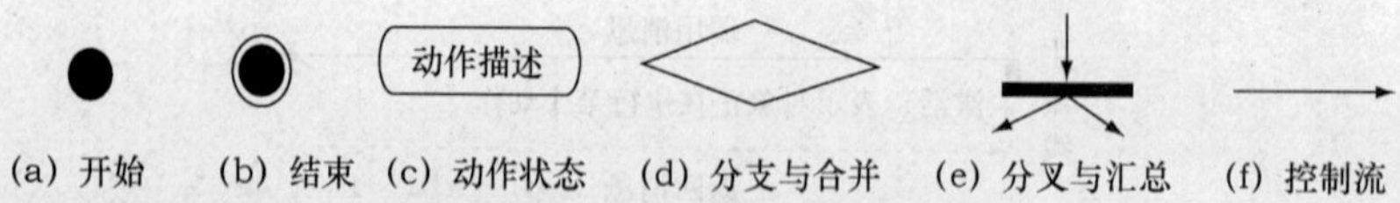

图 7.19 活动图建模元素及表示符号

图 7.20 所示描述了图书管理系统中（系统管理员）的活动图，具体包括 Login the system:登录系统；Operation on book:对书籍操作；Add book:增加书籍信息；Remove book：删除书籍信息；Exit the system:退出系统。

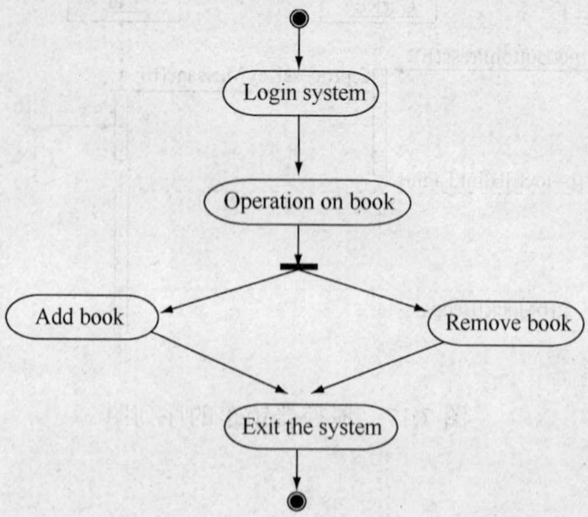

图 7.20 图书管理系统中（系统管理员）的活动图

7.2.2 Rational Rose 的主要功能

UML 统一了 Booch、OMT、OOSE 等一些主要的面向对象方法，融合了当今面向对象技术的发展成果和未来的发展趋势。作为采用可视化方法对软件系统进行描述、实施和说明的标准建模语言，其使用需要工具的辅助，一批优秀的建模工具便应运而生。

当前市场上基于 UML 可视化建模的工具很多，如 IBM 公司的 Rational Rose，Microsoft 公司的 Visio，Sybase 公司的 Power Designer，还有 PlayCase、CA BPWin、CA ERWin 等。Rational Rose 是目前应用最广泛的 UML 建模工具。从系统需求分析阶段到类的分析与设计再到软件的实现与测试阶段，Rational Rose 都提供了清晰的 UML 表示方法和相应的软件模型，并支持 RUP(Rational Unified Process)——Rational 统一过程。

目前 Rational Rose 可以用来做以下一些工作。

（1）对业务进行建模。

（2）建立对象模型（表达信息系统内有哪些对象，它们之间是如何协作完成系统功能的）。

（3）对数据库进行建模，并可以在对象模型和数据模型之间进行正、逆向工程，相互同步。

（4）建立构件模型，即表达信息系统的物理组成，如有什么文件、进程、线程，分布如何等。

（5）生成目标语言的框架代码。

7.2.3 Rational Rose 框图创建

1. Rational Rose 的安装

第一步：单击打开 Rational Rose 安装程序，出现如图 7.21 所示的界面。

第二步：单击“下一步”按钮，进入图 7.22 所示的界面。

第三步：选择 RationalRose Enterprise Editon，单击“下一步”按钮，进入如图 7.23 所示的界面。

第四步：选择安装的选项和安装目录，单击“下一步”按钮，进入安装界面，等待安装成功。

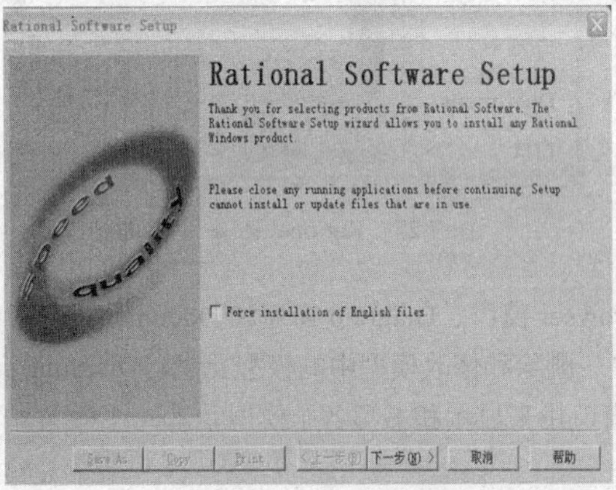

图 7.21　进图安装界面

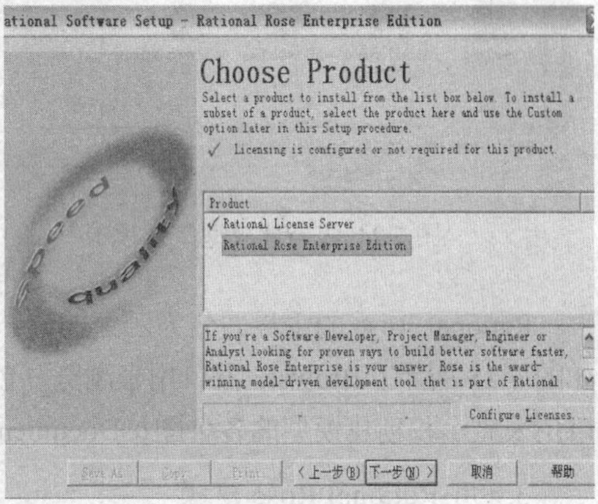

图 7.22　选择安装产品

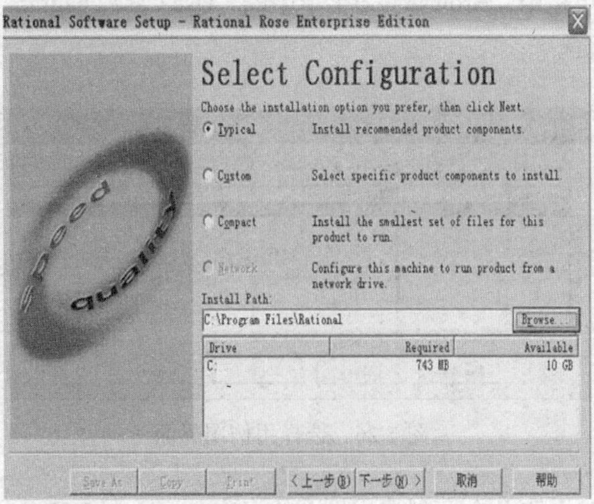

图 7.23　选择安装路径

2. Rational Rose 主界面介绍

启动 Rational Rose Enterprise Edition 后，看到如图 7.24 所示的界面。在该界面中，可以看到“New（新建模型）”、“Existing（打开现有模型）”和“Recent（最近打开的模型）”三个选项卡。

“New”选项卡用来选择新建模型时选用的模板。目前 Rational Rose 支持的模板有 J2EE、J2SE、JFC、JDK 等。如果暂时不需要任何模板，只需要创建一个空白新模型，单击图中的“Cancel”按钮，这时出现图 7.25 所示的主界面。

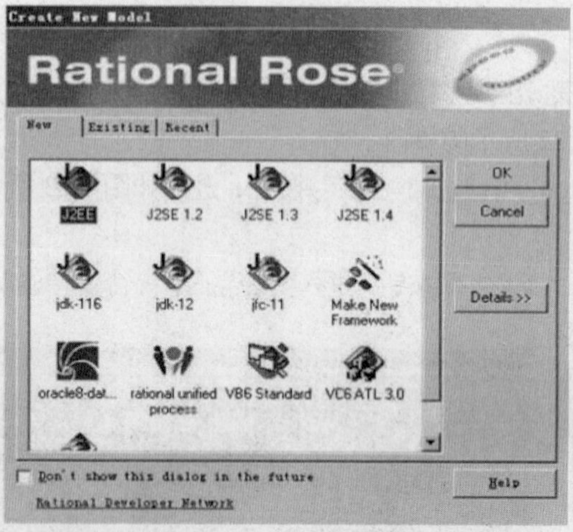

图 7.24 “新建模型”选项卡

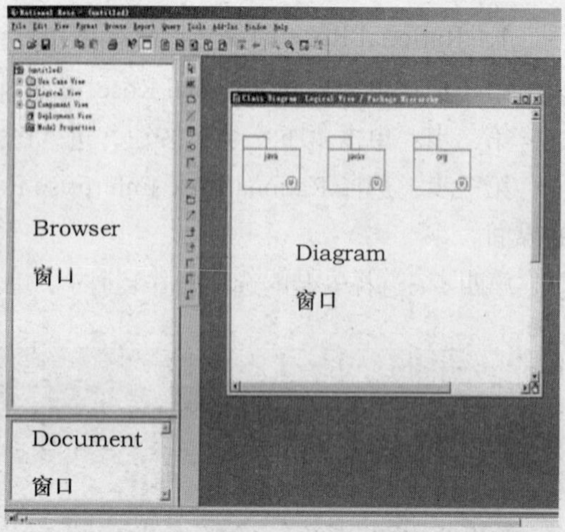

图 7.25 Rational Rose 主界面

Rational Rose 的主界面分为四个部分：Browser 窗口、Diagram 窗口和 Document 窗口，如图 7.25 所示。Browser 窗口用来浏览、创建、删除和修改模型中的模型元素；Diagram 窗口用来显示和创建模型的各种图；Document 窗口用来显示和书写各个模型元素的注释。

3. 用 Rational Rose 建模

（1）绘制用例图。

第一步：单击菜单栏中“Browse”子菜单中的“Use Case Diagram”选项，出现如图 7.26 所示的创建用例图界面。

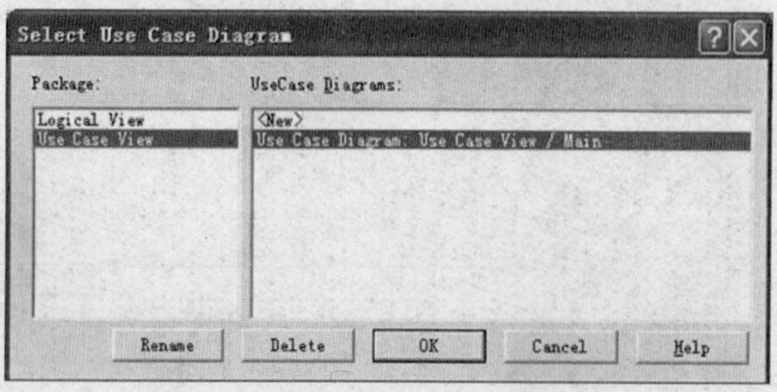

图 7.26 选择用例图界面

第二步：选择“New”命令，创建用例图的名字并进入图 7.27 所示的界面。

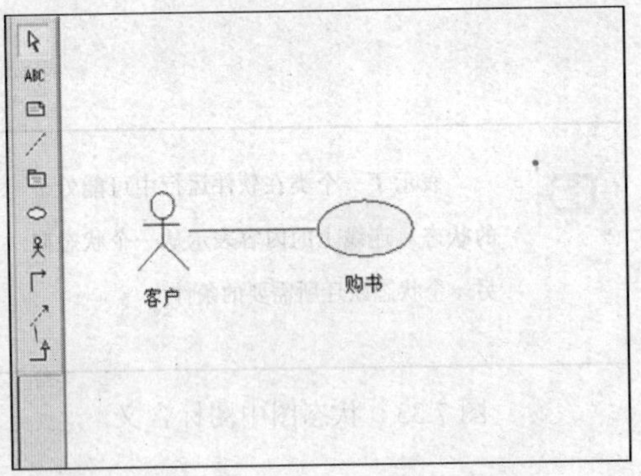

图 7.27　绘制用例图界面

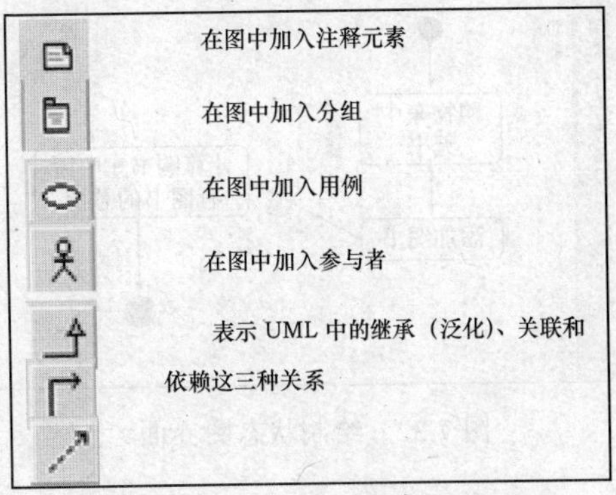

图 7.28　用例图中图标含义

第三步：拖动图标，绘制用例图。各图标的含义如图 7.28 所示。

（2）绘制类图。

第一步：单击菜单栏中“Browse”子菜单中的“Class Diagram”选项，屏幕上出现与创建用例图类似的界面。选择“New”命令，创建类图的名字并进入类图界面，如图 7.29 所示。

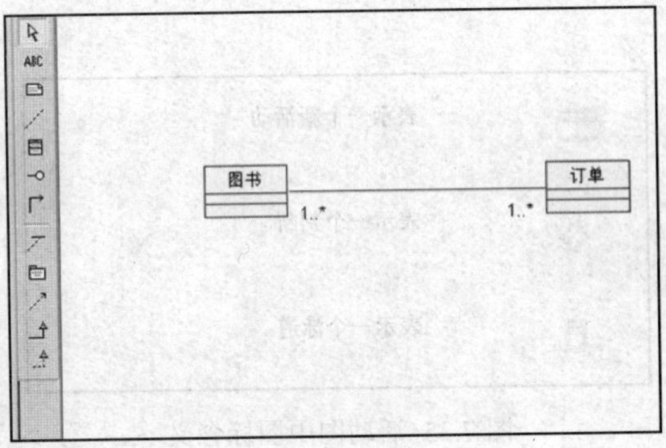

图 7.29 绘制类图界面

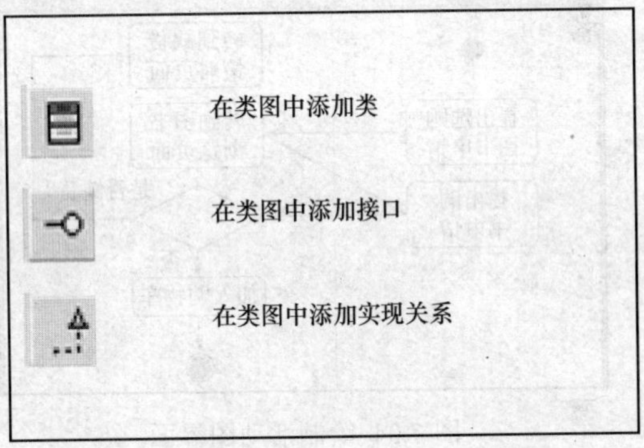

图 7.30 类图中图标含义

第二步：拖动图标，绘制类图。各图标的含义如图 7.30 所示。

（3）绘制状态图。

第一步：单击“Browse”子菜单中的“State Machine Diagram”选项，屏幕出现与创建用例图类似的界面。选择“New”命令，进入如图 7.31 所示的界面。

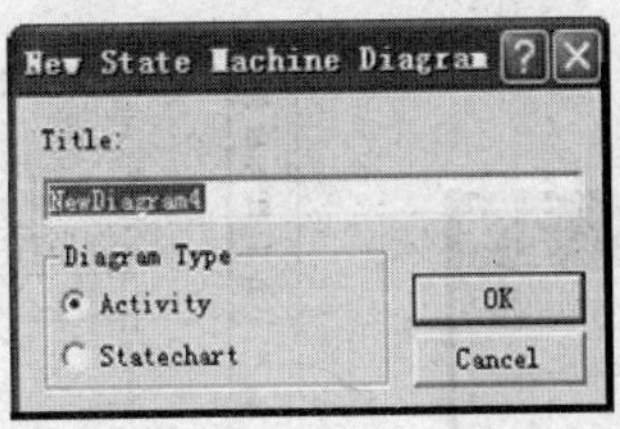

图 7.31　选择状态图界面

第二步：在图 7.31 中选择 Statechart（状态图）单选钮，进入状态图的界面，如图 7.32 所示。

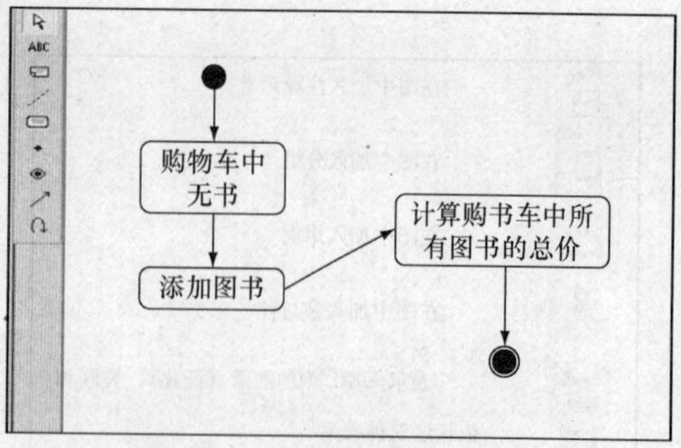

图 7.32　绘制状态图界面

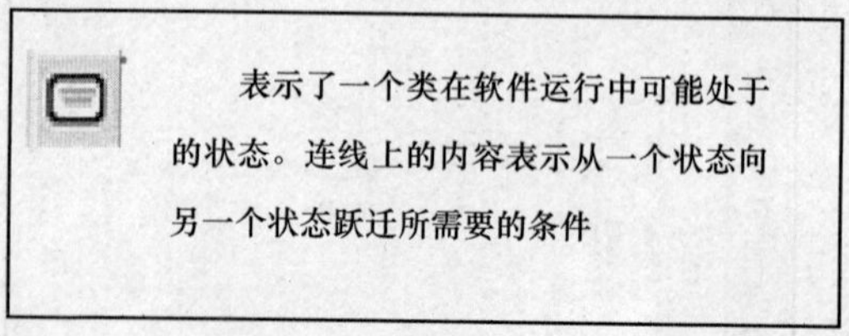

图 7.33　状态图中图标含义

第三步：拖动图标，绘制状态图。其图标的含义如图 7.33 所示。

（4）绘制活动图。

第一步：单击菜单栏中“Browse”子菜单中的“State Machine Diagram”选项，屏幕出现与创建用例图类似的界面。选择“New”命令，进入如图 7.31 所示界面。选择 Activity（活动图）单选钮，进入活动图界面，如图 7.34 所示。

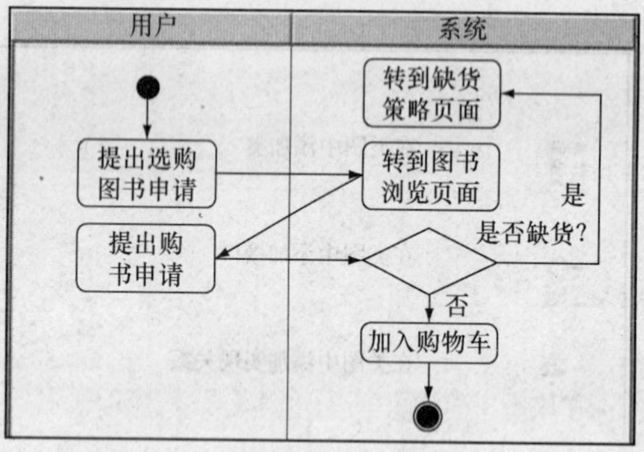

图 7.34 绘制活动图界面

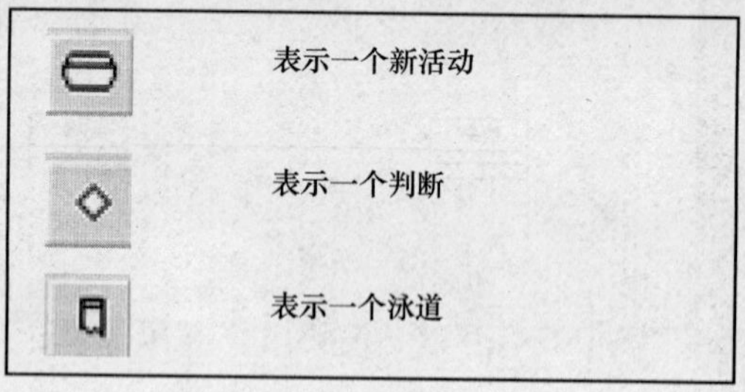

图 7.35 活动图中图标含义

第二步：拖动图标，绘制活动图。各图标的含义如图 7.35 所示。

（5）绘制顺序图。

第一步：单击菜单栏中“Browse”子菜单中的“Interaction Diagram”选项，屏幕中出现与创建用例图类似的界面。选择“New”命令，进入如图 7.36 所示的界面。

第二步：在图 7.36 中选择创建 Sequence（顺序图）单选钮，进入如图 7.37 所示的界面。

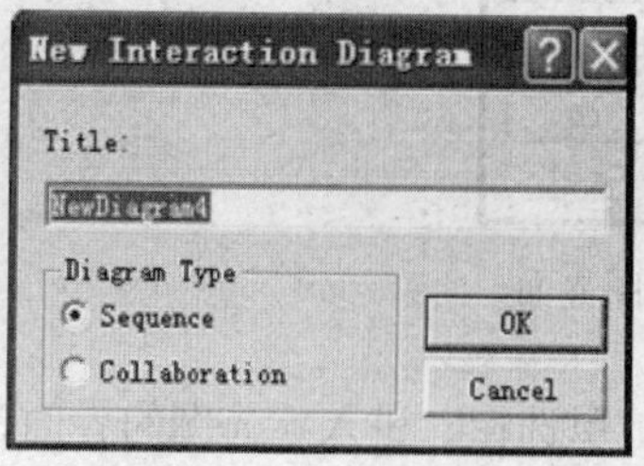

图 7.36　选择顺序图界面

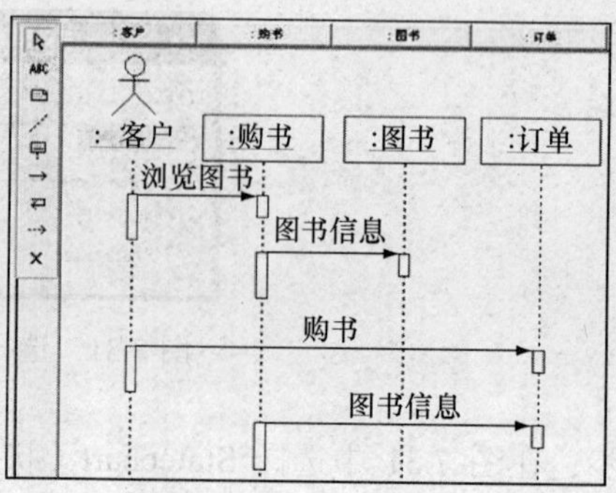

图 7.37　绘制顺序图界面

第三步：拖动图标，绘制顺序图。

（6）绘制协作图。

第一步：单击菜单栏中“Browse”子菜单中的“Interaction Diagram”选项，屏幕出现与创建用例图类似的对话框。选择“New”命令，进入如图 7.36 所示的界面。选择创建 Collaboration（协作图）单选钮，进入如图 7.38 所示的界面。

第二步：拖动图标，绘制协作图。

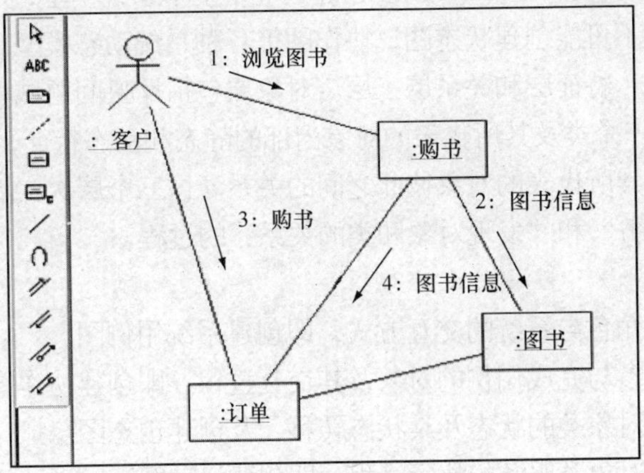

图 7.38　绘制协作图界面

7.3　面向对象的分析设计过程

1. 面向对象的分析

（1）面向对象的分析的任务。

面向对象的分析(OOA)核心是利用面向对象的概念和方法为软件需求建造模型。其具体任务如下。

① 软件工程师和用户必须充分沟通，以了解基本的用户需求。

② 必须标识类（即定义其属性和操作）。

③ 必须定义类的层次。

④ 应当表达对象与对象之间的关系（即对象的连接）。

⑤ 必须模型化对象的行为。

⑥ 反复地做任务①～⑤，直到模型建成。

（2）面向对象分析的方法。

目前已经衍生许多种 OOA 方法，每种方法都有各自的进行产品或系统分析的过程，有一组可描述过程演进的图形标识，以及能使得软件工程师以一致的方式建立模型的符号体系。现在广泛使用的 OOA 方法有 Booch 方法、Rumbaugh 方法、Coad 和 Yourdon 方法、Jacobson 方法（也称为 OOSE，面向对象软件工程）、Wirfs-Brock 方法、统一的 OOA 方法（UML）等 。

（3）面向对象分析的过程。

面向对象分析的过程，就是抽取和整理用户需求并建立问题域精确模型的过程，明确问题是什么，以及要做些什么。

① 问题或陈述。通常，面向对象分析过程从分析陈述用户需求的文件开始。可能由用户（包括出资开发该软件的业主代表及最终用户）单方面写出需求陈述，也可能由系统分析员配合用户，共同写出需求陈述。

② 建立静态模型。类图是 OOA 所要创建的一个基本系统模型，是构建系统动态模型的基础，没有类图，就不可能创建状态图、协作图等各种系统动态模型。可以把类图所表达的模型信息分为对象层、特征层和关系层三层。对象层包括反映问题域和完整系统功能的对象和类；特征层表示每一个类及其所代表的对象内部的静态和动态特征，即对象的属性和服务；关系层表示各个类及其所代表的对象彼此之间的关系。这三个层次实际上就是"发现对象和类"、"发现属性和服务"和"发现对象和类的关系"的过程。

③ 建立动态模型。

- ❑ 确定并描述角色与系统的交互方式，即创建系统用例图。
- ❑ 确定并描述参与完成用例的对象及其交互过程，即创建协作图。
- ❑ 确定并描述对象类的状态及其状态转移，及创建创态图。
- ❑ 确定并描述对象类服务的执行过程，即创建活动图。

2. 面向对象的设计

面向对象的设计（OOD）要解决的主要问题是如何把分析阶段确定出来的对象和类以实现系统的功能，并建立系统体系结构。

（1）面向对象设计的原则。

① 模块化。面向对象软件开发模式，很自然地支持了把系统分解成模块的设计原理：对象就是模块。它是把数据结构和操作这些数据的方法紧密地结合在一起所构成的模块。

② 抽象。面向对象方法不仅支持过程抽象，而且支持数据抽象。类实际上是一种抽象数据类型，它对外开放的公共接口构成了类的规格说明（即协议），这种接口规定了外界可以使用的合法操作符，利用这些操作符可以对类实例中包含的数据进行操作。使用者无须知道这些操作符的实现算法和类中数据元素的具体表示方法，就可以通过这些操作符使用类中定义的数据。通常把这类抽象称为规格说明抽象。

③ 信息隐藏。在面向对象方法中，信息隐藏通过对象的封装性实现：类结构分离了接口与实现，从而支持了信息隐藏。对于类的用户来说，属性的表示方法和操作的实现算法都应该是隐藏的。

④ 弱耦合。耦合指一个软件结构内不同模块之间互连的紧密程度。在面向对象方法中，对象是最基本的模块，因此，耦合主要指不同对象之间相互关联的紧密程度。弱耦合是优秀设计的一个重要标准，因为这有助于使得系统中某一部分的变化对其他部分的影响降到最低程度。在理想情况下，对某一部分的理解、测试或修改，无须涉及系统的其他部分。

⑤ 强内聚。内聚衡量一个模块内各个元素彼此结合的紧密程度。也可以把内聚定义为：设计中使用的一个构件内的各个元素，对完成一个定义明确的目的所作出的贡献程度。在设计时应该力求做到高内聚。

⑥ 可重用。软件重用是提高软件生产率和质量的重要途径。重用基本上从设计阶段开始。重用有两方面的含义：一是尽量使用已有的类（包括开发环境提供的类库，及以往开发类似系统时创建的类）；二是如果确实需要创建新类，则在设计这些新类的协议时，应该考虑将来的可重复使用性。

（2）面向对象设计的过程。

① 问题域的进一步设计。通过 OOA 所得到的对问题域的描述离实现的要求还有很大的距离，还有很多关于"如何实现"的问题没有解决。因此，OOD 必须从实现的角度，对 OOA 所建立的问题域模型做一些修改和补充，如增添、合并或分解类与对象、属相及其服务，调整类和对象的关系等。

② 人机交互设计。人机交互部分的设计结果，将对用户情绪和工作效率产生重要影响。人机界面设计得好，则会使系统对用户产生吸引力，用户在使用系统的过程中会感到兴奋，能够激发用户的创造力，提高工作效率；相反，人机界面设计得不好，用户在使用过程中就会感到不方便、不习惯，甚至会产生厌烦和恼怒的情绪。

由于对人机界面的评价，在很大程度上由人的主观因素决定，因此，使用由原型支持的系统化的设计策略，是成功地设计人机交互子系统的关键。目前，被广泛应用的图形用户界面（GUI）设计支持系统主要是与编程语言和合为一体的可视化编成环境，如 Visual C++。可视化编成环境提供了大量的人机接口的类，很多情况下可直接重复使用，可显著提高人机界面设计的效率。

③ 数据管理设计。数据管理子系统是系统存储或检索对象的基本设施，它建立在某种数据存储管理系统之上，并且隔离了数据存储管理模式（文件、关系数据库或面向对象数据库）的影响。目前，选用关系数据库管理系统为面向对象信息系统存储数据，需要在对象存取时进行格式的变换。例如，涉及对象属性的存储时，要将属性一一列举，构成符合关系范式的数据表，再建立对应的关系数据库。

④ 任务管理设计。在设计多任务并行系统时，才有任务管理设计的问题。虽然不同对象可以并发地工作，但是，在实际系统中，许多对象之间往往存在相互依赖的关系。此外，在实际使用的硬件中，可能仅由一个处理器支持多个对象。因此，设计工作的一项重要内容就是，确定哪些是必须同时动作的对象，哪些是相互排斥的对象。然后进一步设计任务管理子系统。

7.4 面向对象的系统实施

面向对象系统设计阶段结束时，系统的体系结构设计已经完善，包括用什么样的用户接口以及数据库的存取方式，系统的静态模型、动态模型等，系统开发将过渡到系统实施阶段。在系统实施阶段主要进行编码语言的选择，面向对象应用程序框架的构建，面向对象应用程序的编写等。具体内容与传统的结构化方法系统实施类似，在第 6 章已详细介绍，在此不再赘述。

案例

汽车租赁系统

说明：首先进行需求分析。这里介绍的汽车租赁系统的需求分析只是一个简单的版本，在实际应用中，应根据客户的不同需求，在此基础上扩展。

1. 汽车租赁系统的需求分析

（1）系统功能需求。

系统功能需求包括以下几个方面。

① 客户可以通过不同的方式（包括电话、前台、网上）预订车辆。

② 能够保存客户的预订申请单。

③ 能够保存客户的历史记录。

④ 工作人员可以处理申请。

⑤ 技术人员可以保存对车辆检修的结构。

满足上述需求的系统主要包括以下几个模块。

① 基本数据维护模块。基本数据维护模块提供了使用者录入、修改并维护基本数据的途径。例如，对客户的个人信息、租赁信息、车辆的基本信息等的录入和修改。

② 基本业务模块。在基本业务模块中，客户可以填写汽车租赁申请表，工作人员负责处理这些表格。同时，技术人员可以提交每辆车的状态，以便工作人员根据这些资料决定是否批准客户的请求。

③ 数据库管理模块。在汽车租赁系统中，对客户、工作人员及车辆的信息都要进行统一管理，车辆的租赁情况也要进行详细的登记。

④ 信息查询模块。信息查询模块主要用于查询相关信息，如工作人员查询车辆信息、客户信息等。

图7.39所示为汽车租赁系统的功能模块图。

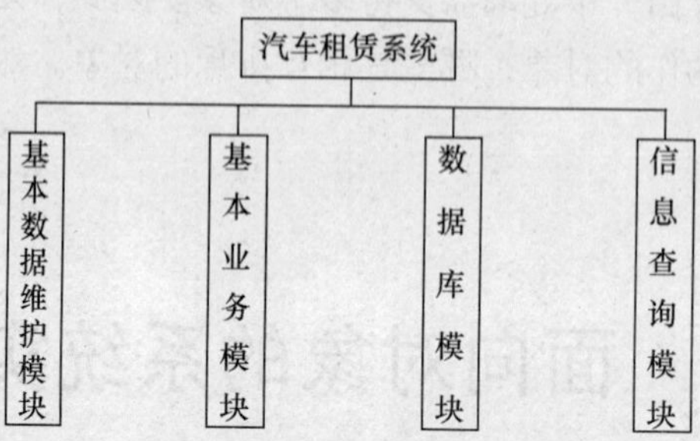

图 7.39　汽车租赁系统功能模块图

（2）基本数据维护模块。

基本数据维护模块如图7.40所示。

① 添加车辆信息。汽车租赁商的车辆信息需要保存到数据库，车辆信息包括车辆的车型、车牌号码、车辆的状态等。

② 修改车辆信息。车辆被租借以后状态会发生变化，要根据具体情况修改车辆的状态，如预留、租赁和空闲。

③ 添加员工信息。公司员工的信息应该保存到系统数据库中，以便管理人员根据员工的表现对员工进行考核。

④ 修改员工数据。交易的任务完成率要保存在员工信息中，员工完成一笔交易，要更新员工的个人信息。

（3）基本业务模块。

基本业务模块包括如图7.41所示的几方面。

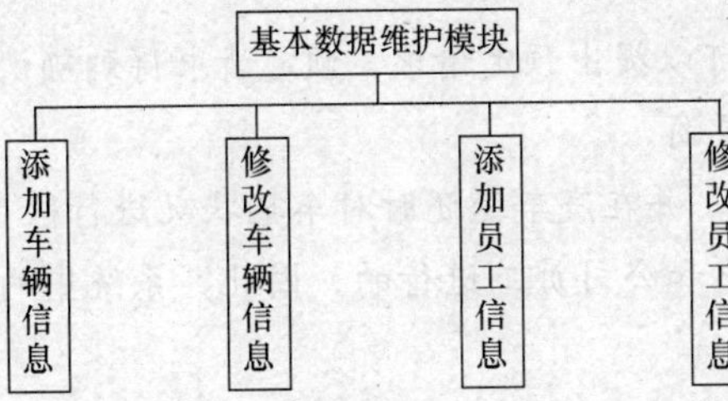

图 7.40　汽车租赁系统维护模块图

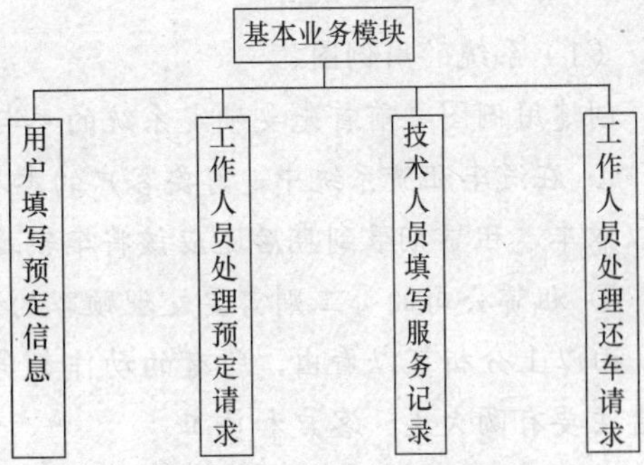

图 7.41　汽车租赁系统基本业务模块图

① 用户填写预定申请。客户在租赁汽车之前首先要填写预定申请。

② 工作人员处理预定请求。工作人员要处理客户的预定申请，可以根据客户租赁的历史记录和目前车辆的状况决定是否同意客户的预定请求。

③ 技术人员填写服务记录。公司的技术人员在客户归还车辆以后要对车辆进行彻底检查，以确定车辆目前的状况，检查完要填写服务记录。

④ 工作人员处理还车请求。工作人员将根据车辆的状况和租赁的时间收取此次租赁的费用，如果车辆有损坏，还要收取一定的罚金。

（4）数据库模块。

数据模块如图7.42所示。

① 客户信息管理。客户信息除了包括客户的基本信息之外，还包括客户的租赁历史记录。

② 车辆信息管理。车辆信息包括车辆的车型，车辆的新旧程度，车辆的状态等。

③ 租赁信息管理。租赁信息包括客户的租赁申请表记录，技术人员的服务记录等。

④ 员工信息管理。员工信息包括工作人员、技术人员、管理人员的基本信息以及工作人员的工作记录等。

（5）信息查询模块。

信息查询模块主要是查询数据库中的相关信息，如图7.43所示。

① 查询客户信息。负责客户的信息查询。

② 查询员工信息。负责公司员工信息的查询。

③ 查询车辆信息。负责车辆信息的查询。

④ 查询客户记录。负责查询客户的车辆租赁历史记录。

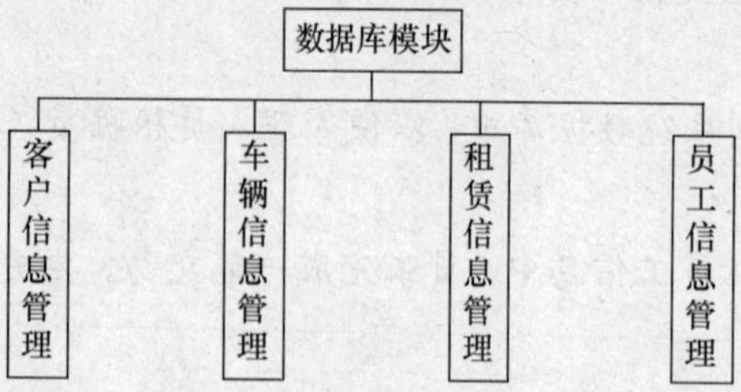

图 7.42　汽车租赁系统数据库模块图

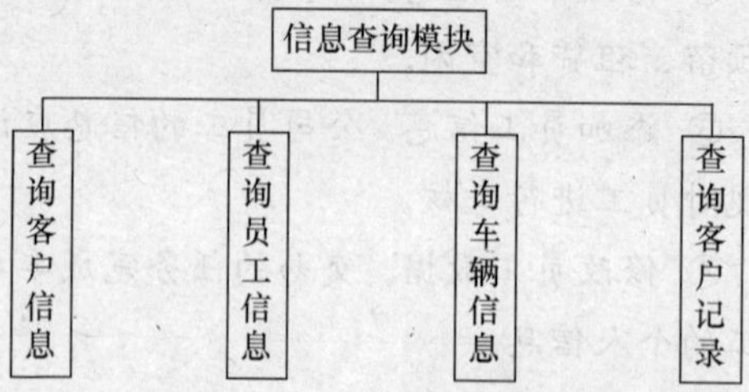

图 7.43 汽车租赁系统信息查询模块图

2. 系统的 UML 模型

（1）系统的用例图。

创建用例图之前首先要确定系统的参与者。

① 在汽车租赁系统中，需要客户的参与。客户可以提出预定请求，预定请求得到确认后可以取车，租赁期限到期后还应该将车辆返还给租赁商。

② 租赁公司的员工则需要处理顾客的预定申请，并在汽车返还时对车辆状况进行检查。

由以上分析可以看出，所有的动作都是围绕客户和公司员工进行的。因此，系统中的参与者主要有两大类：客户和员工。

a. 客户参与的用例图

客户参与的用例主要有以下几个，如图7.44所示。

① 预定车辆用例。客户在取车之前首先应该预定车辆。

② 取车用例。如果客户的车辆预定得到确认，要在确定的日期到前台取车。

③ 还车用例。客户应该在规定时间还车。

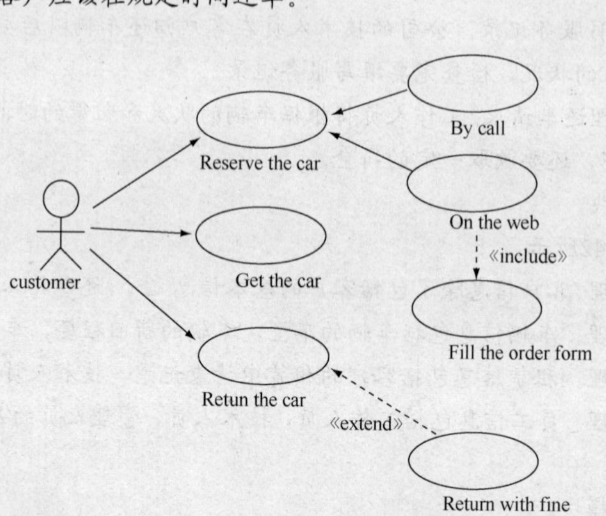

图 7.44　客户参与的用例图

用例说明：

① Reserve the car：预定车辆的用例。

② By call：电话预定用例。这是从预定扩展出来的一种用例方式。

③ On the web：网络预定用例。这是从预定扩展出来的一种用例方式。用户可以从该公

司的主页上提交预定申请。

④ Fill the order form：填写预定申请表的用例。如果客户在网上预定，必须完成预定申请表。

⑤ Get the car：取车用例。

⑥ Return the car：还车用例。

⑦ Return with fine：缴纳罚金用例。客户如果不能按时还车将缴纳罚金。

b. 员工参与的用例图

员工参与的用例包括以下几个，如图7.45所示。

① 登录系统用例。公司员工输入工作号和密码可以登录系统。

② 处理预定申请用例。普通员工可以处理客户的预定申请。

③ 将预定的车交付客户用例。

④ 结束租赁业务用例。用户还车，技术人员确认车辆无误后，工作人员可以确定该租赁交易结束。

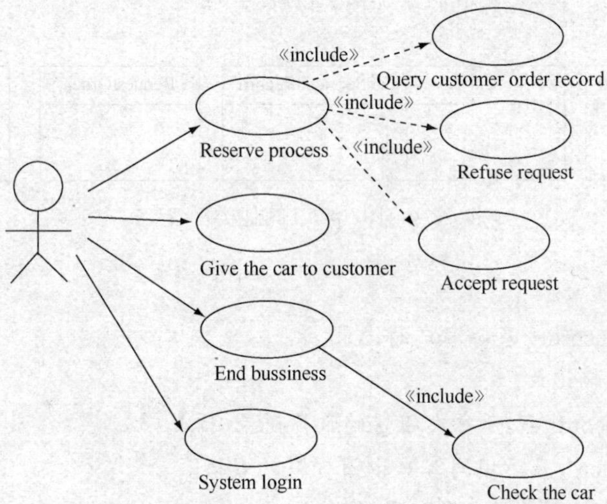

图 7.45　员工参与的用例图

用例说明：

① System login：系统登录用例。

② Reserve process：预定处理用例。

③ Query customer order record：查询客户预定历史记录用例。工作人员可以把客户的历史记录作为判断是否接受客户请求的一个依据。

④ Refuse request：拒绝预定请求用例。工作人员可以根据情况拒绝客户的预定请求，如客户历史记录不良，没有所需车辆等。

⑤ Accept request：接受预定请求用例。工作人员可以在核对客户情况及车辆状态后，可以接受客户的请求。

⑥ Give the car to customer：将预定的车交付客户用例。

⑦ Check the car：检查车辆状况用例。技术人员可以对车辆进行检查，可以确定车辆是

否被破坏。

⑧ End business：结束租赁业务用例。

（2）系统中的类。

① 客户和公司员工类。客户和公司员工类如图7.46所示。

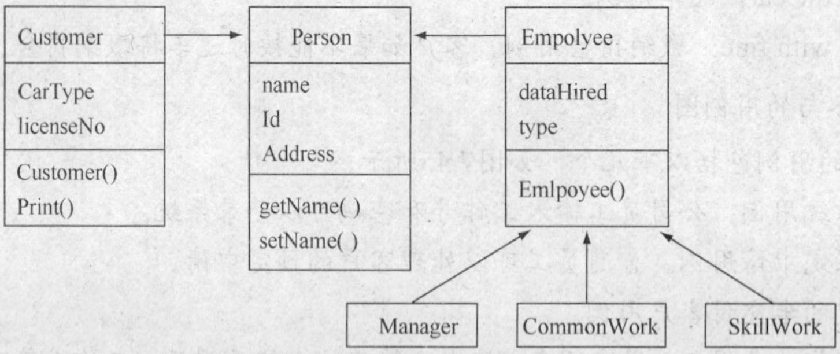

图 7.46　客户和公司员工类

② 一些其他的类。一些其他的类如图7.47所示。

图 7.47　其他类

类图的说明：

- ❑ CustomerRecord：表示客户的记录。
- ❑ Car 代表车辆记录。
- ❑ ServicedRecord：表示每次租赁的服务记录。
- ❑ RequestOrder：表示填写客户申请资料的表格。
- ❑ WorkRecord：职员的工作记录。

③ 各类之间的关系。各类之间的关系如图7.48所示。

类图说明：从图中可以看出，工作人员可以查看所有顾客的租赁历史记录，可以处理几个客户的租赁申请。由于工作人员可以同时处理多个业务，那么他可以拥有多个服务记录和工作记录。技术人员需要同时维护多辆车，每辆车也需要多个人员进行维护。经理可以查看多个员工工作记录。

（3）系统的序列图。

汽车租赁系统的序列主要有以下四个。

① 管理人员开展工作的序列序图。

② 客户预定车辆的序列图。

③ 客户还车序列序图。

④ 其他用例的时序图比较简单，系统分析的时候可以不给出。

1. 管理人员开展工作的序列图

管理人员既可以查看汽车的租赁记录，又可以查看普通工作人员的工作记录和任务完成情况。管理人员开展工作的序列图如图7.49所示。

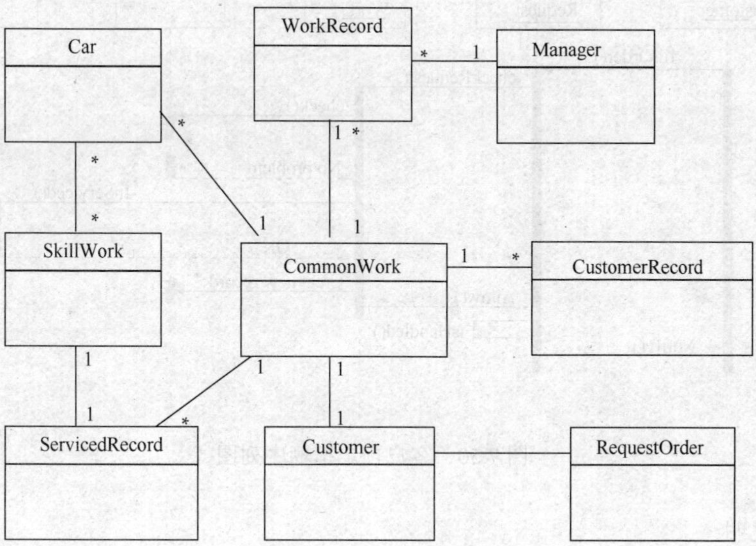

图 7.48　各类之间的关系

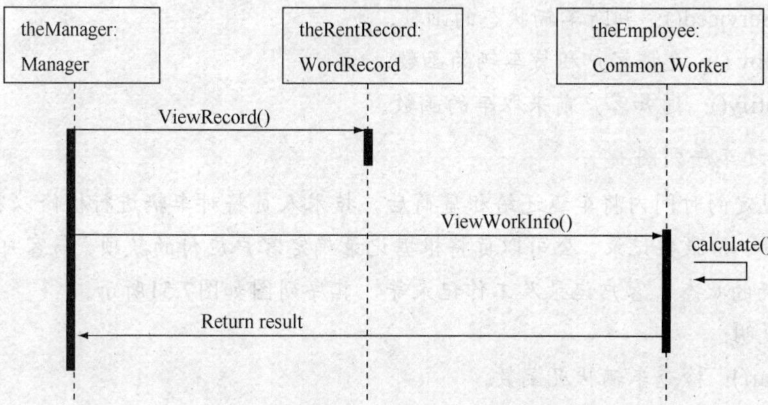

图 7.49　管理人员开展工作的序列图

序列图说明：

（1）ViewRecord()：查看记录函数。

（2）ViewWorkInfo()：查看工作记录函数。

（3）calculate()：计算工作人员的任务完成率的函数。

2. 客户预定车辆的序列图

客户要租赁车辆，首相必须填写申请表。员工负责处理申请表，他们根据客户租赁的历史记录以及客户申请车辆的状态决定是否接受客户申请，如果两个条件都满足，那么将接受申请并为客户预留该车；否则就拒绝请求，处理过的申请表状态都设为已处理。如果接受用户租赁请求，必须为该客户添加一条记录，然后通知客户前来取车。其序列图如图7.50所示。

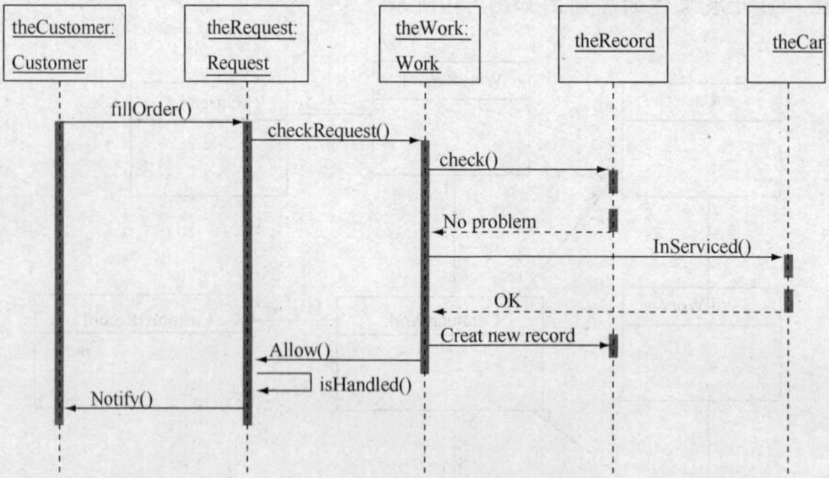

图 7.50　客户预定车辆序列图

序列图说明：

（1）fillOrder()：填写租赁申请表的函数。

（2）checkRequest()：查看申请的函数。

（3）check()：检查历史记录的函数。

（4）InServiced()：判断车辆状态的函数。

（5）Allow()：允许客户租赁车辆的函数。

（6）Notify()：通知客户前来取车的函数。

3. 客户还车序列图

客户在规定的时间内将车返还给租赁商后，技术人员将对车辆进行检修以及确定是否有损坏，并填写一份服务记录，公司职员将根据记录确定客户应付的款项。与客户交易完成后，需要修改车辆的状态、客户记录及工作记录等。其序列图如图7.51所示。

序列图说明：

Check_car()：检查车辆状况函数。

FillRecord()：填写车辆检查记录函数。

Notify_payment()：通知客户支付租赁款的函数。

Update_carstaus()：更新车辆信息函数。

End()：结束租赁函数。

UpdateRecord()：更新工作记录函数。

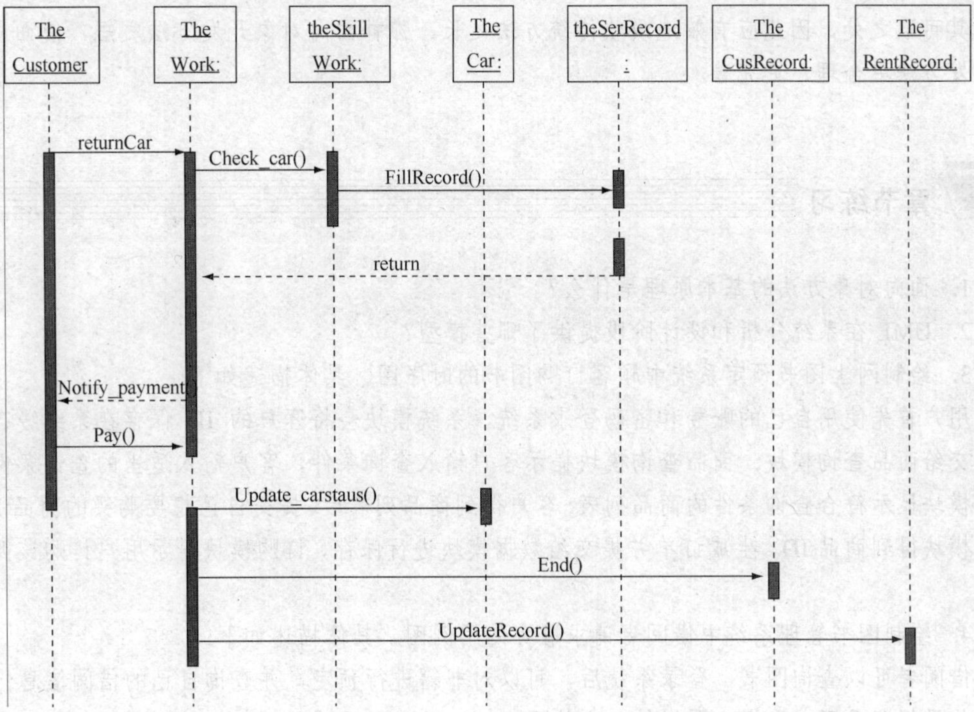

图 7.51　客户还车序列图

本章小结

面向对象(Object Oriented，OO)是当前计算机界关心的重点，它是 20 世纪 90 年代软件开发方法的主流。本章介绍了面向对象的基本原理、面向对象方法的基本概念、面向对象方法的建模工具 UML 以及面向对象的分析、设计和实施过程。

面向对象程序设计的核心是对要处理的问题实现自然分割，按照通常的思维方式建立问题领域的模型，设计尽可能自然地表现问题求解的程序。

为系统建模的方法很多，公认的面向对象建模语言出现于 20 世纪 70 年代中期。从 1989 年到 1994 年，其数量从不到 10 种增加到了 50 多种。根据应用需求，取其精华，去其糟粕，求同存异，统一了建模语言，即 UML。UML 将面向对象的分析和设计（OOA&D）要建立的系统模型划分为系统功能视图、系统静态视图和系统动态视图三种。针对三种不同的视图，UML 提供了不同的工具进行描述，具体包括用例图、类图、对象图、状态图、序列图、协作图、活动图等。

OOA 的主要任务是问题的陈述、建立系统静态模型和建立系统动态模型。

OOD 的主要任务是问题域的进一步设计、人机交互设计、数据管理设计和任务管理设计。

系统实施主要进行编码语言的选择，面向对象应用程序框架的构建，面向对象应用程序的编写等。

面向对象开发方法是一种实际有效的系统开发方法，但不可否认，传统的结构化方法依然有其可取之处，因此应有效地吸收传统方法之长，弥补面向对象开发方法之短，使面向对象开发方法更合理、更完善。

章节练习

1. 面向对象方法的基本原理是什么？

2. UML 在系统分析和设计阶段提供了哪些模型？

3. 绘制网上图书预定系统中顾客订购图书的时序图。具体描述如下：

用户首先使用自己的账号和密码登录系统，系统模块会将客户的 ID 保存在系统缓存中并提交给商品查询模块；商品查询模块提示客户输入查询条件，客户输入适当的查询条件后查询模块显示符合查询条件的商品列表；客户得到商品列表后，提交自己想要购买的商品 ID，订购模块得到商品 ID，生成订单并提交给数据模块进行保存，订购模块提示用户订购该商品成功。

4. 绘制图书管理系统中借阅者请求服务的用例图。具体描述如下：

借阅者可以查询图书，登录系统后，可以对书籍进行预定，并查询自己的借阅信息；还书时如果超期或图书受损，要缴纳一定的罚金。

5. 绘制手机的状态图。手机的状态包括待机状态、拨号状态、通话状态和振铃状态。其场景包括呼叫对方成功；呼叫对方不成功；被呼叫，接听；被呼叫，未听见铃声；被呼叫，拒绝接听。

第3篇

管理信息系统管理篇

本篇主要内容

- 第8章　信息系统的管理

第 8 章　信息系统的管理

管理信息系统是基于现代信息技术的管理方法和管理手段。事实证明，管理工作的好坏，尤其是对信息系统开发、实施、运行与维护阶段的管理，在很大程度上决定了信息系统建设的成败，决定了系统是否能够发挥作用，是否能真正满足组织中管理决策与业务活动的需求，因此必须要进行科学的管理。只有在科学的管理理论与方法的指导下，结合大量经验的积累，才是对信息系统进行有效管理的唯一途径。信息系统的管理涵盖了系统的整个生命周期，在总体上，信息系统的生命周期划分为开发建设和运行维护两个时期，相应的有信息系统开发的项目管理、系统的运行管理和维护两个方面。本章将从管理信息系统开发的项目管理、系统的运行管理、系统维护与评价等方面分别介绍信息系统管理的基本知识。

8.1　管理信息系统的开发管理

管理信息系统的开发是一项涉及面广、技术难度大的综合性系统工程，需要投入大量的人力、财力、物力、时间等资源，对整个企业组织的改革与发展会产生很大的影响。因此，只有对企业管理信息系统的整个开发过程按照系统的观点使用现代项目管理的科学理念和方法进行控制，才可能以较小的投入，取得较为理想的效果。

8.1.1　系统项目管理概述

项目管理是指在项目活动中运用专门的知识、技能、工具和方法，使项目能够实现或超过项目干系人的需要和期望，这不仅说明项目管理使用专门的知识和技能，还强调项目管理中各参与人的重要性。

1. 项目管理的概念

项目管理是指在一定资源如时间、资金、人力、设备、材料、能源、动力等约束条件下，为了高效率地实现项目的既定目标（即到项目竣工时计划达到的质量、投资、进度），按照项目的内在规律和程序，对项目的全过程进行有效的计划、组织、协调、领导和控制的系统管理活动。项目是具有明确目标的一次性任务，具有明显的生命周期，阶段性强。项目管理是面向所有工程项目的管理，是运用系统科学的原理对工程项目进行计划、组织与控制的系统管理方法。项目管理要解决的基本问题就是如何按所选择的研制方法，对开发项目进行有效的计划、组织、协调、领导和控制。

项目的管理是“一把手”工程，领导参与是关键。项目经理必须合理配置项目参加人员，制定项目建设的有关规范，及时产生详尽的报表，正确评价项目的进展情况。

近年来，世界各国都开始对信息系统的建设实施项目管理，不少软件开发商还提供了项目管理软件，如美国微软公司的 Project 2000、美国 Primavera 公司的 ProjectPlannerP3 和 OS/23.0、我国北京梦龙公司的 PERT3.0 等。这些软件主要用于编排项目的进度计划，通过资源分析和成本管理，合理配置资源，使计划进度更为合理，同时按计划来安排工程进度，并对进度进行动态跟踪与控制等。

2. 管理信息系统项目的特点

信息系统建设项目是一个特殊的项目，它所创造的产品或者服务是逻辑载体，通过软件的运行发挥作用并产生效益。因此，管理信息系统作为一个项目既具有项目的一般属性，也具有其自身的特殊性。其主要特点表现为以下几个方面。

（1）明确的目标。

项目可能是一种期望的产品，也可能是希望得到的服务。每一个项目最终都有可以交付的成果，这个成果就是项目的目标。而一系列的项目计划和实施活动都是围绕项目目标进行的。项目目标一般包括：项目可交付结果的列表；指定项目最终完成及中间里程碑的截止日期；指定可交付结果必须满足的质量准则；项目不能超过的成本限制等。

（2）独特性。

项目是一项为了创造某一唯一的产品或服务的时限性工作。因此，项目所涉及的某些内容或全部内容多是以前没有做过的，也就是说这些内容在某些方面具有显著的不同。即使一项产品或服务属于某一大类，它仍然可以被认为是唯一的。例如，开发一个新的办公自动化系统，由于使用的用户不同，必然会有很强的独特性，虽然以前可能开发过类似的系统，但是每一个系统都是唯一的，因为它们分属于不同的用户，具有特殊的要求，需要不同的设计，使用了不同的开发技术等。

（3）时限性。

时限性是指每个项目都具有明确的开始和结束的时间与标志，项目不能重复实施。当项目的目标都已经达到时，该项目就结束了；或者当已经确定项目的目标不可能达到时，该项目就会被中止。不论结果如何，项目结束了，结果也就确定了，是不可逆转的。项目所创造的产品或服务通常是不受项目的时限性影响的，大多数项目的实施是为了创造一个具有延续性的成果。例如，企业的信息系统项目就能够支持企业的长期运作。

（4）时效性。

随着信息技术的发展，IT 项目的生命周期越来越短，有的项目时间甚至是决定性因素。因为市场时机稍纵即逝，如果项目的实施阶段耗时过长，市场份额将被竞争对手抢走。IT 项目的时效性是由两个因素决定的：一是技术的有效性；二是用户业务需求的不断变化性，这就要求 IT 项目必须适时地推出。事实证明，IT 项目执行的时间越长，项目成果的意义就越小，使用的有效期就越短。

（5）高风险性。

软件开发项目很多都是因为需求反复变更而最终造成项目的流产。造成 IT 项目风险高的另一个原因是项目执行过程中可见性低。软件项目是智力密集、劳动密集型项目，受人力资源的影响最大。项目成员的结构、责任心、工作能力和团队的稳定性对软件项目的质量、进度以及是否成功有决定性的影响。另外一个造成 IT 项目风险度高的重要因素就是对新技术的应用。用户往往被新技术的宣传所吸引，从而要求项目的开发者使用新技术。由于 IT 技术的发展十分迅速，能否在短时间内掌握该项技术、新技术的成熟度等因素也使得 IT 项目的风险增加。

（6）智力密集型。

IT 项目的技术性很强，需要大量高强度的脑力劳动。在项目各个阶段都需要大量的脑力劳动，这些劳动十分细致、复杂并容易出错，在开发中渗透了许多个人的因素。为了高质量地完成项目，必须充分挖掘项目成员的智力、才能和创造精神，不仅要求开发人员具有一定的技术水平和工作经验，而且还要求他们具有良好的心理素质和责任心。与其他性质的项目相比，在 IT 项目中人力资源的作用更为突出，必须在人才激励和团队管理上给予足够的重视。

3. 加强信息系统开发项目管理的重要意义

目前很多已经在国民经济诸多领域中成功运用的项目管理方法，也完全可以用于信息系统开发项目的管理。管理信息系统开发是一项长期的任务，必须根据企业组织的改革、发展的需要和可能，分成若干项目，分步进行开发。信息系统的“开发项目”包含信息系统分析、设计和实施的整个过程。它由项目负责人（项目经理）负责，利用可获得的资源为用户组织系统的建设。根据系统科学的观点，小项目可以构成一个大项目，一个大项目可以分解成若干个小项目。项目管理实质上是保证整个系统开发项目顺利、高效地完成的一种过程管理技术，贯穿于系统开发的整个生命周期。信息系统开发也是一项系统工程项目。

如同其他工程项目一样，研制开发一个信息系统也需要在给定的时间内计划、协调和合理使用配置各种资源。对信息系统进行项目管理的重要性有以下四点。

① 可以进行系统的思考，进行切合实际的全局性安排。

② 可为项目人力资源的需求提供确切的依据。

③ 通过合理的计划安排对项目进行最优化控制。

④ 能够提供准确、一致、标准的文档数据。

8.1.2 系统项目管理的内容

1. 信息系统项目管理的内容

项目管理不仅涉及技术和组织方面的技能，而且涉及管理人员的艺术。项目管理是信息系统工程的保护性和支持性活动。它于任何技术活动之前开始，并持续贯穿于整个系统的定义、开发和维护过程中。项目管理是通过项目经理和项目组织的努力，运用系统理论和方法对项目及其资源进行计划、组织、协调、控制，旨在实现项目的特定目标的管理方法体系。项目管理的目的是为了按照预定的进度、费用等要求，成功地组织与实施系统的工程化生产，完成系统的开发和维护任务。

近十几年来，项目管理逐渐发展成为一个涵盖九大知识域体系、五个具体阶段的单独的学科分支。九大知识域内容如下。

- 集成管理。在项目分析中，项目管理人员必须把各种能力综合起来并加以协调利用。
- 范围管理。定义项目的边界，着眼于“大画面”的事物。例如，项目的生命周期、工作分工结构的开发、管理流程变动的实施等。

- 时间管理。要求培养规划技巧。有经验的项目管理人员应该知道，当项目出现偏离规划时，如何让它重回规划。
- 成本管理。要求项目管理人员培养经营技巧，处理诸如成本估计、计划预算、成本控制、资本预算以及基本财务结算等事务。
- 人力资源管理。着重于人员的管理能力，包括冲突的处理、对职员工作动力的促进、高效率的组织结构规划、团队工作和团队形成以及人际关系技巧。
- 风险管理。需要管理人员在信息不完备的情况下作决定。风险管理模式通常由三个步骤组成：风险确定、风险影响分析以及风险应对计划。
- 质量管理。要求项目管理人员熟悉基本的质量管理技术。例如，制作和说明质量控制图、实施 80：20 规则、尽力达到零缺陷等。
- 采购管理。项目管理人员应掌握较强的合同管理技巧。例如，应能理解定价合同相对于“成本附加”合同所隐含的风险，应了解签约中关键的法律原则。
- 沟通管理。要求项目管理人员能与他们的经理、客户、厂商及属下进行有效的交流。

项目管理的五个阶段是项目启动、项目计划、项目执行、项目控制和项目收尾。

在项目管理中，由于项目各方对于项目的期望值不同，因此，要达到满足各方的要求和期望并不是一件很容易的事。例如，在项目实施时，项目的用户可能期望质量高于一切，将质量作为首要目标，而项目实施组织可能会将成本作为首要目标。面对这种差异，项目经理不能只满足一方的要求而忽视另一方的要求。因此，项目经理需要在不同的目标之间进行协调，寻求一种平衡。

2. 信息系统项目管理的主要任务

信息系统项目管理是以项目的形式对系统开发、维护等活动进行管理的过程。信息系统的建设一般按总体规划和分步实施的原则开展，规划中每一个信息系统或子系统的开发都需要采用项目管理的方法。这是一项在有限的时间和资源条件约束下，对系统开发全过程进行有效的计划、组织、协调、监督与控制的活动。

与其他项目相比，信息系统开发项目有其特殊性。首先，信息系统项目的目标具有不确定性，很难事先给出具体的是否实现目标的评判标准。其次，信息系统项目的需求具有不稳定性，一些要求会在项目进程中逐步细化，甚至改变。最后，信息系统项目是一类知识密集型活动，因此，知识工作者是项目绩效的关键因素。

进度、成本、质量、风险是项目管理的控制要素。信息系统开发项目的特殊性使得这些要素的控制颇具难度，控制效果不甚理想。已有研究表明，信息系统的成功率还不能令人满意，不同程度的失败比较多见。这些失败的原因主要发生在系统的前期，因此有必要通过加强项目管理来提高信息系统开发的成功率和效率。

3. 信息系统项目的组织与计划

（1）企业信息系统开发项目管理的组织机构。

要想保证信息系统开发工作的顺利启动，首先要建立项目的组织机构——项目组。项目组可以由负责项目管理和开发的不同方面的人员组成，项目组由项目组长或项目经理来领导。一般来说可以根据项目经费的多少和系统的大小来确定相应的项目组。项目组根据工作需要可设若干小组，小组的数目和每个小组的任务可以根据项目规模、复杂程度和周期长短来确定。可以设立的小组有：过程管理小组、项目支持小组、质量保证小组、系统工程小组、系统开发与测试小组、系统集成与测试小组等。一个好的项目组不一定能保证项目的成功，但一个差的管理组将肯定会导致项目的失败。因此，在建立项目组时要充分利用项目组每个成员的特长，坚持将正确的开发方法贯穿始终。

① 项目经理（项目组长）。项目经理（项目组长）是整个项目的领导者，其任务是保证整个开发项目的顺利进行，负责协调开发人员之间、各级最终用户之间、开发人员和广大用户之间的关系。同时，他拥有资金的支配权，可以把资金作为强有力的工具来进行项目管理。对项目经理的资金运用情况，可采用定期向上级汇报等方法进行合理监督。

项目经理在实施项目领导工作时，要时刻注意所开发的系统是否符合最初制定的目标；在开发工作中是否运用了预先选择的正确的开发方法；哪些人适合于做哪些工作等。只有目的明确、技术手段适合、用人得当，才能保证系统开发的顺利进行。

对于小型项目，项目经理可以独立进行工作，直接管理各类开发技术人员，必要时可以求得外部机构的支持；对于中型项目，应划分出各个任务的界限，由不同的人去管理，项目经理通过这些人来实施各项管理工作；对于大型项目，应有专门的管理机构进行辅助管理，项目经理应能保证其思想的实施，并通过管理机构对开发技术人员的工作实施管理，同时注意对其产品的审核。

② 过程管理小组。过程管理小组的任务是负责整个项目的成本及进度控制、进行配置管理、安装调试、技术报告的出版、培训支持等项任务，这是一个综合性的机构，用以保证整个开发项目的顺利进行。

③ 项目支持小组。项目支持小组的任务是保障后勤支持，它要及时提供系统开发所需要的设备、材料；负责进行项目开发的成本核算；负责合同管理、安全保证等，特别是对大型项目而言，由于其涉及的资金巨大、开发人员众多、材料消耗也多，尤其要进行科学的管理。

④ 质量保证小组。质量保证小组的任务是及时发现影响系统开发质量的问题并给予解决。问题发现越早，对整个项目的影响越小，项目成功的把握就越大。

⑤ 系统工程小组。由于信息系统开发是一项系统工程，因此可以按照工程的一般特性，用系统的观点制定出系统开发各个阶段的任务，这是系统工程小组的工作职责，即将整个开发过程按阶段划分出若干个任务，规定好每个任务的负责人、任务的目标、检验标准、完成任务的时间等。只有明确每一项任务的责、权、利，才能使得开发工作顺利进行。

⑥ 开发与测试小组。开发与测试小组的任务是充分利用系统开发的一些关键技术、开发模型以及一些成熟的商品软件从事各子系统的开发与集成，并对各子系统进行测试。这是整个开发项目的关键，因此要组织好该小组的成员，并采用统一的方法和标准进行工作。

⑦ 系统集成与安装调试小组。系统集成是对整个信息系统进行综合的过程，该小组成员在充分注意软件、硬件产品与所开发的信息系统之间的结合、注意最大限度地保证系统可靠性及发挥系统的最高效率的前提下完成信息系统的软件、硬件等各方面的集成，并做好整个系统的测试与安装调试工作。

（2）项目工作计划的制订。

信息系统项目工作计划要明确具体工作内容、要求、人员和时间的安排，因此计划的制订首先要确定：开发阶段、子项目与工作步骤的划分；子项目之间的依赖关系与系统的开发顺序；各开发阶段、子项目与工作步骤的工作量。

信息系统开发的每个阶段都应有明确的成果，阶段的划分与开发方式有关。规模较大的系统须按轻重缓急逐步开发，有必要将项目分解为多个子项目。子项目可按系统的模块或子系统等构成来划分，也可按工作内容划分，如划分为系统购置、设计、制作、培训等。子项目的划分不是时序的，有些子项目会延续多个开发阶段。工作步骤是开发阶段的进一步细化，每一个工作步骤完成一项具体的工作内容。

子项目确定后，还要分析它们之间的相互依赖关系，以便能在时间上安排先后开发顺序。基础的、前端的子项目，如销售子系统、工程数据管理子系统，应先安排；依赖性的、后端的子项目，如生产管理子系统、财务管理子系统等，应后安排。为尽快展现信息系统的价值及激发用户的信心，一些难度低、见效快的子项目，如库存管理子系统等，也应予以优先安排。

信息系统各开发阶段、子项目及工作步骤工作量的核定一般只能依据经验数据给出估计数，常用人月数表示。

制订信息系统项目工作计划的常用方法有甘特图与网络计划法等。

（3）甘特图。

甘特图（Gantt chart）是在 20 世纪初由亨利·甘特开发的。它基本上是一种线条图，横轴表示时间，纵轴表示要安排的活动，线条表示在整个期间计划的和实际的活动完成情况。甘特图直观地表明任务计划在什么时候进行，以及实际进展与计划要求的对比。

甘特图是对简单项目进行计划与排序的一种常用工具。用于解决负荷和排序问题时较为直观，它能使管理者先为项目各项活动做好进度安排，然后再随着时间的推移，对比计划进度与实际进度，进行监控工作。调整注意力到最需要加快速度的地方，使整个项目按期完成。

甘特图是基于作业排序的目的，将活动与时间联系起来的最早尝试之一，作为帮助企业描述对诸如工作中心、超时工作等资源的使用图。当用于负荷时，甘特图可以显示几个部门、机器或设备的运行和闲置情况。这表示了该系统的有关工作负荷状况，这样可使管理人员了解何种调整是恰当的。例如，当某一工作中心处于超负荷状态时，则低负荷工作中心的员工可临时转移到该工作中心以增加其劳动力，或者其制品存货可在不同的工作中心进行加工，则高负荷工作中心的部分工作可移到低负荷工作中心完成，多功能的设备也可在各中心之间转移。但甘特负荷图有一些重要的局限性，它不能解释生产变动如意料不到的机器故障及人工错误所形成的返工等。甘特排程图可用于检查工作完成进度，它表明哪件工作如期完成，哪件工作提前完成或延期完成。在实践中还可发现甘特图的多种用途。

甘特图的制作步骤如下。

① 明确项目涉及的各项活动、项目。内容包括项目名称（包括顺序）、开始时间、工期，任务类型（依赖/决定性）和依赖于哪一项任务。

② 创建甘特图草图。将所有的项目按照开始时间、工期标注到甘特图上。

③ 确定项目活动依赖关系及时序进度。使用草图，按照项目的类型将项目联系起来，并安排项目进度。

此步骤将保证在未来计划有所调整的情况下，各项活动仍然能够按照正确的时序进行。也就是确保所有依赖性活动能并且只能在决定性活动完成之后按计划展开。同时，避免关键性路径过长。关键性路径是由贯穿项目始终的关键性任务所决定的，它既表示了项目的最长耗时，也表示了完成项目的最短可能时间。请注意，关键性路径会由于单项活动进度的提前或延期而发生变化。而且要注意不要滥用项目资源，同时，对于进度表上的不可预知事件要安排适当的富裕时间（Slack Time）。但是，富裕时间不适用于关键性任务，因为作为关键性路径的一部分，它们的时序进度对整个项目至关重要。

④ 计算单项活动任务的工时量。

⑤ 确定活动任务的执行人员及适时按需调整工时。

⑥ 计算整个项目时间。

绘制甘特图可以用微软公司的 Excel 电子表格，也可以用 Project 工具进行，图 8.1 和图 8.2 所示为利用 Excel 绘制的甘特图。通过在 Excel 中制作如图 8.1 所示的工作计划表，利用“插入”菜单中的“图表”选项将其转换为条形图并对其进行格式设计。如图 8.2 所示即为编辑完成的甘特图。

计　划	开始日期	持续天数
制定调查表问题	4-28	2
打印调查表	4-30	5
发放调查表	5-5	5
收集回答信息	5-10	10
数据整理与分析	5-20	3
书写报告	5-23	2
讨论报告结果	5-25	1
提出改进建议	5-26	5

图 8.1　工作计划表

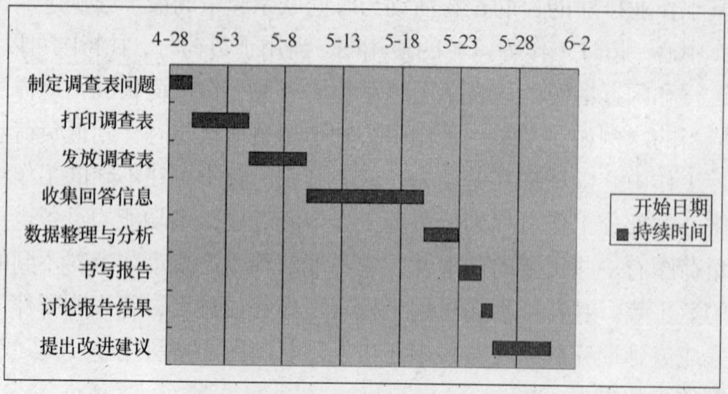

图 8.2　用甘特图编制的信息系统开发项目工作计划

（4）网络计划法。

网络计划法是用网状图表安排和控制各项活动的方法，一般适应于工作步骤密切相关、错综复杂的工程项目的计划管理。这种方法是一种用于工程项目的计划与控制的一项管理技术，它是 20 世纪 50 年代末发展起来的，依其起源有关键路径法（CPM）与计划评审法（PERT）之分。1956 年，美国杜邦公司在制订企业不同业务部门的系统规划时，制订了第一套网络计划。这种计划借助于网络表示各项工作与所需要的时间，以及各项工作的相互关系。通过网络分析研究工程费用与工期的相互关系，并找出在编制计划及计划执行过程中的关键路线。

这种方法称为关键路径法（CPM）。1958 年美国海军武器部，在制订研制“北极星”导弹计划时，同样地应用了网络分析方法与网络计划，但它注重于对各项工作安排的评价和审查，这种计划称计划评审法（PERT）。鉴于这两种方法的差别，CPM 主要应用于以往在类似工程中已取得一定经验的承包工程，PERT 更多地应用于研究与开发项目。

网络计划法的基本内容包括以下几个方面。

① 网络图。网络图是指网络计划技术的图解模型，反映整个工程任务的分解和合成。分解，是指对工程任务的划分；合成，是指解决各项工作的协作与配合。分解和合成是解决各项工作之间，按逻辑关系的有机组成。绘制网络图是网络计划技术的基础工作。

② 时间参数。在实现整个工程任务过程中，包括人、事、物的运动状态。这种运动状态都是通过转化为时间函数来反映的。反映人、事、物运动状态的时间参数包括：各项工作的作业时间、开工与完工的时间、工作之间的衔接时间、完成任务的机动时间、工程范围、总工期等。

③ 关键路线。通过计算网络图中的时间参数，求出工程工期并找出关键路径。在关键路线上的作业称为关键作业，这些作业完成的快慢直接影响着整个计划的工期。在计划执行过程中关键作业是管理的重点，在时间和费用方面则要严格控制。

④ 网络优化。网络优化，是指根据关键路线法，通过利用时差，不断改善网络计划的初始方案，在满足一定的约束条件下，寻求管理目标达到最优化的计划方案。网络优化是网络计划技术的主要内容之一，也是较之其他计划方法优越的主要方面。

网络计划法的应用主要遵循以下几个步骤。

① 确定目标。确定目标是指决定将网络计划技术应用于哪一个工程项目，并提出对工程项目和有关技术经济指标的具体要求，如在工期方面、成本费用方面要达到什么要求。依据企业现有的管理基础，掌握各方面的信息和情况，利用网络计划技术为实现工程项目，寻求最合适的方案。

② 分解工程项目，列出作业明细表。一个工程项目是由许多作业组成的，在绘制网络图前就要将工程项目分解成各项作业。作业项目划分的粗细程度视工程内容以及不同单位要求而定，通常情况下，作业所包含的内容多，范围大多可分粗些，反之细些。作业项目分得细，网络图的结点和箭线就多。对于上层领导机关，网络图可绘制得粗些，主要是通观全局、分析矛盾、掌握关键、协调工作、进行决策；对于基层单位，网络图就可绘制得细些，以便具体组织和指导工作。

在工程项目分解成作业的基础上，还要进行作业分析，以便明确先行作业（紧前作业）、平行作业和后续作业（紧后作业），即在该作业开始前，哪些作业必须先期完成，哪些作业可以同时平行地进行，哪些作业必须后期完成，或者在该作业进行的过程中，哪些作业可以与之平行交叉地进行。

在划分作业项目后便可计算和确定作业时间。一般采用单点估计或三点估计法，然后一并填入明细表中。明细表的格式如表 8.1 所示。

表 8.1　作业时间明细表

作业名称	作业代号	作业时间	紧前作业	紧后作业

③ 绘制网络图，进行结点编号。根据作业时间明细表，可绘制网络图。网络图的绘制方法有顺推法和逆推法。

a. 顺推法：即从始点时间开始根据每项作业的直接紧后作业，顺序依次绘出各项作业的箭线，直至终点事件为止。

b. 逆推法：即从终点事件开始，根据每项作业的紧前作业逆箭头前进方向逐一绘出各项作业的箭线，直至始点事件为止。

同一项任务，用上述两种方法画出的网络图是相同的。一般习惯于按反工艺顺序安排计划的企业，如机器制造企业，采用逆推法较方便，而建筑安装等企业，则大多采用顺推法。按照各项作业之间的关系绘制网络图后，要进行结点的编号。

④ 计算网络时间，确定关键路线。根据网络图和各项活动的作业时间，就可以计算出全部网络时间和时差，并确定关键线路。具体计算网络时间并不太难，但比较烦琐。在实际工作中影响计划的因素很多，要耗费很多的人力和时间。因此，只有采用计算机才能对计划进行局部或全部调整，这也是为推广应用网络计划技术提出了新内容和新要求。

⑤ 进行网络计划方案的优化。找出关键路径，也就初步确定了完成整个计划任务所需要的工期。这个总工期是否符合合同或计划规定的时间要求，是否与计划期的劳动力、物资供应、成本费用等计划指标相适应，需要进一步综合平衡，通过优化，择取最优方案。然后正式绘制网络图，编制各种进度表，以及工程预算等各种计划文件。

⑥ 网络计划的贯彻执行。编制网络计划仅仅是计划工作的开始。计划工作不仅要正确地编制计划，更重要的是组织计划的实施。网络计划的贯彻执行，要发动群众讨论计划，加强生产管理工作，采取切实有效的措施，保证计划任务的完成。在应用电子计算机的情况下，可以利用计算机对网络计划的执行进行监督、控制和调整，只要将网络计划及执行情况输入计算机，它就能自动运算、调整，并输出结果，以指导生产。

网络计划技术包括各种以网络为基础制定计划的方法，如关键路径法、计划评审技术、组合网络法等，在此不再赘述。

信息系统项目工作计划一般应该分设两个层次。第一层次按开发阶段安排，用作总体进度的控制，该层次宜采用甘特图。第二层次按各开发阶段或子项目的工作步骤安排，以便能在细节上配置人力，对项目进度进行控制，这一层次宜采用网络计划法。

8.1.3 信息系统工程监理与审计

监理和审计是系统的安全措施之一。管理信息系统的监理和审计应由专门的审计人员负责。在组织体制上，他们要独立于系统开发人员和系统运行人员。他们应具备以下基本素质。

（1）责任心强，公正无私，认真负责。

（2）知识面广。除懂得管理的一般知识外，还必须懂得计算机软、硬件知识，能阅读、检查、编写计算机程序，全面熟悉监理信息系统的技巧。

（3）接触面广。必须参与系统开发工作，深入了解系统运行情况，广泛接触系统各类人员。

1. 系统监理

信息系统的监理是指防止系统出现差错的一系列措施。监理工作大致分为以下五类。

（1）外部监理。指组织的上级主管部门、专门的监理机构对系统进行独立的检查。

（2）管理监理。指信息系统本身对管理工作提出的监理要求，包括制定战略计划，严格人员管理制度，建立统一的系统标准。

（3）操作监理。主要指对系统运行操作方面的监理，包括输入/输出监理，软、硬件监理，计算机操作的监理等。

（4）说明性文件监理。包括系统开发过程中各种文档，如开发报告、系统流程图、程序框图及一般手工作业说明等各种文件的监理。

（5）安全性监理。包括系统运行的安全保密制度，各种存储介质的保存、归档、销毁制度，系统运行设施的安全措施等。

系统监理的措施越全面和复杂，系统的安全性、准确性、完整性越好，但费用也越高。因此，监理措施的选择应使监理效率最佳，既要达到目的，又要合算。

2. 系统审计

系统审计是发现、纠正错误或失窃的措施。管理信息系统的审计不能局限于一些业务报表的审查，而应该诊断整个系统的薄弱环节。通过审计，保证建立和使用合理的监理系统，检查资源使用是否合理，审查信息系统及其产生各项报表的完整性、可靠性、准确性和有效性。审计过程如图 8.3 所示。

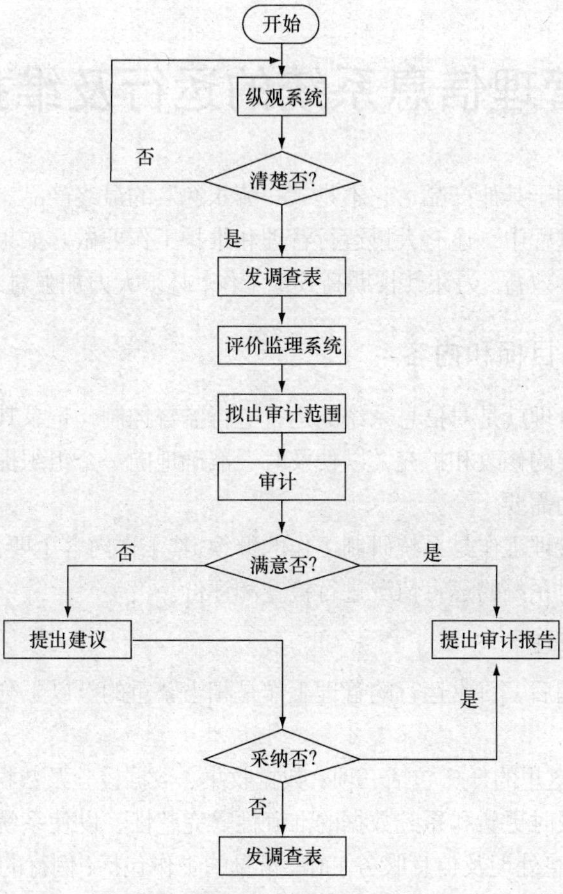

图 8.3　审计过程

审计的基本方法有以下几种。

（1）调查表法。审计过程中要进行大量调查。调查表由审计机构根据系统特点制定。

（2）间接审计。间接审计是把系统作为一个黑盒子，通过调查系统的输入、输出来达到审计目的。审计员选择一些输入数据，测试其相应输出，如果结果吻合，精度有效，就认为工作情况合理。

（3）直接审计。直接审计强调测试系统本身，而不完全是输出结果。审计员既要测试计算机操作和程序的监理是否合理，又要测试计算机内部处理是否准确。这种方法的特点是能“通过”计算机。

直接审计的关键是设计一系列测试数据组，与正常业务数据一样由计算机处理。测试数据应有针对性，不向系统加进附加信息。测试数据由审计员保留，测试数据文件应放在专门的工作文件上；对数据库的记录进行增、删、改应在复制的副本上进行。

3. 应用程序的审计审查

为了对程序逻辑进一步了解，发现问题应审查程序。审计员要熟悉编程和各种报告的标准，要查阅程序说明书和源程序。检查程序逻辑时，首先注意 OPEN、CLOSE 语句，明确其用意。检查 IF、PERFORM、GOTO 语句和 ACCEPT、CALL 一类语句。

8.2 管理信息系统的运行及维护管理

管理信息系统不同于其他产品，它不是“一劳永逸”的最终产品。它被开发完成并交付用户使用后，在运行过程中，还有大量运行管理和维护工作要做。如果运行管理不善，新系统仍然不能充分发挥其效益。为让其长期高效地工作，必须大力加强对系统运行工作的管理。

8.2.1 运行管理的目标和内容

信息系统的运行管理就是对信息系统的运行进行监督控制，记录其运行状态，保证系统正常运行，并进行必要的修改和扩充，以便及时、准确地向一个组织提供必要的信息以满足管理决策与业务工作的需要。

信息系统的运行管理工作是系统研制工作的继续，其工作内容主要包括日常运行的管理、运行情况的记录以及对系统的运行情况进行检查和评价。

1. 日常运行的管理

信息系统投入使用后，日常运行的管理工作是相当繁重的。以下列举了一些日常运行的管理工作。

① 数据的收录。这里的任务包括三项：数据收集、数据校验及数据录入。其目的在于保证数据的及时获取、及时更新和系统数据的准确性、完整性，以使系统正常履行职责。

② 完成例行的信息处理及信息服务工作。常见的工作包括：例行的数据维护、统计分析、报表生成、数据的复制及保存、与外界的定期数据交流等。

③ 确保各种设备始终处于正常运行的状态之下。为此，需要有一定的硬件工作人员，负

责计算机本身的运行和维护。

④ 系统的安全管理，也是日常工作的重要组成部分。

因此，不难看出，信息系统的日常管理工作是十分繁重的，不能掉以轻心。特别要注意的是，信息系统的管理绝不仅仅是对机器的管理，更重要的是对人员、数据和软件的管理，管理上任何一方面的疏忽都会影响到信息系统的功能及实际效益。

2. 系统运行情况的记录

在信息系统的运行过程中，需要收集和积累的资料包括以下几方面的内容。

① 有关工作数量的信息。例如，开机的时间，每天、每周、每月的数据录入数量，系统中积累的数据量，修改的程序数量，数据使用的频率，满足用户临时要求的数量等。这些数量反映了系统的工作负担及所提供的信息服务的规模，这是反映计算机应用系统功能的最基本的数据。

② 工作的效率，即系统为了完成所规定的工作，占用了多少人力、物力及时间。

③ 系统所提供的信息服务的质量。

④ 系统的维护修改情况。系统中的数据、软件和硬件都有一定的更新、维护和检修的工作规程。这些工作都要有详细的、及时的记载，包括维护工作的内容、情况、时间、执行人员等。这不仅是为了保证系统的安全和正常运行，而且有利于系统的评价及进一步扩充。

⑤ 系统的故障情况。无论大小故障，都应该及时地记录以下这些情况：故障发生的时间、故障现象、故障发生时的工作环境、处理方法、结果以及原因分析等。

3. 应急措施落实的审查

为了减少意外事件引起的对信息系统的损害，首先要制订应付突发事件的应急计划。应急计划主要针对一些突发性的、灾害性的事件，如水灾、旱灾等。资源备份包括两个方面的工作：数据备份和设备备份。数据备份是必须的，在关键的领域中还必须对设备进行备份。

数据备份的方法有：全盘备份，全文件拷贝；增量备份，对新增部分每次进行拷贝；基本备份，尤其是对不易实现的数据进行重点备份，同时也可以分类进行文件的备份；将备份的文件拷贝到远离主机或文件中心的其他主机或者存储库中。

4. 系统资源的管理

在维护信息系统正常运行过程中还有一个常见的问题，那就是如何管理系统的资源。例如，计算机耗材的使用以及打印机、墨粉等的消耗，都要制定相应的管理方法。

8.2.2 运行管理的组织和人员

1. 系统运行的组织

信息系统开发成功只是完成任务的一部分，更为重要的是信息系统投入运行后如何确保系统正常运行，并为组织决策提供信息服务。因此，必须从机构、人员、岗位、制度等方面加强管理和控制。目前，我国各企业、各组织中负责系统运行的大多是信息中心、计算中心、信息处等信息管理职能部门。随着人们对信息作用的认识提高，信息系统在企业中的地位也在逐步提高。从信息部门在企业中的地位来看，目前信息系统运行组织机构有以下两种形式，如图 8.4 和图 8.5 所示。

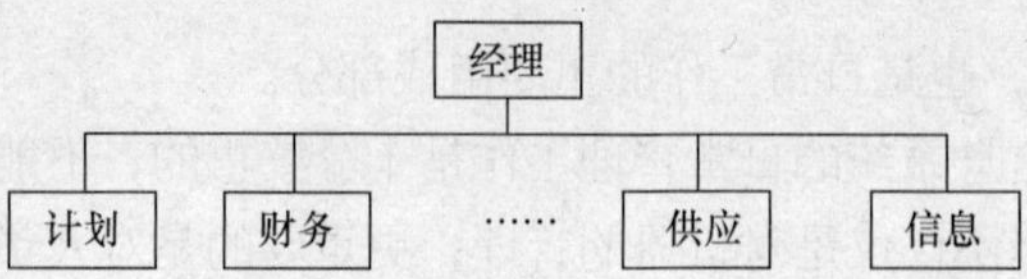

图 8.4　信息中心在组织中的地位与其他部门平行

在图 8.4 中，信息处与其他职能部门平行，其特点是信息资源可以为整个企业共享，但信息处理的决策能力较弱，系统运行中有关的协调和决策工作将受到影响。

在图 8.5 中，信息中心在经理之下、各职能部门之上，有利于信息资源的共享，并且在系统运行过程中便于协调和决策，但容易造成脱离管理或服务较差的现象。

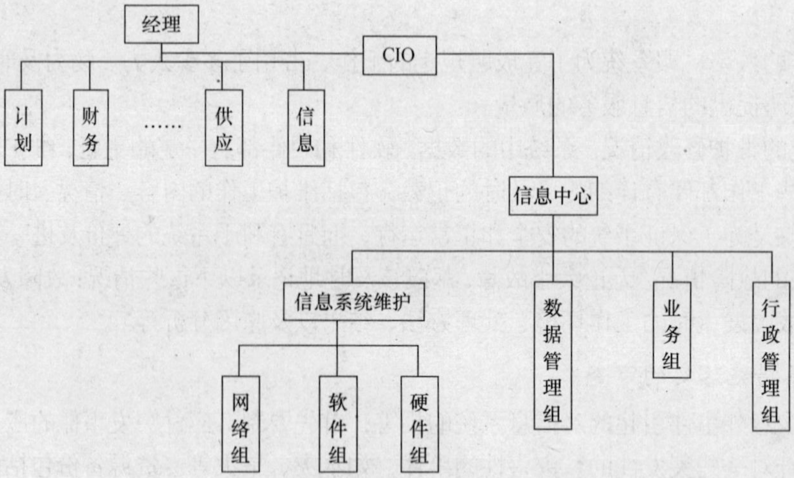

图 8.5　信息中心在组织中的地位为参谋中心

2. 人员配置

由于信息系统本身的特点，其工作中必然要涉及多方面的、具有不同知识水平及技术背景的人员。要想保证信息系统开发工作的顺利启动，首先要建立项目的组织机构——项目组。项目组可以由负责项目管理和开发的不同方面的人员组成，项目组由项目组长或项目经理来领导。一般来说，可以根据项目经费的多少和系统的大小来确定相应的项目组。项目组根据工作需要可设若干小组，小组的数目和每个小组的任务可以根据项目规模、复杂程度和周期长短来确定。可以设立的小组有：过程管理小组、项目支持小组、质量保证小组、系统工程小组、系统开发与测试小组、系统集成与测试小组等。一个好的项目组不一定能保证项目的成功，但一个差的管理组将肯定会导致项目的失败。因此，在建立项目组时要充分利用项目组每个成员的特长，坚持将正确的开发方法贯穿始终。

信息系统自身的复杂性和变化性，几乎所有的人员都必须不断提高自身素质，充实业务知识，只有边干边学才能做好所担负的工作。因此，在系统管理中，对人员的培训工作是不可缺少的。从长远来看，这些工作将使系统具有不断发展、不断完善的巨大潜力。无论对管理人员还是对计算机技术人员来说，都必须学习、培训和提高专业素质及业务能力作为自己工作的不可缺少的部分。

8.2.3 运行管理制度的建立与实施

新系统代替旧系统后，便进入长期的使用、运行和维护期。为保证系统运行期正常工作，就必须保证系统的工作环境、保证系统的安全，为此要建立和健全信息系统管理体制，有效地利用运行日志等对运行的系统实行监督和控制，这也是系统正常运行的重要保证。

1. 机房管理

一个较大的系统往往是一个网络系统，除中心机房外，工作站大多安装在业务人员的办公室并没有专门的机房。

专用机房要有一套严格的管理制度，正式行文并张贴。一般的制度主要包括以下内容

- ❑ 操作人员的操作行为。例如，开关机、登记运行日记、异常情况处理等。
- ❑ 出入机房人员的规定。
- ❑ 机房的电力供应。
- ❑ 机房的温度、湿度、清洁度等。
- ❑ 机房的安全防火等。
- ❑ 为防止计算机病毒感染，应严格禁止在计算机上玩网络游戏，禁止与外界的移动设备交流。
- ❑ 不得在带电状态下拔插机器部件和电线、电缆。
- ❑ 专用机房由专人管理。

2. 运行安全管理

系统的运行是长期的，同时系统大多数情况下都是处于正常工作状态，所以随着时间的推移运行安全管理常会被忽略。要使每一个操作人员养成遵守管理制度的习惯，对运行中的异常情况要做好记录、及时报告，以便得到及时处理；否则可能酿成大错，甚至出现灾难性的故障。

系统中的数据是企业极为宝贵的资源，任何情况下不得以非正常方式修改系统中的数据。

数据备份是保证系统安全的一个重要措施，它能保证系统发生故障后恢复到最近的时间点上。一般情况下，重要的数据要每天备份，通常使用两套备份功能，以保证系统数据的绝对安全。

3. 运行日记

系统运行日记主要为系统的运行情况提供历史资料，也可为查找系统故障提供帮助。因此，运行日记应当认真填写、妥善保管。运行日记的内容应当包括以下几项。

- ❑ 时间。
- ❑ 操作人。
- ❑ 异常情况：发生的时间、现象、处理人、处理过程、处理记录文件名、在场人员等。
- ❑ 值班人签字。
- ❑ 负责人签字。

专用机房和非专用机房的机器运行都要做好运行日记。

8.2.4 系统维护

交付使用的管理信息系统有样品及产品的特点。它不像其他工业产品，可以先生产一个样品，经过试验、改进再正式投入批量生产。它需要在使用中不断完善。一方面，精心设计、精心实施、经过调试的系统，也难免有不尽如人意的地方，或者有的地方效率还可提高，或者使用不够方便，甚至还有错误。这些问题只有在实践中才能暴露。另一方面，随着管理环境的变化，也会对信息系统提出新的要求，信息系统只有适应这些要求才能生存下去。因此，系统的维护是系统生存的重要条件。20 年来，系统维护的成本逐年增加，在系统整个生命周期中，2/3 以上的经费用在维护上。从人力资源的分布看，现在世界上 90%的软件人员在从事系统的维护工作，开发新系统的人员仅占 10%。这些统计数字说明系统维护任务是十分繁重的。重开发、轻维护是造成我国信息系统低水平重复开发的原因之一。

1. 系统维护的内容

系统维护包括以下几个方面的内容。

（1）程序的维护。

在系统维护阶段，会有一部分程序需要改动。根据运行记录，发现程序的错误，这时需要改正；或者随着用户对系统的熟悉，用户有更高的要求，部分程序需要改进；或者环境发生变化，部分程序需要修改。

（2）数据文件的维护。

业务发生了变化，从而需要建立新文件，或者对现有文件的结构进行修改。

（3）代码的维护。

随着环境的变化，旧的代码不能适应新的要求，必须进行改造，制定新的代码或修改旧的代码体系。代码维护的困难主要是新代码的贯彻，因此各个部门要有专人负责代码管理。

（4）机器、设备的维护。

包括机器、设备的日常维护与管理。一旦发生小故障，要有专人进行修理，保证系统的正常运行。

2. 系统维护的类型

依据信息系统需要维护的原因不同，系统维护工作可以分为四种类型。

（1）更正性维护。

这是指由于发现系统中的错误而引起的维护。工作内容包括诊断问题与改正错误。

（2）适应性维护。

这是指为了适应外界环境的变化而增加或修改系统部分功能的维护工作。例如，新的硬件系统问世，操作系统版本更新，应用范围扩大。为适应这些变化，信息系统需要进行维护。

（3）完善性维护。

这是指为了改善系统功能或应用户的需要而增加新的功能的维护工作。系统经过一个时期的运行之后，某些地方效率需要提高，或者使用的方便性还可以提高，或者需要增加某些安全措施等。这类完善性维护占维护工作的绝大部分。

（4）预防性维护。

这是主动性的预防措施。对一些使用寿命较长，目前尚能正常运行，但可能要发生变化的部分进行维护，以适应将来的修改或调整。例如，将专用报表功能改成通用报表生成功能，以适应将来报表格式的变化。

四类维护工作所占的比例如图 8.6 所示。

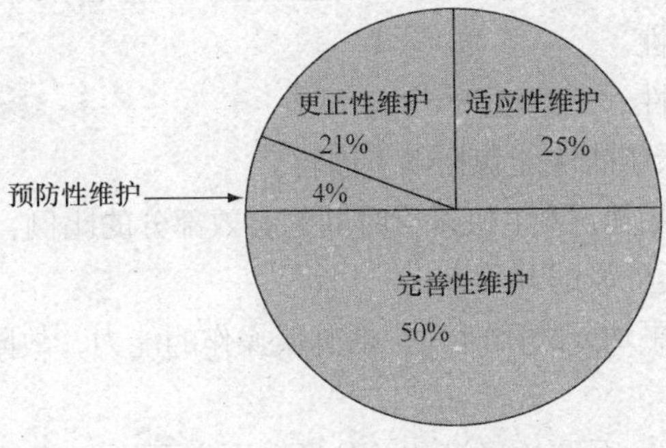

图 8.6　各类维护工作的比例

3. 系统维护管理

系统的修改，往往会牵一发而动全身。程序、文件、代码的局部修改，都可能影响系统的其他部分。因此，系统的修改必须通过一定的批准手续。通常对系统的修改应执行以下步骤。

（1）提出修改要求。

操作人员或业务领导用书面形式向主管人员提出对某项工作的修改要求。这种修改要求不能直接向程序员提出。

（2）领导批准。

系统主管人员进行一定调查后，根据系统的情况和工作人员的情况，考虑这种修改是否必要、是否可行，作出是否修改、何时修改的答复。

（3）分配任务。

系统主管人员若认为要进行修改，则向有关的维护人员下达任务，说明修改的内容、要求和期限。

（4）验收成果。

系统主管人员对修改部分进行验收。验收通过后，将修改的部分嵌入系统，取代旧的部分。

（5）登录修改情况。

登记所做的修改，作为新的版本通报用户和操作人员，指明新的功能和修改的地方。

某些重大的修改，可以看做一个小系统的开发项目，因此，在对系统进行重大修改时则要求按系统开发的步骤进行。

8.2.5　系统评价

管理信息系统投入使用一段时间以后，需要对系统进行全面的评价，根据使用者的反映和运行情况的记录，评价系统是否达到了设计要求，指出系统改进和扩充的方向。系统评价的结果应写成系统评价报告。

系统评价的范围应根据系统的具体目标和环境而定，一般包括以下几个方面。

（1）系统运行的一般情况。这是从系统目标及用户接口方面考察系统，包括以下内容。

① 系统功能是否达到设计要求。

② 用户付出的资源（人力、物力、时间）是否控制在预定界限内，资源的利用率如何。

③ 用户对系统工作情况的满意程度（响应时间、操作方便性、灵活性等）。

（2）系统的使用效果。这是从系统提供的信息服务的有效性方面考查系统，包括以下内容。

① 用户对所提供的信息的满意程度（哪些有用，哪些无用，引用率）。

② 提供信息的及时性。

③ 提供信息的准确性、完整性。

（3）系统的性能。系统的性能包括以下内容。

① 计算机资源的利用情况（主机运行时间的有效部分的比例，数据传输与处理速度的匹配，外存是否够用，各类外设的利用率）。

② 系统的可靠性（平均无故障时间，抵御误操作的能力，故障恢复时间）。

③ 系统可扩充性。

（4）系统的经济效益。系统的经济效益包括以下方面的内容。

① 系统费用，包括系统的开发费用和各种运行维护费用。

② 系统收益，包括有形效益和无形效益，如库存资金的减少，成本下降，生产率的提高，劳动费用的减少，管理费用的减少，对正确决策影响的估计等。

③ 投资效益分析。

8.3 管理信息系统的安全管理

随着信息技术的发展，信息系统在运行操作、管理控制、经营管理计划、战略决策等社会经济活动各个层面的应用范围不断扩大，发挥着越来越大的作用。信息系统中处理和存储的既有日常业务处理信息、技术经济信息，也有涉及企业或政府高层的计划、决策信息，其中相当部分是属于极其重要的保密信息。社会信息化得趋势，导致了社会的各个方面对信息系统的依赖性越来越强，信息系统的任何破坏或故障，都将对用户以致整个社会产生巨大的影响，信息系统安全上的脆弱性表现得越来越明显，信息系统的安全日显重要。

8.3.1 信息系统的安全因素

信息系统的安全性是指为了防范意外或人为地破坏信息系统的运行，或非法使用信息资源，而对信息系统采取的安全保护措施。与信息系统安全性相关的因素主要有七种。

（1）自然及不可抗拒因素。地震、火灾、水灾、风暴以及社会暴力或战争等，这些因素将直接地危害信息系统实体的安全。

（2）硬件及物理因素。这是指系统硬件及环境的安全可靠，包括机房设施、计算机主体、存储系统、辅助设备、数据通信设施以及信息存储介质的安全性。

（3）电磁波因素。计算机系统及其控制的信息和数据传输通道，在工作过程中都会产生电磁波辐射，在一定地理范围内用无线电接收机很容易检测并接收到，这就有可能造成信息通过电磁辐射而泄露。另外，空间电磁波也可能对系统产生电磁干扰，影响系统正常运行。

（4）软件因素。软件的非法删改、复制和窃取将使系统的软件受到损失，并可能造成泄密。

（5）数据因素。这是指数据信息在存储和传递过程中的安全性，是计算机犯罪的主攻核心，是必须加以安全和保密的重点。

（6）人为及管理因素。涉及工作人员的素质、责任心，以及严密的行政管理制度和法律法规，以防范人为的主动因素直接对系统安全造成的威胁。

（7）其他因素。这是指系统安全一旦出现问题，能将损失降到最小，把产生的影响限制在许可的范围内，保证迅速有效地恢复系统运行的一切因素。

8.3.2 信息系统的安全策略

安全策略是指在一个特定的环境里，为保证提供一定级别的安全保护所必须遵守的规则。安全策略包括如下三个重要组成部分。

（1）法律。安全的基石是社会法律、法规与手段，这部分用于建立一套安全管理标准和方法，即通过建立与信息安全相关的法律、法规，使非法分子摄于法律，不敢轻举妄动。

（2）技术。先进的安全技术是信息安全的根本保障，用户对自身面临的威胁进行风险评估，决定其需要的安全服务种类。选择相应的安全机制，然后集成先进的安全技术。

（3）管理。建立相宜的信息安全管理办法，加强内部管理，建立审计和跟踪体系，提高整体信息安全意识。

8.3.3 信息系统的安全管理

面对系统安全的脆弱性，除了在系统设计上增加安全服务功能、完善系统安全保密措施外，还必须花大力气加强系统的安全管理，因为诸多不安全因素恰恰反映在组织管理和人员录用等方面，而这又是信息安全所必须考虑的基本问题，所以应引起高度重视。

1. 安全管理原则

信息系统的安全管理主要基于三个原则。

（1）多人负责原则。

每一项与安全有关的活动，都必须有两人或多人在场。这些人应是系统主管领导指派的，他们忠诚可靠，能胜任此项工作；他们应该签署工作情况记录以证明安全工作已得到保障。以下各项是与安全有关的活动。

① 访问控制使用证件的发放与回收。

② 信息处理系统使用的媒介发放与回收。

③ 处理保密信息的规定。

④ 硬件和软件的维护。

⑤ 系统软件的设计、实现和修改。

⑥ 重要程序和数据的删除和销毁等。

（2）任期有限原则。

一般来说，任何人最好不要长期担任与安全有关的职务，以免使他认为这个职务是专有的或永久性的。为遵循任期有限原则，工作人员应不定期地循环任职，强制实行休假制度，并规定对工作人员进行轮流培训，以使任期有限制度切实可行。

（3）职责分离原则。

在信息系统工作的人员不要打听、了解或参与职责以外的任何与安全有关的事情，除非系统主管领导批准。出于对安全的考虑，下面每组内的两项信息处理工作应当分开。

① 计算机操作与计算机编程。

② 机密资料的接收与传送。

③ 安全管理与系统管理。

④ 应用程序与系统程序的编制。

⑤ 访问证件的管理与其他工作。

⑥ 计算机操作与信息系统使用媒介的保管等。

2. 安全管理的实现

信息系统的安全管理部门应根据管理原则和该系统处理数据的保密性，制定相应的管理制度或采用相应的规范。具体工作如下。

（1）根据工作的重要程度，确定该系统的安全等级。

（2）根据确定的安全等级，确定安全管理的范围。

（3）制定相应的机房出入管理制度。对于安全等级要求较高的系统，要实行分区控制，限制工作人员出入与己无关的区域。出入管理可采用证件识别或安装自动识别登记系统，采用磁卡、身份卡等手段，对人员进行识别、等级管理。

（4）制定严格的操作规程。操作规程要根据职责分离和多人负责的原则，各负其责，不能超越自己的管辖范围。

（5）制定完备的系统维护制度。对系统进行维护时，应采取数据保护措施，如数据备份等。维护时要首先经主管部门批准，并有安全管理人员在场，故障的原因、维护内容和维护前后的情况要详细记录。

（6）制定应急措施。要制定系统在紧急情况下如何尽快恢复的应急措施，使损失减至最小。建立人员雇佣和解聘制度，对工作调动和离职人员要及时调整相应的授权。

案例

××档案管理软件开发项目

1. 项目背景

某建筑设计院一直采用人工进行档案管理工作，档案管理人员经常报怨劳动强度大，效率低下。为节省人力和财力，节省借阅人员的等待时间，设计院决定引入计算机管理，拿出专项经费，委托软件开发公司开发一套功能齐全的档案管理软件。

2010年3月，在院长的指示下，由档案室牵头，项目管理专家参与，起草了一份《××建筑设计院档案管理软件开发项目需求建议书》（即招标书），并在报纸上公布。在需求建议书中，给出了以下主要信息：××建筑设计院向软件开发承约商征求档案管理软件开发；承约商必须最迟在2010年4月30日前向建筑设计院提交《××建筑设计院档案管理软件开发项目申请书》（即投标书）；建筑设计院将在5月15日前选中一家承约商；该项目完成的期限为6个月，从7月1日到12月31日，所有的交付物必须不迟于12月31日提供给设计院；合同必须以一个商定的价格，向满足建议书要求的承约商付款。

多家软件开发公司在报纸上看到项目需求建议书后，纷纷编制申请书，并寄发给该建筑设计院。最后，亚华软件开发公司经过激烈竞争，以35万元的价格承接了此项目。亚华软件开发公司经过研究，决定由张强出任此项目的项目经理。

2. 项目章程

（1）项目名称：开发一套功能齐全的档案管理软件。

（2）项目的重要性。

- 节省人力和财力，提高档案管理人员的工作效率。
- 节省借阅人员的等待时间。
- 有利于提高建筑院的核心竞争力。

（3）项目目标。

总目标：东方建一套筑设计院开发一套劳动强度小，效率高，节省人力和财力，节省借阅人员的等待时间的工作方法。

分目标：开发一套20用户、运行在Windows 98版本以上功能齐全的档案管理软件。

（4）项目主要可交付成果。

交付物：××建筑设计院档案管理软件、软件文档、用户手册（修改）。

（5）项目经理及职责。

项目经理：张强

项目经理的职责：计划并执行整个项目，同潜在用户进行交流，需求分析，界面设计。

（6）项目主要干系人。

主要内部干系人：吴斌、刘丽

主要外部干系人：谢红、张辉

（7）项目总体进度计划及主要里程碑。

项目开始时间：2010年7月1日

项目结束时间：2010年12月31日

主要里程碑安排：

2010年7月1日至2010年7月10日：方案设计

2010年7月11日至2010年7月20日：用户需求调研

2010年7月21日至2010年12月10日：软件开发

2010年12月11日至2010年12月31日：BETA测试

（8）项目总体预算。

项目总体预算：35万元以内。

（9）各职能部门应提供的配合。

① 设计院项目领导和负责人能及时处理工程建设过程中遇到的问题，无相互推诿、延时响应等延误工期的情况发生。

② 能及时向上级部门上报工程建设进度及建设过程中遇到的问题。

（10）项目审批要求。

符合讨论中的标准。

（11）章程的批准。

本项目章程于2010年5月16日由项目经理签字批准。

3. 项目计划

（1）进度计划。

根据合同的要求，亚华软件开发公司要提交一套项目计划书，张强对项目实施各工作阶段进行了初步的划分和进度安排，具体如表8.2所示。

表 8.2 项目工作计划及进度安排

工作阶段	进度安排
方案设计	2010 年 7 月 1 日至 2010 年 7 月 10 日
用户需求调研	2010 年 7 月 11 日至 2010 年 7 月 20 日
软件开发	2010 年 7 月 21 日至 2010 年 12 月 10 日
BETA 测试	2010 年 12 月 11 日至 2010 年 12 月 31 日

表8.2列出的初步进度安排转化成相应的甘特图，如图8.7所示。

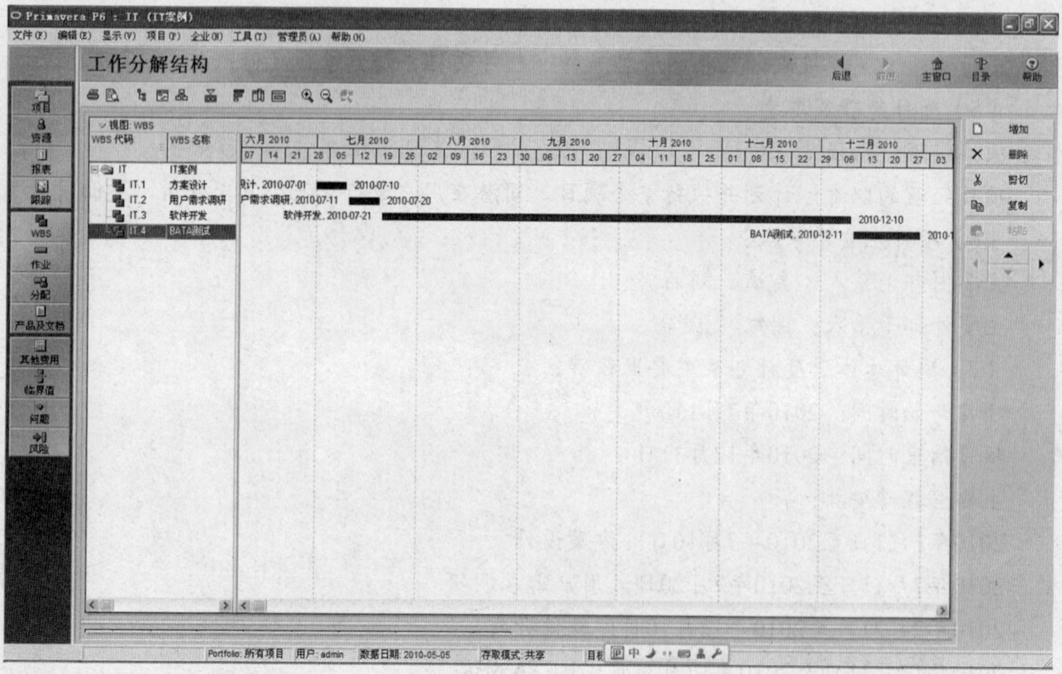

图 8.7 项目工作计划甘特图

（2）工作分解。

项目经理张强对表8.2划分的各工作阶段进行了工作分解，并把工作分解的内容列在表8.3中。

表 8.3　各阶段工作分解表

档案管理软件开发项目工作分解清单	
1.	方案设计
2.	用户需求调研
3.	软件开发
3．1	功能框架设计
3．2	程序代码编制
3．2．1	用户输入功能代码编制
3．2．2	用户查询功能代码编制
3．2．3	用户数据功能代码编制
3．2．4	主界面代码编制
3．2．5	安全登录界面代码编制
3．2．6	界面美化代码编制
4.	BETA 测试

根据表8.3编制该软件开发项目的WBS工作分解结构图，同时对各项工作进行编码，结构如图8.8所示。

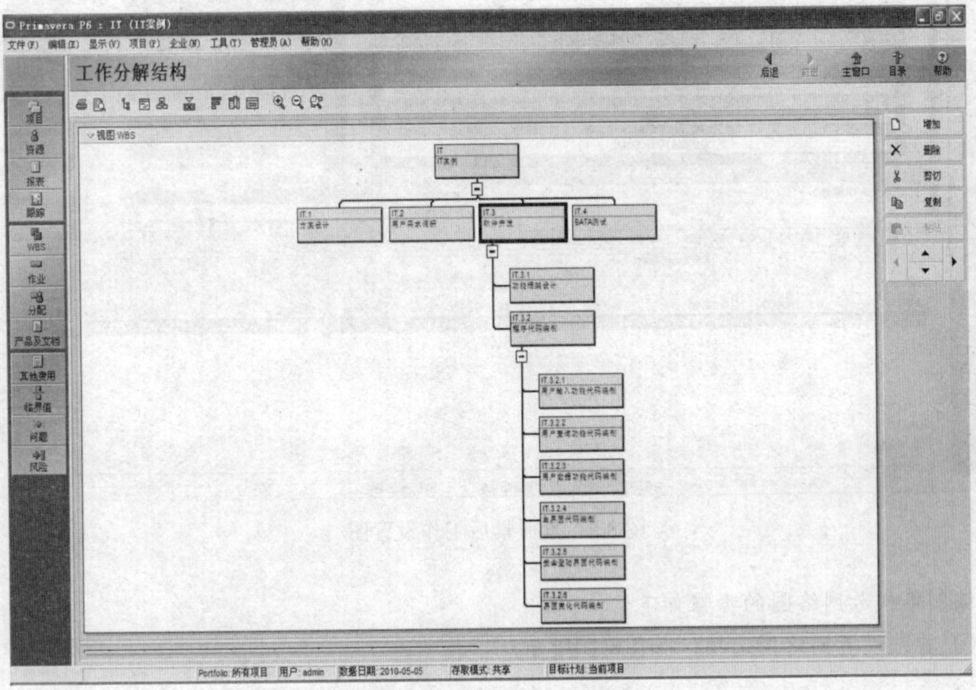

图 8.8　WBS 工作分解结构图

（3）网络计划。

在编制项目网络计划图前，项目经理对项目各项工作任务的工期进行了估计，估计值列于表8.4中的第4列，并且还明确了各项间的逻辑关系，确定了需要延迟的工作任务及延迟时间，制作了网络计划工作表，如表8.4所示。

表 8.4　网络计划工作表

序号	任务名称	紧后工作	工期（天）	搭接关系	搭接时间
A	方案设计	B	10		
B	用户需求调研	C	10		
C	功能框架设计	D,E,F,G,H,I	20		
D	用户输入功能代码编制	J	40		
E	用户查询功能代码编制	J	50		
F	用户数据功能代码编制	J	80		
G	主界面代码编制	J	40	FS	20
H	安全登录界面代码编制	J	20	FS	40
I	界面美化代码编制	J	10	FS	80
J	BETA 测试		20		

为编制网络图，首先设置紧前紧后工作如图8.9所示。

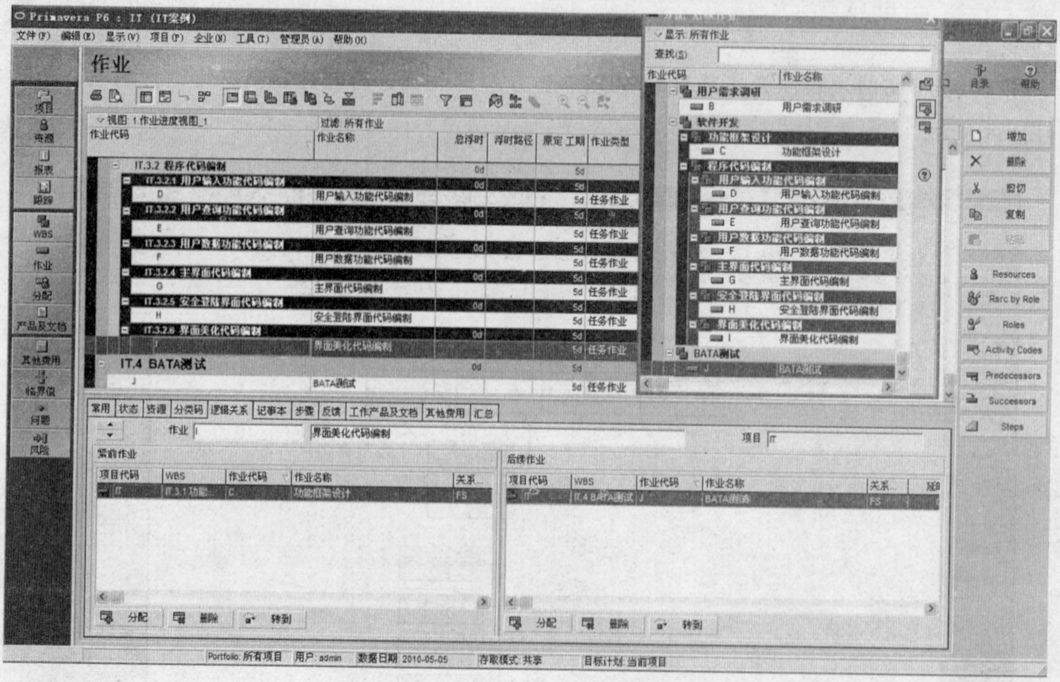

图 8.9　紧前紧后工作设置图

编制单代号网络图的步骤如下：

① 首先设置网络图选项，如图8.10所示。

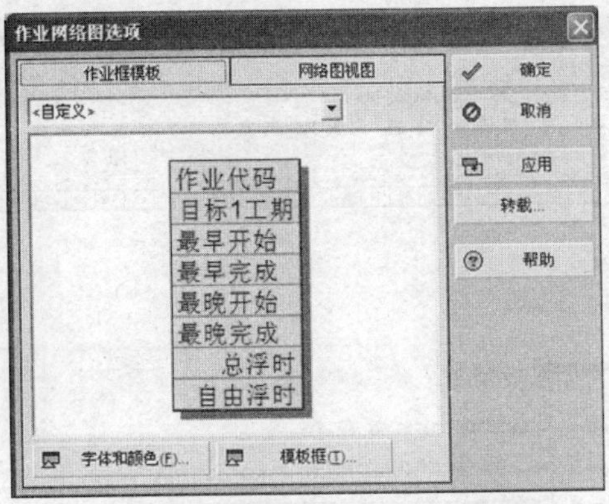

图 8.10　设置网络图选项

② 根据设置结果得到的网络图如图8.11所示。

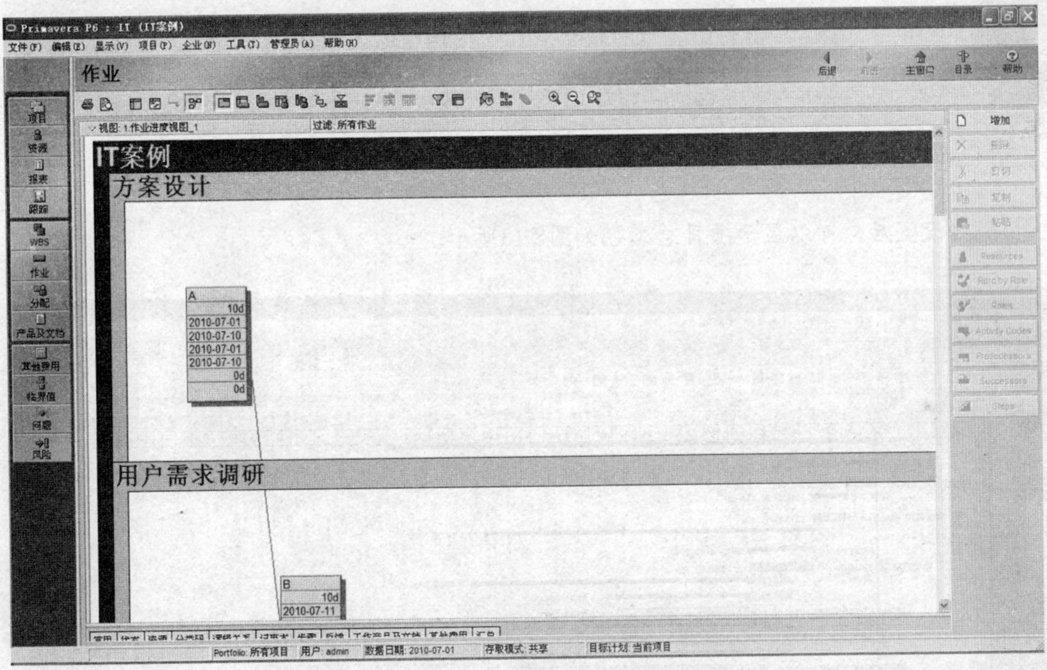

图 8.11　网络图（1）

③ 在网络图中找出并标明关键路径，并据此计算项目总工期。

关键路径即为图8.12中用红色标识的路线。

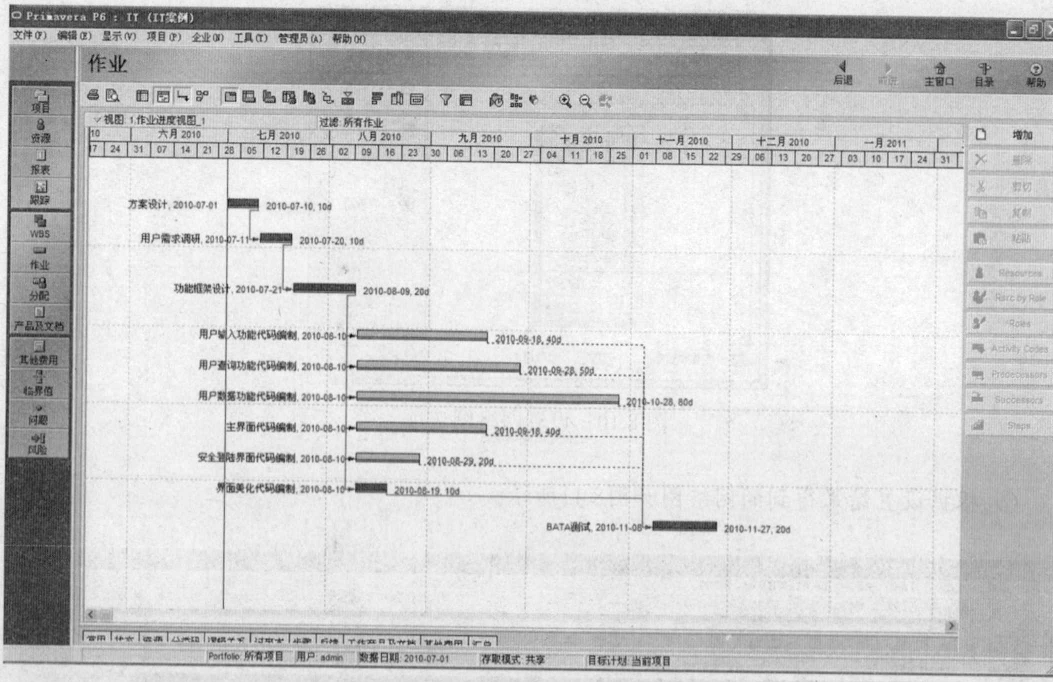

图 8.12　网络图（2）

④ 经设置后，可以显示项目总工期如图8.13所示。

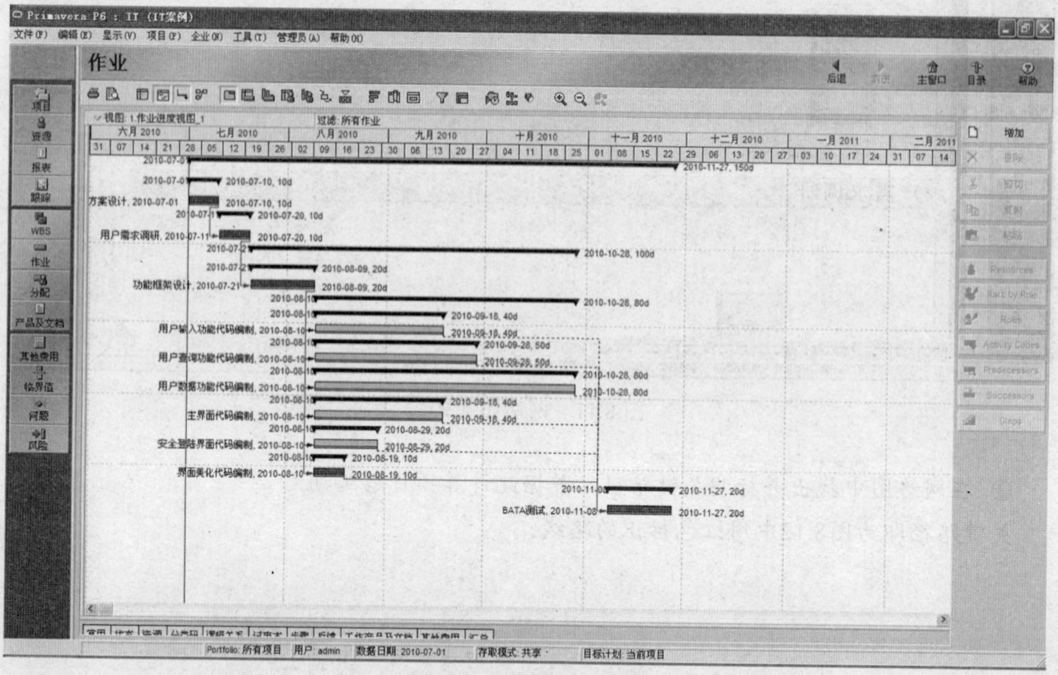

图 8.13　网络图（3）

（4）项目计划中要解决的问题

①在项目规划阶段需要对项目的目标进行描述（交付物、里程碑、性能、工期、成本）。

交付物：××建筑设计院档案管理软件、软件文档、用户手册（修改）。

里程碑：方案设计开始\结束、需求调研开始\结束、软件开发开始\结束、测试开始\结束、培训开始\结束、项目结束。

性能：20用户、运行在Windows 98版本以上。

工期：从7月1日至12月31日（7个月）。

成本：35万元之内。

② 编制单代号网络图，在网络图上填入工作任务的序号、工期、最早开始时间、最早结束时间、最迟开始时间、最迟结束时间、延迟时间、总时差和自由时差。

（5）成本预算。

假使参与项目的每位工作人员每天工作8个小时，张强经理在编制项目预算过程中得出表8.5。表8.5中给出了项目各项工作任务需要的工时、工期、人力资源种类、人力资源费率，以及除人力资源以外的其他和投入。

表 8.5　项目各项工作任务预算成本表

序号	任务名称	工时	工期	资源名称	资源费率（元/小时•人）	人力资源数目（人）	其他投入（元）	成本预算（元）
A	方案设计	400	10	设计人员	40	5	1 400	17 400
B	用户需求调研	160	10	调研人员	30	2	2 000	6 800
C	功能框架设计	640	20	设计人员	40	4	1 000	26 600
D	用户输入功能代码编制	640	40	编程人员	50	2	1 000	33 000
E	用户查询功能代码编制	1 600	50	编程人员	50	4		80 000
F	用户数据功能代码编制	16 00	80	编程人员	50	3	10 000	90 000
G	主界面代码编制	1 120	40	编程人员	50	4	1 000	57 000
H	安全登录界面代码编制	240	20	编程人员	50	2		12 000
I	界面美化代码编制	160	10	编程人员	50	2		8 000
J	BETA 测试	640	20	测试人员	30	4		19 200
合计							16 400	350 000

请根据表8.5，依次思考以下问题。

计算每项工作任务所需要的人力资源数目及每项工作任务的预算成本，将计算结果填入表8.5中，并具体给出A任务的成本预算计算过程。

分析：各任务的成本预算为工时*资源费率+其他投入。

结合得出的项目各项工作任务甘特图和本题各项工作任务预算表，并假定各项工作任务的成本分布均匀，请以月为单位编制该项目的成本累积曲线图。

各种资源的统计图如图8.14和图8.15所示。

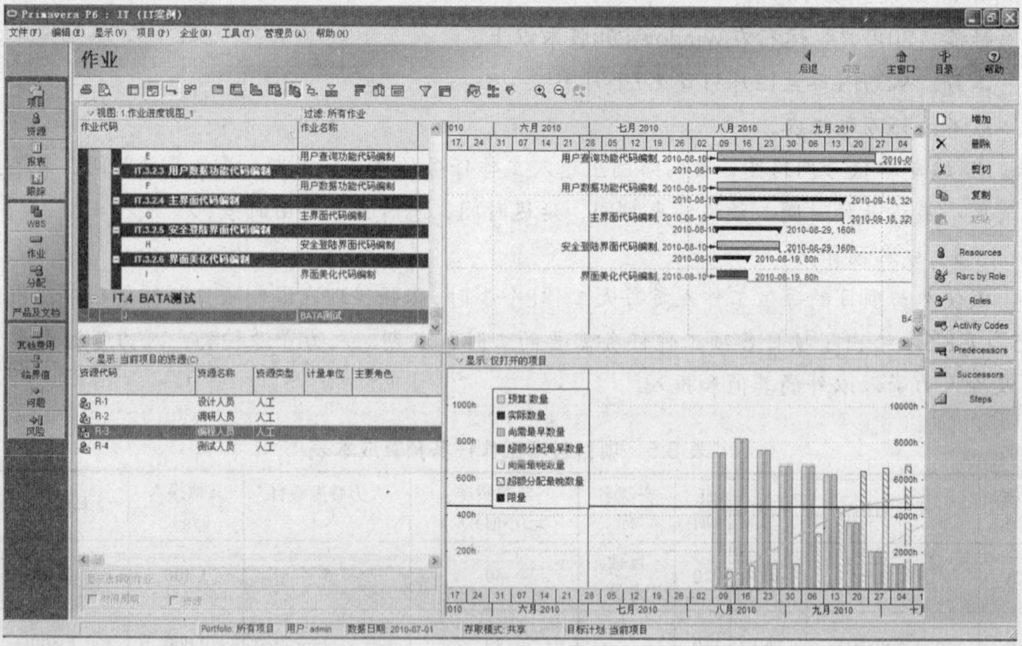

图 8.14　各种资源的统计图（1）

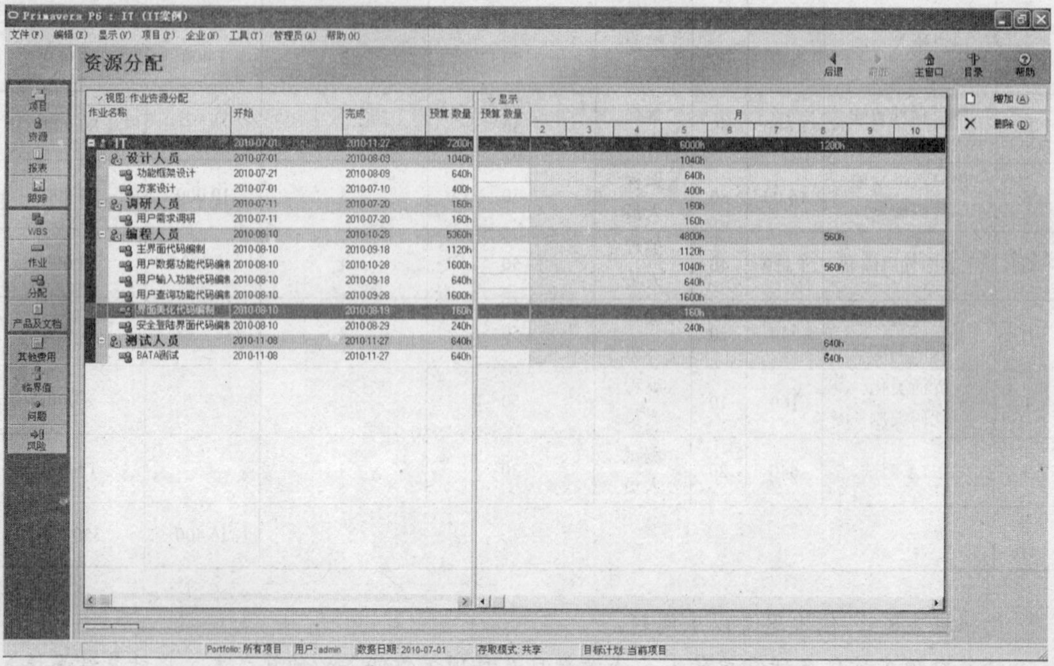

图 8.15　各种资源的统计图（2）

最终成本累积图如图8.16所示。

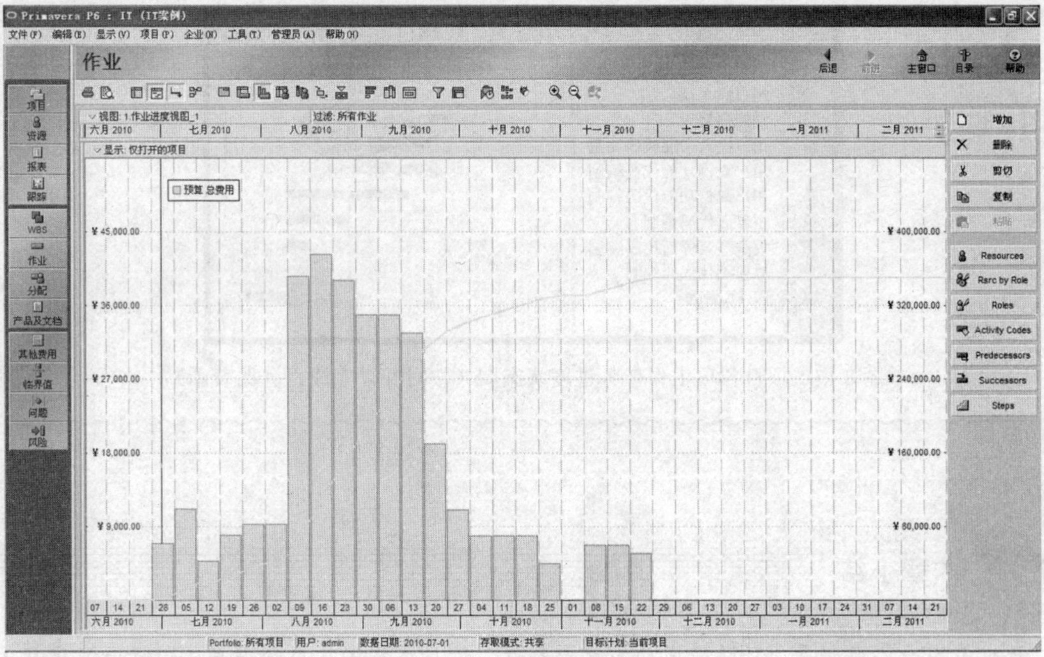

图 8.16　最终成本累积图

在项目的实施过程中，2010年10月15日，亚华软件开发公司对项目实施进行检查，发现一些工作任务已经完成，一些工作任务正在实施，另外一些工作任务还没有开工。在10月15日这个时间点上，项目各项工作任务的实际成本在表8.6中给出；项目各项工作任务的进度实际状态如图8.17所示，图中的百分数表示工作任务的完成情况。

表 8.6　项目各项工作任务的实际成本

序号	任务名称	实际成本（元）
A	方案设计	18 000
B	用户需求调研	11 000
C	功能框架设计	21 000
D	用户输入功能代码编制	15 000
E	用户查询功能代码编制	0
F	用户数据功能代码编制	40 000
G	主界面代码编制	30 000
H	安全登录界面代码编制	12 000
I	界面美化代码编制	0
J	BETA 测试	0
合计		147 000

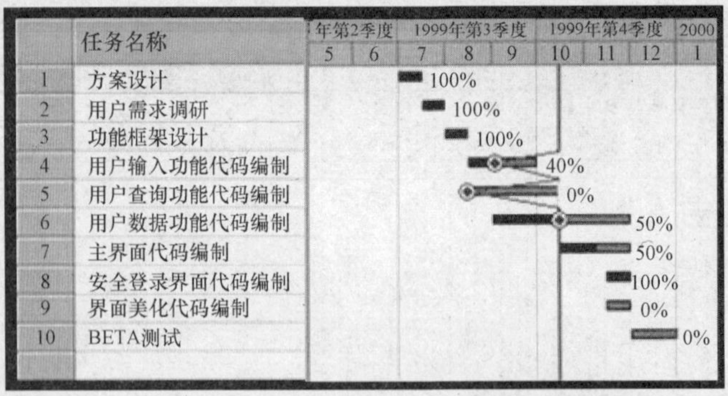

图 8.17　项目各项工作任务进度状态图（按月并以完成百分比表示）

本章小结

有效的项目管理是项目获得成功的重要条件，信息系统的项目管理具体包括开发项目的范围，可能遇到的风险，需要的人员配置，要实现的任务等。项目管理贯穿于信息系统开发的全过程，从系统构想到系统实现，以及系统的持续运行，直至信息系统终止运行为止。制定项目计划的常用方法有甘特图和网络计划法，要根据系统的实际情况采用不同的方法。

管理信息系统在运行过程中除了不断进行大量的管理和维护工作之外，还要定期对系统的运行状况进行评价，为系统的改进和扩展提供依据。在系统应用过程中为了防范意外或人为地破坏信息系统的运行，或非法使用信息资源，还需对信息系统采取的相应的安全保护措施。

章节练习

1. 信息系统项目管理主要包括哪些内容？
2. 常用信息系统项目计划的制订方法有哪些？在使用时有何区别？
3. 为什么要进行系统工程监理和审计？简述审计过程。
4. 简述信息系统运行管理的目标和内容。
5. 为什么说信息系统的安全问题不可避免要涉及社会规范和法律法规问题？
6. 系统维护主要包括哪些方面？简述系统维护的特点。

第 4 篇

管理信息系统应用篇

本篇主要内容

- 第 9 章　电子商务与电子政务
- 第 10 章　决策与商业智能
- 第 11 章　企业现代管理系统应用
- 实验指导　进销存信息管理系统的设计

第9章 电子商务与电子政务

20世纪末，继Internet如旋风般席卷全球之后，集信息技术、商务技术和管理技术于一体的电子商务，正以难以想象的速度进入人们的生产和生活中，推动着经济全球化、贸易自由化和信息现代化的发展步伐。目前，电子商务正以强劲之势改变着企业的经营方式、商务交流的方式、人们的消费方式以及政府的工作方式，越来越影响到整个社会的经济发展和人们的生活。全球性的信息化、网络化进程正在改变着人们的生活方式。政府，作为人类社会治理体系基本组成部分的公共组织，既是社会信息资源的最大生产者和拥有者，也是社会信息产品的领先使用者和主要传播者，在面临现代信息通信技术严峻挑战的同时，也迎来了一个全新的发展时期——电子政务时代。电子政务在改进和优化政府组织、重组公共管理、提升政府管理的效率、提高政府服务的能力和水平等方面，正焕发越来越强盛的生命力。

9.1 电子商务概述

Internet的出现和迅速普及不仅仅改变着人类信息传输和交流的方式，而且已经引起整个社会组织框架结构和制度安排的深刻变革。传统的产业经济模式正在逐渐消失，一种新型的经济模式——网络经济正在崛起。Internet的商业化发展推动了电子商务的迅速增长，这种飞速增长所带来的商机是巨大而深远的，因此也就迫切需要人们进一步了解、认识和应用电子商务。

9.1.1 电子商务的概念

人们对电子商务的了解、认识和应用，是与计算机技术及网络的应用和普及密不可分的。随着互联网的应用和普及，网络为人类社会创造了一个全新的信息空间。在这一空间里，人们以数字信号为媒介进行各种日常工作和娱乐，如在网上接发邮件、讨论问题、在线阅读写作、玩网络游戏等。而商业活动，会以一种最普通的方式，渗透到这个空间中。于是，人们想到了用数字信号在网上开展商务活动。

所谓电子商务，通俗地讲，就是在网上开展的商务活动。它是在计算机技术与网络通信技术的互动发展中产生和不断完善的。当企业将它的主要业务通过企业内部网（Intranet）、外部网（Extranet）以及Internet与企业的职员、客户、供销商以及合作伙伴直接相连时，其中发生的各种活动就是电子商务。

事实上，电子商务的定义有多种说法。关于电子商务的定义，国际组织、专家学者、IT

行业界和普通消费者都有不同的理解和表述。

（1）全球信息基础设施委员会（GIIC）电子商务工作委员会报告草案中对电子商务定义如下：电子商务是运用电子通信作为手段的经济活动，通过这种方式人们可以对带有经济价值的产品和服务进行宣传、购买和结算。这种交易的方式不受地理位置、资金多少或零售渠道的所有权影响，公有和私有企业、公司、政府组织、各种社会团体、一般公民、企业家都能自由地参加广泛的经济活动，其中包括农业、林业、渔业、工业、私营和政府的服务业。电子商务能使产品在世界范围内交易并向消费者提供多种多样的选择。

（2）IBM 公司的电子商务（E-Business）概念包括三个部分：企业内部网（Intranet）、企业外部网（Extranet）和电子商务（E-Commerce），它所强调的是在网络计算环境下的商业化应用，不仅是硬件和软件的结合，也不仅是通常意义下的强调交易的狭义的电子商务（E-Commerce），而是把买方、卖方、厂商及其合作伙伴在因特网（Internet）、企业内部网（Intranet）、和企业外部网（Extranet）结合起来的应用。它同时强调这三部分是有层次的：只有先建立良好的 Intranet，建立好比较完善的标准和各种信息基础设施，才能顺利扩展到 Extranet，最后扩展到 E-commerce。

（3）HP 公司提出电子商务（EC）、电子业务（EB）、电子消费（EC）和电子化世界的概念。它对电子商务（E-Commerce）的定义是：通过电子化手段来完成商业贸易活动的一种方式，电子商务使我们能够以电子交易为手段完成物品和服务等的交换，是商家和客户之间的联系纽带。它包括两种基本形式：商家之间的电子商务及商界与最终消费者之间的电子商务。对电子业务（E-Business）的定义：一种新型的业务开展手段，通过基于 Internet 的信息结构，使得公司、供应商、合作伙伴和客户之间，利用电子业务共享信息。E-Business 不仅能够有效地增强现有业务进程的实施，而且能够对市场等动态因素做出快速响应并及时调整当前业务进程。更重要的是，E-Business 本身也为企业创造出了更多、更新的业务动作模式。对电子消费（E-Consumer）的定义：人们使用信息技术进行娱乐、学习、工作、购物等一系列活动，使家庭的娱乐方式越来越多地从传统电视向 Internet 转变。

（4）通用电气公司（GE）对电子商务的定义。电子商务是通过电子方式进行商业交易，分为企业与企业间的电子商务和企业与消费者之间的电子商务。①企业与企业间的电子商务：以 EDI 为核心技术，增值网（VAN）和互联网（Internet）为主要手段，实现企业间业务流程的电子化，配合企业内部的电子化生产管理系统，提高企业从生产、库存到流通（包括物资和资金）各个环节的效率。②企业与消费者之间的电子商务：以 Internet 为主要服务提供手段，实现公众消费和服务提供方式以及相关的付款方式的电子化。

（5）中国专家王可研究员从过程角度定义电子商务为“在计算机与通信网络基础上，利用电子工具实现商业交换和行政作业的全过程”。

（6）中国企业家王新华从应用角度认为“电子商务从本质上讲是一组电子工具在商务过程中的应用，这些工具包括：电子数据交换（EDI）、电子邮件（E-mail）、电子公告系统（BBS）、条形码（Barcode）、图像处理、智能卡等。而应用的前提和基础是完善的现代通信网络和人们思想意识的提高以及管理体制的转变。”

（7）世界电子商务会议关于电子商务的概念。1997 年 11 月 6～7 日，国际商会在法国首都巴黎举行了世界电子商务会议（The World Business Agenda for Electronic Commerce），从商业角度提出了电子商务的概念：电子商务（Electronic Commerce）是指实现整个贸易活动的电子化。从涵盖范围方面可以定义为：交易各方以电子交易方式而不是通过当面交换或直接面谈方式进行的任何形式的商业交易；从技术方面可以定义为:电子商务是一种多技术的集合体，包括交换数据（如电子数据交换、电子邮件）、获得数据（ 如共享数据库、电子公告牌）以及自动捕获数据（如条形码）等。

纵览上述定义，由于出发点和角度不同，因此没有谁对谁错之分。人们只是从不同角度，从广义上和狭义上，各抒已见。

这中间，全球信息基础设施委员会（GIIC）和 HP 公司给出的概念最广，它们强调，电子商务包括一切使用电子手段进行的商业活动。从这个意义上来讲，现在已经流行的电话购物、电视购物，以及超级市场中使用的 POS（Point Of Sale）机都可以归入电子商务的范围。这说明电子商务中的“电子”一词非常宽泛。但大多数定义还是将电子商务限制在使用计算机网络进行的商业活动，这是有道理的。因为只有在计算机网络，特别是 Internet 普及的今天，才使得电子商务得到如此广泛的应用，也使得商业模式发生了根本性的转变。因此，电子商务的定义有“广义”和“狭义”之分，如图 9.1 所示。

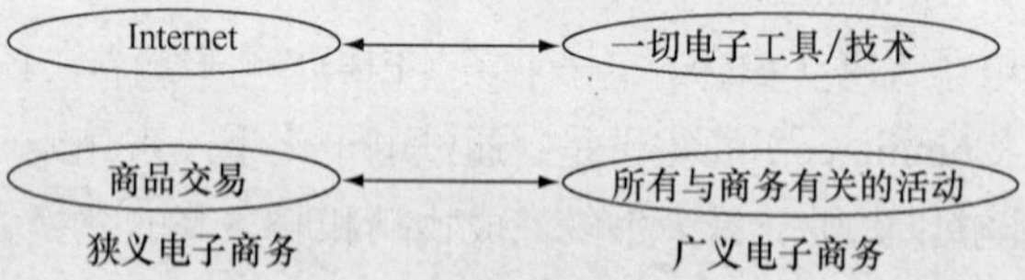

图 9.1　狭义和广义的电子商务

狭义的电子商务也称电子交易（E-Commerce），主要包括利用网络进行的商品交易活动。从发展的角度看，在考虑电子商务概念时，仅仅局限于利用 Internet 进行商务活动是不够的。将利用各类电子信息网络进行的广告、设计、开发、推销、采购、结算等全部贸易活动都纳入电子商务的范畴比较符合发展实际。

广义的电子商务亦称为电子商业（E-Business），是将运用一切电子工具和技术进行的所有与商务有关的活动——如商务信息、商务管理和商品交易等，都称为电子商务。这些活动可以发生在公司内部、公司之间及公司与客户之间。

从电子商务应用的需要出发，将电子商务中的“商务”仅仅局限在“交易”而不考虑“信息”和“管理”是不实际的，而将电子商务中的“电子”无限扩大到所有电子工具和电子技术又范围太广，难以突出商务本身的特征。所以，本书的电子商务的定义，将“电子”的含义限定为以 Internet 为主的计算机网络，将“商务”的含义规定为包括商务信息、商务管理和商品交易在内的全部商务活动。

从电子商务的定义中，可以归结出电子商务的内涵，即信息技术特别是互联网络技术的产生和发展是电子商务开展的前提条件；掌握现代信息技术和商务理论与实务的人是电子商务活动的核心；系列化、系统化电子工具是电子商务活动的基础；以商品贸易为中心的各种经济事务活动是电子商务的对象。

9.1.2　电子商务的技术基础

1. 电子数据交换（EDI）技术

电子商务的最早应用是从 EDI 电子商务系统开始的。EDI 曾经在电子商务的发展过程中担当过非常重要的角色。

任何一个企业其经营的最终目标都是“以最少的投入，获得最大的产出”。企业的经营方针已定，所以无论是强化经营管理，还是深入挖掘企业内部潜力，其共同的目的都是降低生产经营成本，提高企业生产效率。过去，企业采取计算机技术曾使内部生产、管理等业务方面的生产效率大幅度提高，但是在外部经营环境方面，特别是各企业间的信息交流方面，计算机技术的优势远没有得到发挥。在当今全球经济相互依存与竞争日益强化的形式下，EDI在国际、国内等贸易领域中受到经营者的高度重视。它在很大程度上改善了企业之间信息交换的不足，因此得到了广泛的应用。

在商业贸易活动中，企业需要与贸易伙伴进行大量的商务信息传递，选择适当的通信方式传送商务活动中的订单、合同、回执、账单、托运单等单证以及执行各种商务功能是十分重要的。传统贸易过程的通信方式通常是参与贸易的有关各方通过电话、传真、邮递等方式进行贸易磋商、签约和执行。有关的贸易文件的制作和传输要通过人工来进行处理和邮寄。一个贸易过程要经过很多环节,含有同样交易信息的不同文件要经过多次重复处理才能完成。这就增加了重复劳动量和一些额外的开支，使出错的机会也增加了，给贸易双方造成不必要的损失。传统方式下贸易单证的传递方式如图 9.2 所示。

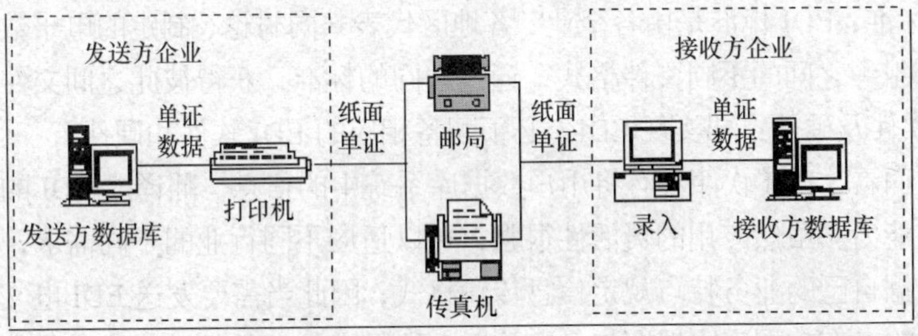

图 9.2　传统方式下贸易单证的传递方式

随着计算机技术和网络技术的不断发展和应用，人们开始探索用电子手段来代替传统的纸面的信息记录和信息传输方式(即用电子单据取代纸张单据),使人工干预降低到最低程度，从而增加信息的传递速度，消除信息的第二次录入，使出错的机会大大减少了。这种新的方式就是 EDI，也经常称为无纸贸易。

EDI 是模拟传统商务单据流转过程，对整个贸易过程进行简化，EDI 并不是新技术，是欧洲和美国在 20 世纪 60 年代末最早提出的，进入 90 年代后，随着网络技术和信息技术的广泛应用得到迅速发展。基于 EDI 的电子商务系统是信息技术向商贸领域渗透的产物，用于计算机之间商业信息的传递，包括日常咨询、计划、询价、合同等信息的交换。EDI 条件下贸易单证的传递方式如图 9.3 所示。

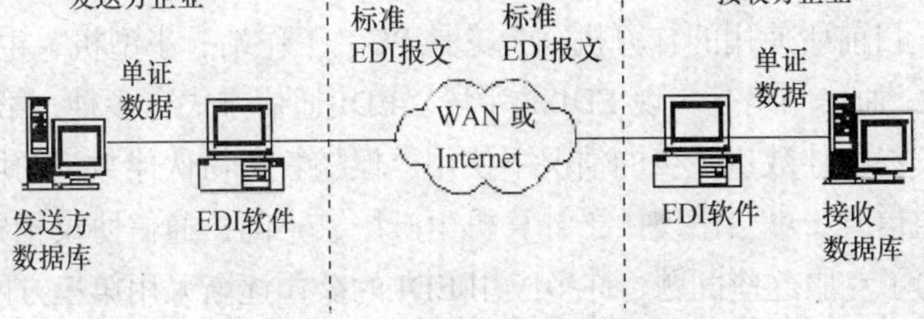

图 9.3　EDI 条件下贸易单证的传递方式

关于 EDI 的定义，由于其发展和实施方法各有不同，所以有多种解释。在这里我们采用国际标准化组织为 EDI 下的定义：EDI 是将商业或行政事务处理，按照一个公认的标准，形成结构化的事务处理程序或消息报文格式，从计算机应用系统到计算机应用系统的数据传输方法。

事实上，EDI 是一种用电子数据输入取代人工数据输入的方法，实施 EDI 的目的不仅仅是消除纸张，更重要的是消除邮寄的延误和丢失及数据的重复输入。正确理解 EDI 的含义要把握以下几点。

（1）EDI 是计算机应用系统之间的数据传输。

（2）EDI 使用统一的标准编制被传输的资料。

（3）EDI 使用电子方式进行数据的传输，是由计算机自动读取而无须人工干预的电子数据交换。

（4）EDI 被广泛应用于商业贸易伙伴之间。

2. EDI 标准

（1）EDI 构成要素。

数据标准化、EDI 软件及硬件和通信网络是构成 EDI 系统的三要素。

① 数据标准：EDI 标准是由各企业、各地区代表共同讨论、制定的电子数据交换共同标准，可以使各组织之间的不同文件格式，通过共同的标准，获得彼此之间文件交换的目的。

② EDI 软件及硬件：要实现 EDI，必须配备相应的 EDI 软件和硬件。

从软件方面看，EDI 软件具有将用户数据库系统中的信息，翻译成 EDI 的标准格式，以供传输交换的能力。虽然应用的灵活性很强，可以适应不同行业的不同需求，但由于不同行业的企业是根据自己的业务特点规定信息传输格式，因此当需要发送 EDI 电文时，必须用某些方法从公司的专有数据库中提取信息，并把它翻译成 EDI 的标准格式进行传输，这就需要 EDI 相关软件的帮助。EDI 软件包括格式转换软件、翻译软件和通信软件。EDI 软件的主要功能有格式转换、翻译和通信。

- 格式转换软件：格式转换软件可以帮助用户将原有计算机系统的文件，转换成翻译软件能够理解的平面文件（Flat file），或是将从翻译软件接收来的平面文件，转换成原计算机系统中的文件。
- 翻译软件：翻译软件在发送端，把平面文件翻译成 EDI 标准格式，然后通过通信软件传递；在接收端，把接收到的 EDI 标准格式翻译成平面文件。
- 通信软件：通信软件控制着 EDI 标准格式的实际传递。它将 EDI 标准格式的文件外层加上通信信封（Envelope），再送到 EDI 系统交换中心的邮箱（Mailbox），或从 EDI 系统交换中心内，将接收到的文件取回。

EDI 所需的硬件设备大致有：计算机、调制解调器（Modem）及电话线。EDI 系统对计算机的要求不高，目前所使用的计算机，无论是 PC、工作站、小型机、主机等，均可利用。

③ 通信网络：通信网络是实现 EDI 的手段。EDI 通信方式有多种，第一种方式点对点，这种方式只有在贸易伙伴数量较少的情况下使用。但随着贸易伙伴数目的增多，当多家企业直接使用计算机通信时，就会出现由于计算机生产厂家不同、通信协议相异以及工作时间不易配合等问题。为了克服这些问题，许多应用 EDI 的公司逐渐采用第三方网络与贸易伙伴进行通信，即增值网络（VAN）方式，是由专门的网络服务商提供的增值服务。它类似于邮局，

为发送者与接收者提供通信平台和邮箱维护，并提供存储转送、记忆保管、通信协议转换、格式转换、安全管制等服务功能。因此，通过增值网络传送 EDI 文件，可以大幅度降低相互传送资料的复杂度和困难度，提高了 EDI 的效率。

EDI 的实现过程就是用户将相关数据从自己的计算机信息系统传送到有关交易方的计算机信息系统的过程。EDI 实现过程如图 9.4 所示。

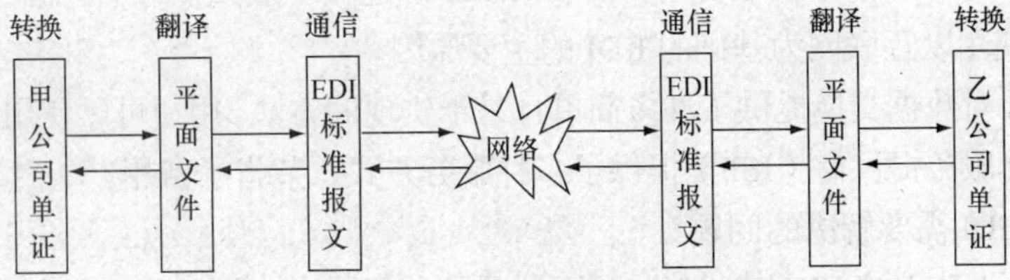

图 9.4　EDI 实现过程

（2）EDI 标准。

EDI 标准是报文在国际网络和各系统之间传递的标准协议，是实现 EDI 互通和互联的前提和基础。EDI 一产生，其标准的国际化就成为人们日益关注的焦点之一。早期的 EDI 使用的大都是各地的行业标准，不能进行跨行业 EDI 互连，严重影响了 EDI 的效益，阻碍了全球 EDI 的发展。为促进 EDI 的发展，世界各国都在不遗余力地促进 EDI 标准的国际化，以求最大限度地发挥 EDI 的作用。制定这个标准的主要目的是消除各国语言、商务规定以及表达和理解上的歧义性，为国际贸易实务操作中的各类单证数据交换搭起一座电子通信的桥梁。

目前，在 EDI 标准上，国际上最有名的是联合国欧洲经济委员会（UN/ECE）下属第四工作组于 1986 年制定的《行政、商业和运输用电子数据交换规则》标准 EDIFACT（Electronic Data Interchange For Administration， Commerce and Trans-Port）。同时还有广泛应用于北美地区的，由美国国家标准化委员会 ANSI 于 1985 年制定的 ANSI X.12 标准。由于存在着两个标准，客观上造成了在欧共体和北美两大贸易集团内部数据可以自由交换，而在两大集团之间的数据交换就遇到了较大的麻烦。为了解决这个问题，1987 年由联合国出面组织美国和欧洲等 20 多个国家的专家在纽约开会，讨论如何将两大标准进行统一，建立世界统一的 EDI 标准问题。1990 年 3 月，全球第一套用于电子数据交换的文本 UN/EDIFACT 标准问世，并被国际标准化组织（ISO）正式接受为国际标准，编号为 ISO9735。

中国在实施国际贸易 EDI 工程中也积极推进标准化工作。我国选择和确定标准体系结构模式的指导原则有两个：一是从国情出发，使 EDI 标准与国民经济管理体制和经济运行机制相协调，为发展社会主义市场经济服务；二是吸取和引进国外先进的管理经验，为发展对外经济贸易事业服务。

3. EDI 与 Internet

按照 EDI 的实施模式，各交易机构要建设一个 EDI 应用系统需要大量的资金，它们之间要实现 EDI 传输还需要借助于专用增值网络的服务。受资金和规模的限制，这对于一般小型企业来讲是不现实的，利用 Internet 传输 EDI 报文是中小企业进行数据交换和贸易往来的最好解决方案。

（1）Internet 对 EDI 的影响。

随着计算机技术和网络技术的不断发展和应用，越来越多的公司开始利用 Internet 资源寻求新的商机。在 Internet 上应用 EDI，企业间规模和资金的限制已不复存在，小企业拥有了更多的竞争机会；同时 Internet 可以大大降低 EDI 的费用，使用 EDI 的现实和潜在的用户会越来越多。Internet 对 EDI 有以下影响。

① Internet 没有时间和空间的限制，使参与交易的范围扩大了。

② 相对于专用网络和增值网，Internet 可节省投资和运营成本。因为增值网络服务商是按照每笔生意或每千字节来收取费用，而 Internet 的连接一般只需每月付固定的费用。这是多数企业转而使用以互联网为基础的 EDI 的主要原因。

③ Internet 对数据交换提供了许多简单且易于实现的方法，用户可以使用页面完成交易。

④ Internet 服务提供商（ISP）提供了多种服务方式，节省了费用。

（2）实现 EDI 需要解决的问题。

以 Internet 为基础的 EDI 其优势是显而易见的，但是在应用过程中也存在一些问题值得我们考虑。

① 安全问题。由于 Internet 是开放性的信息传输网络，因此即使企业交易信息被加密，安全问题仍然是要考虑的实际问题。对于许多大的公司，解决的方案之一是在接入 Internet 时设立网络安全屏障（防火墙），另外，公司还要有一套网络接入的权限限制。对于中小企业而言，仅需要 EDI 而无须连接 Internet 时，就要考虑投资的大小了。

EDI 的安全性主要包括保密性、完整性和可用性三个方面的内容。

② 映射问题。通常公司内部的信息存储在关系数据库中，为了生成标准的信息，公司必须把它们从内部表示方式影射成标准信息。

③ 网络运营的可靠性。Internet 属于公共网络，其使用者与日俱增，传输故障和信息丢失的可能性常会发生，与私营网络相比，它无法提供完善的信息保证。

9.1.3 电子商务系统组成

1. 电子商务的概念模型

随着 Internet 的普及，电子商务在网上的应用领域越来越广泛，并引起了各国政府的重视和支持，得到企业各界和消费者的关注。

电子商务概念模型是将实际运作中的电子商务活动过程进行抽象描述，它由电子商务实体、电子市场、交易事务和信息流、商流、资金流、物流等基本要素构成。

（1）电子商务实体。

在电子商务概念模型中，能够从事电子商务活动的客观对象被称为电子商务实体。它可以是企业、银行、商店、政府机构、个人等。

（2）电子市场。

电子市场是电子商务实体在 Internet 上从事商品和服务交换的场所。在电子商务中，对于每个交易实体来说，所面对的都是一个电子交易市场，各种各样商务活动的参与者必须通过电子交易市场来选择交易的对象和内容，利用通信装置，通过网络连接成一个统一的整体。

（3）交易事务。

交易事务是指电子商务各实体之间所从事的具体的商务活动内容，如询价、报价、转账支付、广告宣传、商品运输等。

除以上三种要素外，还包括电子商务的每一笔交易中都包含的四种基本的“流”，即信息流、商流、资金流、物流。

信息流既包括商品信息的提供、促销行销、技术支持、售后服务等内容，也包括诸如询价单、报价单、付款通知单、转账通知单等商业贸易单证，还包括交易方的支付能力、支付信誉等。商流是指商品在购、销之间进行交易和商品所有权转移的运动过程，具体是指商品交易的一系列活动。资金流主要是指资金的转移过程，包括付款、转账等过程。物流指交易的商品或服务等物质实体的流动过程，具体包括商品的运输、储存、配送、装卸、保管、物流信息管理等各种活动。

在电子商务模式下，信息流、商流、资金流的处理都可以通过计算机和网络通信设备实现。物流只有交易的无形商品可以直接通过网络传输的方式配送，如各种电子出版物、信息咨询服务、有价信息和软件等，而对于大多数商品和服务来说，物流仍然要经由传统的经销渠道，通过物理方式传输。

在电子商务的概念模型中，强调“四流”的整合。以物流为物质基础，商流为表现形式，信息流作为连接的纽带，引导资金流正向流动。

电子商务的概念模型如图 9.5 所示。

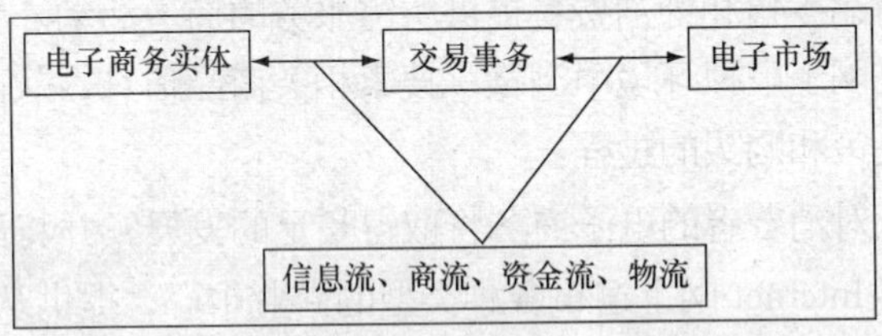

图 9.5　电子商务的概念模型

2. 电子商务的组成

所有的商业交易都需要语义确切的信息交流和处理，以减少买方和卖方之间的不确定性因素，这些不确定性因素包括交易产品的质量问题、是否有第三方对委托进行担保以及如何解决纠纷等。所有以上这些内容具体到电子商务中会变成以下一些要素，即电子商务的基本组成要素有 Internet、Intranet、Extranet、用户、配送中心、认证中心、银行、商家等，如图 9.6 所示。

图 9.6　电子商务系统的组成

（1）计算机网络。Internet 是电子商务的基础，是商务、业务信息传送的载体；Intranet 是企业内部商务活动的场所；Extranet 是企业与企业以及企业与个人进行商务活动的纽带。

（2）用户。电子商务的用户可以分为个人用户和企业用户。

（3）认证中心（CA）。认证中心是法律承认的权威机构，负责发放和管理电子证书，使网上交易的各方能互相确认身份。电子证书是一个包含证书持有人个人信息、公开密钥、证书序号、有效期、发证单位的电子签名等内容的数字文件。

（4）物流配送中心。物流配送中心的主要职责是接受商家的送货要求，组织运送无法从网上直接得到的商品，跟踪产品的流向，将商品送到消费者手中。

（5）网上银行。网上银行在 Internet 上实现传统银行的业务，为用户提供 24 小时实时服务；与信用卡公司合作，发放电子钱包，提供网上支付手段，为电子商务交易中的用户和商家服务。

3. 电子商务的分类

对电子商务可以按参与交易涉及的对象、交易所涉及的商品内容和进行交易的企业所使用的网络类型等对其进行不同的分类。

（1）按参与交易的对象分类。

按照交易对象可将电子商务分成四类。

① 企业与消费者之间的电子商务（B to C 电子商务）：B to C（Business to Customer）电子商务是在企业与消费者之间进行的商务模式，也叫做网上购物。它是通过网上商店（电子商店）实现网上在线商品零售和为消费者提供所需服务的商务活动。它是指用户为完成购物或与之有关的任务而在网上虚拟环境中浏览、搜索相关商品信息，从而为购买决策提供所需的必要信息，并实践决策和购买的过程。

从长远来看，企业对消费者的电子商务将取得长足的发展，并将最终在电子商务领域占据重要地位。目前，在 Internet 网上遍布各种类型的商业中心，提供从鲜花、书籍到计算机、汽车等各种消费商品和服务。这一类型电子商务成功应用的例子很多，如全球最大的虚拟书店 Amazon.com（http://www.amazon.com），顾客可以自己管理和跟踪货物的快递公司 Federal Express （http://www.fedex.com），网上预订外卖食品的 Pizza Hut（http://www.pizzahut.com）等。为了获得消费者的认同，网上销售商在“网络商店”的布置上往往煞费苦心。网上商品不是摆在货架上，而是做成了电子目录，里面有商品的图片、详细说明书、尺寸、价格信息等。随着 Internet 的普遍应用，这类电子商务有着强劲的发展势头。

② 企业与企业之间的电子商务（B to B 电子商务）：B to B（Business to Business）电子商务是指在 Internet 上采购商与供应商谈判、订货、签约、接受发票和付款以及索赔处理、商品发送管理、运输跟踪等所有活动。

企业间的电子商务包括非特定企业间的电子商务和特定企业间的电子商务。非特定企业间的电子商务，是在开放的网络中对每笔交易寻找最佳伙伴，并与伙伴进行从订购到结算的全面交易行为。特定企业间的电子商务，是过去一直有交易关系而且今后要继续进行交易的企业间围绕交易进行的各种商务活动，特定的企业间买卖双方既可以利用大众公用网络进行从订购到结算的全面交易行为，也可以利用企业间专门建立的网络完成买卖双方的交易。

该交易模式是指以企业为主体，在企业之间通过 Internet 或专用网方式进行电子交易活动。在可以预见的将来，企业与企业之间的电子商务将是电子商务交易的主流，就目前来看，电子商务最热心的推动者也是商家，因为相对来说，企业和企业之间的交易才是大宗的，是通过引入电子商务能够产生大量效益的地方。也是企业在面临激烈竞争的情况下，改善竞争条件、建立竞争优势的主要方法。典型的 B to B 网站如阿里巴巴（中国）电子商务网站

（http://china.alibaba.com）。

③ 消费者与消费者之间的电子商务（C to C 电子商务）：C to C（Customer-to-Customer）电子商务是消费者与消费者之间的交易。它通过 Internet 在消费者之间提供进行交易的环境，如网上拍卖、在线竞价交易等。典型的拍卖网站如雅宝拍卖网（http://www.yabuy.com）。

④ 企业与政府之间的电子商务（B to G 电子商务）：B to G（Business to Government）电子商务覆盖了政府与企业组织间的各项事务，包括政府采购、税收、商检、管理条例发布，法规政策颁布等。它是政府机构应用现代信息和通信技术，将管理和服务通过网络技术进行集成，在 Internet 上实现政府组织机构和工作流程的优化重组，超越时间、空间及部门之间的分隔限制，向社会提供优质和全方位的、规范而透明的、符合国际标准的管理和服务。

在电子商务中，政府担当着双重角色，既是电子商务的使用者，进行购买活动，属商业行为；又是电子商务的宏观管理者，对电子商务起着扶持和规范的作用。

（2）按交易所涉及的商品内容分类。

① 有形商品电子商务（间接电子商务）：有形商品指实体类商品，它的交易过程中所涉及的信息流和资金流完全可以在网上传输，买卖双方在网上签订购货合同后又可以在网上完成货款支付。但交易的有形商品必须由卖方通过某种运输方式送达买方指定地点，所以有形商品电子商务还必须解决好货物配送的问题。有形商品交易电子商务由于三流（信息流、资金流、物流）不能完全在网上传输，又称非完全电子商务。

② 无形商品电子商务（直接电子商务）：无形商品指包括软件、电影、音乐、电子读物、信息服务等可以数字化的商品，这类无形商品交易可以直接在网上联机订购、付款和交付或免费下载。无形商品网上交易与有形商品网上交易的区别在于前者可以通过网络将商品直接送到购买者手中。这种无形商品电子商务模式完全可以在网上实现，又称完全电子商务。

（3）按照电子商务所使用的网络类型分类。

按照电子商务所使用的网络类型可以将电子商务分为三类。

① EDI 商务。EDI 是按照一个公认的标准和协议，将商务活动中涉及的文件标准化和格式化，通过计算机网络，在贸易伙伴的计算机网络系统之间进行数据交换和自动处理。

② Internet 商务。Internet 商务是利用连通全球的网络开展的电子商务活动。它以计算机、通信、多媒体、数据库技术为基础，在网上实现营销、购物服务，真正实现了网上商务投入少，成本低、零库存、高效率的优势，避免了商品的无效搬运，从而实现了社会资源的高效运转和最大节余。消费者不再受时间、空间和厂商的限制，在网上以最低的价格获得了最为满意的商品和服务。

在 Internet 上可以进行各种形式的电子商务业务，这种方式涉及的领域广泛，全世界各个企业和个人都可以参与，是目前电子商务的主要形式。

③ Intranet 商务。Intranet（企业内部网）是在 Internet 基础上发展起来的企业内部网，它在原有的局域网上附加一些特定的软件，将局域网与 Internet 网连接起来，从而形成企业内部的虚拟网络。Intranet 与 Internet 最主要的区别在于 Intranet 内的敏感或享有产权的信息受到企业防火墙安全网点的保护，它只允许被授权者访问内部网点，外部人员只有在许可条件下才可进入企业的 Intranet。

Intranet 将大、中型企业分布在各地的分支机构及企业内部有关部门和各种信息，通过网络予以连接，使企业各级管理人员能够通过网络获取信息，利用在线业务的申请和注册代替纸张贸易和内部流通的形式，通过这种形式形成一个商务活动链，这样可以大大提高工作效率和降低业务的成本。

9.2 电子商务的应用及影响

电子商务可以通过 Internet 提供网上营销、服务、交易和管理等全过程的服务，因此，它具有业务组织与运作、信息发布、网上订购、网上支付、网上金融等各项功能和应用。电子商务作为时代的一种新的商贸形式，从根本上改变了传统商务运作的过程和方法，对社会的生产和管理、人们的生活和就业、政府职能、法律制度以及文化教育等各个领域产生了巨大的影响。

9.2.1 网络营销

网络营销（Network marketing）也称为网络营销（Web marketing）、在线营销（Online marketing）或因特网营销（Internet marketing），是指利用网络通信技术进行营销的一种电子商务活动。随着因特网和电子商务应用的迅速普及，网络营销也迅速兴起并快速发展，且成为电子商务加速推广的重要推动力。

网络营销不限于厂商为客户提供商品和服务信息，而是贯穿于厂商与厂商之间、厂商与消费者之间的商品买卖、产品促销、商务洽谈、信息咨询、广告发布、市场调查、付款结算、售前售后服务、技术协作等全方位商业交易活动。它使营销活动的范围扩大到全世界和虚拟的网络空间，使营销活动的时间延长到每天 24 小时、一年 365 天。

因特网在美国问世，网络营销也首先出现在美国，美国政府制定了“网络营销政策性框架”，鼓励企业推广网络营销和电子商务，政府率先垂范，从 1997 年 1 月 1 日起联邦政府各部门采购全面采用网上招标方式，要求所有与美国政府部门做生意的民间企业，都要通过网络进行洽谈，诸如工程发包通告、投标文件、估价报表、规格说明、设计要点、竣工报告等文件资料都要在网络上呈报或交流，各种工程款项也通过网络结算和电子交付。

IR 发布的一则数据，显示了全球电子商务的发展态势。其引用 Goldman Sachs 的一组数据显示，2010 年全球电子商务规模为 5 725 亿美元，平均增速为 19.4%；预计到 2013 年全球电子商务销售额将接近万亿美元，达到 9 630 亿美元。这为网络营销提供了广阔的发展空间和市场需求。随着安全性、保密性等问题得到解决，网络营销将会有更快的发展。网络营销不仅会改变传统营销方式，还会改变人们的生活和工作方式。

网络营销具有以下特点。

（1）网络营销具有全球性，可以使企业营销活动拓展到最大市场范围。

迄今，因特网的全球用户已达 5 亿多人，因此，利用因特网进行营销活动具有雄厚的用户基础。接入因特网就意味着进入了这个巨大的全球市场，因特网将成为商家进行市场扩张的最佳工具。当然，企业必须考虑这种营销环境的变化，研究如何开发这种新型营销方式的巨大潜力，确定合理的营销战略。网络营销的全球性为国际贸易提供了方便，帮助世界范围内的进出口商建立直接联系，出口商可以在网上发布商品信息，图文并茂地展示供应商品；

进口商需要什么商品可通过 E-mail 及时联系成交。

（2）网络营销具有交互性，为企业提供快速应变能力。

现代企业的经营活动向规模化、全球化发展，如何提高企业的应变能力，尽快开发或组织适销对路的产品以满足消费者需求，是企业成败的关键。"市场如战场，信息决胜负"，这是日本松下电器公司的座右铭。因为光有市场没有适销对路产品的企业是没有竞争力的。企业为了了解市场动向，了解消费者对产品的意见和要求，传统的市场调查方式通常是：①调查人员在现场进行观察；②将预先准备好的调查表格让被调查者填写；③通过小规模的试验来了解产品及其发展前景，如试用、试穿、试吃或在某一地区试销，从而了解新产品是否受消费者欢迎；④对现成的销售数据和用户资料等进行分析研究。以上几种传统的市场调查方式固然可以为企业提供一些反馈信息，但时效性差，受调查的对象面窄，无法适应瞬息万变大市场的需要。因特网营销不仅有提供消费者反馈信息的广阔天地，而且它的交互性及快速信息传递，可让企业及时地、广泛地听取消费者的意见或建议。因特网可以实现买卖双方的相互交流，对生产企业来说可根据消费者的要求及时改变产品设计，开发新产品，直接提供各种交互式服务；对商业企业来说，可根据消费者需求组织货源。由此可见，因特网的交互性可提高企业对市场变化的快速反应能力。

（3）网络营销的定制化有助于实现以消费者为中心的营销理念。

企业提供的各种销售信息可以在服务器中集中存储，但它们仍然能独立运行、存入或输出。这样，企业可以以消费者为中心处理商品信息，有针对性地推销自己的产品，能克服传统促销方式把消费者不喜欢的商品强行推销造成消费者反感的缺陷。在网上推出的各类商品目录，可以让消费者比较挑选，从而迅速、经济、实惠地达到采购目标。

（4）网络营销的互联性可加强企业间的协作关系。

利用内联网（Intranet）与外联网（Extranet）技术，各企业可在内部信息安全的基础上共享相关数据信息，协调管理项目，增加企业协同开发新产品的机会和联合提供优质服务的能力。一个产品的设计和开发制造，可以由不同的企业间共同完成，先在联网的计算机上单独完成各个部分和环节，再进行组合完成。因特网的这种特性尤其适用于技术难度大、投资大、风险大的国际间合作开发的项目。协作单位可通过远程会议等交流，因而能大大缩短设计周期，节约旅费开支，从而降低产品成本。

（5）网络营销的平等性营造了相对公平的市场竞争环境。

在传统的营销活动中，由于地理环境、配备设施、店面大小、市场规模、交通状况等因素，其营销效果和经营状况差别巨大。这种不平等的竞争环境，会影响企业的竞争努力，形成市场垄断。采用网络营销，因为任何厂商都可以自由地在网上开设虚拟商店，其商品展示是全方位的，不管这种商品来自何方，展示的机会是均等的，不受时空限制。就消费者而言，任何人都可以通过因特网随心所欲地去浏览网上任何虚拟商店里的任何虚拟商品，并进行"货比三家"，从而确定自己的购买行为。由此可见，网络营销方式对任何厂商和消费者都是平等的。在因特网上进行商务活动的厂商不是靠组织机构的大小参与竞争，而是靠提高服务价值、服务质量和信誉来取胜。

（6）网络营销的商品多，成本低。

网络营销的商品不受限制，只要网络服务器有足够容量，送货等售后服务能跟上，可以包罗万象。一家网上虚拟商场往往可以提供几十万、上百万种商品，甚至还有各种服务项目，如飞机票、电影票等都可以经营。

网络营销只需设立一个虚拟商场（由一台网络服务器承担）或一个虚拟商店（由一个主页承担并将它联到租用的网络服务器）就可以了，企业所要推销的商品将其外型、性能、用途、价格、售后服务等信息都存储在网络服务器内。传统的店面租金相当昂贵，特别是黄金地段那更是寸土如寸金，而购置一台联网服务器设备的费用要低得多。“虚拟铺面”中摆放多少商品几乎没有限制，而且经营方式也很灵活，既可以做批发商，也可以做零售商。亚马逊（Amazon）是全球最大的网上书店，经营的图书达100多万种，若把这些书上在传统书店里展示，几乎是不可想象的，面积将会十分巨大。传统商家为压低进货成本，往往采用批量进货，这不仅会带来相当大的资金压力和经营风险，而且库存商品的盘点、存放、保管、养护等各个环节都需要人力、物力和财力；而虚拟商场没有实物库存，可节约仓储开支。

虚拟商场同时兼备了促销功能，其“货架”上的商品同时又是广告宣传的样品，经营者节省广告费用。另外，厂商营销人员减少、纸广告资料的减少均可降低营销成本。

网络营销实际上是一种直销方式，因而可以减少商品流通的中间环节，如批发商、零售商等。传统营销方式中虽也有直销方式，上门推销商品，但盲目性较大，成功率不高。而厂方自己开设专卖店，虽可克服上述的盲目性，但需租用店面增加开支，营销成本的降低幅度有限。

9.2.2 面向电子商务的网上谈判系统

这一过程大致可以分为交易前、交易中、交易后三个阶段。

1. 交易前

这一阶段主要是指买卖双方和参与交易各方在签约前的准备活动，包括在各种商务网络和因特网上寻找交易机会，通过交换信息来比较价格和条件，了解各方的贸易政策，选择交易对象。

买方要买什么，就相应地去准备购货款，制订购货计划，进行资源市场调整和市场分析，反复查询市场，了解各卖方国家的贸易政策，来回修改购货计划和进货计划，确定和审批购货计划，再落实购买商品的种类、数量、规格、价格、购货地点和交易方式。尤其要利用Internet和各种电子商务网络寻找自己的商品和商家。

卖方要卖什么，也相应地去作全面的市场调查和市场分析，制定各种销售策略和销售方式，了解各买方国家的贸易政策，利用因特网和各种电子商务网络发布商品信息，寻找贸易合作伙伴和交易机会，目的无非就是扩大贸易范围和商品的市场份额。

其他参加交易各方还有中介，银行金融机构，信用卡、保险、运输等公司，海关、商检、税务等系统，都要为电子商务交易做好准备。

2. 交易中

（1）交易谈判和签订合同。

买卖双方利用电子商务系统就所有交易细节在网上谈判，将磋商结果做成文件，以电子文件形式签订贸易合同。明确权利、义务、标的商品的种类、数量、价格、交货定点、交货期、交易方式和运输方式、违约和索赔等合同条款后，双方就可以用EDI签约，用数字签字签约也行。

（2）办理交易前的手续。

买卖双方从签订合同到开始履行合同要办理诸多手续，这也是双方交易的准备过程。交易中可能要这些单位打交道：中介方，银行金融机构，信用卡、保险、运输等公司，海关、商检、税务等系统。买卖双方主要用EDI跟这些单位交换电子票据和电子单证，直到办理完一切手续、商品开始发货为止。

3. 交易后

交易后包括交易合同的履行、服务、索赔等活动。从买卖双方办完所有手续后开始，卖方备货、组货、发货，买卖双方可以通过电子商务服务器跟踪发出的货物，银行和金融机构按合同处理双方收付款和结算，出具单据，直到买方收到货、卖方收到货款，整个交易过程告终。买卖双方交易中出现违约时，受损方要向违约方索赔。

不同类型的电子商务交易，虽然都包括上述三个阶段，但流转程式有所不同。对于Internet商业来讲，基本上可以归纳为两种：网络商品直销、网络商品中介交易。

9.2.3 电子商务对企业与社会变革带来的影响

1. 电子商务对企业的影响

（1）企业组织信息传递的方式，由过去单向的“一对多式”转换为双向的“多对多式”。在网络化的企业组织结构里，信息无须经过中间环节就可以达到各方的沟通，使工作效率得到了很大程度的提高。

（2）电子商务打破了传统职能部门依赖于分工与协作完成整个工作任务的过程，形成了并行工程的思想。改变了过去只有市场部和销售部才可以与客户打交道的状态，在电子商务的构架里，其他职能部门也可以通过商务网络与客户频繁接触。原有各工作单元之间的界限被打破，重新组合成了一个直接为客户服务的工作组。这个工作组直接与市场接轨，以市场的最终效果来衡量生产流程的组织状况和各组织单元间协作的好坏。

（3）企业的经营活动打破了时间和空间的限制，虚拟企业——一种新型的企业组织形式诞生了。它打破了企业之间、产业之间、地域之间的一切界限，把现有资源组合成为一种超越时空、利用电子手段传输信息的经营实体。虚拟企业可以是企业内部几个要素的组合，也可以是不同企业之间的要素组合。其管理由原来的相互控制转向相互支持，由监视转向激励，由命令转向指导。

2. 电子商务对社会经济的影响

电子商务是互联网技术发展日益成熟的直接结果，是网络技术发展的新方向。它不仅改变了企业本身的生产、经营和管理，而且对传统的贸易方式带来了巨大的冲击。电子商务最明显的标志便是增加了贸易机会，降低了贸易成本，提高了贸易的效益。它大大地改变了商务模式，带动了经济结构的变革，对现代经济活动产生了巨大的影响。

（1）促使全球经济的发展。电子商务使贸易的范围空前扩大，从而引起全球贸易活动的大幅度增加，促使全球范围内的经济有一个良好的发展趋势。

（2）促使知识经济的发展。信息产业是知识经济的核心和最主要的推动力，而电子商务又站在信息产业的最前列，因此，电子商务的发展必将直接或间接地推动知识经济的发展。

（3）促使新兴行业的产生。在电子商务环境下，传统的商务模式发生了根本性的变化，社会分工将重新组合，因而会产生许多新兴行业来配合电子商务的顺利运转。例如，Internet服务提供商、Internet内容提供商、网上商店、网络银行，以及各种类型的网上搜索引擎等。还有，网上购物使得送货上门成为一项极为重要的服务业务，导致出现快递公司、物流公司等专门从事送、配货业务的行业。因此，电子商务为社会创造了更多的就业机会和社会财富。

9.3 电子政务的产生与发展

电子政务是政府在国民经济和社会信息化的背景下，以提高政府办公效率，改善决策和投资环境为目标，将政府的信息发布、管理、服务、沟通功能向互联网上迁移的系统解决方案。同时也提供了结合政府管理流程再造，构建和优化政府内部管理系统、决策支持系统、办公自动化系统，为政府信息管理、服务水平的提高提供强大的技术和咨询支持。

9.3.1 电子政务的概念

电子政务即政务信息化，是指国家机关在政务活动中，全面应用现代信息技术进行办公和管理，为社会公众提供服务。

电子政务，目前有很多种说法，如电子政府、网络政府、政府信息化管理等。真正的电子政务绝不是简单的“政府上网工程”，更不是为数不多的网页型网站系统。

严格地说，所谓电子政务，就是政府机构应用现代信息和通信技术，将管理和服务通过网络技术进行集成，在互联网上实现政府组织结构和工作流程的优化重组，超越时间和空间及部门之间的分隔限制，向社会提供优质和全方位的、规范而透明的、符合国际水准的管理和服务。

电子政务是一个系统工程，应该符合以下三个基本条件。

第一，电子政务是必须借助于电子信息化硬件系统、数字网络技术和相关软件技术的综合服务系统；硬件部分包括内部局域网、外部互联网、系统通信系统和专用线路等；软件部分包括大型数据库管理系统、信息传输平台、权限管理平台、文件形成和审批上传系统、新闻发布系统、服务管理系统、政策法规发布系统、用户服务和管理系统、人事及档案管理系统、福利及住房公积金管理系统等数十个系统。

第二，电子政务是处理与政府有关的公开事务、内部事务的综合系统。除了包括政府机关内部的行政事务以外，还包括立法、司法部门以及其他一些公共组织的管理事务，如检务、审务、社区事务等。

第三，电子政务是新型的、先进的、革命性的政务管理系统。电子政务并不是简单地将传统的政府管理事务原封不动地搬到互联网上，而是要对其进行组织结构的重组和业务流程的再造。因此，电子政府在管理方面与传统政府管理之间有显著的区别。

9.3.2 电子政务的产生与发展

20世纪90年代后，随着国际互联网技术的迅速发展以及在政府公共管理中的应用，电子政务、电子政府等一些新的概念也很快产生，其含义是指在政府内部办公自动化的基础上，利用计算机技术、通信技术和网络技术，建立起网络化的政府信息系统，并通过不同的信息服务设施如网络、计算机、电话等工具，为企业、社会乃至公民个人提供政府信息和其他公共服务，并且打破了传统政府管理受到时间、空间限制的界限，改变政府的管理方式。

我国的政府信息化建设是沿着“机关内部办公自动化——管理部门的电子化工程（如金关工程、金税工程等“金”字工程）——“全面的政府上网工程”，这一条线展开的。总的来说，我国的政府信息化进程共经历了四个阶段，即起步阶段、推进阶段、发展阶段和高速发展阶段。

1. 起步阶段（20 世纪 80 年代初至 90 年代初）

中央和地方党政机关所开展的办公自动化（OA）工程，建立了各种纵向和横向的内部信息办公网络。1992 年，为了推进政府机关的自动化程度，在政府机关普及推广计算机的使用，国务院办公室下发文件《国务院办公厅关于建设全国政府行政首脑机关办公决策服务系统的通知》((1992)25)。该文件下发以后，在国务院办公厅统一指导下，经过各地区、各部门近十年的积极努力，全国政府系统信息化建设取得了长足的发展。

2. 推进阶段（20 世纪 90 年代初至 90 年代末）

1993 年，国务院信息化工作领导小组拟定了《国家信息化“九五”规划和 2010 年远景目标（纲要）》，国务院要求当时的电子部与有关部委大力协调，抓好几项重大的信息工程。

1993 年底，为适应全球建设信息高速度公路的潮流，中国正式启动了国民经济信息化的起步工程——“三金工程”，即金桥工程、金关工程和金卡工程。“三金工程”是我国中央政府主导的以政府信息化为特征的系统工程，是我国政府信息化的雏形。在“金”字工程推动下，部分政府部门的网络建设，电子化的的深度都得到了一定的发展，并积累了一定的经验。

3. 发展阶段（1999 年—2001 年）

1999 年 1 月，40 多个部委的信息主管部门共同倡议发起了“政府上网工程”，其目标是在 1999 年实现 60%以上的部委和各级政府部门上网，在 2000 年实现 80%以上的部委和各级政府部门上网。通过启动“政府上网工程”及相关的一系列工程，实现我国迈入“网络社会”，提供政府信息资源共享和应用项目，政府站点与政府的办公自动化连通，与政府各部门的职能紧密结合，使政府站点演变为便民服务的窗口，实现人们足不出户完成与政府部门的办事程序。利用政府职能启动行业用户上网工程，如“企业上网工程”、“家庭上网工程”等，实现各行各业、千家万户联入网络，通过网络实现信息共享、多种社会功能，形成“网络社会”。

4. 高速发展阶段（2002 年至今）

国家不断培育政府信息化发展的宏观环境。2002 年是政府信息化逐渐由“由概念变成现实，由争论转入实施，由含混转为清晰”的一年。从“割据”向“统一”发展。

目前，我国做得比较好的电子政务建设的有两个地区：一个是上海超算中心，另一个是成都云计算中心。其中上海超算是国内第一个向社会开放，实现资源共享的高性能计算机公共服务平台，为上海各行业提供了大量的高性能计算应用服务；成都云计算中心是一个集政务信息化服务平台和公共计算机服务平台为一身的超级计算机中心，它立足成都，辐射西南，是国内一流的高性能计算机技术支持中心，实现了电子政务信息资源共建共享，避免信息孤岛和重复建设的目标，有效地节省资金投入和防止资源浪费。

9.4 电子政务的应用

根据用户的不同，电子政务的应用模式分为四种类型，每种应用模式又有其具体的实现方式。电子政务系统的规划内容要遵循一定的原则和建设方法。

9.4.1 电子政务模式类型

作为以网络技术为核心的信息技术在政府管理与服务中的基本应用，电子政务正在世界范围内蓬勃兴起，必将对传统的政府管理活动产生根本性的变革。电子政务所包含的内容极为广泛，几乎可以包括传统政务活动的各个方面。根据近年来国际电子政务的发展和我国电子政务的实践，目前，电子政务的主要模式有 G to G 模式、G to E 模式、G to B 模式和 G to C 模式四种。

1. G to G 电子政务

G to G 电子政务即政府（Government）与政府（Government）之间的电子政务，又称作 G2G，它是指政府内部、政府上下级之间、不同地区和不同职能部门之间实现的电子政务活动。G to G 模式是电子政务的基本模式。具体的实现方式可分为以下几种。

（1）政府内部网络办公系统。

（2）电子法规、政策系统。

（3）电子公文系统。

（4）电子司法档案系统。

（5）电子财政管理系统。

（6）电子培训系统。

（7）垂直网络化管理系统。

（8）横向网络协调管理系统。

（9）网络业绩评价系统。

（10）城市网络管理系统。

从以上概括的 10 个方面可以看出，传统的政府与政府间的大部分政务活动都可以通过网络技术的应用高速度、高效率、低成本地实现。

2. G to B 电子政务

G to B 电子政务是指政府（Government）与企业（Business）之间的电子政务，又称作 G2B。企业是国民经济发展的基本经济细胞，促进企业发展，提高企业的市场适应能力和国际竞争力是各级政府机构共同的责任。对政府来说，G to B 电子政务的形式主要包括以下几种。

（1）政府电子化采购。

（2）电子税务系统。

（3）电子工商行政管理系统。

（4）电子外经贸管理。

（5）中小企业电子化服务。

（6）综合信息服务系统。

G to B 电子政务活动远不止这些，实际上只要与企业发生直接或间接联系的政府管理部门都可在一定程度上通过电子政务方式代替传统形式的政务活动，以提高效率，降低成本，为企业提供更大的方便。

3. G to C 电子政务

G to C 电子政务是指政府（Government）与公民（Citizen）之间的电子政务，又称作 G2C，是指政府通过电子网络系统为公民提供各种服务。G to C 电子政务所包含的内容十分广泛，其主要应用包括以下一些方面。

（1）电子身份认证。

（2）电子社会保障服务。

（3）电子民主管理。

（4）电子医疗服务。

（5）电子就业服务。

（6）电子教育、培训服务。

在提供电子教育与服务方面，政府可从以下几方面入手。

① 出资建立全国性的教育平台，资助相应的教学、科研机构、图书馆接入互联网和政府教育平台。

② 出资开发高水平的教育资源向社会开放。

③ 资助边远、贫困地区信息技术的应用，逐步消除落后地区与发达地区之间业已存在的“数字鸿沟”。

4. G to E 电子政务

G to E 电子政务是指政府（Government）与政府公务员（即政府雇员）（Employee）之间的电子政务，又称作 G2E。G to E 电子政务是政府机构通过网络技术实现内部电子化管理的重要形式，也是 G to G、G to B 和 G to C 电子政务模式的基础。G to E 电子政务主要是利用 Intranet 建立起有效的行政办公和员工管理体系，为提高政府工作效率和公务员管理水平服务。具体的应用主要有以下两种。

（1）公务员日常管理。

（2）电子人事管理。

G to E 电子政务的形式主要应从不同政府部门需求的实际出发，探索具体可行的电子化管理方式。

9.4.2 电子政务系统的规划与建设

1. 电子政务系统规划的主要任务

整个电子政务系统的建设要以优化政府管理工作的各核心业务流程，提高工作效率，更好地发挥政府宏观管理、综合协调与服务的职能为总体目标。因此，电子政务系统规划的主要任务如下。

（1）改革政府管理模式，优化业务工作流程。

这项工作是实现政务信息化的前提和基础。实施电子政务工程不是简单地将现有业务、办公、办事程序原封不动地搬到计算机上，而是对传统的工作模式、工作方法、工作手段进行革新，使其在网络上顺畅运行，提高效率，节约成本。

（2）根据需要加快建设宽带高速政务网络系统。

宽带高速网络是信息化基础设施的重要组成部分，也是电子政务基础设施。电子政务工程依托宽带高速网络系统建设，各机关面向企业和公众的政务工作也需要在宽带高速网络系统上展开，因此，必须进一步加快建设连接各部门、各级政府的宽带高速的专用政务网络系统。

（3）尽快建设一批重点信息化应用项目，推进政务公开，提高办事效率。

① 继续建设和完善政务中心网站。各级政府建设政务网站，进一步突出政务功能，真正成为各级政府政务公开、为民服务的窗口。

② 积极推进网络办公，为社会提供法规、管理咨询和申报、登记审批等服务。

③ 加快机关内部信息系统建设是电子政务的先导。

④ 电子政务工程的关键是应用，因此要重点建设一批关系经济与社会发展的信息化应用项目，如社会保障、社区服务、空间信息、领导辅助决策、应急指挥等信息系统。

2. 电子政务系统规划内容制定的原则

（1）全局性。

一个地方、一个部门的电子政务规划，要从本部门、本地区公共管理的全局出发，要与国家的要求一致，防止以偏概全，只见树木，不见森林。

（2）政务绩效主导。

规划应以提高行政能力，改善政务绩效为主线，根据提高行政能力，改善政务绩效的需要，实事求是地分析推导出应用系统开发、信息资源建设的目标和任务。不能采取先提网络、应用系统和数据库建设任务，再寻找政务需求的方法。

（3）前瞻性。

电子政务从需求分析到实现，需要几个月甚至几年的周期，政府职能转变、机构调整又是各级政府面临的现实要求，因此，电子政务的规划一定要有前瞻性。要防止电子政务固化不合理的职能分工和流程。

（4）突出重点。

电子政务不是一蹴而就的。它的成功，需要制度、人才、资金和其他条件的支持，是一个逐步发展的过程。所以，规划要突出重点，分阶段推进。

（5）整合资源。

规划一定要对已有资源进行调整和整合，做到资源的充分利用。

3. 电子政务系统规划的内容

电子政务系统作为信息系统，它的建设和开发遵循信息系统的生命周期理论，一般可以分为系统规划、系统分析、系统设计、系统实施、系统运行维护和评价五个阶段。其中每个阶段都有明确的任务，并需产生一定规格的文档资料交付给下一阶段，而下阶段则在上阶段所交付的文档的基础上继续进行开发过程。电子政务系统的生命周期如图 9.7 所示。

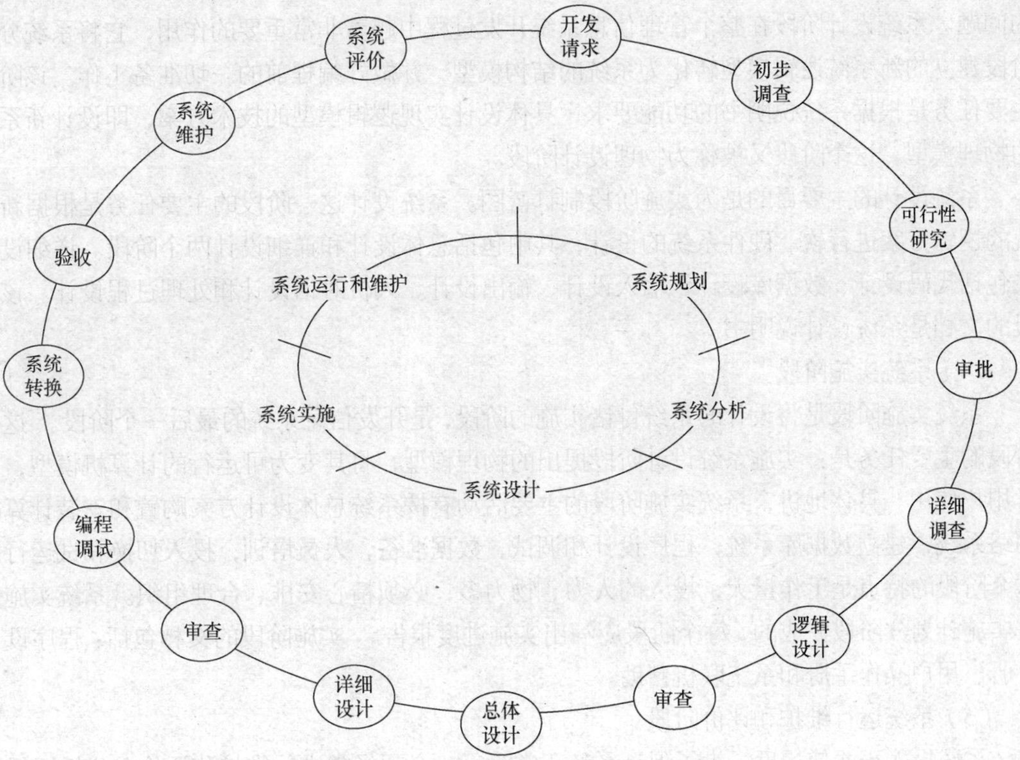

图 9.7　电子政务系统生命周期

（1）系统规划阶段。

信息系统开发的第一个阶段是系统规划。系统规划阶段的主要任务是：根据用户的系统开发请求，进行环境评价和初步调查；明确信息系统目标，对新系统的需求做出分析和预测；给出拟建系统的备选方案，对这些方案进行可行性分析，写出可行性分析报告；把可行性分析报告提交给决策者审核，若通过，则报告作为系统分析阶段的任务书，提交给下一阶段的系统分析员。

这一阶段的主要工作包括组织与管理、技术、经济方面的可行性分析。该阶段的主要目标是明确系统整个生命周期内的发展方向、系统规模和开发计划。系统规划的目的是使建设工作有良好的阶段性，以缩短系统开发周期，节约开发费用。系统规划是信息系统建设成功的关键之一，它比具体项目的开发更为重要。值得强调的是，信息系统的规划，除了考虑建设新系统的环境、资源等约束力，还必须与应用目标相结合。

（2）系统分析阶段。

系统分析阶段的任务是：根据系统设计任务书所确定的范围，对现行系统进行详细调查，包括用户的需求分析、业务流程的分析，指出现行系统的局限性和不足；建立新系统的逻辑模型。这个阶段又被称为逻辑设计阶段。系统分析阶段是系统开发工作中的关键阶段，也是信息系统建设与一般工程项目的重要区别所在。这一阶段的主要工作是弄清楚业务或数据流程，确定系统应具备哪些功能。该阶段的文档是系统说明书。它不仅要给用户看，还将成为系统设计和将来验收的依据。所以，系统说明书既要通俗，又要准确。

（3）系统设计阶段。

系统分析阶段的任务是回答系统“做什么”的问题，而系统设计阶段回答的是“怎么做”

的问题。系统设计阶段在整个管理信息系统开发过程中起着非常重要的作用，它将系统分析阶段建立的新系统逻辑模型转化为系统的结构模型，并做好编程前的一切准备工作。该阶段主要任务是根据系统说明书的功能要求，具体设计实现逻辑模型的技术方案，即设计新系统的物理模型。这个阶段又被称为物理设计阶段。

系统设计的主要目的是为实施阶段制订蓝图。系统设计这一阶段的主要任务是根据新系统的逻辑方案进行软、硬件系统的设计，其中包括总体设计和详细设计两个阶段。详细设计又包括代码设计、数据库设计、输入设计、输出设计、人机对话设计和处理过程设计。该阶段的文档是系统设计说明书。

（4）系统实施阶段。

系统实施阶段是将设计的系统付诸实施的阶段，是开发信息系统的最后一个阶段。这个阶段的主要任务是：实施系统设计阶段提出的物理模型，将其变为可运行的计算机模型，交付用户使用。具体地讲，系统实施阶段的主要活动有按系统总体设计方案购置和安装计算机网络系统，建立数据库系统，程序设计和调试，数据准备，人员培训，投入切换和试运行。这个阶段的特点是工作量大，投入的人力、物力多，必须精心安排、合理组织。系统实施是按实施计划分阶段完成的，每个阶段应写出实施进度报告。实施阶段的文档包括：程序设计手册、用户操作手册和系统联机帮助。

（5）系统运行维护和评价阶段。

系统投入正式使用后，为了保证系统正常运行，必须经常进行维护和评价，分析运行结果，必要时对系统进行修改。这个阶段的特点是时间长，要延续到下一个替代系统开发出来。该阶段的任务是：延长信息系统的生命周期，充分发挥系统的价值。电子政务系统开发过程如图 9.8 所示。

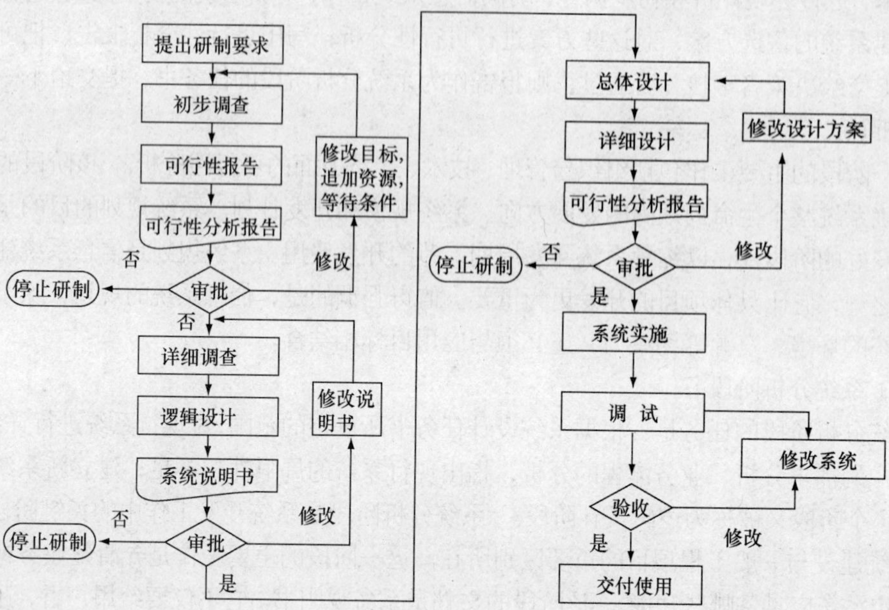

图 9.8 电子政务系统开发过程

4. 电子政务系统规划的方法

（1）关键成功因素法。

关键成功因素法（CSF）是由美国哈佛大学教授 William Zani 在 MIS 模型中首次采用的，关键成功因素法源自机构目标，经过目标分解和识别、关键成功因素识别、性能指标识别，一直到产生数据字典。这好像建立一个数据库，一直细化到数据字典。关键成功因素就是要识别联系于系统目标的主要数据类及其关系，识别关键成功因素所用的工具是鱼骨因果图。

（2）战略目标集转化法。

战略目标集转化法（SST）是由 William King 提出的，他把整个战略目标看成是一个"信息集合"，由使命、目标、战略和其他战略变量（如管理的复杂性、改革习惯以及重要的环境约束）等组成。总体规划的目的就是为了确定电子政务系统的战略目标，并保证它们与机构总体的战略目标保持一致，从而实现这些信息系统对机构长久战略的支持。电子政务系统战略规划过程是把组织的战略目标转变为系统战略目标的过程。

（3）业务系统计划法。

业务系统计划法（BSP）是 IBM 公司作为内部系统开发的一种方法。它是一种对企业信息系统进行规划和设计的结构化方法，它能够帮助规划人员根据机构目标制订出信息系统战略规划。其基本原则如下。

① 确定信息系统总体结构，明确系统的子系统组成和子系统的开发顺序。

② 对数据进行统一规划、管理和控制，明确各子系统之间的数据交换关系，保证信息的一致性。机构如果有改善机构信息系统的需要，以及有建立信息系统总体战略的需要，就可以采用 BSP 方法。

BSP 关系的是整体的、长期的和综合的信息系统建设。BSP 的基本思路示意图如图 9.9 所示。

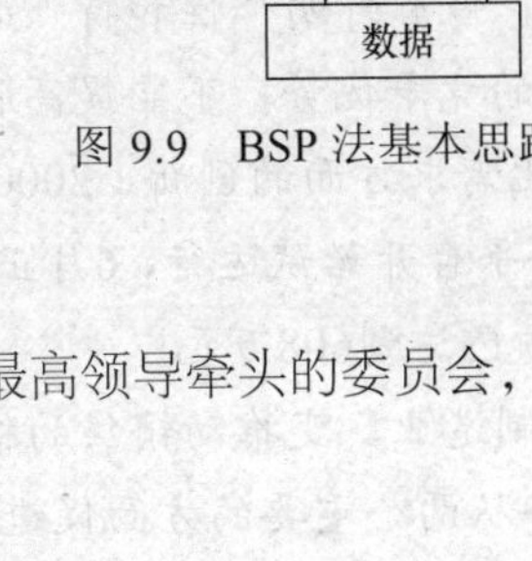

图 9.9　BSP 法基本思路示意图

BSP 的主要步骤如下。

- 准备工作：成立由最高领导牵头的委员会，下设规划研究小组，并提出工作计划。
- 调研。
- 定义业务过程。
- 业务过程重组。
- 定义数据类。
- 定义信息系统总体结构：利用 U/C 矩阵法划分子系统。
- 确定总体结构中的优先顺序。

- 提交 BSP 研究报告。

（4）三种规划方法的比较。

CSF、SST、BSP 三种规划方法的比较如表 9.1 所示。

表 9.1　三种规划方法的比较

	特　点	适用范围	缺　陷
CSF 方法	能抓住主要矛盾，使目标的识别突出重点；这种方法和领导的日常工作比较贴近，使用简单	确定较高管理层次的问题	关键成功因素的确定带有一定的随意性，不太擅长更加具体的设计和实施问题的解答
SST 方法	识别出的目标反映了各种人员的要求，并给出了要求的分层结构，总结出机构的战略集，然后转化为电子政务系统的目标	保证战略目标比较全面	突出重点方面不如 CSF 法
BSP 方法	通过对机构“过程”和数据类的全面调查及分析，完成对信息系统的规划	比较系统全面，基本概念中强调目标	没有明确的目标确定方法

案例 1

海尔电子商务的成功案例分析

网络经济时代的到来，企业如何发展，是一个崭新而迫切的的问题。人类在21世纪将面临“网络革命和基因革命”的观点，对应于这种新趋势，海尔集团从1999年4月就开始了“三个方向的转移”。第一是管理方向的转移（从直线职能性组织结构向业务流程再造的市场链转移）；第二是市场方向的转移（从国内市场向国外市场转移）；第三是产业的转移（从制造业向服务业转移）。这些都为海尔开展电子商务奠定了必要的基础。

1. 应用背景

中国企业如果在网上再没有拓展，传统业务与网络挂不上钩，在网络经济时代就没有生存权。在由网络搭建的全球市场竞争平台上，企业的优劣势被无情地放大，因为新经济时代下，企业就是在（信息）高速公路上行驶的车辆，车况好的车，能够在信息高速公路上发挥优势，而破旧的车，即使在高速公路上，也只有被远远抛在后面的结局。

2. 海尔与众不同的电子商务模式

三个月增长10倍速的海尔电子商务，做有鲜明个性和特点的垂直门户网站。以通过电子商务手段更进一步增强海尔在家电领域的竞争优势，不靠提高服务费来取得盈利，而是以提高在B2B的大量的交易额和B2C的个性化需求方面的创新。2000年3月10日，海尔投资成立电子商务有限公司。4月18日海尔电子商务平台开始试运行，6月正式运营。截至12月31日，B2B的采购额已达到77.8亿元，B2C的销售额已达到608万元。

优化供应链取代本公司的（部分）制造业，变推动销售的模式为拉动销售模式，提高新经济的企业的核心竞争力。海尔电子商务从两个重要的方面促进了新经济的模式运作的变化。一是B2B（企业对企业）的电子商务，它促使外部供应链取代自己的部分制造业务；通过B2B业务，仅给分供方的成本降低就收益8%～12%。二是从B2C的电子商务的角度，它促进了企业与消费者的继续深化的交流，这种交流全方位提升了企业的品牌价值。

把商家也变成设计师，“个性化”不会增加成本。海尔电子商务最大的特点就是个性化。

2001年海尔在内部就提出了与客户之间是零距离，而此前客户的选择余地是有限的，这对厂家有利，现在一上网，用户要定制他自己的产品，这并不是所有企业都能做到的。

3. 海尔实施电子商务的优势

首先，在产业方向转移方面，海尔已实现了网络化管理、网络化营销、网络化服务和网络化采购，并且依靠海尔品牌影响力和已有的市场配送、服务网络，为向电子商务过渡奠定了坚实的基础。在管理转移方面，传统企业的金字塔式的管理体制绝不适应市场发展的需要，所以在管理机制上把“金字塔”扳倒建立了以市场为目标的新的流程，企业的主要目标由过去的利润最大化转向以顾客为中心，以市场为中心。在企业内部，每个人要由过去的“对上级负责”转变为“对市场负责”。海尔集团还成立了物流、商流、资金流三个流的推进本部。物流作为“第三利润源泉”直接从国际大公司采购，降低了成本，提高了产品的竞争力；商流通过整合资源降低费用提高了效益；资金流则保证资金流转顺畅。

海尔拥有比较完备的营销系统，在全国大城市有40多个电话服务中心，1万多个营销网点，甚至延伸到6万多个村庄。这就是为什么有些网站对订货的区域有限制而海尔是可以在全国范围内实现配送的原因。

4. 海尔电子商务平台的搭建

海尔是国内大型企业中第一家进入电子商务业务的公司，率先推出电子商务业务平台。为了要进入一体化的世界经济，海尔累计投资1亿多元建立了自己的IT支持平台，为电子商务服务。

目前，在集团内部有内部网、有ERP的后台支持体系。海尔现在有7个工业园区，各地还有工贸公司和工厂，相互之间的信息传递，没有内部网络的支持是不可以想象的。各种信息系统（比如物料管理系统，分销管理系统，电话中心，C3P系统等）的应用也日益深入。海尔以企业内部网络、企业内部信息系统为基础，以因特网（外部网，海尔从1996年底起就建立了自己的网站）为窗口，搭建起了真正的电子商务平台。

当然，进行电子商务并不是一厢情愿的事，不仅要有各方面的基础准备，还要让经销商和消费者接受，这样才能顺利实现。海尔为经销商、供应商和消费者提供了一个简单、操作性强的电子商务平台，而且进行了循序渐进式的培训，在平台设计的时候就考虑到如何为应用者提供方便和帮助，就连电子商务平台的设计也遵循了以客户为中心的原则。这样才可以让海尔的业务伙伴和海尔一同发展和成长。

5. 结论

海尔的电子商务平台将发展成为公用的平台，不仅可以销售海尔的产品，也将销售其他各类产品；不仅可以为海尔自身的采购需求服务，也将为第三方采购和配送服务。电子商务是海尔前进的加速器。

参考讨论题：

1. 电子商务的模式在本案例中体现在哪些方面？
2. 你对电子商务在海尔集团的应用是如何理解的？

案例2

"统一门户"进入武汉政务内网

武汉市电子政务内网门户由中关村科技软件有限公司开发，支持集中式和分布式政府行政审批业务的需求，既能满足信息化发展水平不高的业务部门的集中审批需求，又能满足信息化程度比较高的业务部门与其业务系统整合的要求。

内网门户包括用户可以公开访问的部分和需要受控访问的内容。如果用户访问的是公开Web服务，可通过公开的Web服务模块直接返回响应信息。如果用户访问的是受控Web服务，则需要首先由接入认证网关进行身份认证，如果验证通过，接入认证网关允许用户对受控Web服务进行访问。

按照武汉市科技局及专家组的要求，内网门户以实用为主，界面设计简洁、清晰：一是内网门户体现出与对外服务网站的不同，突出其门户的平台特点，强调符合政务办公的流程；二是内容设计上体现出市领导关心的热点、焦点内容，努力使其成为市政府领导办公的高效工具。武汉市电子政务内网门户设计利用CenGRP产品的核心套件CenCMS和CenEP构建。CenCMS负责内网的信息发布管理，CenEP负责网页、数据和应用的集成展示。

项目取得的成果是：统一了内网的入口访问，所有信息资源整合进入信息平台，用户通过统一入口访问授权信息资源，不用关心信息资源的形式和存在位置；统一信息资源管理，建成了内网信息资源管理架构，统一管理非结构化信息、结构化数据和应用系统页面信息，实现信息资源统一授权。个性化信息展现：根据不同级别、不同部门、不同用户的需求，建立不同的视图展现信息资源，满足信息资源组织个性化需求。

经过几个月的系统试用，武汉市政务内网门户已经稳定运行，并逐渐成为武汉市各部门的日常工作平台，各部门正逐步将已有应用系统整合进内网门户。

就武汉电子政务中的需求而言，信息孤岛现象已较为突出，多个政府内部应用系统间隔离分散的现状已影响到了信息化便捷性的体现。另外，由于政府部门工作性质的特点，统一的信息发布和安全可靠的多级授权管理也成为内网系统建设的需求所向；在全面满足统一的基础上，个性化的需求也成为具体办公人员所关心的内容，搭建高效个性化的办公平台也是本次电子政务系统建设中的重要需求。通过以上分析的结果，门户技术所能发挥的最大价值恰是这些需求得以实现的最佳途径。

参考讨论题：

1. 电子政务在武汉市电子政务内网系统中发挥了哪些重要作用？
2. 请你谈谈该案例中电子政务系统使用了哪种应用模式。

本章小结

本章从国际组织、专家学者、IT行业界和普通消费者多个角度阐述了电子商务的定义。电子商务是指人们利用电子手段进行商业、贸易等商务活动，是商务活动的电子化。在学习过程中，要正确理解和把握相应的概念和知识点。重点掌握电子商务的定义和分类以及电子商务的概念模型和基本组成要素，同时要了解电子商务的发展过程和电子商务发展中存在的问题。本章给出了电子政务的概念，电子政务最重要的内涵就是运用信息技术，打破现有行政机关的组织界限，构建一个电子化的虚拟政府，使得人们从各种渠道获取政府的信息和服务。应着重把握其内涵，掌握电子政务的 G to G 模式、G to E 模式、G to B 模式和 G to C 模式，理解电子政务系统的生命周期。

章节练习

1. 什么是电子商务？世界各著名公司对电子商务是如何定义的？
2. 电子商务的交易过程包括几个阶段？
3. 试述电子商务的产生与发展过程。我国电子商务的发展趋势及面临的主要问题是什么？
4. 简述我国电子政务的发展过程。
5. 简述电子政务的基本模式及其功能。

第 10 章　决策与商业智能

大到国家、政府，小到企业、个人，每天都离不开决策。一个国家在选择发展方向、政治、外交、应对突发事件时需要决策；一个企业在选择经营方向、新产品开发、营销策略时需要决策；一个人在应对每天的日常事务、穿衣吃饭时，同样需要决策。决策是人们每天都会遇到的活动。随着科学技术的迅速发展、全球一起化进程的展开，企业面临的问题越来越复杂，面对复杂的问题，单凭管理层的知识、经验、智慧和胆略作决策难免会出现失误。如何帮助企业管理层在最短的时间内面对浩瀚如海的数据作出最为快速和科学的决策，商业智能技术的科学合理应用将有助于真正实现基于数据分析和处理的智能化决策机制。在欧洲发达国家，以数据仓库、联机分析处理和数据挖掘为基础的商业智能应用首先在金融、保险、证券、电信、税务等传统的数据密集型行业取得成功。

10.1　决策支持系统

决策支持系统（DSS）是管理信息系统领域中一个备受关注的理论分支，自从 20 世纪 70 年代学术界的先驱们开创了这一学科领域以来，对这样一种信息系统的研究从未停止。特别是近年来随着信息化的不断深化，为企业界决策者提供有用和易用的信息系统，不仅是 IT 界的目标，而且也是学术界研究的重要课题。

10.1.1　决策支持系统的概念

1. 决策支持系统的发展

20 世纪 70 年代中期，Keen 和 Scott Mrton 首次提出了“决策支持系统”（Decision Support Syetems，DSS）一词，标志着利用计算机与信息支持决策的研究与应用进入了一个新的阶段，并形成了决策支持系统新学科。在整个 20 世纪 70 年代，研究开发出了许多较有代表性的 DSS。到 20 世纪 70 年代末期，DSS 大都由模型库、数据库及人机交互系统三个部件组成。20 世纪 80 年代初，DSS 增加了知识库与方法库，构成了三库系统或四库系统。80 年代后期，人工智能技术与 DSS 相结合充分利用两者优点，形成了智能决策支持系统（IDSS），提高了 DSS 支持非结构化决策问题的能力。近年来，DSS 与计算机网络技术结合构成了新型的能供异地决策者共同参与决策的群体决策支持系统（GDSS），GDSS 利用便捷的网络通信技术在多位决策者之间沟通信息，提供良好的协商与综合决策环境，以支持需要集体作出决定的重要决策。在此基础上，为了支持范围更广的群体，人们又将分布式数据库、模型库与知识库等决策资源有机地集成起来，构建分布式决策支持系统，此系统目前尚不成熟。

DSS的发展与信息技术、管理科学、人工智能及运筹学等科学技术的发展密切相关。随着DSS研究与应用范围的扩大和层次的提高，新技术、新方法的不断推出与引入，DSS的形式与功能会逐步走向成熟，实用性与有效性会进一步提高。

2. 决策支持系统的定义

DSS发展至今已近30年了，有关它的定义始终存在着不同的观点，但基本一致认为其定义必须建立在对象所具有的特征之上。下面列举几个比较典型的定义。

Bonczek等人认为：DSS是一个由语言系统、知识系统和问题处理系统三个互相关联的部分组成的，基于计算机的系统。

Sprague和Watson总结了许多DSS的特点后提出，DSS应具有四个最重要的特征。

（1）数据和模型是DSS的主要资源。

（2）DSS是用来支援用户作决策而不是代替用户作决策。

（3）DSS主要是用于解决半结构化及非结构化问题。

（4）DSS的目的在于提高决策的有效性而不是提高决策的效率。

Turban等人提出：DSS应当是一个交互式的、灵活的、适应性强的基于计算机的信息系统，能够为解决非结构化管理问题提供支持，以改善决策的质量。DSS使用数据，提供容易使用的用户界面，并可以体现决策者的意图。DSS可以提供即时创建的模型，支持整个决策过程中的活动，并可能包括知识成分。

Turban等人还提出，DSS的特点可以总结为下述13个方面。

（1）DSS主要在半结构化及非结构化的问题解决方面想决策者提供支持。

（2）决策范围：从高层决策者到基层管理者。

（3）可以向个人或群体提供支持。

（4）对相互依赖的或系列的决策提供支持。

（5）对于决策的四个阶段分别提供支持。

（6）DSS提供各种决策过程和方式。

（7）DSS是在时间轴上工作的，帮助管理者快速地在变化的情况下作出决定。

（8）具有用户友好性。

（9）目的是改善决策的效果。

（10）决策者在整个决策过程中始终完全控制着所有的步骤。

（11）最终用户可以构筑和修改简单的系统。

（12）通常使用模型来分析决策情况。

（13）提供各种处理各种数据源和数据类型的手段。

黄梯云教授的团队认为，DSS的特征可归纳为六个方面。

（1）主要针对上层管理人员经常面临的结构化程度不高、说明不够充分的问题。

（2）将模型、分析技术与传统的数据存取与检索技术结合起来。

（3）界面友好，容易被非计算机人员所接受。

（4）具有对环境及决策方法改变的灵活性与适应性。

（5）支持但不是代替高层决策者进行决策。

（6）充分利用先进信息技术快速传递和处理信息。

根据上述特征，DSS 的定义可以综合为：DSS 是以信息技术为手段，应用决策科学及有关学科的理论与方法，以人机交互方式辅助决策者解决半结构化和非结构化的决策问题的信息系统。

3. 决策支持系统的基本模式

DSS 由若干部件按一定的结构组成，部件不同或结构不同会构成功能略有差异的 DSS，但各种 DSS 的结构都建立在某种基本模式之上。DSS 的基本模式反映 DSS 的形式及其与“真实系统”、人和外部环境的关系，如图 10.1 所示。其中管理者处于核心地位，他运用自己的知识和经验，结合决策支持系统提供的支持，对其管理的“真实系统”进行决策。

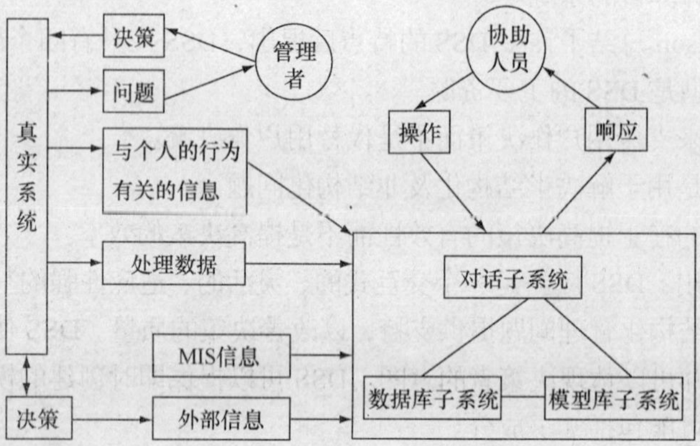

图 10.1　DSS 的基本模式

10.1.2　决策支持系统的组成

1. 决策支持系统的系统结构

具有不同功能特色的 DSS，其系统结构也不相同。DSS 的两种基本结构形式是两库结构和基于知识的结构，实际中的 DSS 由这两种基本结构通过分解或增加某些部件演变而来。

两库结构由数据库子系统、模型库子系统和对话子系统形成三角形分布的结构，如图 10.2 所示。

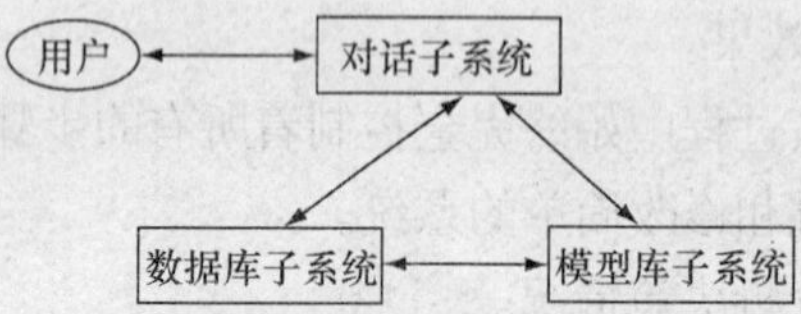

图 10.2　DSS 的两库结构

对话子系统是 DSS 的人机接口界面，决策者或协助人员作为 DSS 的用户通过该子系统提出信息查询的或决策支持的请求，对话子系统对接收到的请求做检验，形成命令，对信息查询请求进行数据库操作，提取信息并传送给用户；对决策支持的请求经过问题识别、从模型库中选取模型或构件模型，从数据库读取数据，运行模型并将运行结果通过对话子系统传送给用户或暂存数据库待用。两库的三角式系统结构以人机对话系统为中介，它与数据库、模型库之间都有互相通信的接口与直接的联系。

基于知识的 DSS 结构是一种以自然语言、问题处理、知识库等子系统为基本部件构成的系统结构，如图 10.3 所示。

决策者的表述由自然语言子系统的处理功能通过语法、语义结构分析等方法转换成系统能理解的形式，反之，系统则以决策者能清晰理解的或指定的方式输出求解进程与结果。问题处理系统的任务是识别、分析与求解问题，根据决策问题的结构化程度采用相应的求解方法，选择或构造模型或利用推理机制进行求解。

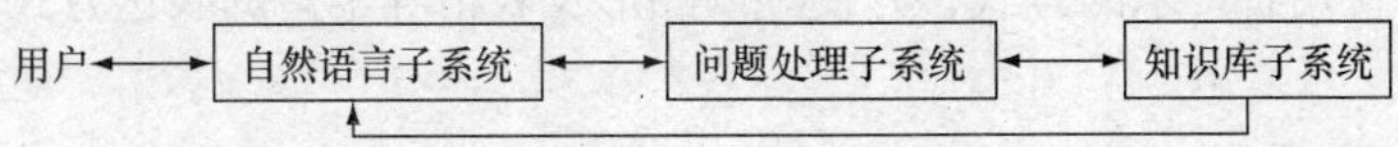

图 10.3　基于知识 DSS 的结构

DSS 的决策支持过程是一个人机交互的启发式过程。该过程往往要分解成若干阶段，一个阶段完成后用户获得阶段的结果及某些启示，然后进入下一阶段的人机会话，如此反复，直至用户形成决策意见，确定问题的解。

DSS 部件之间不同的关系构成了各异的系统结构，但对话子系统的位置及其与用户之间的关系总体上是一致的。两种基本结构演变出的 DSS 都表现为多库结构，如在两库结构基础上加入方法库就可构成三库结构，如图 10.4 所示，再引入基于知识管理的功能就构成了四库结构的智能决策支持系统。

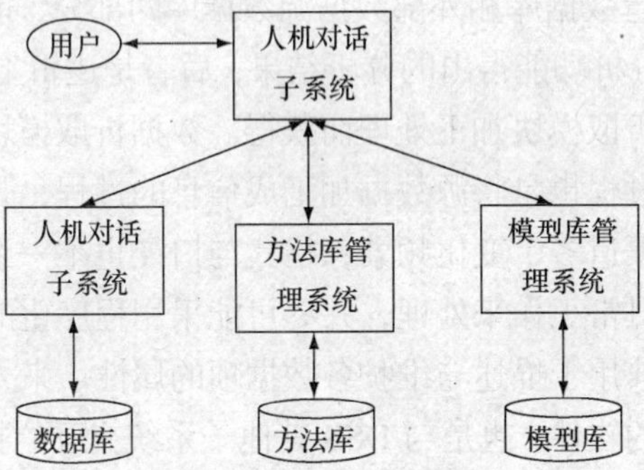

图 10.4　DSS 的三库结构

2. 人机对话子系统

人机对话子系统是 DSS 的用户和计算机的接口，在操作者、模型库、数据库和方法库之间起着传送（包括转换）命令和数据的重要作用，其核心是人机界面。在实际工作中，由于系统经常是由那些从系统输出中得到益处，且又对系统内部了解甚少的人直接使用，所以用户接口设计的好坏对系统的成败有举足轻重的影响。如果系统需要使用的人懂得很多的计算机技术，或者花费大量时间去编程序，那么这种系统实际上将无人使用。即使对 DSS 的维护人员来说，如果数据库模式的任何一点变动都要自己动手去做，工作也是十分繁重的。因此，对使用人员来说，需要有一个良好的对话接口，对维护人员需要有一个方便的软件工作环境。可以说，人机对话子系统是 DSS 的一个窗口，它的好坏标志着 DSS 的实用水平。

下面从系统的使用和维护两个角度讨论对话接口的设计目标问题，当然对于不同的系统，功能不尽相同，这里给出的是总的目标要求。

（1）能使用户了解系统可以提供的数据、模型及方法，如模型种类、数量、用途及运行要求等。

（2）通过"如果……则……（ What…if… ）"方式提问。

（3）对请求输入有足够的检验与容错能力，给用户某些必需的提示与帮助。

（4）通过运行模型使用户取得或选择某种分析结果或预测结果。

（5）在决策过程结束之后，能把反馈结果存入系统，对现有模型提出评价及修正意见。

（6）可以按使用者要求的方式，方便地以图形及表格等丰富的表达方式输出信息、结论及依据等。

面对维护人员，系统的设计目标应从检验评价和允许修改两方面去考虑在检验评价方面，系统提供的接口应能帮助维护人员了解系统运行的次数、过程、结果和使用者的评价及改进意见，通过模拟运行和统计分析与发现存在的问题，找出改进的方法等。在修改系统方面，需要的是顺手的软件工具和良好的软件环境，以保证迅速而可靠地完成修改任务。如通过对话方式接受和检查修改模型或调整数据结构的要求，提醒维护人员纠正不一致的问题，补充遗漏细节，对可能出现的问题提出警告。

3. 数据库子系统

数据库子系统由数据库、数据析取模块、数据字典、数据库管理系统、数据查询模块等部件组成。

DSS 数据库应该由内置数据库和外部数据源数据库两部分，前者主要存放能直接供决策使用的信息，包括由系统分析功能得出的分析结果，后者是逻辑上连接的 MIS 等信息系统中的数据库，可以通过数据析取模块加工处理而获得。数据析取模块负责从源数据库提取能用于决策支持的数据，析取过程也是将源数据加工成信息的过程，是选择、浓缩与转换数据的过程。由于源数据量大、渠道多、变化频繁，格式与口径也不一致，数据的析取既复杂又费时，一般应将其作为一项日常工作来处理，并尽可能采用程序化的析取工具。

数据库系统的数据字典用于描述与维护各数据项的属性、来龙去脉及相互关系。数据库管理系统是一组管理数据的软件，也是与 DSS 其他子系统交互的接口。数据库系统的数据查询模块用来解释来自人机对话及模型库等子系统的数据请求，通过查阅数据字典确定如何满足这些请求，并详细阐述向数据库管理系统的数据请求，最后将结果返回对话子系统或直接用于模型的构建与计算。

在 DSS 数据库系统方面，近年来热门起来的是引入数据仓库（ Data Ware-house ）技术，特别是用于一些大型的分析类 DSS。数据仓库是以面向主题的多维数据结构对组织的数据进行集成管理的技术，它从各种运行中的信息系统析取、净化、转换和装载数据，按主题维、时间维、属性维等多维结构对分散的源数据做关联组织，集成于数据仓库中，提供以分析或决策问题（主题）为主线索的数据查取、在线分析处理（ OLAP ）等功能。数据仓库的数据组织、查取和利用方式都是围绕某一具体问题来进行的，因此它能对企业的管理分析与决策提供有力的支持。

4. 模型库子系统

模型是以某种形式反映客观事物本质属性，揭示其运动规律的描述。为了把握客观事物的发展变化，人们需要一种能普遍适用于表示和认识事物内在联系及与外部关系的手段，而模型就是能较好地满足这一需要的重要手段之一。决策或问题的求解首先要表达问题，掌握事物的特征与变化规律。DSS 设立模型库子系统即为了通过模型来实现对问题的动态描述，探索令人满意的问题解。

模型库子系统是构建和管理模型的计算机软件系统，它是 DSS 中最复杂与最难实现的部分。DSS 用户依靠模型库中的模型进行决策，因此认为 DSS 是由"模型驱动"的。应用模型获得的输出结果可以分别起以下三种作用：直接用于制订决策；对决策的制定提出建议；用来估计决策实施后可能产生的后果。

实际上，可直接用于制定决策的是那些对应于结构性比较好的问题的模型，其处理算法很明确，表现在模型的参数值是已知的。对于非结构化的决策问题，有些参数值并不知道，需要使用数理统计等方法估计这些参数的值。由于不确定因素的影响，参数值估计的非真实性，以及变量之间的制约关系，用这些模型计算得出的输出一般只能辅助决策或对决策的制定提出建议。对于战略性决策，由于决策模型涉及的范围很广，其参数有高度的不确定性，所以模型的输出一般用于估计决策实施后可能产生的后果。

模型库子系统主要由模型库、模型库管理系统、模型字典等部分组成。

（1）模型库和模型字典。

模型库是模型库子系统的核心部件，用于存储决策模型。客观世界中的问题对象是千差万别、数不胜数的，不可能为每一个问题创建一个对应的模型，因此实际上模型库中主要存储能让各种决策问题共享或专门用于某特定决策问题的模型基本模块或单元模型，以及它们之间的关系。使用 DSS 解决具体问题时生成的模型，如有再用价值，也可存放到模型库中。

如果将模型库比作一个成品库，则存放的是"成品的零部件和框架"，而模型字典即是这些"零部件和框架"的描述，说明它们的功能、用途、使用事项等。

用单元模型构造的模型可分为模拟方法类、规划方法类、计量经济方法类、投入产出方法类等，其中每一类又可分为若干子类，如规划方法类又可分为线性规划或非线性规划、单目标规划或多目标规划等。

模型按照经济内容可分类为以下几类。

- ❑ 预测类模型：如产量预测模型、消费预测模型等。
- ❑ 综合平衡模型：如生产计划模型、投入产出模型等。
- ❑ 结构优化模型：如能源结构优化模型、工业结构优化模型等。
- ❑ 经济控制类模型：如财政税收、信贷、物价、汇率等对国家经济的综合控制模型等。

模型基本单元在模型库中的存储方式目前主要有子程序、语句、数据及逻辑关系四种方式，逻辑方式主要用于智能决策支持系统。

- ❑ 以子程序方式存储。这是常用的原始存储方式，它将模型的输入/输出格式及算法用完整的程序表示。其缺点是不利于修改，还会造成各模型相同部分的存储冗余。
- ❑ 以语句方式存储。这是指用一套建模语言以语句的形式存储对应于模型各部分的语句集合。该方式与子程序方式有类似性，但更加面向用户。
- ❑ 以数据方式存储。其特点是把模型看成一组用数据集表示的关系。这种存储方式便于利用数据库管理系统来操作模型库；使模型库和数据库能用统一的方法进行管理。例如，对线性规划模型，在计算机中存储的是按照一定格式组织起来的模型的数据项，而模型的其他部分则已经被舍去。等到模型实际运行时，只要把这组数据传递到求解该类模型的方法程序中，就可以达到识别和对该模型求解的目的。

（2）模型库管理系统。

模型库管理系统的主要功能是模型的利用与维护。模型的利用包括决策问题的定义和概念模型化，从模型库中选择恰当的模型或单元模型构造具体问题的决策支持模型以及运行模型；模型的维护包括模型的联结、修改与增删等。模型库子系统是在与DSS其他部件的交互过程中发挥作用的。与数据库子系统的交互可获得各种模型所需的数据，实现模型输入、输出和中间结果存取的自动化；与方法库子系统的交互可实行目标搜索、灵敏度分析和仿真运行的自动化等。更主要的交互是它与人机对话子系统之间的交互。模型的使用与维护实质上是用户通过人机对话子系统加以控制和操作的。

5. 方法库子系统

方法库子系统是存储、管理、调用及维护DSS各部件要用到的通用算法、标准函数等方法的部件，方法库中的方法一般用程序方式存储。它通过描述外部接口的程序向DSS提供合适的环境，使计算过程实行交互式的数据存取，从数据库选择数据，从方法库中选择算法，然后将数据和算法结合起来进行计算，并以直观清晰的呈现方式输出结果，供决策者使用。

方法库子系统由方法库与方法库管理系统组成。方法库内存储的方法程序一般有：排序算法、分类算法、最小生成树算法、最短路径算法、计划评审技术、线性规划、整数规划、动态规划、各种统计算法、组合算法等。图10.5所示为方法库中的方法集合。

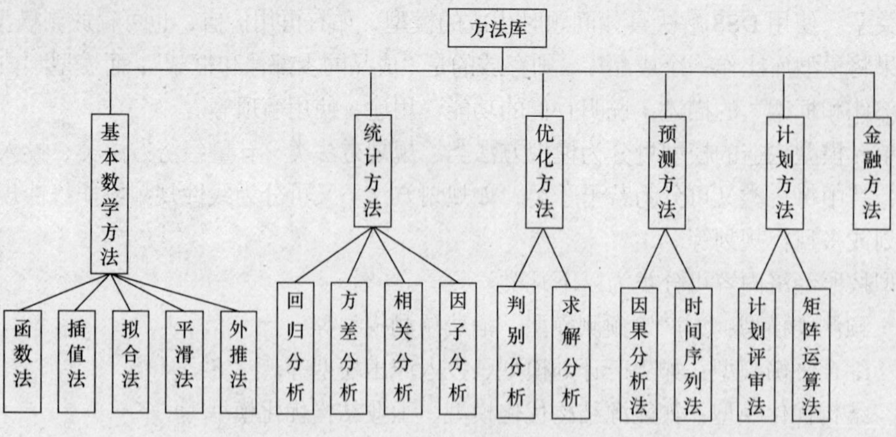

图10.5　方法库中的方法集合

10.1.3　决策支持系统的分类

DSS的应用领域广泛，系统架构、实现技术也是多种多样的，新型的DSS相继问世，因此根据不同的分类标准DSS的类型也是不同的，以下介绍几种典型的分类。

1. 根据决策资源的分类

根据DSS中的决策资源以及工作方式，可以分成面向数据的DSS和面向模型的DSS两种基本类型。

面向数据的DSS适用于有大量数据的决策环境，如金融、证券、通信、流通等行业。这类系统模型处理功能较弱，但具有强大的数据管理功能。主要进行大量数据的存储和快速处理，复杂条件的数据检索和多功能、多角度的数据分析，如股票信息分析软件包就是一款面向数据的 DSS。

面向模型的 DSS 具有强大的模型库管理系统，主要用于模型分析。例如，财务计划系统就是典型的面向模型的 DSS，它具有许多常用的财务数学模型，用户可以通过简单的命令进行模型操作，从而找到解决问题的方案。如果用户需要的模型系统里没有，也可以使用建模语言生成所需要的模型，然后再运行次模型。

2. 根据决策的活动类型分类

根据决策的活动类型不同，常常需要采用不同的形式。在动态活动中采用的 DSS 应可以根据实际发生的情况临时改动，如防汛指挥部门所面临的决策是动态的和具有突发性的；在常规活动中使用的 DSS 更注重顽健性和抗干扰性，如银行贷款申请是一种基于规则的决策。

Donovan 根据 DSS 决策的活动类型，将 DSS 分为型动态 DSS 和常规型 DSS。动态型 DSS 的特征是：用户可以根据问题的特征描述快速生成 DSS，一个应对特定汛情问题的 DSS 必须帮助用户在几小时或更短时间内建立一个模型，使得决策者很快能够用它进行模拟。常规型 DSS 的特征是：从大量的经验中抽取决策规则，对经常发生的活动进行决策，需要更长时间来开发。

3. 根据决策模式分类

Holsapple 和 Whinston 根据决策模式将 DSS 分为以下六类。

（1）面向文本的 DSS。

面向文本的 DSS 主要使用文本数据来进行决策支持。这类系统主要提供文本形式的内容，目的是帮助用户方便地得到有关决策的信息。现在更多的公司利用网站的形式，提供图文并茂的页面和更丰富的链接信息，并通过站内检索、文本挖掘工具等，帮助用户更好地作出决策。

（2）面向数据库的 DSS。

在面向数据库的 DSS 中，数据是以结构化的形式存储的。过去常使用关系数据库作为 DSS 的核心，近年来，随着数据存储成本的降低以及处理能力的增长，企业中的数据量大量增长，企业中的数据量大量增长，定型的数据库处理往往难以满足需要，因此采用了数据仓库解决方案，将日常大量事务数据结果处理后分类存储，并提供对数据的在线分析和操作功能，让用户更方便地获得有助于决策的信息。

（3）面向表计算的 DSS。

这类 DSS 用工作表作为其输出界面，其数据存储和检索功能、模型构造和模型管理功能都隐含在表的界面之中。其操作简单、功能强大，可用于各种决策问题，很受用户欢迎，如 Excel、Lotus 等都获得了极大的市场，被广泛使用。

（4）面向求解器的 DSS。

求解器是为解决某类特定问题而开发的程序，如 Excel 中的决策树求解器、模拟求解器等，可进一步扩充表计算软件的功能。在一些 DSS 生成器中求解器可以有多种，用户也可以用某种语言来定义，如 SAS 中的过程部分，用户就可以用定义求解器。

（5）面向规则的 DSS。

面向规则的 DSS 是将规则做成系统内部的表现形式，通过计算机存储和检索，可以帮助用户快速决策。这类 DSS 经常被用于专家系统中。

（6）混合型 DSS。

Turban 曾提出了一种“混合型”DSS，他提议将传统的使用定量计算模型的 DSS 和专家系统相结合，使单纯依赖算法和过程的 DSS 具有知识的推理能力和学习能力，从而提高决策能力。混合型 DSS 在结构上增设了知识库、推理机和问题处理系统，人机对话部分还加入了自然语言处理功能。

10.2 数据仓库与数据挖掘

作为决策支持系统的辅助工具，数据仓库是 DSS 的分析型数据库，用来存放大容量的只读数据，为制定决策提供所需要的数据。数据挖掘是从数据中发现趋势或模式的过程，是从信息中获得知识的重要信息分析方法，从存在的信息中找出有效的、新颖的、有潜在价值的、易于理解的关系模型。

10.2.1 数据仓库与数据挖掘的概念

1. 数据仓库

（1）数据仓库的定义。

数据仓库之父 Willian H. Inmon 博士在 1992 年出版的 *Building the Data Warehouse* 一书中提出：数据仓库（Data Warehouse）是面向主题的、集成的、相对稳定的、不同时间的数据集合，用于支持经营管理中的决策过程。

数据仓库概念的提出，使数据操作型环境与数据分析型环境分离开来，建立一种数据存储体系结构，把分散的、不利于访问的数据转换成集中、统一、随时可用的信息，从而可以集成不同形式的数据，并为数据分析产品提供系统开放性。

关于数据仓库的定义，其他专家、学者也从各个角度给出了不同的观点，但这些观点具有共同特征：首先，数据仓库包含大量数据，其中一些数据来源于组织中的操作数据，也有一些数据可能来自于组织外部；其次，组织数据仓库更加便利地使用数据进行决策；最后，数据仓库为最终用户提供了可用来存取数据的工具。

（2）数据仓库的特点。

① 面向主题。数据仓库围绕一些主题，排除对决策无用的数据，提供特定主题的简明试图。主题是针对决策问题而设置的，是对应企业中某一宏观分析领域所涉及的分析对象，在较高层次上将企业信息系统中的数据综合、归类并进行分析抽象。每一个主题都是决策者所关心的问题。一般而言，业务基层人员关心的是活动数据或细节数据，而中、高层管理者在制定策略时，更关心的是主题，因此数据仓库更注重从决策者的角度来组织和提供数据，是面向主题进行数据组织的。

② 数据的集成性。数据仓库中的数据是在对原有分散的数据库数据抽取、清理的基础上，经过系统加工、汇总和整理得到的。对原始数据的集成是构建数据仓库的关键，主要包括编码转换、度量单位转换和字段转换。

③ 数据不可修改。从数据的使用方式来看，数据仓库的数据是不可更新的，即当数据被存放到数据仓库中之后，最终用户只能通过分析工具对其中的数据进行查询、分析，而不能对数据进行修改。

④ 数据与时间相关。数据仓库中的数据通常包含企业当前的和历史的数据。每隔一定的时间就需要对源数据库中的数据进行抽取和转换，并集成到数据仓库中。也就是说数据仓库中的数据随时间变化而定期地被更新，以确保分析结论的时间有效性。

2. 数据挖掘

（1）数据挖掘的定义。

数据挖掘（Data Mining，DM）是从大量的、不完全的、有噪声的、模糊的、随机的数据中提取隐含在其中的、人们事先不知道的、但又是潜在有用的信息和知识的过程。数据挖掘可以看成是一种数据搜索过程，它不必预先假设或提出问题，但是扔能找到那些非预期的却令人关注的信息，这些信息表示了数据元素的关系与模式。它能挖掘出数据潜在的模式（Pattern），找出最有价值的信息和知识。研究对象是大规模和超大规模的数据集合。

（2）数据挖掘的任务。

数据挖掘的任务主要是关联分析、聚类分析、分类、预测、时序模式、偏差分析等。

❑ 关联分析（association analysis）

关联规则挖掘是由 Rakesh Apwal 等人首先提出的。两个或两个以上变量的取值之间存在某种规律性，就称为关联。数据关联是数据库中存在的一类重要的、可被发现的知识。关联分为简单关联、时序关联和因果关联。关联分析的目的是找出数据库中隐藏的关联网。一般用支持度和可信度两个阀值来度量关联规则的相关性，还不断引入兴趣度、相关性等参数，使得所挖掘的规则更符合需求。

❑ 聚类分析（clustering）

聚类是把数据按照相似性归纳成若干类别，同一类中的数据彼此相似，不同类中的数据相异。聚类分析可以建立宏观的概念，发现数据的分布模式，以及可能的数据属性之间的相互关系。

❑ 分类（classification）

分类就是找出一个类别的概念描述，它代表了这类数据的整体信息，即该类的内涵描述，并用这种描述来构造模型，一般用规则或决策树模式表示。分类是利用训练数据集通过一定的算法而求得分类规则。分类可被用于规则描述和预测。

❑ 预测（predication）

预测是利用历史数据找出变化规律，建立模型，并由此模型对未来数据的种类及特征进行预测。预测关心的是精度和不确定性，通常用预测方差来度量。

❑ 时序模式（time-series pattern）

时序模式是指通过时间序列搜索出的重复发生概率较高的模式。与回归一样，它也是用已知的数据预测未来的值，但这些数据的区别是变量所处时间的不同。

❑ 偏差分析（deviation）

在偏差中包括很多有用的知识，数据库中的数据存在很多异常情况，发现数据库中数据存在的异常情况是非常重要的。偏差检验的基本方法就是寻找观察结果与参照之间的差别。

3. 数据仓库与数据挖掘的关系

数据挖掘和数据仓库作为决策支持新技术，在近十年来得到迅速发展。数据仓库和数据挖掘二者既相互结合、共同发展，又相互影响、相互促进。二者的联系概括如下。

（1）数据仓库为数据挖掘提供了更好、更广泛的数据源。

数据仓库中集成和存储着来自异质的信息源的数据，而这些信息源本身就可能是一个规模庞大的数据库。同时数据仓库存储了大量长时间的历史数据，可以进行数据长期趋势的分析，为决策者的长期决策行为提供了支持。数据仓库中数据在时间轴上的纵深性是数据挖掘不能回避的又一个新难点。

（2）数据仓库为数据挖掘提供了新的支持平台。

数据仓库的发展不仅为数据挖掘开辟了新的空间，更对数据挖掘技术提出了更高的要求。作为数据挖掘对象，数据仓库技术的产生和发展为数据挖掘技术开辟了新的战场，提出了新的要求和挑战。数据仓库一般设计成只读方式，数据仓库的更新由专门一套机制保证，数据仓库对查询的强大支持使数据挖掘效率更高。

（3）数据仓库为更好地使用数据挖掘工具提供了方便。

数据仓库的建立，充分考虑数据挖掘的要求。用户可以通过数据仓库服务器得到所需的数据，形成开采中间数据库，利用数据挖掘方法进行开采，获得知识。数据仓库为数据挖掘集成了企业内各部门的全面的、综合的数据，数据挖掘要面对的是关系更复杂的企业全局模式的知识发现。而且，数据仓库机制大大降低了数据挖掘的障碍，一般进行数据挖掘要花大量的精力在数据准备阶段：数据仓库中的数据已经被充分收集起来，进行了整理、合并，并且有些还进行了初步的分析处理。这样，数据挖掘的注意力能够更集中于核心处理阶段。另外，数据仓库中对数据不同粒度的集成和综合，更有效地支持多层次、多种知识的开采。

（4）数据挖掘为数据仓库提供了更好的决策支持。

企业领导的决策要求系统能够提供更高层次的决策辅助信息，而基于数据仓库的数据挖掘能更好地满足高层战略决策的要求。数据挖掘对数据仓库中的数据进行模式抽取和发现知识，从数据仓库中揭示出对企业有潜在价值的规律知识，形成知识发现，为知识管理提供了内容，在知识管理中起到中流砥柱的作用。这些正是数据仓库所不能提供的。

（5）数据挖掘对数据仓库的数据组织提出了更高的要求。

数据仓库作为数据挖掘的对象，要为数据挖掘提供更多、更好的数据。其数据的设计、组织都要考虑到数据挖掘的要求。

（6）数据挖掘还为数据仓库提供广泛的技术支持。

数据挖掘的可视化技术、统计分析技术等都为数据挖掘提供了强有力的技术支持，总之，数据仓库在纵向和横向都为数据挖掘提供了更广阔的活动空间。数据仓库完成数据的收集、集成、存储、管理等工作，数据挖掘面对的是经初步加工的数据，使得数据挖掘能更专注于知识的发现。又由于数据仓库所具有的新特点，对数据挖掘技术提出了更高的要求。另一方面，数据挖掘为数据仓库提供了更好的决策支持，同时促进了数据仓库技术的发展。可以说，数据挖掘和数据仓库技术要充分发挥潜力，就必须结合起来。

数据仓库与数据挖掘的区别：

数据仓库是一种存储技术，它的数据存储量是一般数据库的 100 倍，它包含大量的历史数据、当前的详细数据以及综合数据。它能为不同用户的不同决策需要提供所需的数据和信息。数据挖掘是从人工智能机器学习中发展起来的，它研究各种方法和技术，从大量的数据中挖掘出有用的信息和知识。

10.2.2 数据挖掘技术及其应用

随着信息技术的高速发展，人们积累的数据量急剧增长，如何从海量的数据中提取有用的知识成为当务之急。数据挖掘就是为顺应这种需要应运而生发展起来的数据处理技术，它是知识发现（knowledge discovery in database）的关键步骤。

数据挖掘技术是人们长期对数据库技术进行研究和开发的结果。起初各种商业数据是存储在计算机的数据库中的，然后发展到可对数据库进行查询和访问，进而发展到对数据库的即时遍历。数据挖掘使数据库技术进入了一个更高级的阶段，它不仅能对过去的数据进行查询和遍历，并且能够找出过去数据之间的潜在联系，从而促进信息的传递。

1. 数据挖掘的流程

（1）定义问题。清晰地定义出业务问题，确定数据挖掘的目的。

（2）数据准备。数据准备包括选择数据和数据预处理。选择数据是在大型数据库和数据仓库目标中提取数据挖掘的目标数据集；数据预处理是进行数据再加工，包括检查数据的完整性及数据的一致性、去噪声，填补丢失的域，删除无效数据等。

（3）数据挖掘。根据数据功能的类型和数据的特点选择相应的算法，在净化和转换过的数据集上进行数据挖掘。

（4）结果分析。对数据挖掘的结果进行解释和评价，转换成能够被用户理解的知识。

（5）知识的运用。将分析所得到的知识集成到业务信息系统的组织结构中去。

2. 数据挖掘的方法

下面将对几种主要数据挖掘方法分别进行介绍。

（1）分类。

分类分析是最常见的数据挖掘任务之一。事实上，分类是人类认识世界的基本方法之一。为了理解并与周围环境交流，我们每天都在进行分类工作，如将生物分为界、门、种、纲等，将物质分解到不同的元素中，将人分为不同种族，将药品分为处方药和非处方药等。

分类分析是对对象的特征进行分析，并将之归类到已定义类中。在数据挖掘中，分类的对象通常表示为数据库和数据表中的记录。要进行分类分析，首先要有一个清晰定义的类，还要有一系列已经分类的实例和记录。分类过程实际上是先根据已有的数据以及定义好的类，通过训练抽象出一个分类模型（也称为分类器），然后将之应用于对未分类数据进行分类。在商务智能应用中，常见的分类分析应用的实例包括将信用卡申请者根据财务情况分为低、中和高风险，根据贷款客户的特征分为按时还贷、延时还贷和不良还贷，等等。因此，分类是一个两步过程。第一步，基于训练数据集，采用分类算法来构造分类器。所谓训练数据集，是指一个已有的数据集，其中每条记录都已经属于一个已知的类别。根据不同的分类算法，可以构造的分类器的形式有决策树、神经元网络、规则集、贝叶斯网络等。一旦训练得到分类器，就要进行第二步，即使用分类器对新数据集进行分类。这个新数据集称为测试数据集。这个步骤是根据分类器来进行预测。例如，某公司有一个直邮清单数据库，每条直邮清单保存了一个顾客姓名、性别、年龄、职业等属性值，以及包括分发介绍产品和促销活动的信息后该顾客是否采取购买行为，即可以分为购买和不购买两个类。通过对此数据库进行分类分析，可以得到相应的分类器，即可以根据顾客的相关属性值来预测该顾客能否购买。假定有新的顾客添加到数据库中，则可以根据该分类器来预测此顾客能否购买，从而可以决定是否给该顾客直邮奏效材料。这个问题是在商务智能中的精准营销问题，通过分类分析方法可以有效解决。

上述过程还涉及一个分类精度的问题。一般来说，分类精度越高越好。但是预测精度很大程度上取决于训练数据集是否具有代表性。此外，对于分类分析方法进行评估的标准还包括如下几方面。

① 速度：即生成和使用分类器的计算花费。

② 顽健性：即给定噪声数据，分类器能够正确预测的能力。

③ 可伸缩性：即在大量数据规模时，有效构造分类器的能力。

④ 可解释性：即通过训练得到的分类器可理解和被解释的层次和水平。

具体的分类方法有许多，常用的方法包括决策树分类、贝叶斯分类、神经元网络分析等。无论是哪一种分类方法，其目的是要构造出分类属性与类别的映射关系，这种映射关系可以通过规则集、神经元网络结构，或者是数学函数进行表达。

（2）聚类。

与分类不同，聚类分析是将一个数据对象的集合按照某种标准进行划分，但是要划分的类是未知的。其结果是使得在一个聚类内部的数据对象按照该标准具有极高的相似性，类与类之间的数据对象的相似性很低。

聚类是一种重要的人类行为。例如，人类在进化和发展过程中，就会通过不断地改进下意识中的聚类模式来区分猫和狗，或者动物和植物，等等。事实上，人类正是以这种聚类的方法不断对事物进行分析，从而抽象出现代人所采用的种种概念。在商务应用中，聚类分析也得到广泛应用，包括消费模式行为识别以及市场划分和研究，对汽车保险单持有的分组，对不同消费群行为的归纳，对网络上产品推荐信息的汇总，等等。

聚类分析是一种数据简化技术，它把基于相似数据特征的变量或个案组合在一起。这种技术对发现基于相似特征，如人口统计信息、财政信息或购买行为进行客户细分非常有价值。从统计学的观点来看，聚类分析是通过数据建模简化数据的一种方法。传统的统计聚类分析方法包括系统聚类法、分解法、加入法、动态聚类法、有序样品聚类、有重叠聚类、模糊聚类等。采用 κ-均值、κ-中心点等算法的聚类分析工具已被加入到许多著名的统计分析软件包中，如 SPSS、SAS 等。

从机器学习的角度来讲，簇相当于隐藏模式。聚类是搜索簇的无监督学习过程。与分类不同，无监督学习不依赖预先定义的类或带类标记的训练实例，需要由聚类学习算法自动确定标记，而分类学习的实例或数据对象有类别标记。聚类是观察式学习，而不是示例式的学习。

从实际应用的角度来看，聚类分析是数据挖掘的主要任务之一。就数据挖掘功能而言，聚类能够作为一个独立的工具获得数据的分布状况，观察每一簇数据的特征，集中对特定的聚簇集合作进一步的分析。聚类分析还可以作为其他数据挖掘任务（如分类、关联规则）的预处理步骤。

主要的聚类方法包括基于划分的方法、基于层次的方法、基于密度的方法、基于网格的方法、基于模型的方法等。聚类是得到广泛应用的一个数据挖掘方法，在应用中，要注意这些聚类方法有两个显著的局限。第一个局限要聚类结果明确，就需要分离度很好的数据。几乎所有现存的算法都是从互相区别的不重叠的类数据中产生同样的聚类。但是，如果类是扩散且互相渗透，那么每种算法的结果将有所不同。结果，每种算法界定的边界不清，每种聚类算法得到各自最适合结果，每个数据部分将产生单一的信息。为解释因不同算法使同样数据产生不同结果，必须注意判断不同的方式。对于商务应用来说，正确解释来任意算法的聚类内容的实际结果会存在困难（特别是边界）。最终，将需要检验可信度. 通过序列比较来指导聚类解释。这种时候，可以考虑引入模糊逻辑来将聚类边界模糊化，从而使得结果的语义解释性更强。第二个局限由线性相关产生。上述的所有聚类方法分析的仅是简单的一对一的关系，因为成对的线性比较会大大减少发现简单关系的计算量，但会忽视商务和经济系统多因素和非线性的特点。因此，与其他数据挖掘方法一样，在应用聚类分析时，只能将其结果作为决策支持的参考，要结合问题背景、应用环境等审慎判断。

（3）关联规则。

大规模客户交易数据库中会存在数据项之间所潜在的相互关系的知识模式，如“年轻顾客会购买 Levi’s 牛仔裤”，“购买《信息系统》一书的顾客经常会购买《C 语言》一书”，等等。这样的模式称为关联规则。这种规则在网上推荐系统中用得非常多，如 Amazon. com 和 taobao. Com 网站上就广泛采用了关联规则分析方法来更好地促进销售。而英国的 Safeway 大型超市也通过关联规则方法对上架商品进行分析，发现有一部分相对滞销的产品居然是消费额最高的 25%的贵客的购买对象。因此，为了能够使得效益最大化，该商场仍然继续供应这批产品，而非简单撤下。

关联规则挖掘就是在给定的事务处理数据库中发现到所有满足最小支持度（α）和最小置信度（β）的形如 A=>B 的规则，其中 A 和 B 分别为属性的集合，其语义为“在整个数据库中，同时购买 A 和 B 的顾客的比例为 α，而在购买 A 的顾客中会购买 B 的顾客比例为 β。

关联规则挖掘已经成为商务智能中引人注目且发展相当迅速的分支。关联规则作为一种知识类型，由于它的直观性以及语义上的意义非常明确，因此在企业决策中得到了广泛的注意和应用。

（4）空间数据挖掘。

空间数据库存储了大量与空间有关的数据，如地图、遥感图片、医学图像等。空间数据库与传统数据库相比有显著不同的特征。空间数据会包括距离、位置、色块、气温等信息，而且通常按照复杂、多维的空间索引结构组织数据。对数据的访问需要通过空间。

空间数据挖掘是指对空间中非显式存在的知识、空间关系或其他有意义的模式等进行提取。例如，通过对地质断裂带应力分析可以推断出哪些地方近期发生地震的概率较高，这个挖掘过程中，不但需要对地质断裂带的地理位置数据进行处理，还需要结合地震历史数据和时间数据进行挖掘。因此，空间数据挖掘需要综合数据挖掘与空间数据库技术，它可用于对空间数据的理解、空间关系和空间与非空间数据间关系的发现、空间知识库的构造、空间数据库的重组和空间查询的优化。空间数据挖掘在地理信息系统（GIS）、地理市场、遥感、图像数据库探测、医学图像处理、全球导航系统、交通控制、环境研究等许多领域有广泛的应用。而采用传统的统计技术虽然可以很好地处理空间数据库中的数值型数据，并可以对空间现象提出相应的模型，然而由于空间数据库中存在大量的图像、地理位置等信息，而且更为重要的是，统计方法一般假设数据间是统计上独立，而空间对象经常是相互关联的，因此传统统计技术不适合直接应用到空间数据上。而空间数据挖掘则将传统的空间统计分析技术加以扩展，与数据库系统进行结合，并改进与用户的交互，以提高新知识发现的效率和效果。

空间数据挖掘的方法包括空间多维分析、空间关联分析、空间聚类分析、空间分类分析等。

（5）多媒体数据挖掘。

多媒体数据库是指存储和管理大量多媒体对象的数据库，如音频数据、视频数据、图像数据等。随着多媒体应用的普及，大量的多媒体数据库广泛存在于各种应用领域中，如人脸识别系统、语音识别与模式匹配等。典型的多媒体数据库系统包括 Google Earth、百度图像、人类基因数据库等。

由于多媒体数据相对于传统数值型数据而言，无法直接采用数值计算的方法来进行，因此就需要引入更多的技术来进行分析。例如，如何判断不同图像的相似性，如何实现相似音频的搜索，如何对海量图片进行分类和聚类等，这些都需要更多地对多媒体对象进行处理，以提炼出适当的特征向量，并进一步基于此进行数值计算。

总的来说，虽然对于多媒体数据，特别是图像和音频数据的处理在一些领域中已经有了比较成熟的方法和应用，如在反恐档案和追踪系统中，恐怖分子图像查询和搜索、音频匹配与语音识别等方面；但是相对于其他的数据挖掘领域，多媒体数据挖掘仍然是一个比较困难和充满挑战的领域。

（6）时序数据和序列数据挖掘。

时序数据库是指由随时间变化的序列值或事件组成的数据库，即每个数据对象都有一个相应的时间属性值。时序数据是非常常见的一种数据，如股票市场的每日行情、气象数据、医疗信息等。而序列数据库是指由有序事件序列组成的数据库，数据对象可能没有具体的时间标记，但是有先后顺序。例如，Web 页面访问序列就是一种序列数据，但通常并不记录访问的时间。

由于时序数据以及序列数据广泛存在于生活和工作中，特别在商务运作中，大量与业务运行时间和序列相关的数据保存在数据库中，对于这样的数据进行分析以得到有用的模式是一种非常有意义的过程。时序数据库和序列数据库挖掘的主要内容包括趋势分析、相似性搜索以及序列模式挖掘。

趋势分析是非常常见的分析手段，在传统统计技术中，已经得到广泛研究；在商务活动中，也广泛得到应用。例如，分析股票的中长期趋势，分析天气变化趋势，分析经济周期运行趋势等。一般来说，可采用移动平均方法来进行处理。

在通常数据库查询时要找出符合查询条件的精确数据，而对于时序和序列数据而言，很难有精确相似的情况，因此需要采用相似性搜索方法。相似性搜索是要找出与给定查询序列相似的数据序列。相似性搜索在对金融市场的分析、医疗诊断分析等领域中大有用武之地。

序列模式挖掘是指挖掘相对时间或其他模式出现高的模式。例如，一个序列模式的例子是“连续三天多云可能会造成下一天雨”或者“原材料板块股票连续一周上涨后建材板块股票会上涨”等。由于很多商业交易、通信记录、天气数据以及生产过程都是时间序列数据，因此在针对目标市场、客户定位、气象预报等数据分析中，序列模式挖掘很有前途。

（7）文本数据挖掘。

一类非常重要也非常常见的非结构化数据是文本数据。文本数据来自各种数据源，如新闻文章、研究论文、电子书籍、电子邮件、Web页面等。这些数据并不是以结构化数据的形式保存在数据库中，而是表示为大段的文本。

文本数据库中存储最多的数据是半结构化数据，它既不是完全结构化的也不是完全无结构的。例如，一个电子邮件中既包括标题、作者、出版日期、长度、时间等结构化数据，也包含大量非结构化数据内容，如内容文本、摘要等。

针对这种情况，传统的信息检索技术已经不适应日益增加的大量文本数据处理的需求。针对这种需求，一些新的文本数据处理和挖掘的方法逐渐涌现并为人所熟知。例如，Google和百度搜索引擎就是典型的文本挖掘的系统应用。

3. 数据挖掘技术的应用

数据挖掘所要处理的问题，就是在庞大的数据库中找出有价值的隐藏事件，并且加以分析，获取有意义的信息，归纳出有用的结构，作为企业进行决策的依据。其应用非常广泛，只要该产业有分析价值与需求的数据库，皆可利用Mining工具进行有目的的发掘分析。常见的应用案例多发生在零售业、制造业、财务金融保险、通信及医疗服务。

(1) 商家从顾客购买商品中发现一定的关系，提供打折购物券等，提高销售额。

(2) 保险公司通过数据挖掘建立预测模型，辨别出可能的欺诈行为，避免道德风险，减少成本，提高利润。

(3) 在制造业中，半导体的生产和测试中都产生大量的数据，必须对这些数据进行分析，找出存在的问题，提高质量。

(4) 电子商务的作用越来越大，可以用数据挖掘对网站进行分析，识别用户的行为模式，保留客户，提供个性化服务，优化网站设计。一些公司运用数据挖掘的成功案例，显示了数据挖掘的强大生命力。

美国AutoTrader.com是世界上最大的汽车销售站点，每天都会有大量的用户对网站上的信息进行点击。该公司运用了SAS软件进行数据挖掘，每天对数据进行分析，找出用户的访问模式，对产品的喜欢程度进行判断，并设定服务区，取得了成功。

Reuteres是世界著名的金融信息服务公司，其利用的数据大都是外部的数据，这样数据的质量就是公司生存的关键所在，必须从数据中检测出错误的成分。Reuteres用SPSS的数据挖掘工具SPSS/Clementine，建立数据挖掘模型，极大地提高了错误的检测，保证了信息的正确性和权威性。

Bass Export是世界最大的啤酒进出口商之一，在海外80多个市场从事交易，每个星期传送23 000份定单，这就需要了解每个客户的习惯，如品牌的喜好等。Bass Export用IBM的Ineelligent Miner很好地解决了上述问题。

10.3 商务智能

“智能”这个词很长时间以来，更多出现在计算机、机器人以及自动化等工程领域，而和商务联系在一起称为“商务智能”也就是近20年的事。从广义上来看，商务智能指的是在商业运作中，采集、集成、分析和表达海量业务信息，并进一步为商业决策提供支持的方法、技术和应用。

10.3.1 商业智能的概念

1. 商务智能技术的发展

近 20 年来，商务智能的概念和方法的提出以及迅速发展，与信息技术的发展密切相关。随着信息技术的发展，计算机在企业中得到广泛应用，生产、采购、营销、人力资源、财务等各个部门都通过计算机系统以及数据库系统来保存、加工和整理数据，特别是 20 世纪末网络技术的发展和移动通信技术的兴起，使得数据库的自动化采集程度越来越高，数据的数字化程度也越来越高，数据采集的成本和加工的成本越来越低。这些对企业运作的影响是深远的，特别是一些大规模业务数据分析模型和软件的采用，也大大加强了企业从历史数据中汲取和归纳知识的能力，并反过来进一步加深了企业对大规模数据分析和信息处理方法和 go 根据的使用。

在这个背景下，经过一段时间的业务运作，企业中经常能保留大量甚至海量的业务数据。一方面，相对于传统的数据匮乏情况而言，海量的业务数据中能隐藏着业务运作规律，以及反映市场特征和客户行为模式的潜在商务知识；另一方面，这种潜在隐藏的知识和规律并不是显而易见的，需要采用统计、人工智能、机器学习等智能化方法挖掘得到。这样挖掘得到的结果相对于一般显见的知识而言，往往更加具有新颖性，对于企业决策而言具有更大的边际价值的。由于这种过程需要采用智能技术对海量数据进行加工和分析，而且所得到的新颖知识也具有智能性可以用于商业决策中以提升商业竞争力，因此将这个过程称为商务智能。由于从技术层面上看，是采用智能技术在海量数据中挖掘得到隐藏的新颖知识，一次很多时候也称为“知识发现”。

2. 商务智能的定义

虽然经历了 20 多年的发展，但商务智能相对于信息系统的其他学科而言，还是一个很新的领域，而且其内涵和外延还在不断演化中。一个比较全面和普遍接受的定义如下：商务智能是在计算机软硬件、网络、通信、决策等多种技术的基础上出现的用于处理海量数据的一项技术，是一种基于大量信息基础上的提炼和重新整合过程，其基本功能是让企业内部员工和企业外部的客户、供应商和合作伙伴，实现对信息的访问、分析和共享。它有助于提高企业的运作效率，建立有利的客户关系，提高企业的竞争力，将帮助企业从现有的信息和数据中提炼更多的价值，并实现知识共享和知识创造。

其他具有代表性的定义如下。

- 商务智能是指通过资料的萃取、整合及分析，支持决策过程的技术和商业处理流程，其目的是为了使使用者在决策的时候尽可能得到更多的协助。
- 商务智能是运用数据仓库、在线分析和数据挖掘技术来处理和分析数据的技术，它允许用户查询和分析数据库，进而得出影响商业活动的关键因素，最终帮助用户作出更好、更合理的决策。
- 商务智能是通过利用多个数据源的信息以及应用经验和假设，来促进对企业动态性的准确理解，以便提高企业决策能力的一组概念、方法和过程的集合。它通过对数据的获取、管理和分析，为企业组织的各种人员提供信息，以提高企业战略和战术决策能力。

- 商务智能是通过获取与各个主题相关的该质量和有意义的信息来帮助人们分析信息、得出结论、形成假设的过程。

尽管上述这些定义的表达和侧重不尽相同，但这些定义也体现出某些共性，它正是商务智能的本质，即对海量商务信息的搜集、管理、分析整理和展现的过程，目的是使企业的各级管理与决策者获得知识或洞察力，是企业智能化决策的重要手段和工具。

10.3.2 商务智能的应用及发展趋势

1. 商务智能的应用

（1）商务智能在金融、银行系统中的应用。

金融和银行系统是应用管理信息系统最早也最成熟的领域，在互联网时代也是最早网络化的领域。而且由于银行和金融系统对数据质量的要求高，因此经过长时间的运作，银行和金融机构中通常都拥有大量的且相对比较完整、可靠和高质量的数据，为系统化的数据挖掘和商务智能分析提供了便利条件。例如，运用分类分析方法对贷款偿还进行预测，运用回归分析方法对收益率进行预测，运用聚类和分类方法对目标市场客户进行分类和归类；运用关联规则分析方法对金融欺诈进行分析等。

（2）商务智能在营销与客户关系系统中的应用。

零售业管理信息系统积累了大量的销售数据，顾客购买历史记录，货物进出、消费和服务记录等，特别是在电子商务时代，网上购物活动使得数据可以得到自动加载和更新。所以零售业领域商务智能得到快速应用和发展。利用零售业管理信息系统积累的大量数据进行商务智能分析，为进一步的营销提供决策支持，成为提升企业竞争力的关键要素。在营销领域，商务智能被称为客户关系管理，主要的应用有利用聚类和分类分析方法识别顾客购买行为，利用关联规则分析发现顾客购买模式，利用序列分析发现顾客购买趋势，利用分类分析方法对顾客忠诚度进行分析，等等。通过这些方法可以进一步改进服务质量，并可以进一步提升零售推荐服务的价值。

（3）商务智能在电信管理系统中的应用。

电信业是继互联网后又一高速发展的新经济产业，电信业已经从单纯的语音通话服务演变为提供综合电信服务，如语音、传真、寻呼、移动电话、图像、音频、电子邮件、Web 数据传输等。电信业的发展使得有线网络和无线网络逐渐融为一体，从而绽放出更大的能量。电信系统以其高水平的数据加工和高速的数据传输特点，成为了海量数据存储和加工两个最大的领域之一，也为商务智能的开展提供了良好的基础。电信行业的迅速扩张和激烈竞争，也显得越来越有必要利用商务智能分析手段来更好地理解商业行为、确定优势模式、捕捉盗用行为，以及更好地利用资源。主要应用包括利用聚类分析方法对盗用和异常模式进行分析，利用序列分析方法对通信模式进行分析，利用关联规则方法对客户行为模式进行分析等。

2. 商务智能的发展趋势

商务智能的概念从提出到实现已经有 20 多年的历史了，经过 20 多年，商务智能从概念到方法都发生了巨大的变化。但是从信息技术得到前所未有应用的今天，我们仍然无法对商务智能的全景做一个归纳，因为商务智能仍然还在高速发展变化中。但是，我们可以从目前的一些需求来对商务智能在不久的将来的发展趋势做一个大尺度的推测，即以下两方面将是商务智能发展的重点。

（1）商务智能技术指标。

正如关系数据库之所以在20世纪70年代末80年代初得到快速发展,并成为数据库技术的绝对主流，是因为关系数据库的一些基础方法，如ER图、关系代数、SQL等逐步成为数据库的技术标准。因此，无论界面如何，底层数据读取方式如何，技术标准的统一确保了数据库系统的通用性，并从根本上促成了关系数据库的流行。而商务智能的发展目前面临的一个瓶颈就是缺乏技术标准。各大主流商务智能厂商，如IBM、Oracle、SAS、Business Objects等都不断推出自己的商务智能系统，所采用的技术标准差异很大，虽然各有优势但没有一家的技术标准得到普遍认可。这也造成了商务智能虽然得到企业界的认可，所有的企业都将布局商务智能系统作为下一个努力目标，但在实施层面，却不得不选取千差万别的技术方案。这样一方面造成了企业间的商务智能系统无法有效连接和沟通，另一方面也造成企业内部的商务智能系统开发成本过高。因此，必须逐渐形成统一的商务智能的技术标准。目前，有些学者提出了类似SQL的DMQL语言等技术标准，试图推动商务智能技术标准，但是还处于初期阶段。

（2）移动商务智能。

商务智能的概念虽然在20世纪80年代末就在学术界提出，但是真正被业界所接受和广泛认同，还是在20世纪末。进入20世纪以来，基于互联网的商业智能技术和方法已经得到了大规模的发展，商务智能和数据挖掘方法都是基于在互联网环境下的海量数据而提出的。但是，随着这几年移动通信技术的发展和功能扩充，移动网络已经逐渐成为与传统互联网并驾齐驱的大网络环境，而且在移动网络上的服务和数据类型逐渐丰富。此外，通过底层协议，移动网络和传统互联网也实现了无缝融合。这种态势已经而且还将更为明显地影响商务运作方式。因此，在这种情况下，传统应用于互联网环境下的商务智能和数据挖掘方法就需要改造和扩展，以适应移动网络环境下的实时性、广泛性等特点。因此，下一阶段，移动商务智能将会成为商务智能乃至信息系统发展的重点。

本章小结

决策支持系统（DSS）是管理信息系统领域中一个备受关注的理论分支，本章重点介绍了管理信息系统智能决策方面的影响作用及应用。数据挖掘技术在人们长期对数据库技术进行研究和开发的基础上，广泛应用到商业数据的存储、查询和访问中，使数据库技术进入了一个更高级的阶段进一步促进信息的传递。而商务智能在商业运作中，通过采集、集成、分析和表达海量业务信息，进一步为商业决策提供支持的方法、技术和应用，进一步体现了未来管理信息系统的发展方向和目标。

章节练习

1. 什么是决策支持系统？决策支持系统的基本模式是什么？

2. 决策支持系统的两种基本系统结构是什么？并分别简单介绍。

3. 简述什么是人机对话子系统、数据库子系统、模式子系统和方法子系统。

4. 简述数据仓库与数据挖掘的的定义，并说明二者之间的关系。

5. 数据挖掘的方法有哪些？

6. 什么是聚类分析、分类分析、关联规则、空间数据挖掘、多媒体数据挖掘、序列数据挖掘、文本数据挖掘？

7. 什么是商务智能？

8. 商务智能主要应用于哪些方面？其发展趋势是什么？

第 11 章　企业现代管理系统应用

管理是企业永恒的主题。在市场经济条件下，企业管理水平的高低，直接决定一个企业发展的快慢、好坏和持续性。本章主要介绍企业资源计划系统、供应链管理系统，以及客户关系管理系统的理论、发展和在现代企业管理中的应用，并对这三者的联系和区别进行了阐述和分析。

11.1　企业资源计划

企业资源计划作为现代企业管理思想的精髓，越来越被更多的企业所接受。企业资源计划是指建立在信息技术基础上，以系统化的管理思想为指导，集信息技术与先进的管理思想于一身的现代企业的运行管理模式。随着信息技术的发展，企业资源计划系统现已形成在互联网基础上的跨国、跨企业的运行体系。它基于供需链管理的思想，采用协同商务管理模式，应用组件和工作流开发技术，面向业务流程设计，针对不同行业、不同企业，按照实际需求进行资源配置。真正的企业资源计划系统必然能够适应业务流程的变化。

11.1.1　企业资源计划的概念

企业资源计划系统（Enterprise Resource Planning，ERP）的概念，是美国 GartnerGroup 公司于 1990 年提出的，ERP 是指建立在信息技术基础上，以系统化的管理思想，为企业决策层及员工提供决策运行手段的管理平台。ERP 系统集中信息技术与先进的管理思想于一身，成为现代企业的运行模式，反映时代对企业合理调配资源，最大化地创造社会财富的要求，成为企业在信息时代生存、发展的基石。

ERP 把客户需求和企业内部的制造活动以及供应商的制造资源整合在一起，形成企业一个完整的供应链，其核心管理思想主要体现在以下三个方面。

（1）体现对整个供应链资源进行管理的思想。

在知识经济时代仅靠自己企业的资源已不足以在市场竞争中取得优势地位，还必须把经营过程中的有关各方如供应商、制造工厂、分销网络、客户等纳入一个紧密的供应链中，才能有效地安排企业的产、供、销活动，满足企业利用全社会一切市场资源快速高效进行生产经营的需求，以期进一步提高效率和在市场上获得竞争优势。换句话说，现代企业竞争不是单一企业与单一企业间的竞争，而是一个企业供应链与另一个企业供应链之间的竞争。ERP 系统实现了对整个企业供应链的管理，适应了企业在知识经济时代市场竞争的需要。

（2）体现精益生产、敏捷制造和同步工程的思想。

企业资源计划系统支持对混合型生产方式的管理，其管理思想表现在两个方面：其一是“精益生产（LeanProduction, LP）”思想，它是由美国麻省理工学院（MIT）提出的一种企业经营战略体系，即企业按大经量生产方式组织生产时，把客户、销售代理商、供应商、协作单位纳入生产体系，企业同其销售代理、客户和供应商的关系，已不再简单地是业务往来关系，而是利益共享的合作伙伴关系，这种合作伙伴关系组成了一个企业的供应链，这即是精益生产的核心思想。其二是“敏捷制造（AgileManufacturing）”思想。当市场发生变化，企业遇有特定的市场和产品需求时，企业的基本合作伙伴不一定能满足新产品开发生产的要求，这时，企业会组织一个由特定的供应商和销售渠道组成的短期或一次性供应链，形成“虚拟工厂”，把供应单位和协作单位看成是企业的一个组成部分，运用“并行工程（Simultaneous Engineering, SE）”组织生产，用最短的时间将新产品打入市场，时刻保持产品的高质量，多样化和灵活性，这即是“敏捷制造”的核心思想。

（3）体现事先计划与事前控制的思想。

如果企业资源计划系统能够将客户关系管理（CRM）软件、供应链管理（SCM）软件集成起来，则构成了企业电子商务的完整解决方案。企业资源计划系统将企业业务明确划分为由多个业务结点联结而成的业务流程，通过各个业务结点明晰了各自的权责范畴，而各个结点之间的无缝联结，实现了信息的充分共享及业务的流程化运转。所以我们说，企业实施 ERP 系统，根本的目的不在于为了引进一套现代化信息系统，更重要的是运用 ERP 系统来对企业的业务进行重新梳理与优化，实现生产经营的精细化与集约化，而带来的好处就是成本的降低、生产周期的缩短、响应客户需求的时间更快、为客户提供更好的服务。

ERP 系统的实施成功对于企业是来之不易的，需要项目组成员及全体员工在各阶段付出艰苦的努力，还需一丝不苟地对软件的功能、项目的需求及实施过程进行整理和评价。对于如何评价一个 ERP 系统是否实施成功，验证的标准是多方面的，但根据企业的一般共性情况主要应从以下几个方面来进行评定。

（1）系统运行集成化，软件的运作跨越多个部门。

这是 ERP 应用成功在技术解决方案方面最基本的表现。ERP 系统是对企业物流、资金流、信息流进行一体化管理的软件系统，其核心管理思想就是实现对“供应链（Supply Chain）”的管理。软件的应用将跨越多个部门甚至多个企业。为了达到预期设定的应用目标，最基本的要求是系统能够运行起来，实现集成化应用，建立企业决策完善的数据体系和信息共享机制。

一般来说，如果 ERP 系统仅在财务部门应用，只能实现财务管理规范化、改善应收账款和资金管理；仅在销售部门应用，只能加强和改善营销管理；仅在库存管理部门应用，只能帮助掌握存货信息；仅在生产部门应用只能辅助制订生产计划和物资需求计划。只有集成一体化运行起来，才有可能达到：降低库存，提高资金利用率和控制经营风险；控制产品生产成本，缩短产品生产周期；提高产品质量和合格率；减少财务坏账、呆账金额等。这些目标能否真正达到，还要取决于企业业务流程重组的实施效果。

（2）业务流程合理化，各级业务部门根据完全优化后的流程重新构建。

这是 ERP 应用成功在改善管理效率方面的体现。ERP 应用成功的前提是必须对企业实施业务流程重组，因此，ERP 应用成功也即意味着企业业务处理流程趋于合理化，并实现了 ERP 应用的以下几个最终目标：企业竞争力得到大幅度提升；企业面对市场的响应速度大大加快；

客户满意度显著改善。

（3）绩效监控动态化，绩效系统能即时反馈以便纠正管理中存在的问题。

ERP 的应用，将为企业提供丰富的管理信息。如何用好这些信息并在企业管理和决策过程中真正起到作用，是衡量 ERP 应用成功的另一个标志。在 ERP 系统完全投入实际运行后，企业应根据管理需要，利用 ERP 系统提供的信息资源设计出一套动态监控管理绩效变化的报表体系，以期即时反馈和纠正管理中存在的问题。这项工作，一般是在 ERP 系统实施完成后由企业设计完成。企业如未能利用 ERP 系统提供的信息资源建立起自己的绩效监控系统，将意味着 ERP 系统应用没有完全成功。

（4）管理改善持续化，企业建立一个可以不断自我评价和不断改善管理的机制。

随着 ERP 系统的应用和企业业务流程的合理化，企业管理水平将会明显提高。为了衡量企业管理水平的改善程度，可以依据管理咨询公司提供的企业管理评价指标体系对企业管理水平进行综合评价。评价过程本身并不是目的，为企业建立一个可以不断进行自我评价和不断改善管理的机制，才是真正目的。这也是 ERP 应用成功的一个经常不被人们重视的标志。

11.1.2 企业资源计划的发展

ERP 理论的形成大致经历了基本 MRP 阶段、闭环 MRP 阶段、MRP-Ⅱ阶段及 ERP 的形成阶段。基本 MRP 是在库存定货点法的基础上形成的。

1. *定货点法*

20 世纪 40 年代初期，西方经济学家通过对库存物料随时间推移而被使用和消耗的规律的研究，提出了订货点的方法和理论，并将其运用于企业的库存计划管理中。

早在 20 世纪 30 年代初期，企业控制物料的需求通常采用控制库存物品数量的方法，为需求的每种物料设置一个最大库存量和安全库存量。最大库存量是为库存容量、库存占用资金的限制而设置的；安全库存量也叫最小库存量，即物料的消耗不能小于安全库存量。

为了不出现物料短缺而影响生产的情况出现，则应该在安全库存量的基础上增加一定的数量库存，而不能等到物料的库存量消耗到安全库存量时才补充库存。因为物料的供应需要一定的时间（即供应周期，如物料的采购周期、加工周期等），所以必须有一定的时间提前期。在安全库存量的基础上增加的库存量作为物料订货期间的供应量，就应满足这样的条件：当物料的供应到货时，物料的消耗刚好到了安全库存量。这种控制模型必须确定两个参数：订货点和订货批量，如图 11.1 所示。

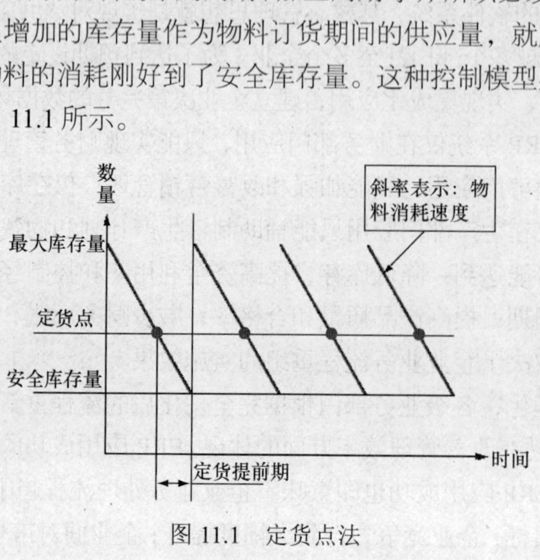

图 11.1 定货点法

这种模型在当时的生产环境下也起到了一定的作用，但随着市场的变化和产品复杂性的增加，它的应用受到了一定的限制。下面是订货点应用的条件：

- ❑ 物料的消耗相对稳定；
- ❑ 物料的供应比较稳；
- ❑ 物料的需求是独立的；
- ❑ 物料的价格不是很高。

应该说，定货点法受到许多条件的制约，而且不能反映物料的实际需求，往往为了满足生产需求而不断提高定货点的数量，而造成库存数量和库存物料资金占用的数量增加，这样产品的成本升高，使企业缺乏市场竞争力。为此，在 20 世纪 60 年代中期，美国的管理专家约瑟夫·奥里奇（Joseph A.Orlicky）博士提出了“物料独立需求和相关需求”的学说，在此基础上，人们形成了“在需要的时候提供需要的数量”的认识，发展并形成了物料需求计划（Material Requirement Planning, MRP）的理论，即基本的 MRP。

2. 基本的 MRP

在“物料独立需求和相关需求”的学说基础上，基本 MRP 提出物料的定货量要根据需求来确定，这种需求应考虑产品的结构（即产品结构中物料的需求量是相关的），以实现“既要降低库存，又要不出现物料短缺”的思想。

基本 MRP 主要解决间歇生产的生产计划和控制问题。在间歇生产的情况下，如何保证生产计划高效运行，保证及时供应物料以满足生产需要，是生产管理中的重要问题，这个问题解决不好，就会造成既库存积压又物料短缺的情况。

MRP 主要用于制造业，其要从供应方买来原材料，经过加工或装配，制造出产品，销售给需求方。这也是制造业区别于金融业、商业、采掘业（石油、矿产）、服务业的主要特点。任何制造业的经营生产活动都是围绕其产品开展的，制造业的信息系统也体现了这种特点。MRP 就是从产品的结构或物料清单（对食品、医药、化工行业则为“配方”）出发，实现了物料信息的集成。制造业的经营生产活动表现为一个上小下宽的锥状产品结构：其顶层是出厂产品，该产品是属于企业市场销售部门的业务；底层是采购的原材料或配套件，是企业物资供应部门的业务；介乎其间的是制造部件，是生产部门的业务。

MRP 的基本功能是实现物料信息的集成，保证及时供应物料，降低库存，提高生产效率。物料需求信息由以下四个要素组成：

- ❑ 需要什么；
- ❑ 何时需要；
- ❑ 需要多少；
- ❑ 何时订货。

物料的需求信息、产品结构、采供提前期和库存信息是运行 MRP 的四项主要数据。这些数据的准确度，决定了 MRP 的有效性。

美国生产与库存控制协会（APICS）在 1960 年前后研制出了第一套物料需求计划（MRP）软件系统，其代表了现代企业资源管理系统的初步形成。

MRP 一般包含以下模块：

- ❑ 主生产计划（Master Production Schedule，MPS）模块；

- ❑ 物料需求计划（MRP）模块；
- ❑ 物料清单（Bill Of Material，BOM）模块；
- ❑ 库存控制（Inventory Control）模块；
- ❑ 采购订单（Purchasing Order）模块；
- ❑ 加工订单（Manufacturing Order）模块。

3. 闭环 MRP

基本 MRP 是建立在下面两个假设的基础上的：一是生产计划是可行的，即假定有足够的设备、人力和资金来保证生产计划的实现；二是假设采购计划是可行的，即有足够的供货能力和运输能力来保证完成物料供应。但在实际生产中，能力资源和物料资源总是有限的，因而往往会出现生产计划无法完成的情况。因此，为了保证生产计划符合实际，必须使计划适应资源，以保证计划的可行性，这就是闭环 MRP 的思想。

20 世纪 70 年代，闭环 MRP 在基本 MRP 的基础上，把需要与可能结合起来，通过能力与负荷的反复平衡，实现了一个完整的计划与控制系统。简单地说，闭环 MRP 的形成是在 MRP 基础上增加了能力需求计划，形成了“计划—执行—反馈—计划”的闭环系统，使系统具有生产计划与生产能力的平衡。

通俗地说，MRP 是一种保证既不出现短缺，又不积压库存的计划方法，解决了制造业所关心的缺件与超储的矛盾。所有 ERP 软件都把 MRP 作为其生产计划与控制的功能模块，MRP 是 ERP 不可缺少的核心功能。

4. MRPⅡ

MRPⅡ（Manufacture Resource Planning，制造资源计划）是在 MRP 的基础上发展起来的反映企业生产计划和企业经济效益的信息集成系统。它是由美国著名的管理专家奥利弗・怀特（Oliver W.Wight）提出的一个新概念，由于它的英文缩写也是 MRP，为了便于区分，就称它为 MRPⅡ。

20 世纪 60 年代后期，世界上主要发达国家相继进入买方市场后，制造企业之间的竞争日趋激烈，越来越多的企业认识到先进的企业管理方法是在竞争中生存的基本因素。他们不断地尝试各种管理方法、管理技术和管理手段。越来越多的企业采用了可行的和成熟的管理技术或管理方法，逐渐成为一种基本规范。经过 30 多年的考验，事实证明成功的核心体系是 MRPⅡ，它代表了现代制造企业公认的管理准则。它适用于小批量或单件生产结构复杂的企业。由于现代社会的个性化趋势，产品的开发生产逐步走向个性化、小批量、多品种的模式，使 MRPⅡ的应用更加普及。

MRPⅡ与 MRP 的主要区别就是它运用了管理会计的概念，实现物料信息同资金信息的集成，用货币形式说明了执行企业“物料计划”带来的经济效益。衡量企业经营效益，首先要计算产品成本。要描述产品成本的实际发生过程，以 MRP 的产品结构为基础，从最底层采购件的材料费开始，逐层向上将每一件物料的材料费、人工费和制造费（间接成本）进行累计，得出每一层零部件直至最终产品的成本。再进一步结合市场营销，分析各类产品的盈利性。MRPⅡ把传统的账务处理同发生账务的事务结合起来，不仅说明账务的资金现状，而且追溯资金的来龙去脉。例如，将体现债务债权关系的应付账、应收账同采购业务和销售业务集成起来等。

按照物料位置、数量或价值变化，来定义“事务处理（Transaction）”，使与生产相关的财务信息直接在生产活动过程中生成。在定义“事务处理”的相关会计科目之间，按设定的借贷关系，自动转账登录，保证了“资金流（财务账）”同“物流（实物账）”的同步和一致，改变了资金信息滞后于物料信息的状况，便于作出实时决策。

MRP Ⅱ的商品软件由各种功能模块组成，模块的数量可能不同，各个模块的功能强弱不一，但是它们的逻辑结构基本一致。一般包括如下模块：

- ❑ 产品数据管理模块；
- ❑ 主生产计划模块；
- ❑ 物料需求计划模块；
- ❑ 库存管理模块；
- ❑ 能力需求模块；
- ❑ 销售管理模块；
- ❑ 采购模块；
- ❑ 车间作业管理模块；
- ❑ 财务管理模块；
- ❑ 质量管理模块。

这些模块结构上相互独立，但功能上相互依存。例如，产品数据管理（Product data management，PDM）模块将所有零件号、工艺规程、产品结构等有关数据存储在数据库中，以零件号为特征字段，用来建立物料清单、加工工艺过程及装配工艺过程，为其他模块提供了原始数据的管理。

综上所述，MRP Ⅱ的基本思想就是把企业作为有机的整体，从整体最优的角度出发，通过运用科学的方法对企业各种制造资源和产、供、销、财各个环节进行有效的计划、组织和控制，使其协调发展，并充分的发挥作用。

5. ERP

MRP Ⅱ仅能改变企业内部资源的信息流，但随着全球经济一体化的加速，企业与其外部环境的关系越来越密切，MRP Ⅱ已经不能满足需要。于是，不仅能处理企业内部资源信息流的，同时还能处理与企业外部环境有关信息流的，即体现了按市场需求制造及供应链管理的思想的 ERP 软件系统应运而生了。

ERP 还打破了 MRP Ⅱ只局限于传统制造业的旧的观念和格局，把触角伸向各个行业，特别是金融业、通信业、高科技产业、零售业等，大大扩展了应用范围。

ERP 是在 MRP Ⅱ基础上作了以下几个方面的改进：

❑ 融合其他现代管理思想和技术来完善自身系统，以提高系统的适应性和优化生产过程；

❑ 建立在 Internet/Intranet 基础上的网络系统，将人、财、物及信息结合为一体，充分发挥整体系统的效率；

❑ 通过把客户需求、企业内部制造活动和供应商资源整合在一起，形成完整供应链。通过对供应链所有环节进行有效控制和管理，强调事前控制和系统集成，为企业提供质量、效益、客户满意、环境变化等战略问题的分析。

应该说，ERP 是在 MRP Ⅱ的基础上发展起来的，它建立在信息技术基础上，利用现代企业的先进管理思想，全面地集成了企业的所有资源信息，并为企业提供决策、计划、控制与经营业绩评估的全方位和系统化的管理平台。由图 11.2 可见 ERP 理论的形成进程。

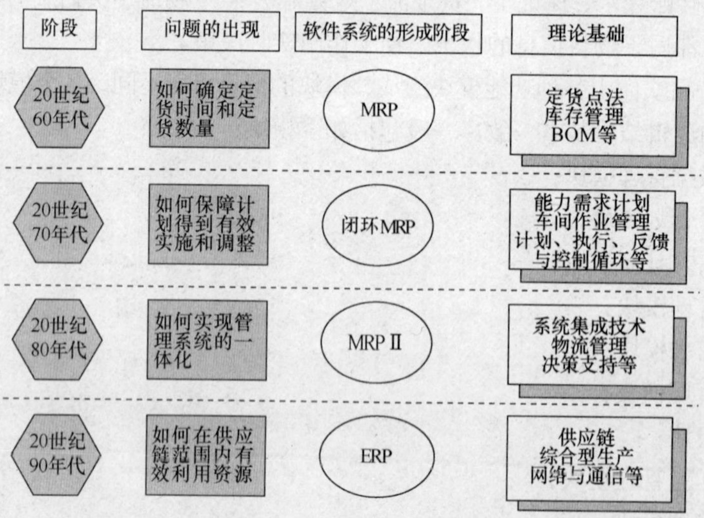

图 11.2　ERP 理论的形成

11.1.3　企业资源计划的应用

在企业中，一般的管理主要包括三方面的内容：生产控制、物流管理和财务管理。这三大系统本身就是集成体，它们互相之间有相应的接口，能够很好的整合在一起来对企业进行管理。随着企业对人力资源管理重视的加强，已经有越来越多的 ERP 厂商将人力资源管理纳入了 ERP 系统的一个重要组成部分。

1. 财务管理模块

企业中，清晰分明的财务管理是极其重要的。所以，在 ERP 整个方案中它是不可或缺的一部分。ERP 中的财务模块与一般的财务软件不同，作为 ERP 系统中的一部分，它和系统的其他模块有相应的接口，能够相互集成。例如，它可将由生产活动、采购活动输入的信息自动计入财务模块生成总账、会计报表，取消了输入凭证繁琐的过程，几乎完全替代以往传统的手工操作。一般的 ERP 软件的财务部分分为会计核算与财务管理两大块。

（1）会计核算。

会计核算主要是记录、核算、反映和分析资金在企业经济活动中的变动过程及其结果。它由总账、应收账、应付账、现金、固定资产、多币制等部分构成。

① 总账模块。它的功能是处理记账凭证输入、登记，输出日记账、一般明细账及总分类账，编制主要会计报表。它是整个会计核算的核心，应收账、应付账、固定资产核算、现金管理、工资核算、多币制等各模块都以其为中心来互相信息传递。

② 应收账模块。是指企业应收的由于商品赊欠而产生的正常客户欠款账，包括发票管理、客户管理、付款管理、账龄分析等功能。

它和客户订单、发票处理业务相联系，同时将各项事件自动生成记账凭证，导入总账。

③ 应付账模块。会计里的应付账是企业应付购货款等账，它包括发票管理、供应商管理、支票管理、账龄分析等。它能够和采购模块、库存模块完全集成以替代过去烦琐的手工操作。

④ 现金管理模块。它主要是对现金流入流出的控制以及零用现金及银行存款的核算，包括对硬币、纸币、支票、汇票和银行存款的管理。在 ERP 中提供了票据维护、票据打印、付款维护、银行清单打印、付款查询、银行查询、支票查询等和现金有关的功能。

此外，它还和应收账、应付账、总账等模块集成，自动产生凭证，过入总账。

⑤ 固定资产核算模块。即完成对固定资产的增减变动以及折旧有关基金计提和分配的核算工作。它能够帮助管理者对目前固定资产的现状有所了解，并能通过该模块提供的各种方法来管理资产，以及进行相应的会计处理。

它的具体功能有：登录固定资产卡片和明细账、计算折旧、编制报表，以及自动编制转账凭证，并转入总账。它和应付账、成本、总账模块集成。

⑥ 多币制模块。这是为了适应当今企业的国际化经营，对外币结算业务的要求增多而产生的。多币制将企业整个财务系统的各项功能以各种币制来表示和结算，且客户订单、库存管理及采购管理等也能使用多币制进行交易管理。

多币制和应收账、应付账、总账、客户订单、采购等各模块都有接口，可自动生成所需数据。

⑦ 工资核算模块。自动进行企业员工的工资结算、分配、核算以及各项相关经费的计提。它能够登录工资、打印工资清单及各类汇总报表，计算计提各项与工资有关的费用，自动做出凭证，导入总账。这一模块是和总账、成本模块集成的。

⑧ 成本模块。它将依据产品结构、工作中心、工序、采购等信息进行产品的各种成本的计算，以便进行成本分析和规划。还能用标准成本或平均成本法按地点维护成本。

（2）财务管理。

财务管理的功能主要是基于会计核算的数据，再加以分析，从而进行相应的预测，管理和控制活动。它侧重于财务计划、控制、分析和预测。

① 财务计划：根据前期财务分析做出下期的财务计划、预算等。

② 财务分析：提供查询功能和通过用户定义的差异数据的图形显示进行财务绩效评估、账户分析等。

③ 财务决策：财务管理的核心部分，中心内容是作出有关资金的决策，包括资金筹集、投放及资金管理。

2. 生产控制管理模块

这一部分是 ERP 系统的核心所在，它将企业的整个生产过程有机的结合在一起，使得企业能够有效地降低库存，提高效率。同时，各个原本分散的生产流程的自动连接，也使得生产流程能够前后连贯地进行，而不会出现生产脱节、耽误生产交货时间。

生产控制管理是一个以计划为导向的先进的生产、管理方法。首先，企业确定它的一个总生产计划，再经过系统层层细分后，下达到各部门去执行，即生产部门以此生产，采购部门按此采购等。

（1）主生产计划。

它是根据生产计划、预测和客户订单的输入来安排将来的各周期中提供的产品种类和数量，它将生产计划转为产品计划，在平衡了物料和能力的需要后，精确到时间、数量的详细的进度计划。它是企业在一段时期内的总活动的安排，是一个稳定的计划，是以生产计划、实际订单和对历史销售分析得来的预测产生的。

（2）物料需求计划。

在主生产计划决定生产多少最终产品后，再根据物料清单，把整个企业要生产的产品的数量转变为所需生产的零部件的数量，并对照现有的库存量，可得到还需加工多少，采购多少的最终数量。这才是整个部门真正依照的计划。

（3）能力需求计划。

它是在得出初步的物料需求计划之后，将所有工作中心的总工作负荷，在与工作中心的能力平衡后产生的详细工作计划，用以确定生成的物料需求计划是否是企业生产能力上可行的需求计划。能力需求计划是一种短期的、当前实际应用的计划。

（4）车间控制。

这是随时间变化的动态作业计划，是将作业分配到具体各个车间，再进行作业排序、作业管理、作业监控。

（5）制造标准。

在编制计划中需要许多生产基本信息，这些基本信息就是制造标准，包括零件、产品结构、工序和工作中心，都用唯一的代码在计算机中识别。

① 零件代码，对物料资源的管理，对每种物料给予唯一的代码识别。

② 物料清单，定义产品结构的技术文件，用来编制各种计划。

③ 工序，描述加工步骤及制造和装配产品的操作顺序。它包含加工工序顺序，指明各道工序的加工设备及所需要的额定工时和工资等级等。

④ 工作中心，使用相同或相似工序的设备和劳动力组成的，从事生产进度安排、核算能力、计算成本的基本单位。

3. 物流管理

（1）分销管理。

销售的管理是从产品的销售计划开始，对其销售产品、销售地区、销售客户各种信息的管理和统计，并可对销售数量、金额、利润、绩效、客户服务做出全面的分析，这样在分销管理模块中大致有三方面的功能。

① 对于客户信息的管理和服务。它能建立一个客户信息档案，对其进行分类管理，进而对其进行针对性的客户服务，以达到最高效率的保留老客户、争取新客户。在这里，要特别提到的就是CRM软件，即客户关系管理，ERP与它的结合必将大大增加企业的效益。

② 对于销售订单的管理。销售订单是ERP的入口，所有的生产计划都是根据它下达并进行排产的。而销售订单的管理是贯穿了产品生产的整个流程。它包括：

- ❑ 客户信用审核及查询（客户信用分级，来审核订单交易）；
- ❑ 产品库存查询（决定是否要延期交货、分批发货或用代用品发货等）；
- ❑ 产品报价（为客户作不同产品的报价）；
- ❑ 订单输入、变更及跟踪（订单输入后，变更的修正，及订单的跟踪分析）；
- ❑ 交货期的确认及交货处理（决定交货期和发货事物安排）。

③ 对于销售的统计与分析。这时系统根据销售订单的完成情况，依据各种指标作出统计，如客户分类统计，销售代理分类统计等，再就这些统计结果来对企业实际销售效果进行评价：

- ❑ 销售统计（根据销售形式、产品、代理商、地区、销售人员、金额、数量来分别进行统计）。

❑ 销售分析（包括对比目标、同期比较和订货发货分析，来从数量、金额、利润及绩效等方面作相应的分析）。

❑ 客户服务（客户投诉纪录，原因分析）。

（2）库存控制。

库存控制用来控制存储物料的数量，以保证稳定的物流支持正常的生产，但又最小限度的占用资本。它是一种相关的、动态的及真实的库存控制系统。它能够结合、满足相关部门的需求，随时间变化动态地调整库存，精确地反映库存现状。这一系统的功能又涉及以下几方面。

① 为所有的物料建立库存，决定何时定货采购，同时作为交与采购部门采购、生产部门作生产计划的依据。

② 收到订购物料，经过质量检验入库，生产的产品也同样要经过检验入库。

③ 收发料的日常业务处理工作。

（3）采购管理。

采购管理包括确定合理的定货量、优秀的供应商和保持最佳的安全储备。能够随时提供定购、验收的信息，跟踪和催促对外购或委外加工的物料，保证货物及时到达。建立供应商的档案，用最新的成本信息来调整库存的成本。具体包括以下内容。

① 供应商信息查询（查询供应商的能力、信誉等）。

② 催货（对外购或委外加工的物料进行跟催）。

③ 采购与委外加工统计（统计、建立档案，计算成本）。

④ 价格分析（对原料价格分析，调整库存成本）。

4. 人力资源管理模块

以往的 ERP 系统基本上都是以生产制造及销售过程（供应链）为中心的。因此，长期以来一直把与制造资源有关的资源作为企业的核心资源来进行管理。但近年来，企业内部的人力资源，开始越来越受到企业的关注，被视为企业的资源之本。在这种情况下，人力资源管理作为一个独立的模块，被加入到了 ERP 的系统中来，和 ERP 中的财务、生产系统组成了一个高效的、具有高度集成性的企业资源系统。它与传统方式下的人事管理有着根本的不同。

（1）人力资源规划的辅助决策。

对于企业人员、组织结构编制的多种方案，进行模拟比较和运行分析，并辅之以图形的直观评估，辅助管理者作出最终决策。

制定职务模型，包括职位要求、升迁路径和培训计划，根据担任该职位员工的资格和条件，系统会提出针对本员工的一系列培训建议，一旦机构改组或职位变动，系统会提出一系列的职位变动或升迁建议。

进行人员成本分析，可以对过去、现在、将来的人员成本作出分析及预测，并通过 ERP 集成环境，为企业成本分析提供依据。

（2）招聘管理。

人才是企业最重要的资源，优秀的人才才能保证企业持久的竞争力。招聘系统一般从以下几个方面提供支持。

① 进行招聘过程的管理，优化招聘过程，减少业务工作量。

② 对招聘的成本进行科学管理，从而降低招聘成本。

③ 为选择聘用人员的岗位提供辅助信息，并有效地帮助企业进行人才资源的挖掘。

（3）工资核算。

① 能根据公司跨地区、跨部门、跨工种的不同薪资结构及处理流程制定与之相适应的薪资核算方法。

② 与时间管理直接集成，能够及时更新，对员工的薪资核算动态化。

③ 回算功能。通过和其他模块的集成，自动根据要求调整薪资结构及数据。

（4）工时管理。

① 根据本国或当地的日历，安排企业的运作时间以及劳动力的作息时间表。

② 运用远端考勤系统，可以将员工的实际出勤状况记录到主系统中，并把与员工薪资、奖金有关的时间数据导入薪资系统和成本核算中。

（5）差旅核算。

系统能够自动控制从差旅申请，差旅批准到差旅报销整个流程，并且通过集成环境将核算数据导进财务成本核算模块中去。

11.2 供应链管理系统

供应链管理系统是基于协同供应链管理的思想，配合供应链中各实体的业务需求，使操作流程和信息系统紧密配合，做到各环节无缝链接，形成物流、信息流、单证流、商流和资金流五流合一的领先模式。实现整体供应链可视化，管理信息化，整体利益最大化，管理成本最小化，从而提高总体水平。

11.2.1 供应链管理系统的概念

供应链（Supply Chain，SC）的概念在 20 世纪 80 年代末提出，近年来随着全球制造（Global Manufacturing）的出现，供应链在制造业管理中得到普遍应用，成为一种新的管理摸式。供应链管理（Supply Chain Management，SCM）在 20 世纪 70 年代晚期，Keith Oliver 通过和 Skf、Heineken、Hoechst、Cadbury-Schweppes、Philips 等客户接触的过程中逐渐形成了自己的观点。受目前国际市场竞争激烈、经济及用户需求等的不确定性的增加，技术的迅速革新等因素的影响，供应链管理提出的时间虽不长，但已引起人们的广泛关注。供应链管理系统能够随着发展和变化不断修正和强化计划的内容，直至计划执行的最后时刻。因此，SCM 也是对 ERP 的补充，它提供进一步的智能决策支持信息，使得企业能够评估供应链中的各个环节、事件和客户需求变化对企业的影响。

国际上一些著名的企业如惠普公司、IBM 公司、DELL 计算机公司等在供应链实践中取得了巨大的成绩，使人们更加坚信供应链是进入 21 世纪后企业适应全球竞争的一种有效途径，因而吸引了许多学者和企业界人士研究和实践供应链管理。

SCM 于 1985 年由 Michael E. Porter 提出，有多种不同的定义。主要是指在满足一定的客户服务水平的条件下，为了使整个供应链系统成本达到最小而把供应商、制造商、仓库、配送中心、渠道商等有效地组织在一起来进行的产品制造、转运、分销及销售的管理方法。

从上述定义中，我们能够解读出供应链管理包含的丰富内涵。

首先，供应链管理把产品在满足客户需求的过程中对成本有影响的各个成员单位都考虑在内了，包括从原材料供应商、制造商到仓库再经过配送中心到渠道商。不过，实际上在供应链分析中，有必要考虑供应商的供应商以及顾客的顾客，因为他们对供应链的业绩也是有影响的。

其次，供应链管理的目的在于追求整个供应链的整体效率和整个系统费用的有效性，总是力图使系统总成本降至最低。因此，供应链管理的重点不在于简单地使某个供应链成员的运输成本达到最小或减少库存，而在于通过采用系统方法来协调供应链成员以使整个供应链总成本最低，使整个供应链系统处于最流畅的运作中。

最后，供应链管理是围绕把供应商、制造商、仓库、配送中心和渠道商有机结合成一体这个问题来展开的，因此它包括企业许多层次上的活动，包括战略层次、战术层次、作业层次等。

供应链管理的精髓表现在：以顾客的需求为大前提，透过供应链内各企业紧密合作，有效地为顾客创造更多附加价值；对从原材料供应商、中间生产过程到销售网络的各个环节进行协调；对企业实体、信息及资金的双向流动作出管理；强调速度及集成，并提高供应链中各个企业的即时信息可见度，以提高效率。因此，供应链管理的基本概念就是建立在这样一个合作信念之上的，即它能够通过分享信息和共同计划使整体物流效率得到提高。供应链管理使渠道安排从一个松散联结着的独立企业的群体，变为一种致力于提高效率和增加竞争力的合作力量。

因而，供应链的概念不同于传统的销售链，它跨越了企业界线，从扩展企业的新思维出发，并从全局和整体的角度考虑产品的竞争力，使供应链从一种运作性工具上升为一种管理性的方法体系，是将供应商、制造商、分销商、零售商，直到最终用户连成一个整体的管理模式。供应链的概念更加注重围绕核心企业的网链关系，即核心企业与供应商、供应商的供应商的一切前向关系，与用户、用户的用户及一切后向关系。

实施供应链管理，有助于培育和发展企业的核心竞争力。其一，供应链上的企业可以将非核心业务剥离出来交由供应链中的其他企业去完成，而将企业的人力、物力与财力集中于核心业务的经营；其二，实施供应链管理有助于降低成本。企业可根据下游企业对本企业产品的需求数量和供货时间来组织和调整自己的生产，待产品一下生产线便可直接送至下游企业所指定的场所，这就大大地降低了装卸、运输、存储等费用，减少产品的非正常损坏及资金占用量；其三，由于供应链中的企业关系比较密切，并相互信任，从而可以避免企业一再重复的对不同上下游企业的选择、协商与谈判，从而减少搜寻、谈判、签约、监督等交易费用。

11.2.2 供应链管理系统的应用

1. 供应链管理应用领域

供应链管理主要涉及四个主要领域：供应、生产计划、物流和需求。它是以同步化、集成化生产计划为指导，以各种技术为支持，尤其以 Internet/Intranet/Extranet 为依托，围绕供应、生产作业、物流（主要指制造过程）、满足需求来实施的，如图 11.3 所示。

（1）物流管理。即材料和产品的移动策略的管理，是从供应商通过企业分配系统向零售店和客户的运动管理。

（2）实物分配管理。通过计划和调整，控制货物的实际运动。

（3）分配需求计划。涉及仓库、码头、运输、发货管理等计划。

（4）实物库存管理。决定库存的水平和重新进货的频率，它取决于经营的水平、业务管理的服务水平。

（5）仓库管理。包括存货地点、产品存放、挑选、接受和分配的管理，以及这些过程的质量监督。

（6）劳务管理。包括劳务、工作量计划、劳务质量监督以及时间和出勤率、个人信息和员工薪资总额信息的管理。

（7）商品的运输管理。包括选择运输方式、运输计划、船队管理、装载量计划、运输工具时刻表、路径计划和时刻表、交付时刻表、运输工具的跟踪和监督等。

（8）单元化。决定在分配渠道的每个阶段产品的最合适的数量管理。

（9）沟通。对供应链中向上和向下传递的所有信息的管理，包括需求预测、销售记录、追加订货等。

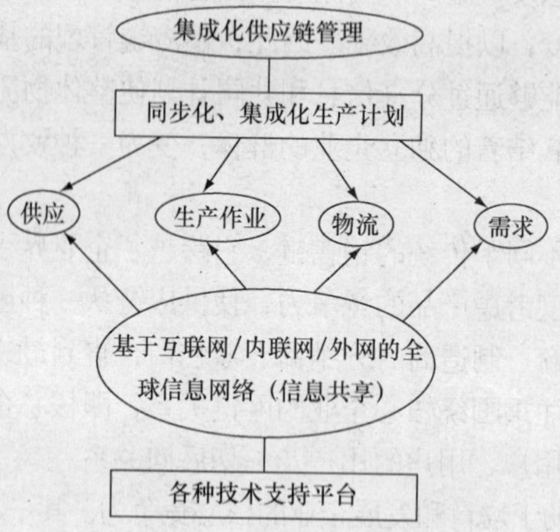

图 11.3　供应链管理涉及领域

2. 供应链管理应用的三种模式

一般来说，供应链管理有三种应用模式：以制造企业为主导的供应链模式，如图 11.4 所示；以零售企业（连锁超市）为主导的供应链模式，如图 11.5 所示；以 3PL（集成物流供应商）为主导的物流服务供应链模式，如图 11.6 所示。

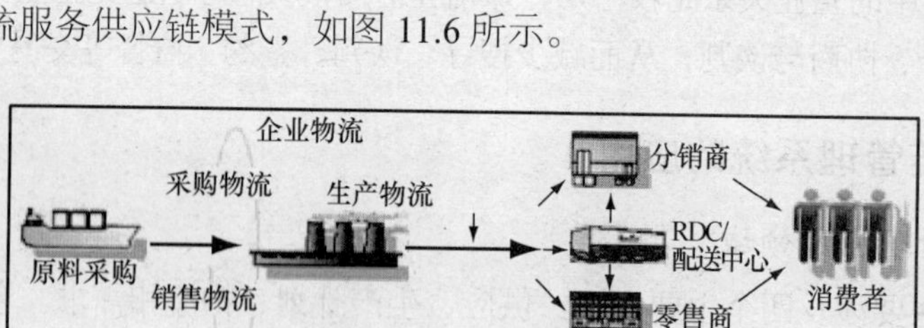

图 11.4　以制造企业为主导的供应链应用模式

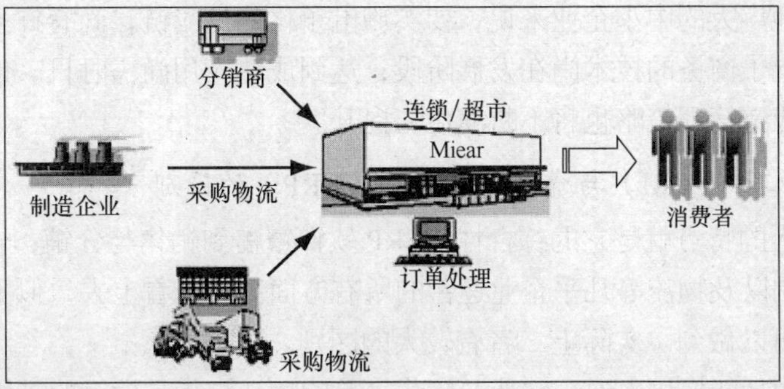

图 11.5　以零售企业（连锁超市）为主导的供应链应用模式

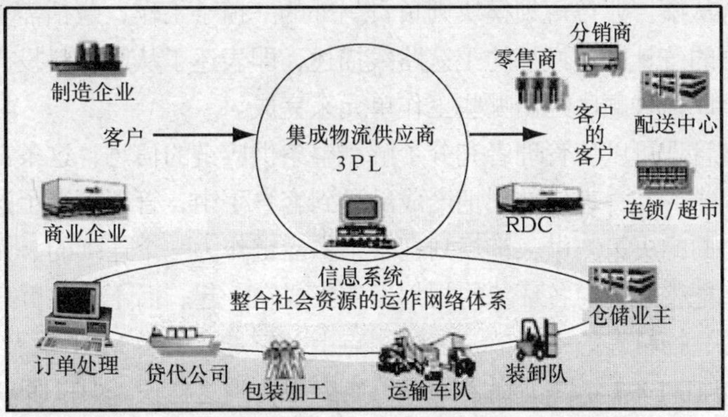

图 11.6　以集成物流供应商为主导的供应链应用模式

3．供应链管理应用展望

随着对供应链管理研究的不断深入，各国学者发现电子商务将是未来供应链管理发展的一个切入点。电子商务对于制造和分销非常重要，如果能够以高速和低成本与客户和供应商进行交流和协作，那么这将是未来有效实施供应链管理的优势所在。完全电子化的供应链（e-chain）是对未来的展望，支持未来供应链管理的信息系统将是扩展的 ERP 系统（eERP）和电子商务平台的完美结合。

通过客户与供应商网络进行有效的协作来提高生产率、降低成本和增强客户服务的潜力是非常大的。然而，这将基于对电子商务手段的有效应用，信息的质量也将比以往更加重要。实际上，从信息应用角度看，有效的供应链管理是将正确相关的信息在正确的时候提供给正确的人。企业间需求信息、库存状况、订单确认、供应管理和其他业务活动信息的交流将改变企业销售产品、提供服务和结算收款的方式。电子化的供应链将把企业、客户、供应商在全球范围内紧密地联系起来，及时地交换信息。快速、集成的信息流可以使供应链中的每一个实体及时响应实际的客户需求和相应调整实际的物流。这种实时的信息交换还可以大量节省因手工单据处理而导致的成本费用及管理失误。员工将从不增值的手工处理中脱离出来，专注于在更低成本下创造更高的效益。对许多企业而言，这种更有效的供应链管理是新的利润增长点和提高竞争力的手段。有些最有影响的企业在这方面已经非常激进。譬如通用电器（GE）的首席执行官认为：在一至二年后通用电器所有的供应商要么在网上向它供货，要么放弃与其做生意。

但是对于其他广大的中小企业来说，要实施电子化的供应链，尚有许多问题需要解决。使用互联网进行电子商务的技术尚在发展阶段，达到成熟应用尚需时日。伴随着电子商务的发展，企业的供应链管理策略也将不断演化与提升。

4. 供应链管理（SCM）与资源管理计划（ERP）的区别

ERP 系统最大的特点就是它的综合性。ERP 软件覆盖到销售与分销、业务规划、生产安排、车间现场控制以及物流等几乎企业运营的所有方面。一眼看上去，似乎是 SCM 能做到的，ERP 自然都可以做到。实际上二者有较大的区别。

对销售与分销功能模块来说，它涉及销售订单的确认与货品发运的排程等许多问题。为了确保按时发运，它还要对产出品能够及时出产进行检查；对于那些信用评估等级较低的客户，当然还得小心从事。业务规划模块则负责另外的一揽子工作，包括需求预测、生产计划的制订、生产能力的统计以及详尽的工艺路线描述，即表述了从原材料投产到产成品制成的一系列过程中，会以何种顺序经由哪些工作单元来完成。

有效的供应链管理可以使管理者充分了解到整条供应链的信息，这条链从原材料的获得开始，到产品的生产，并一直延伸到把产成品送到客户手中，管理者有了这些信息，则可以进行更加科学、全面的决策。供应链规划把整条供应链作为一个连续的、无缝进行的活动来加以规划和优化，把整条链中各环节的规划工作集成在一起，而不是各行其事。它能够同步地考虑需求、能力、物料等约束环节，在这一点上，它是区别于 MRP 以及 DRP 的。

Gartner Group 在 1997 年 7 月提交的一份研究报告中这样说，“在 1999 年左右，对于那些有着多层销售体系的企业来说，将会面临各种各样的问题：有的是把不同的销售环节进行归并；有的则是要求把一个环节细分为多个环节；各层次之间的利益需要进行权衡；甚至有时会需要跳过某些环节就把产品或服务送到了客户手中，因此，这些企业会选择在它们原有的 ERP 应用软件中追加供应链规划的功能，否则它们就将承担分销成本提高至少十个百分点或者交货不及时、库存失调等各种问题出现的风险。”在研究报告中还提到，这种情况是由于 ERP 系统中的静态资源数据表而造成的，因为在 ERP 提供的诸多规划功能中，不同的物料、能力以及需求的约束因素是分开考虑的，互不相关。SCM 软件则能够同时地考虑所有相关约束因素，提供对约束因素的真正实时调整。由于 ERP 的着眼点在于事务处理，而且很多 SCM 软件不能做的事情在 ERP 中是应该进行处理的，所以，非要把 SCM 的专长追加到 ERP 软件内部去的话，并不是一件轻松的事情。ERP 系统如果负荷过重、无所不管的话，运算速度会大打折扣，所以，把 SCM 的一技之长独立出来，倒不失为一个简单而有效的办法。

相对于 ERP 的软件包而言，SCM 软件还有其他一些专长，如把整条供应链图形化管理，使得在有些时候，问题的所在一目了然。

11.3 客户关系管理系统

客户关系管理系统是利用信息科学技术，实现市场营销、销售、服务等活动自动化，使企业能更高效地为客户提供满意、周到的服务，以提高客户满意度、忠诚度为目的的一种管理经营方式。客户关系管理既是一种管理理念，又是一种软件技术。以客户为中心的管理理念是 CRM 实施的基础。

11.3.1 客户管理管理系统的概念

在如今竞争激烈的商业环境中，越来越多的商家开始通过实施客户关系管理（CRM）来赢得更多的客户并且提高客户的忠诚度。CRM、ERP 同 SCM（供应链管理）一起，已成为现代企业提高竞争力的三大法宝。

对于 CRM，目前还没有一个大家公认的定义，不同的研究机构有着不同的表述。

最早提出 CRM 概念的 Gartnet Group 认为：所谓的客户关系管理就是为企业提供全方位的管理视角；赋予企业更完善的客户交流能力，最大化客户的收益率。

IBM 认为：客户关系管理包括企业识别、挑选、获取、发展和保持客户的整个商业过程。IBM 把客户关系管理分为三类：关系管理、流程管理和接入管理。

而 Oracle 公司则认为：CRM 的焦点是自动化并改善与销售、市场营销、客户服务和支持等领域的与客户关系有关大商业流程。它的目的是缩减销售周期和销售成本、增加收入、寻找扩展业务所需的新的市场和渠道以及提高客户价值、满意度、盈利性和忠实度。CRM 用软件将最佳的实践具体化并使用了先进的技术来协调企业实现这些目标。

综上所述，CRM 包含的三层含义如下。

（1）CRM 本质是一种管理理念。

从管理科学的角度来考察，客户关系管理（CRM）源于市场营销理论。其核心思想是将企业的客户（包括最终客户、分销商和合作伙伴）作为最重要的企业资源，通过完善的客户服务和深入的客户分析，满足客户的需求，保证实现客户的终身价值。

（2）CRM 是一种新型管理机制。

CRM 是一种旨在改善企业和客户之间关系的新型管理机制，它实施于企业的市场营销、销售、服务与技术支持等与客户相关的领域。通过向企业的销售、市场和客户服务的专业人员提供全面、个性化的客户资料，并强化跟踪服务、信息分析的能力，使他们能够协调建立和维护一系列与客户和生意伙伴之间卓有成效的“一对一关系”，从而使企业得以提供更快捷和周到的优质服务，提高客户满意度，吸引和保持更多的客户，从而增加营业额；另一方面则通过信息共享和优化商业流程来有效地降低企业经营成本。

（3）CRM 是一种管理软件和技术。

CRM 把企业的所有与客户相关的职能部门（市场、销售、服务等）紧密结合在一起，为企业经营管理和决策支持等提供一个自动转化的解决方案。

目前很多企业都已经采用了客户关系管理，它不仅能提高企业的收益，而且能最大程度地提高客户关系的价值。其主要内容包括客户信息管理，包括各个客户相关的基本活动和活动历史，客户联系人的选择，客户订单的输入和跟踪，建议书和销售合同的生成管理等； 客户保持管理，主要功能在于维持老客户，也有利于吸引新客户； 潜在客户管理，包括业务线索的记录、升级和分配，销售机会的升级和分配，潜在客户的跟踪；客户服务管理，包括服务项目的快速录入与管理，服务项目的安排、调度和重新分配，事件的升级过程管理，搜索和跟踪与某一业务相关的事件，生成事件报告，服务协议和合同，订单管理和跟踪，问题及其解决方法的数据库等。

11.3.2　客户关系管理系统的应用

CRM 系统主要应用于企业销售、市场、服务等与客户密切接触的前端部门，通过接口与 ERP、SCM 等系统协同运作，共同为企业开源节流、提高企业市场竞争力和综合实力服务。

CRM 的功能可以归纳为以下三个方面。

（1）对销售、营销和客户服务三部分业务流程的信息化。

（2）与客户进行沟通所需要的手段（如电话、传真、网络、E-mail 等）的集成和自动化处理。

（3）对上面两部分功能所积累下的信息进行的加工处理，产生客户智能，为企业的战略战术的决策作支持。

CRM 软件的基本功能模块包括客户管理、联系人管理、时间管理、潜在客户管理、销售管理、电话销售、营销管理、电话营销、客户服务等，有的软件还包括了呼叫中心、合作伙伴关系管理、商业智能、知识管理、电子商务等。

CRM 管理系统一般分为运营型、协作型和分析型，如图 11.7 所示。

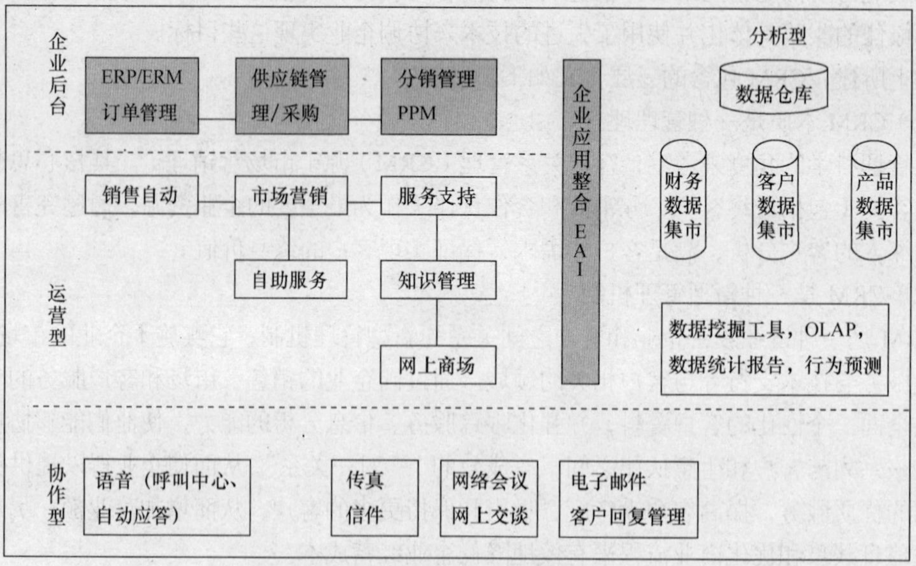

图 11.7　CRM 管理系统

1. 运营型 CRM

运营型 CRM 设计的目的是为了让企业营销、销售和服务人员在日常工作中能够共享客户资源，减少信息流动断点，提供高效的客户服务。运营型 CRM 主要分为销售自动化、市场营销自动化和服务自动化。

（1）销售自动化。

销售自动化是 CRM 系统中的一个最核心模块。它是在销售过程中，针对每一个线索、客户、商机、合同、订单等业务对象进行有效的管理，提高销售过程的自动化，全面提高了企业销售部门的工作效率，缩短销售周期，帮助企业提高销售业绩。它可以有效地支持总经理、销售总监、销售主管、销售人员等不同角色对客户的管理，对商业机会的跟踪，对订单合同的执行等，有效导入销售规范，实现团队协同工作。

主要功能包括日程和活动安排、销售线索管理、客户联系人管理、商机管理、合同管理、订单管理、销售预测、竞争对手管理、产品管理、报价管理、费用管理、销售计划管理等。

（2）市场营销自动化。

通过市场营销自动化帮助企业建立和管理市场活动，并获取潜在客户；帮助市场研究人员了解市场、竞争对手、消费趋势，并制订灵活、准确的市场发展计划。其目标是为营销及其相关活动的设计、执行和评估提供详细的框架。

市场管理系统的典型功能包括：市场活动和行销管理、线索销售分析、渠道和竞争对手管理、活动/日历、附件/邮件管理等。

（3）服务自动化。

通过将客户服务与支持功能同销售、营销功能很好地结合，为企业提供更好的商业机会，向已有的客户销售更多的产品。主要是完成对服务流程的自动化和优化，加强服务过程的控制和管理，实现标准化、准确化的服务，从而达到提高服务效果，增加客户满意度和忠诚度，实现企业利润最大化。

服务管理系统的典型功能包括：实施服务管理、服务请求管理、客户管理、活动管理、计划/日历管理、产品管理，服务合同和服务质量的管理、图/表分析等。

2. 协作型 CRM

协作型 CRM 的设计目的是能够让企业客户服务人员同客户一起完成某项活动，可以实现和客户的高效互动。

（1）呼叫中心管理。

呼叫中心通过提供各种 CTI（计算机语音集成）中间设备来支持 ACD（自动呼叫分配）/PBX（专用分组交换机），实现计算机电话集成技术与 CRM 业务应用软件之间的整合，通过电话技术来进行与客户之间的互动，对来自多个渠道的工作任务和座席代表的任务进行全面的管理。

呼叫中心已经在很多方面得到应用，如电话银行，用户可以通过电话进行汇率查询、账户结余查询、转账、代扣公用事业费等。现在的呼叫中心是 CRM 行业的一个重要分支，它是由若干成员组成的工作组，这些成员既包括一些人工座席代表，又包括一些自动语音设备。它们通过网络进行通信，共享网络资源，为客户提供交互式服务。

（2）呼入管理。

作为呼叫中心系统的补充和扩展，呼入管理提供了一些高级和细化的功能，对客户的电话呼入作出更及时、准确的回应，提高客户的满意度。

① 根据业务类别选择路由。呼入管理可使用户迅速地查找客户，并将客户分成不同类别，排出他们的优先次序，并采用路由安排将互动信息传递给最合适的座席，提高座席代表的沟通成效和生产率。

② 与交互式语音应答（IVR）的整合。采用交互式语音应答技术，可使客户以自助方式完成互动，而且可将语音应答软件中搜集的信息传递给座席代表，用来改善客户服务品质。呼入管理可从交互式语音应答中收集数据，然后将这些数据传路由选择引擎，为座席代表提供更为完整的客户资料。

③ 高级列队。呼叫中心的管理应具有动态性，这样才能按接触中心的负载内容配置响应的资源。利用呼入管理，可将与客户的互动沟通在多种渠道间重新分配，并重新安排路由。呼入管理为各种渠道均提供定时溢出，将渠道的优先次序和路由重新安排给具有不同技能的座席。这样，可将来电量的波峰和波谷进行动态调整，通过多种渠道提高互动中心的有效性和生产率。

④ 不同渠道的工作队列的整合。它可对每名座席代表的工作任务进行及时安排和有序地执行，而座席代表可对跨越多个客户渠道的工作任务进行全面管理。

⑤ 互动历史记录。记录与客户之间的所有互动过程，如客户名称、编号、座席代表名字、呼入还是呼出、渠道类型、联系时间长度、联系原因、结果、效果、所创建的文档、所使用的脚本、在互动沟通中所记录的注意事项。

（3）呼出管理。

作为呼叫中心系统的补充和扩展，呼出管理提供了一些高级和细化的功能，如呼出名单管理、弹出屏幕、软拨号等。

3. 分析型 CRM

分析型 CRM 能够分析出企业的问题，并且能够找出问题的原因，而且能够对将来的趋势和行为进行预测，从而很好地支持人们的决策。例如，经过对公司整个数据库系统的分析，它可以回答诸如“哪个客户对我们公司的邮件推销活动最有可能作出反应，为什么”等问题。

在企业隔离客户生命周期的各个阶段都会用到数据挖掘技术。分析型 CRM 能够帮助企业确定客户的特点，从而可以为客户提供有针对性的服务。通过数据挖掘，可以发现购买某一商品的客户的特征，从而可以向那些也同样具有这些特征却没有购买的客户推销这个商品；若找到流失的客户的特征，就可以在那些具有相似特征的客户还未流失之前，采取针对性的措施。

（1）分析型 CRM 主要用途。

① 分析客户特征。为了制定出个性化的营销手段，分析客户特征是首要工作。企业不仅会想方设法了解顾客的地址、年龄、性别、收入、职业、教育程度等基本信息，对婚姻、配偶、家庭状况、疾病、爱好等的收集也是不遗余力。

② 分析“黄金客户”。通过客户行为分析，挖掘出消费额最高、最为稳定的客户群，确定为“黄金客户”。针对不同的客户档次，确定相应的营销投入。对于“黄金客户”，往往还需要制定个性化营销策略，以求留住高利润客户。所以，不要期待在 CRM 时代继续人人平等。当然，成功的 CRM 不会让顾客感觉到歧视。

③ 分析客户关注点。通过与客户接触，收集大量客户消费行为信息，通过挖掘，得出客户最关注的方面，从而有针对性地进行营销活动，把钱花在“点”上。同样的广告内容，根据客户不同的行为习惯，有的人会接到电话，有的人就可能收到信函；同一个企业，会给他们的客户发送不同的信息，而这些信息往往正是顾客感兴趣的。

④ 获得客户。对大多数行业来说，企业的增长需要不断地获得新的客户。新的客户包括以前没有听说过企业产品的人、以前不需要产品的人和竞争对手的客户。数据挖掘能够辨别潜在客户群，并提高市场活动的相应率。

⑤ 交叉销售。现在企业和客户之间的关系是经常变动的，一旦一个人或者一个公司成为

企业的客户，企业就要尽力保持这种客户关系。客户关系的最佳境界体现在三个方面：一是最长时间地保持这种关系，二是最多次数地和客户交易，三是保证每次交易的利润最大化。因此，企业需要对已有的客户进行交叉销售。交叉销售是指企业向原有客户销售新的产品或服务的过程。交叉销售是建立在双赢的基础之上的，客户因得到更多、更好、符合其需求的服务而获益，企业也因销售增长而获益。在企业所掌握的客户信息，尤其是以前购买行为的信息中，可能正包含着这个客户决定下一次购买行为的关键因素。

（2）分析型 CRM 的主要功能。

① 市场分析。对各类市场的活动、费用、市场反馈、市场线索进行分析，帮助市场人员全程把握市场活动。对市场的广告宣传、市场情报进行统计分析，供市场各类宣传决策。分析合作伙伴、潜在合作伙伴的各种背景、潜力、实际营运状态，协助合作伙伴的发展和维系。

② 销售分析。在销售环节，针对客户：实现客户销售量、销售排名、销售区域、销售同期比、收款－应收、客户新增、重复购买、交叉销售、客户关怀全面分析。针对产品：实现产品销售量、排名、区域、同期比、产品销售价格、利润、新产品销售构成、久未交易产品、新产品销售构成等的全面分析。针对部门：实现部门/员工销售量、排名、同期比、收款—欠款、指标完成情况、满意—投诉等的全面分析。此外，实现合同类型、合同执行情况、产品利润、客户利润、部门利润、商机费用、客户费用、部门费用、线索来源、线索商机转换、商机成功率、综合销售漏斗、合作伙伴销售等的全面分析。

③ 产品分析。根据市场、销售、服务各环节的反馈，实现产品的销售增长率、质量—缺陷、质量费用、生命周期、产品属性、产品销售能力、获利能力、市场占有率、竞争能力、市场容量等的分析。

④ 客户分析。在客户统一管理的层面上，实现客户属性、消费行为、与企业的关系、客户价值、客户服务、信誉度、满意度、忠诚度、客户利润、客户流失、恶意行为、客户产品、客户促销、客户未来等的全面分析。

⑤ 竞争分析。通过对竞争对手同类产品信息的收集和统计，实现与竞争对手价格、地区、产品性能、广告投入、市场占有率、项目成功率、促销手段、渠道能力等方面的竞争优势分析。实现不同地区、不同产品、不同竞争对手的竞争策略分析。

⑥ 预测。对未来销售量、销售价格、市场潜力、新产品定价等企业经营决策特别关心的内容，通过适当的预测模型，进行多维度的剖析，方便决策。

4．ERP、SCM 与 CRM 的分析和比较

（1）ERP、SCM 和 CRM 的治理方式与区别。

ERP 系统是建立在信息技术基础上，以系统化的治理思想为企业决策层及员工提供决策运行手段的治理平台，其整合企业治理理念、业务流程、物流资源、资金资源和信息资源。ERP 系统完成了企业内部供给链的治理和内部业务流程的整合，通过这种整合改善企业的运营效率。在 ERP 系统的计划体系中除了生产计划、物流需求计划、能力计划、采购计划、销售执行计划、利润计划、财务预算计划和人力资源计划外，还实现了事先控制和实时分析。

SCM 系统最初是由 ERP 发展起来的，它是对物流、信息流、资金流进行治理，计划和协调与物流、信息流、资金流的所有活动，使其成为一个无缝的过程。SCM 覆盖了供给链上的所有环节，涉及从原材料的采购到产品的组织、运输、加工和销售等诸多方面。

CRM系统通过有效地组织企业资源，培养以客户为中心的经营行为，实施以客户为中心的业务流程，以此来实现客户价值的最大化，从而提高企业的获利能力和效益。CRM以客户为中心，主要包括四个部分：即销售治理、市场治理、客户服务和技术支持。

（2）ERP、SCM和CRM的联系。

不管企业信息化采取何种手段，其最终目的无非是为了创建企业的竞争优势。ERP、SCM、CRM主要在于实现减少企业库存，降低成本，加快资金周转，提高企业市场响应速度和提高客户对企业的满足度，以此提升企业的市场竞争力。ERP、SCM和CRM是独立的软件系统，它们各自为战不利于企业资源的协调，极大影响企业的响应速度，难以形成企业长期持续的竞争优势。新的系统发展要求在新的技术条件下解决传统技术条件下难以打破的企业群不同业务单元之间的壁垒，同时要求消除不同职能部门之间的信息知识传播的障碍，以实现从供给商到客户的信息资源的共享和统一调配，这种集成化、互动化的实现必然要求ERP、SCM、CRM的整合。

而ERP系统只有与SCM、CRM结合在一起时，才能形成为一个完整的闭环，才能发挥ERP的最大作用。因此，ERP、SCM与CRM是相互联系，互为补充的。

案例

企业实施ERP成功和失败的案例

1. 案例背景

案例A：广州市某知名面粉厂的原料库存管理

该厂一贯非常重视原料采购管理，早年已引入了ERP管理，每个月都召开销—产—购联席会议，制订销售、生产和原料采购计划。采购部门则“照单抓药”，努力满足生产部门的需要，并把库存控制在两个月的生产用量之下，明显地降低了原料占用成本。

但是，2000年下半年开始，国内外的小麦价格大幅度上涨，一年内涨幅接近30%，而由于市场竞争激烈，面粉产品的价格不能够同步提高。为了维持经营和市场的占有率，该厂不得不一边买较高价的原料，另一边生产销售相对低价的产品，产销越多，亏损也厉害，结果当年严重亏损。

案例B：佛山市白燕粮油实业公司的原料库存管理

同是粮食行业的“白燕”面粉厂，也非常重视原料的采购库存管理，但它们没有生硬地按照ERP的原理去做。它们也有类似的月度联席会议，讨论销—产—购计划，但会议最重要的内容是分析小麦原料价格走势，并根据分析结论做出采购决策（请注意：白燕公司不是根据生产计划来做采购计划!）。当判断原料要涨价，他们就会加大采购量，增加库存；相反，就逐渐减少库存。

该公司有3万吨的原料仓库容量，满仓可以满足6个月的生产用量，在1994年、2000年等几个小麦大涨价的年份，白燕都是超满仓库存，仓库不够用，就想方设法在仓库之间和车间过道设临时的“帐篷仓”，有时侯还让几十艘运粮船长时间在码头附近排队等候卸货，无形中充当了临时仓库。

正是通过这种“低价吸纳，待价而沽”的原料管理绝招，白燕公司在过去的十多年里，不但能够平安度过原料波动所带来的冲击，而且从中获得了丰厚的价差利润。

这是白燕基于经营战略的ERP管理的胜利，这肯定是单纯实施ERP管理所不能够做到的。

2. 案例解析

这两个案例都是基于经营战略的ERP管理的，它们的成败告诉我们：ERP并不是包治百病的神丹妙药，ERP仅仅是一种基于统计技术之上的管理思路和方法而已，通过准确、及时地将企业实际运作过程中产生的一些数据录入系统，得到企业运转过程中的各项统计报告；运用科学的方法对这些数据、报告进行分析，为决策提供参考和依据，这是ERP的价值和使命所在。

两个案例中，管理者都运用ERP做到了原料库存的管理，案例A的失败在于在管理过程中过分依赖于ERP，而忽略了决策的重要。任何ERP软件、包括ERP管理理论本身都不会直观地告诉企业该做什么样的决策，它唯一能做的就是为企业奉献数据——那些记录和显示着内外部环境变化的数据。至于怎样读懂这些数据，怎样应对这些变化，那是管理的范畴，是决策者利用能力和智慧去掌握和控制的。

决策贯穿于管理的全过程，管理工作的成败，首先取决于决策的正确。决策错了，再好的管理、再好的系统也无济于事，而决策的质量则取决于信息的质和量。正确、及时、适量的信息是减少不确定因素的根本所在，信息系统则是提供、处理和传播信息的载体，可以说，信息系统对管理职能的支持，归根到底是对决策的支持。

案例A中得出了原材料30%涨幅的结论，却没有围绕这个结论更好地进行系统的决策，以应对这个变化。而案例2则“分析小麦原料价格走势，并根据分析结论做出采购决策”。当原料的价格走势得出之后，将囤积原料所增加的成本与材料涨价增加的成本做一个比较，于是——“当判断原料要涨价，他们就会加大采购量，增加库存；相反，就逐渐减少库存”，“不但能够平安度过原料波动所带来的冲击，而且从中获得了丰厚的价差利润”。

3. 结论

就两个案例作出比较得到答案：基于经营战略的ERP管理的胜利，肯定是单纯实施ERP管理所不能够做到的。遗憾的是，许多实施ERP的企业领导不理解这一点，他们片面地以为用了ERP了就一切OK了，如果没有OK的话肯定就是ERP没有实施好的问题或者软件的问题。孰不知“领导作用”不仅在ERP实施中，在企业的各项管理中都是一个决定性的因素，不具备决策智慧和魄力的领导群体，其ERP实施成功的路途上一定会布满荆棘、艰难无比。

参考讨论题：

1. ERP在案例A与案例B中是如何实施的？
2. 请你谈谈ERP实施成功的关键因素有哪些。

本章小结

本章介绍了企业资源计划系统、供应链管理系统、客户关系管理系统的概念、由来、发展历程和在现代企业管理中的应用。要求重点理解并掌握企业资源计划系统中 ERP 理论的基本 MRP 阶段、闭环 MRP 阶段、MRPⅡ阶段及 ERP 的形成阶段；理解以制造企业为主导的供应链模式，以零售企业（连锁超市）为主导的供应链模式；以3PL（集成物流供应商）为主导的物流服务供应链模式的三种供应链管理应用模式。理解运营性、协作型和分析性三种客户关系管理系统。通过掌握企业资源计划系统、供应链管理系统、客户关系管理系统的概念和应用，明确这三者间的联系和区别。

章节练习

1. 如何理解ERP的发展离不开企业管理思想与信息技术这两个重要支柱？
2. ERP的发展经历了哪几个阶段？
3. 什么是供应链管理？其核心思想是什么？
4. 供应链管理中采取何种手段将上游供应商和下游客户联系起来？
5. CRM系统中的客户服务与传统的客户服务有什么区别？

实验指导

进销存信息管理系统的设计

1. 系统的功能结构

本系统是一个典型的信息管理系统，分两部分进行设计，一部分是提供给用户使用的界面（前台），另一部分是系统使用的数据（后台），图 1 所示为系统的功能结构图。

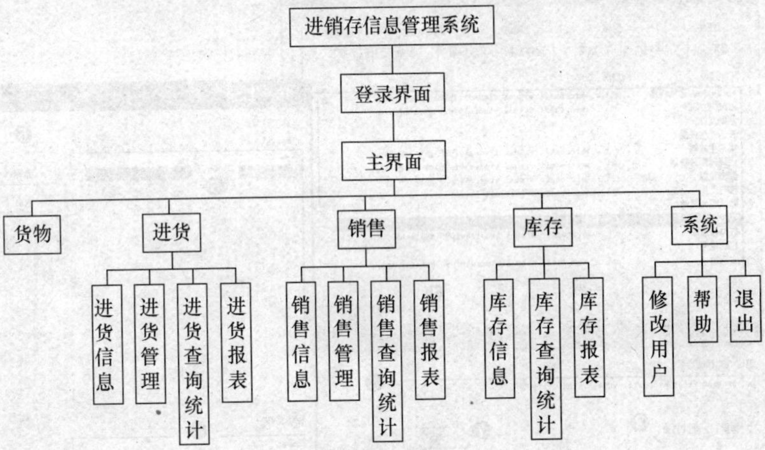

图 1　系统的功能结构图

本书中的信息管理系统以 Visual Foxpro 为工具进行设计。信息为沙发专卖店进销存模拟数据。

2. 系统文件

为完成系统功能，需要创建如下的文件。

- 表文件：货物表（hwb），进货表（jhb），销售表（xsb），系统用户表（yhb）。
- 数据库文件：沙发进销存数据库（safajxc）。
- 表单界面文件：货物表单（hw），进货管理表单（jh），进货查询统计表单（jhcxtj），进货报表表单（jhbb）；销售管理表单（xsbl），销售查询统计表单（xscxtj），销售报表表单（xsbb）；库存查询统计表单（kccxtj），库存报表表单（kcbd），主窗口表单（zck）。
- 报表文件：进货报表（jhbb），销售报表（xsbb），库存报表（kcb2）。
- 系统菜单文件：主菜单（zmenu）。
- 系统主程序文件：引导程序。

另外，在系统的运行过程中还要生成如下几个表文件：进货总表文件（jhzb），其中的数据来自进货表；一个视图文件（kcb），作为库存表，其中的数据来自进货表中数量不为零的记录；用于生成进货报表的表文件（jhbb），生成销售报表的表文件（xsbb），生成库存报表的表文件（kcb2），这三个表是由对应的表单文件执行后生成的，并作为对应报表文件的数据源，所以可以作为自由表。

3. 设置文件默认路径

进行具体设计前，先在某个存储盘（此处假设 E 盘）中新建一个文件夹，名为 safa。本系统设计过程中生成的所有文件都必须存入该文件夹中。

每次进行实验时，启动 Visual Foxpro6.0 程序，将该文件夹设置为文件存储的默认位置。有以下两种设置方法。

- 在命令窗口中输入命令：set default to E:\safa，然后按回车键执行。
- 通过菜单：【工具】→【选项】→【文件位置】→【默认目录】→【修改】中进行设置，具体过程如图 2 所示。设置完成后单击"确定"按钮即可。

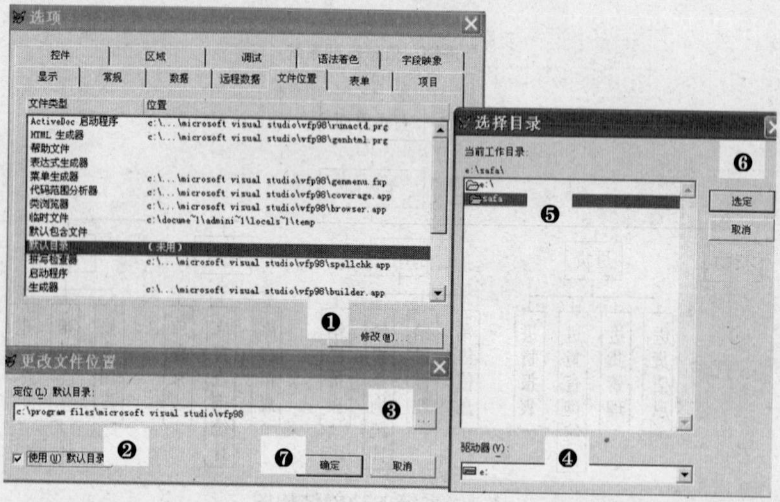

图 2 设置文件存储的默认位置

实验一 数据库和数据表的设计

一、实验目的

1. 能根据系统所需决定创建什么表，创建几个表文件。
2. 学会信息管理系统中表文件和库文件的设计。
3. 能够由表生成所需的视图文件。

二、实验内容

一个进销存信息管理系统，首先要有货物信息，包括货物名称、类型、厂商。然后是进货信息，包括进货时的编号、进货物品的信息、进货日期、进货数量、价格等。有了进货就要有销售，销售信息应该包括销售的物品信息、销售日期、销售价格等。库存表中的信息应该是来自于进货表中销售后所余的物品信息，所以不需要建立独立的文件，只要通过从进货表中进行视图或查询获得即可。

1.1 货物表的设计

在 Visual Foxpro 6.0 的工作界面，用菜单建立表文件。具体步骤如下。

（1）单击【新建】→【表】→【新建文件】命令，将表文件保存在 safa 文件夹中，表文件名为 hwb。

（2）在表设计器中设计表结构，具体结构如图 1.1 所示。

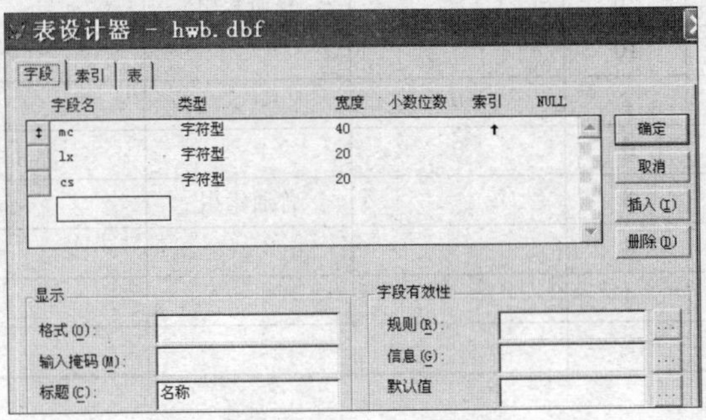

图 1.1　货物表的结构

注意字段名的含义：mc 为名称，lx 为类型，cs 为厂商。依据 mc 字段建立主索引，设置如图 1.2 所示。

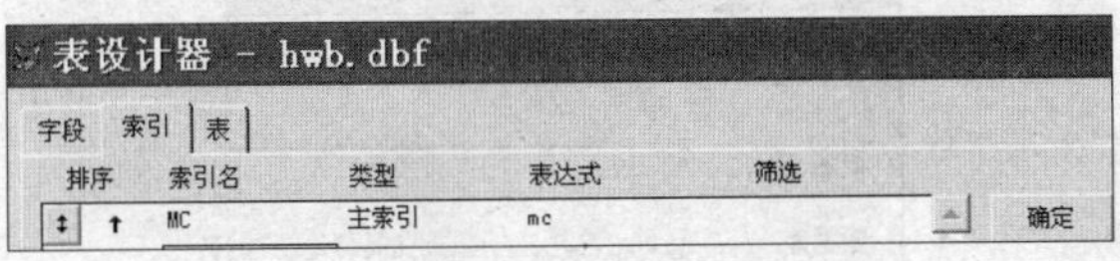

图 1.2　依据 mc 字段建立主索引

表结构建立之后，可以保存关闭，表中的记录要在之后设计的相应界面表单（货物表单）中输入。

1.2 进货表的设计

该表的建立方法与货物表类似，表文件名为 jhb。进货表的结构如表 1.1 所示。

表 1.1　进货表的结构

字段名	数据类型	宽度	小数和位数	索引	字段有效性	字段含义
bh	字符型	5		主索引		进货编号
mc	字符型	26		普通索引		货物名称
gg	字符型	10				货物规格
lx	字符型	10				类型
sl	数值型	2	0		sl>0	进货数量
yj	数值型	5	0			进货原价
jhrq	日期型	8		普通索引		进货日期
cs	字符型	30				厂商
bz	备注型	4				备注

其中字段的含义可以输入到表设计器中的“标题”文本框中，以便浏览表时显示的是含义中的内容。

同样，进货表中的记录要在之后设计的相应界面表单（进货管理表单）中输入。

1.3 销售表的设计

用同样的方法建立销售表，销售表文件名为 xsb。销售表的结构如表 1.2 所示。

表 1.2　销售表的结构

字 段 名	数据类型	宽　度	小数和位数	索　　引	记录有效性	字段含义
bh	字符型	5		主索引		货物编号
mc	字符型	26		普通索引		货物名称
gg	字符型	10				货物规格
sl	数值型	2	0			销售数量
xsjg	数值型	5	0		xsjg>=jj	销售价格
xsrq	日期型	8		普通索引		销售日期
yf	整型	4				运费
bz	备注型	4				备注
jj	数值型	5				货物进价

销售表中的记录要在之后设计的相应界面表单（销售管理表单）中输入。

为该表设置记录级有效性规则，要求销售价格大于等于货物进价。进入表设计器中的“表”选项卡中，进行如图 1.3 所示的设置。

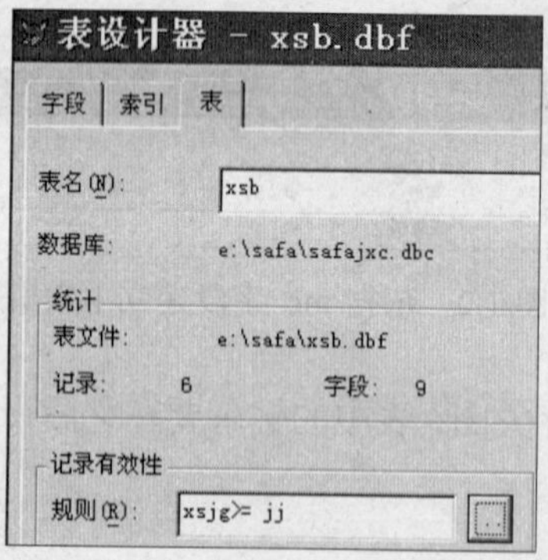

图 1.3　记录有效性规则的设置

1.4 数据库的建立

建立一个文件名为 safajxc 的数据库，存入默认的文件夹中，具体操作如下。

（1）从【文件】→【新建】中选择【数据库】→【新建文件】命令，选择保存位置，输入文件名，保存后进入数据库设计器。

（2）将上述建立的三张表（hwb，jhb，xsb）添加到数据库中。

（3）进货总表的建立：在命令窗口中输入下述查询命令：

```
select * from jhb into tabl e:\jhzb
```

即可生成 jhzb 表文件，然后将表添加到数据库中。

（4）库存表的建立：在数据库中新建一个视图，作为库存表，具体操作如下。

在打开数据库的情况下，单击【数据库】→【新建本地视图】→【新建视图】命令，进入视图设计器窗口，将 jhb 表添加进去，在视图设计器窗口中的设置如图 1.4、图 1.5 和图 1.6 所示。

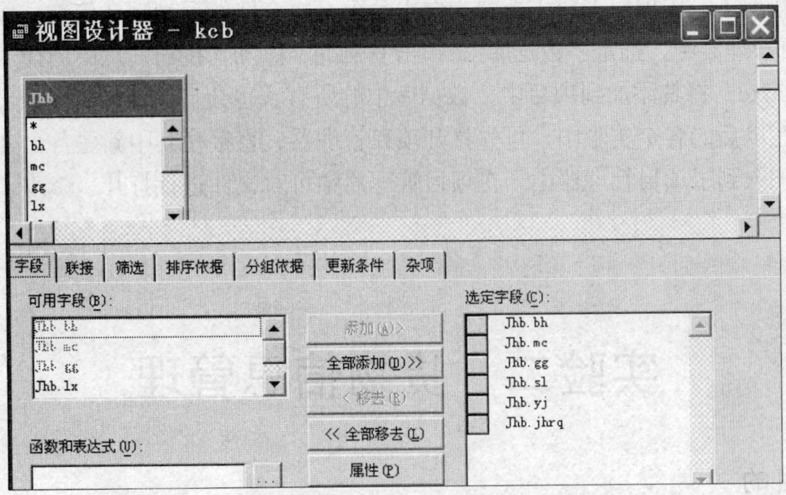

图 1.4 视图设计器中“字段”选项卡设置

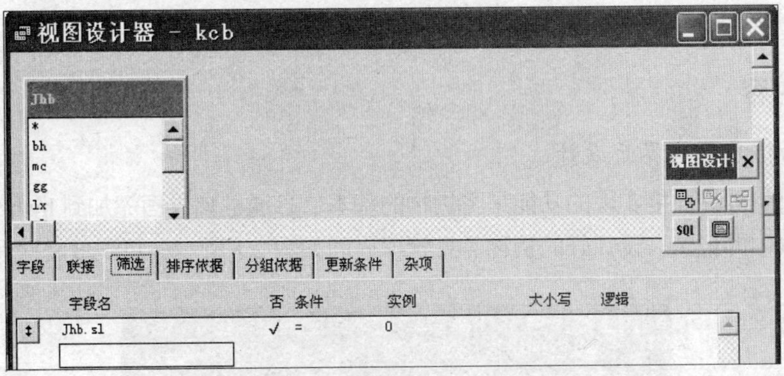

图 1.5 视图设计器中“筛选”选项卡设置

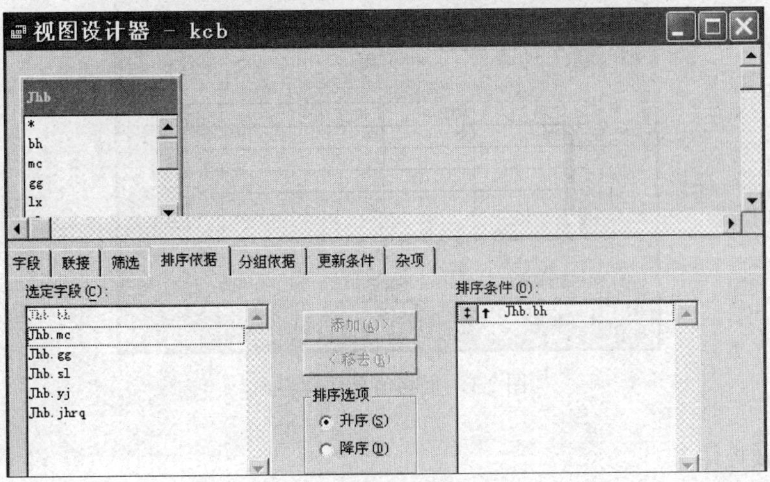

图 1.6 视图设计器中“排序”选项卡设置

保存视图时将文件名取为 kcb。

1.5 项目管理器的创建

项目管理器是用于组织和管理整个系统中的所有文件，并在最后连编系统。

单击【新建】→【项目】→【新建文件】命令，将文件保存到默认位置，项目的名称为 safa。在项目管理器中，选定“数据库”，单击右侧的“添加”按钮，从中选择上述所建的数据库文件 safajxc，将其添加到项目中，数据库中的所有表也会自动被添加进来。

注意：在以后的各个实验中，可先打开项目管理器，直接在其中新建各个文件，这些文件就直接被加入到了项目管理器中。在项目管理器中可对文件进行打开、修改、删除文件等操作。

实验二　货物信息管理

一、实验目的

1. 学习界面的设计方法。
2. 将货物信息用可视化的界面进行管理。

二、实验内容

2.1 货物信息管理界面设计

货物信息管理界面能实现的功能是将货物的基本信息通过该界面添加到 hwb（货物表）中，也可删除该表中的记录。设计好的货物信息管理界面如图 2.1 所示，将表单文件保存为 hw。

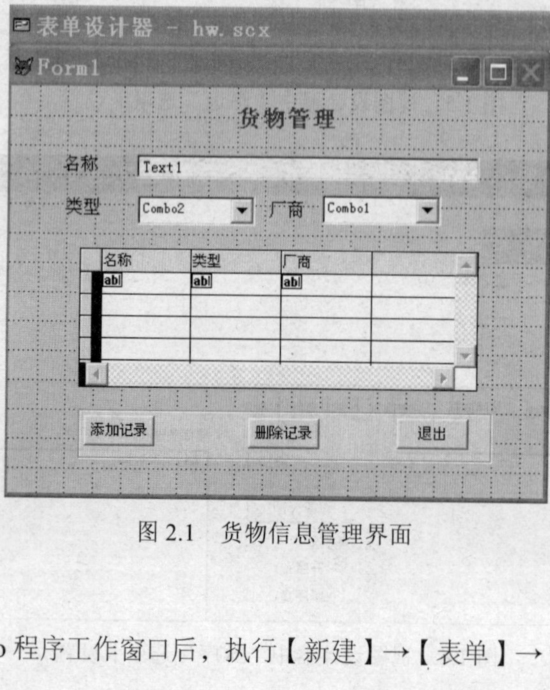

图 2.1　货物信息管理界面

1. 界面及控件

进入 Visual Foxpro 程序工作窗口后，执行【新建】→【表单】→【新建文件】命令，进入表单设计器窗口。执行【显示】→【数据环境】命令，右键单击空白处，选择“添加”命令，将 hwb 添加到数据环境中。在进行设计的过程中要经常进行保存操作。

“表单控件”工具栏窗口如图 2.2 所示（若没有显示此窗口，可从【显示】菜单中调出），表单控件工具栏中各按钮对应的控件名称如表 2.1 所示。从该工具栏向表单中加入表 2.2 中所示的各个控件，并设置各个控件的属性。

图 2.2 “表单控件”工具栏

表 2.1 “表单控件”工具栏对应的控件名称

选定对象	查看类									
标签	文本框	编辑框	命令按钮	命令按钮组	选项按钮组	复选框	组合框	列表框	微调控件	表格
图像	计时器	页框	ActiveX 控件	ActiveX 绑定控件	线条	形状	容器	分隔符	超级链接	
生成器锁定	按钮锁定									

表 2.2 “货物信息”表单控件及其属性的设置

控件名称		属　性	属　性　值
标签（label）	Label1	caption	货物管理
		forecolor	255,0,0
		fontsize	14
		fontname	幼圆体
		fontbold	.T.
		backstyle	0-透明
		autosize	.T.-真
	Label2	caption	名称
	Label3	caption	类型
	Label4	caption	厂商
文本框（text）	Text1		
组合框（combo）	Combo1	rowsource	hwb.cs
		rowsourcetype	6-字段
	Combo2	rowsource	沙发，木椅，茶几
		rowsourcetype	1-值
命令按钮组（commandgroup）	Commandgroup1	buttoncount	3
	Command1	caption	添加记录
	Command2	caption	删除记录
	Command3	caption	退出
表单（form）	Form1	backcolor	162,255,162

说明：

- ❑ 各个标签的属性可仿照 Label1 设置，还可以根据自己的爱好进行设置；
- ❑ 属性的值如果有多个，用英文标点的逗号间隔；
- ❑ “命令按钮组”中每个按钮可以在属性窗口中选定，也可使“命令按钮组”进入“编辑”状态后单击每个按钮进行选定（右键单击“命令按钮组”，选择快捷菜单中的“编辑”命令）。

2. 数据表的添加

打开数据环境窗口，将其中的 hwb 拖入表单中，调整表格的大小和位置。在“属性”窗口中将表格的 recordsource 设置为 hwb，recordsourcetype 设置为 1-别名。

3. 命令代码

（1）“添加记录”按钮的单击事件代码。

Command1 按钮的单击事件代码如图 2.3 所示。

解释：命令中用了双分支语句，判断文本框和组合框中是否为空值，不为空时用其中的值替换货物表中对应的字段，最后刷新表单。

```
Command1.Click
对象(B): Command1    过程(R): Click

IF  EMPTY(THISFORM.TEXT1.VALUE) OR EMPTY(THISFORM.combo2.VALUE);
        OR EMPTY(THISFORM.combo1.VALUE)
    MESSAGEBOX("进货数据不完整!",48,"提示信息")
    THISFORM.text1.SETFOCUS
ELSE
    SELECT hwb
    APPEND BLANK
    REPLACE MC WITH THISFORM.text1.VALUE
    REPLACE LX WITH THISFORM.combo2.VALUE
    REPLACE CS WITH THISFORM.combo1.VALUE
ENDIF
THISFORM.REFRESH
```

图 2.3 “添加记录”按钮的单击事件代码

（2）“删除记录”按钮的单击事件代码。

Command2 按钮的单击事件代码如图 2.4 所示。

```
Command2.Click
对象(B): Command2    过程(R): Click
SELECT hwb
YN=MESSAGEBOX("真的要删除吗?",4+32,"警告")
IF YN=6
DELETE
SET DELETE ON
pack
ENDIF
THISFORM.REFRESH
```

图 2.4 “删除记录”按钮的单击事件代码

解释：根据用户对弹出的对话框中的按钮选择进行判断，如果选择了“是”（即值为 6），就删除记录。

（3）“退出”按钮的单击事件代码。

Command3 按钮的单击事件代码如图 2.5 所示。

图 2.5 “退出”按钮的单击事件代码

4. 表单的应用

表单设计完成后，保存文件，然后单击工具栏上的按钮运行表单，或在命令窗口中输入：do form hw。输入货物的信息，每输入一条后单击“添加记录”按钮。货物信息可以参考图 2.6 中的记录，最后打开货物表（hwb）浏览其中的记录。

2.2 货物基本信息管理界面的设计

当货物信息用上述界面添加到货物表中后，用户可以对其中的信息进行浏览。货物基本信息管理界面如图 2.7 所示。

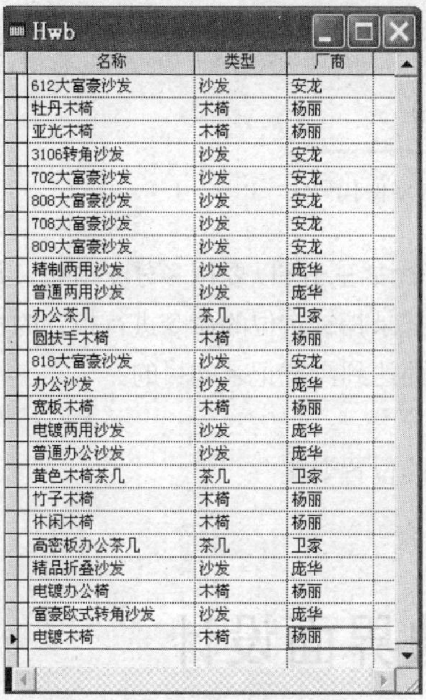

名称	类型	厂商
612大富豪沙发	沙发	安龙
牡丹木椅	木椅	杨丽
亚光木椅	木椅	杨丽
3106转角沙发	沙发	安龙
702大富豪沙发	沙发	安龙
808大富豪沙发	沙发	安龙
708大富豪沙发	沙发	安龙
809大富豪沙发	沙发	安龙
精制两用沙发	沙发	庞华
普通两用沙发	沙发	庞华
办公茶几	茶几	卫家
圆扶手木椅	木椅	杨丽
818大富豪沙发	沙发	安龙
办公沙发	沙发	庞华
宽板木椅	木椅	杨丽
电镀两用沙发	沙发	庞华
普通办公沙发	沙发	庞华
黄色木椅茶几	茶几	卫家
竹子木椅	木椅	杨丽
休闲木椅	木椅	杨丽
高密板办公茶几	茶几	卫家
精品折叠沙发	沙发	庞华
电镀办公椅	木椅	杨丽
富豪欧式转角沙发	沙发	庞华
电镀木椅	木椅	杨丽

图 2.6 货物信息记录

图 2.7 货物基本信息管理界面

1. 界面及控件

仿照 2.1 中的实验，按照表 2.3 中所示添加各个控件，并设置各个控件的属性。

表 2.3 “货物基本信息管理”表单控件及其属性的设置

控件名称		属 性	属 性 值
标签（label）	Label1	caption	货物基本信息
命令按钮组（commandgroup）	Commandgroup1	buttoncount	4
	Command1	caption	第一条
	Command2	caption	上一条
	Command3	caption	下一条
	Command4	caption	末一条
表单（form）	Form1	backcolor	255,255,128

打开表单的数据环境窗口，将货物表（hwb）添加进去，用鼠标拖住表的标题栏到表单中释放，调整其位置和大小。

2. 程序代码

命令按钮组 Commandgroup1 的单击事件代码如图 2.8 所示。

Commandgroup1.Click

对象(B): Commandgroup1　过程(R): Click

```
do case
case this.value=1
    go top
case this.value=2
   if bof()=.f.
    skip-1
    endif
case this.value=3
    if eof()=.f.
    skip
    endif
case this.value=4
    go bottom
endcase

thisform.grdhwb.setfocus
```

图 2.8　命令按钮组的单击事件代码

解释：由于命令按钮组是一个容器，其中含有多个按钮，所以要用多分支语句，判断用户单击的是哪个按钮，要用它的 value 属性，然后用记录指针定位的命令进行指针的移动，使该表设置为焦点，就可以看到指针所在的位置，从而达到浏览记录的目的。

3. 运行表单

运行表单，单击其中的各个按钮，观察记录指针的位置变化。

实验三　进货模块界面设计

一、实验目的

1. 设计界面对进货信息进行管理。
2. 为查询和统计进货的各种信息设计用户操作界面。
3. 将查询结果打印为报表。

二、实验内容

3.1 进货管理界面的设计

进货管理用于对进货表（jhb）中记录的添加、修改和删除操作，并可由此生成进货总表（jhzb）。设计好的界面如图 3.1 所示，将表单文件保存为 jw。

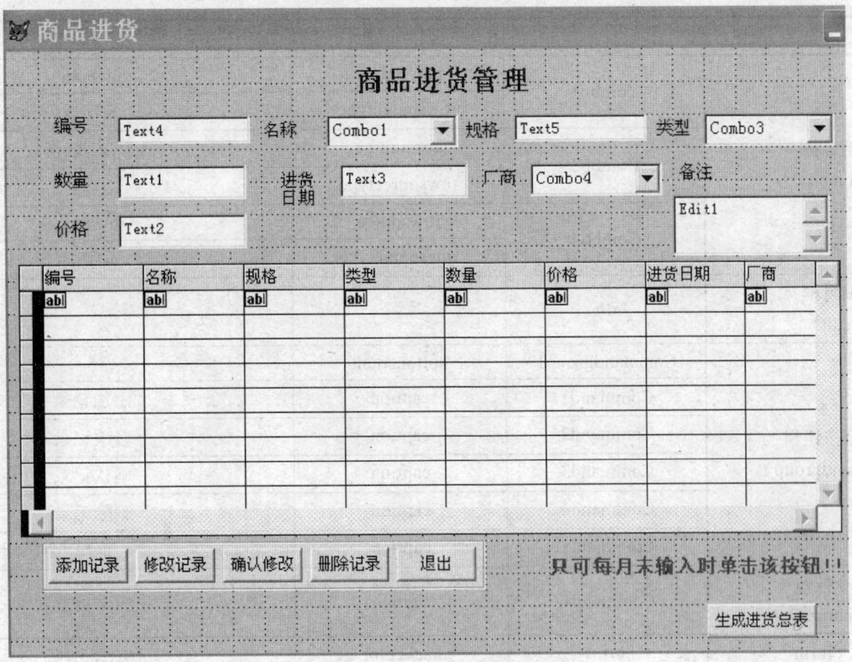

图 3.1　商品进货管理界面

1. 界面及控件

与上一表单的方法相似，新建表单文件，保存为 jh。在表单设计器窗口，将 hwb 和 jhb 添加到数据环境中。在进行设计的过程中要经常进行保存操作。

从“表单控件”工具栏向表单中加入表 3.1 中所示的各个控件，并设置各个控件的属性。

表 3.1　“商品进货管理”表单控件及其属性的设置

控件名称		属　性	属 性 值
标签（label）	Label1	caption	商品进货管理
	Label2	caption	编号
	Label3	caption	名称
	Label4	caption	规格
	Label5	caption	类型
	Label6	caption	数量
	Label7	caption	进货日期
	Label8	caption	厂商
	Label9	caption	价格
	Label10	caption	备注
	Label11	caption	只可每月末输入时单击该按钮!
文本框（text）	Text1		
	Text2		
	Text3	value	{}
	Text4		
	Text5		

续表

控件名称		属　性	属 性 值
组合框（combo）	Combo1	rowsource	hwb.mc
		rowsourcetype	6-字段
	Combo3	rowsource	沙发,木椅,茶儿
		rowsourcetype	1-值
	Combo4	rowsource	hwb.cs
		rowsourcetype	6-字段
编辑框（edit）	Edit1		
命令按钮组（commandgroup）	Commandgroup1	buttoncount	5
	Command1	caption	添加记录
	Command2	caption	修改记录
	Command3	caption	确认记录
	Command4	caption	删除记录
	Command5	caption	退出
命令按钮（command）	Command1	caption	生成进货总表
表单（form）	Form1	backcolor	162,255,162

说明：

- ❑ 各个标签的其他属性可以根据自己的爱好或参照实验题的要求进行设置；
- ❑ "命令按钮组"中每个按钮的设置可参考上一实验题；
- ❑ 各个控件的大小可以改变，位置可以单独移动，也可选定多个控件后执行【格式】菜单下的"对齐"、"大小"、"水平间距"和"垂直间距"命令。

2. 数据表的添加

打开数据环境窗口，将其中的 jhb 拖入表单中，调整表格的大小和位置。在"属性"窗口中将表格的 recordsource 设置为 jhb，recordsourcetype 设置为 1-别名。

3. 命令代码

（1）文本框二得到焦点时发生的事件。

"价格"对应的文本框二的 GotFocus 事件，即对象得到焦点时发生的事件，也就是光标定位在某对象上时执行的事件代码如图 3.2 所示。

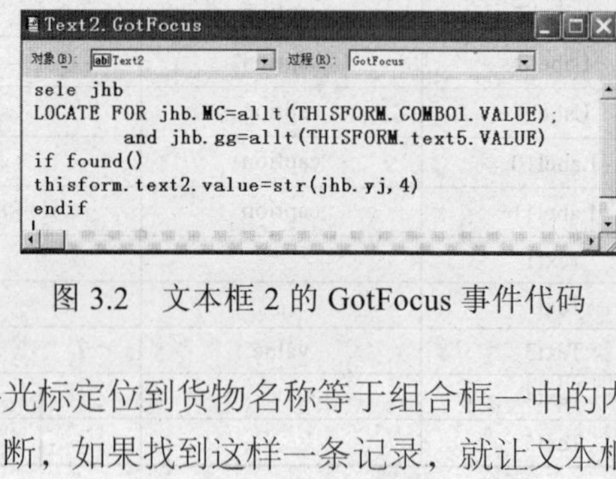

图 3.2　文本框 2 的 GotFocus 事件代码

解释：在进货表中将光标定位到货物名称等于组合框一中的内容并且规格等于文本框五中的值，用单分支语句判断，如果找到这样一条记录，就让文本框二中的值等于进货表中的价格值（由于 yj 字段的数据类型是数值型，要用函数 str()转换为字符型）。

（2）组合框一失去焦点时发生的事件。

“名称”对应的组合框一的 LostFocus（失去焦点时发生的事件，即当光标从该控件上移走时发生的事件）事件代码如图 3.3 所示。

```
Combo1.LostFocus
对象(B): Combo1    过程(R): LostFocus
SELECT hwb
LOCATE FOR MC=THISFORM.COMBO1.VALUE
IF FOUND()
THISFORM.COMBO3.VALUE=hwb.LX
THISFORM.COMBO4.VALUE=hwb.CS
ENDIF
```

图 3.3　组合框一的 LostFocus 事件代码

解释：在进货表中将光标定位到货物名称等于组合框一中的内容，如果找到这样一条记录，就让组合框三中的值等于货物表中的类型值，组合框四中的值等于货物表中的厂商值。这样设计可使组合框三和四中的值直接给出，而不用输入。

（3）“添加记录”按钮的单击事件代码。

“添加记录”按钮的单击事件代码如图 3.4 所示。

```
Command1.Click
对象(B): Command1    过程(R): Click
SET DATE TO YMD
    SELECT JHB
    APPEND BLANK
    REPLACE bh WITH THISFORM.text4.VALUE
    REPLACE MC WITH THISFORM.COMBO1.VALUE
    REPLACE GG WITH THISFORM.text5.VALUE
    REPLACE LX WITH THISFORM.COMBO3.VALUE
    REPLACE CS WITH THISFORM.COMBO4.VALUE
    REPLACE SL WITH val(THISFORM.TEXT1.VALUE)
    REPLACE YJ WITH val(THISFORM.TEXT2.VALUE)
    REPLACE JHRQ WITH THISFORM.TEXT3.VALUE
    REPLACE BZ WITH THISFORM.EDiT1.VALUE
THISFORM.REFRESH
THISFORM.TEXT1.VALUE=""
THISFORM.TEXT2.VALUE=""
THISFORM.TEXT4.VALUE=str(val(THISFORM.TEXT4.VALUE)+1,4)
THISFORM.COMBO1.VALUE=""
THISFORM.text5.VALUE=""
THISFORM.COMBO3.VALUE=""
THISFORM.COMBO4.VALUE=""
THISFORM.EDit1.VALUE=""
```

图 3.4　“添加记录”按钮的单击事件代码

解释：为 jhb 添加一条空记录，将表单中各个控件中的值对应替换到进货表中对应的字段，然后将表单中各控件中的值清空。

（4）“修改记录”按钮的单击事件代码。

“修改记录”按钮的单击事件代码如图 3.5 所示。

```
Command2.Click
对象(B): Command2    过程(R): Click
SELECT JHB
THISFORM.GRDJHB.READONLY=.F.
THIS.ENABLED=.F.
THISFORM.COMMANDGROUP1.COMMAND3.ENABLED=.T.
```

图 3.5　“修改记录”按钮的单击事件代码

解释：将 jhb 的只读属性设置为假，这样才能修改期中的记录，待用户修改了某记录后，本按钮变为灰色即不可用，而将第三个按钮设置为可用。

（5）“确认记录”按钮的单击事件代码。

“确认记录”按钮的单击事件代码如图 3.6 所示。

```
Command3.Click
对象(B): Command3    过程(R): Click
SELECT JHB
THISFORM.GRDJHB.READONLY=.T.
THIS.ENABLED=.T.
THISFORM.COMMANDGROUP1.COMMAND3.ENABLED=.F.
```

图 3.6 “确认记录”按钮的单击事件代码

解释：将 jhb 的只读属性设置为真，其他代码可参考图 3.5 的解释。

（6）“删除记录”按钮的单击事件代码。

“删除记录”按钮的单击事件代码如图 3.7 所示。

```
Command4.Click
对象(B): Command4    过程(R): Click
use JHB exclusive
YN=MESSAGEBOX("真的要删除吗?",4+32,"警告")
IF YN=6
DELETE
SET DELETE ON
pack
ENDIF
THISFORM.REFRESH
```

图 3.7 “删除记录”按钮的单击事件代码

解释：以独占的方式打开 jhb 表，弹出一个对话框，如果用户单击对话框中的“是”按钮，则将记录彻底删除，刷新表单。

（7）“退出”按钮的单击事件代码。

在“退出”按钮的单击事件窗口中输入命令：thisform.release。

（8）“生成进货总表”按钮的单击事件代码。

当一个月的进货信息录入完成后，要将本月的全部进货信息追加到进货总表中，就能将每个月的进货信息完整保存下来。“生成进货总表”按钮的单击事件代码如图 3.8 所示。

```
Command1.Click
对象(B): Command1    过程(R): Click
select bh,mc,gg,lx,sl,jhrq,cs,yj from jhb ;
    where month(jhrq)=month(thisform.text3.value);
    into table jhbcopy.dbf
use jhzb
APPEND FROM  jhbcopy.dbf
browse
use
```

图 3.8 “生成进货总表”按钮的单击事件代码

解释：查询进货表中进货日期的月份等于表单中文本框 3 中的日期月份的记录，结果存入一张表 jhbcopy 中，打开进货总表，将 jhbcopy 表中的记录追加到进货总表后浏览，关闭表。

4. 表单的应用

表单设计完成后，保存文件，运行表单。向表单中输入进货的信息，每输入一条后单击"添加记录"按钮。也可对其中的某处进行修改，删除某条记录等操作，录入完成后单击"生成进货总表"。录入进货信息时可以参考图 3.9 中的记录，最好多添加一些记录。最后打开进货表（jhb）和进货总表（jhzb）浏览其中的记录。

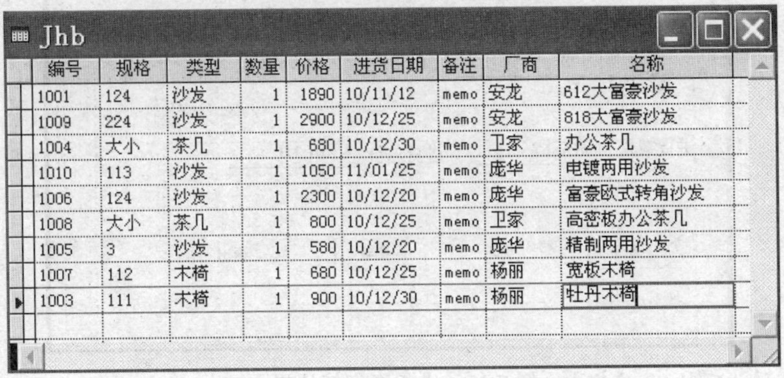

图 3.9　进货表（jhb）记录

3.2 进货基本信息界面

本界面的设计过程与"货物基本信息"完全相同，只是向数据环境中加入的表是进货表（jhb），可将命令按钮组复制到本表单中，修改其中的最后一条命令为：thisform.grdjhb.setfocus，设计好的界面如图 3.10 所示。

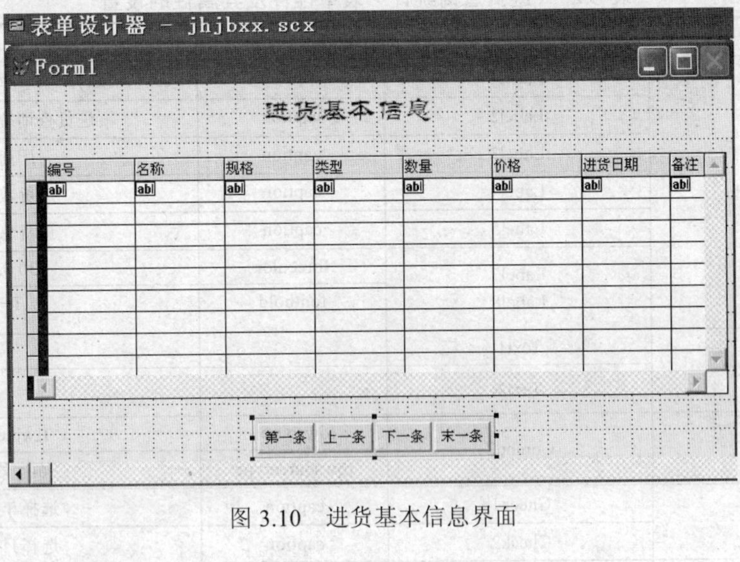

图 3.10　进货基本信息界面

3.3 进货查询统计表单

进货信息的查询和统计，可以根据用户的需求，按照不同的条件进行操作。

设计好的进货查询统计界面如图 3.11 所示，文件名为 jhcxtj。

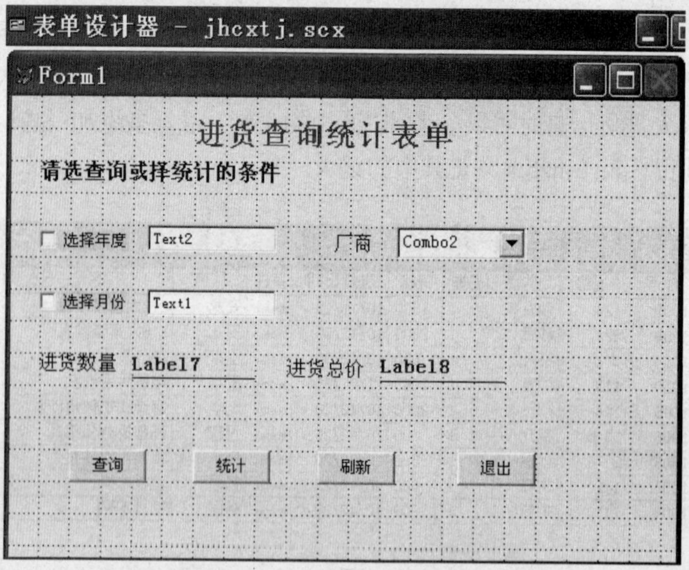

图 3.11　进货查询统计界面

1. 界面及控件

新建表单文件，保存为jhcxtj。在表单设计器窗口，将hwb和jhzb添加到数据环境中。在进行设计的过程中要经常进行保存操作。

从“表单控件”工具栏向表单中加入表3.2中所示的各个控件，并设置各个控件的属性。

表 3.2 “进货查询统计”表单控件及其属性的设置

控件名称		属　性	属　性　值
标签（label）	Label1	caption	请选择查询或统计的条件
	Label2	caption	进货查询统计表单
	Label3	caption	厂商
	Label4	caption	进货数量
	Label5	caption	进货总价
	Label7	forecolor	130,0,0
	Label8	fontbold	.T.
文本框（text）	Text1		
	Text2		
组合框（combo）	Combo2	rowsource	Hwb.cs
		rowsourcetype	6-字段
复选框（check）	Check1	caption	选择年度
	Check2	caption	选择月份
命令按钮（command）	Command1	caption	查询
	Command2	caption	统计
	Command3	caption	刷新
	Command4	caption	退出
表单（form）	Form1	backcolor	255,225,255

将各控件的位置和大小进行调整。

2. 命令代码

（1）表单的 init 事件。

表单的 init（运行表单时发生的事件）事件代码如图 3.12 所示。

```
thisform.label7.visible=.f.
thisform.label8.visible=.f.
```

图 3.12　表单的 init 事件代码

解释：表单运行时标签 label7 和标签 label8 不显示。

（2）“查询”按钮的单击事件代码。

“查询”按钮的单击事件代码如图 3.13 所示。

```
if thisform.check1.value=1 and  thisform.check2.value=0
    SELECT jhzb.mc 名称,gg 规格,jhrq 进货日期, sl 进货数量,;
     sl*yj AS 进货总价,jhzb.cs 厂商   FROM jhzb;
     where  year(jhrq)=val(thisform.text2.value);
     into cursor jh
endif
if thisform.check1.value=1 and  thisform.check2.value=0
    SELECT jhzb.mc 名称,gg 规格,jhrq 进货日期, sl 进货数量,;
     sl*yj AS 进货总价,jhzb.cs 厂商  FROM jhzb;
      where  year(jhrq)=val(thisform.text2.value);
      and jhzb.cs=thisform.combo2.value;
      into cursor jh
endif

if thisform.check1.value=1 and  thisform.check2.value=1
    SELECT jhzb.mc 名称,gg 规格,jhrq 进货日期, sl 进货数量,;
     sl*yj AS 进货总价,jhzb.cs 厂商  FROM jhzb;
      where  year(jhrq)=val(thisform.text2.value);
      and month(jhrq)=val(thisform.text1.value);
      into cursor jh
endif
browse last
```

图 3.13　“查询”按钮的单击事件代码

解释：用单分支语句判断哪个复选框被选定，然后用 SQL 查询语句查询年份和月份与文本框中的值相同的记录，查询结果存入一张临时表中，进行浏览，用户就可看到查询结果。

（3）“统计”按钮的单击事件代码。

“统计”按钮的单击事件如图 3.14 所示。

解释：用单分支语句判断哪个复选框被选定，然后用 SQL 查询语句统计年份和月份与文本框中的值相同时的“进货数量”和“进货总价”（用 sum 函数），此时标签七和标签八显示出来，并将它们的标题文本分别赋值为“进货数量”和“进货总价”（str 函数用于将数字转换为文本，因为 caption 的值必须是文本型）。

```
if thisform.check1.value=1 and  thisform.check2.value=0
  SELECT sum(jhzb.sl) as 进货数量, sum(jhzb.sl*jhzb.yj) AS 进货总价;
   FROM jhzb   where  year(jhrq)=val(thisform.text2.value);
     into cursor jh
endif
if thisform.check1.value=0 and  thisform.check2.value=1
  SELECT sum(jhzb.sl) as 进货数量, sum(jhzb.sl*jhzb.yj) AS 进货总价;
   FROM jhzb   where  month(jhrq)=val(thisform.text1.value);
     into cursor jh
endif
if thisform.check1.value=1 and  thisform.check2.value=0
 SELECT sum(jhzb.sl) as 进货数量, sum(jhzb.sl*jhzb.yj) AS 进货总价;
  FROM jhzb where  year(jhrq)=val(thisform.text2.value);
     and jhzb.cs=thisform.combo2.value;
 into cursor jh
endif
if thisform.check1.value=1 and  thisform.check2.value=1
SELECT sum(jhzb.sl) as 进货数量, sum(jhzb.sl*jhzb.yj) AS 进货总价;
  FROM jhzb where  year(jhrq)=val(thisform.text2.value);
   and month(jhrq)=val(thisform.text1.value);
     and jhzb.cs=thisform.combo2.value;
 into cursor jh
endif
  thisform.label7.visible=.t.
  thisform.label8.visible=.t.
  thisform.label7.caption=str(进货数量,4)
  thisform.label8.caption=str(进货总价,10)
```

图 3.14 “统计”按钮的单击事件代码

（4）“刷新”按钮的单击事件代码。

“刷新”按钮的单击事件如图 3.15 所示。

```
thisform.combo2.value=""
thisform.text2.value=""
thisform.text1.value=""
thisform.label7.caption=""
thisform.label8.caption=""
```

图 3.15 “刷新”按钮的单击事件代码

解释：将这些控件的值全部置空。

（5）“退出”按钮的单击事件代码与上一实验的相同。

3. 表单的应用

表单设计完成后，保存文件，运行表单。选定某个复选框，输入文本框中值，进行查询或统计，观察结果，刷新后可以重新选择条件进行操作。

3.4 进货报表表单

进货信息要打印输出，需要生成报表，本表单可以根据年份和月份生成进货信息的报表。

设计好的进货报表界面如图 3.16 所示，文件名为 jhbb。

1. 界面及控件

新建表单文件，保存为 jhbb。在表单设计器窗口，将 jhzb 添加到数据环境中。在进行设计的过程中要经常进行保存操作。

从“表单控件”工具栏向表单中加入表 3.3 中所示的各个控件，并设置各个控件的属性。

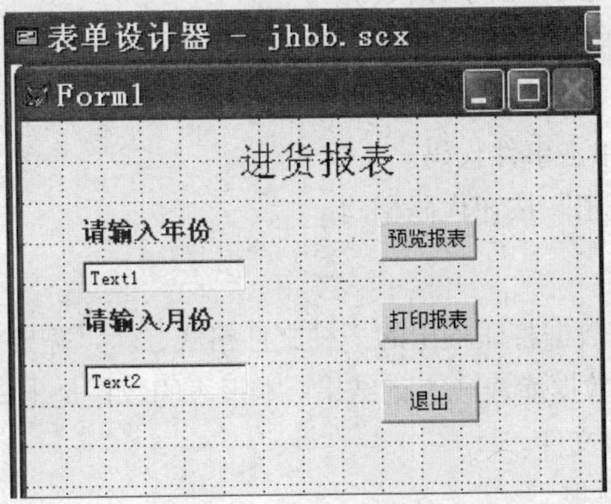

图 3.16　进货报表界面

表 3.3 "进货报表"界面控件及其属性的设置

控件名称		属　性	属 性 值
标签（label）	Label1	caption	进货报表
	Label2	caption	请输入年份
	Label3	caption	请输入月份
文本框（text）	Text1		
	Text2		
命令按钮（command）	Command1	caption	预览报表
	Command2	caption	打印报表
	Command3	caption	退出
表单（form）	Form1	backcolor	255,225,179

标签的其他属性可以自行设置，将各控件的位置和大小进行调整。

2. 命令代码

(1)"预览报表"按钮的单击事件代码。

"预览报表"按钮的单击事件代码如图 3.17 所示。

```
if val(thisform.text1.value)=0 and val(thisform.text2.value)=0
  select bh,mc ,gg ,sl ,jhrq ,yj,lx,cs  from jhzb;
  order by jhrq into table jhbb
else
  select bh,mc ,gg ,sl ,jhrq ,yj,lx,cs  from jhzb;
  where year(jhrq)=val(thisform.text1.value) and;
  month(jhrq)=val(thisform.text2.value);
  order by jhrq into table jhbb
endif
report form jhbb preview
```

图 3.17 "预览报表"按钮的单击事件代码

解释：利用 SQL 语句按进货日期升序，查询与文本框中输入的和月份相等的进货日期，查询结果存入一张表中，这张表是报表的数据源，预览报表。

（2）“打印报表”按钮的单击事件代码。

在“打印报表”按钮的单击事件窗口中输入下列命令：

```
report form jhbb to printer
```

（3）“退出”按钮的单击事件代码。

与前述表单中的“退出”按钮代码相同。

3.5 进货报表文件

报表是用于将所需的数据打印输出的一种文件格式，所以需要对文件中的内容进行格式修饰，其中的数据来源于数据库表或查询结果。本报表的数据是上一表单中单击“预览报表”按钮时查询得到的 jhbb 表文件。

1. 利用报表向导创建报表

单击【新建】→【报表】→【向导】→【报表向导】命令，从向导的第一步中选择报表中需要的字段，即从 JHB 中选择除 bz 字段外的所有字段，如图 3.18 所示；向导的第二步进入“总结选项”对话框，针对字段“数量”（sl）选择“求和”操作，如图 3.19 所示，其他项不选；第三步选择报表样式为“经营式”；第四步按默认选择；第五步将字段“进货日期”（jhrq）添加到右侧列表框中，并选择“升序”排列；第六步中报表标题框输入“进货报表”后先预览生成的报表，如图 3.20 所示。最后单击“完成”按钮。将文件保存在默认路径中，名为 jhbb，至此报表向导结束。

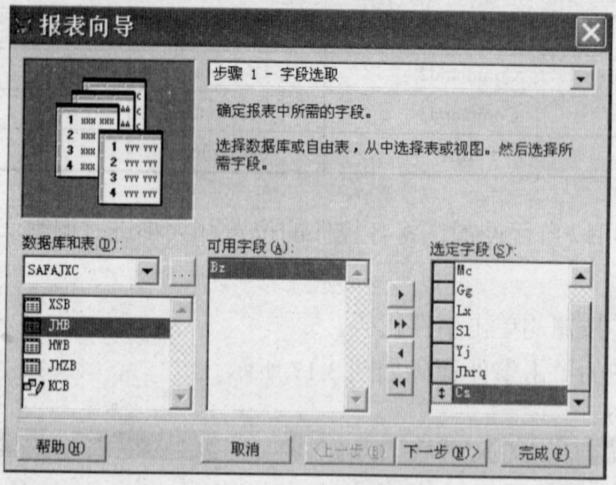

图 3.18　报表向导第一步

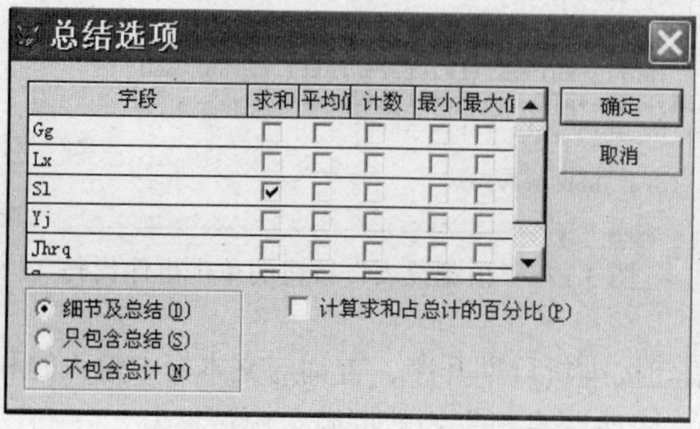

图 3.19　总结选项操作

图 3.20 向导生成的报表预览效果

2. 修改和格式化报表

利用向导创建的报表在格式和内容上不一定满足用户的需求，所以还需要进一步进行修改和格式处理。

（1）格式化报表。

❑ 将“标题”带区中的标题文字单击选定，执行【格式】→【对齐】→【水平居中】命令，再执行【格式】→【字体】命令，对标题文字进行修饰。

❑ 将“页标头”带区中的各字段名的位置用鼠标拖动排列成一行，如图 3.21 所示。

❑ 将“细节”带区中的各字段值拖到与“页标头”带区中的字段名相对应的位置，如图 3.21 所示。

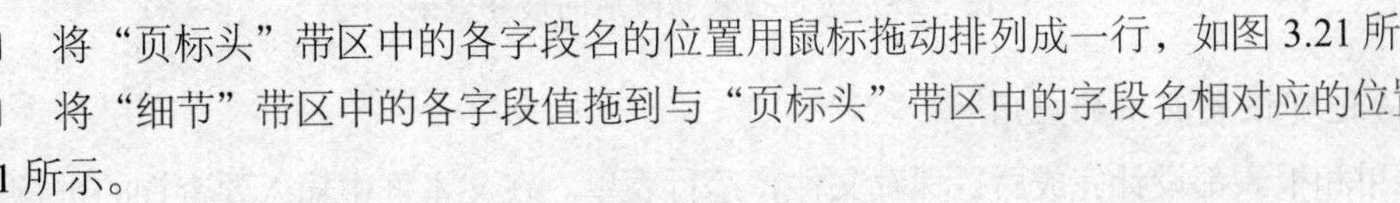

图 3.21 “页标头”带区和“细节”带区中的内容

（2）修改报表。

单击“报表控件”工具栏中的“标签”，如图 3.22 所示。在“总结”带区中单击，输入“进货总金额”； 单击“报表控件”工具栏中的“域控件”， 在“总结”带区中单击进入“报表表达式”对话框中，“总金额”的计算公式是：进货数量*货物原价，所以在表达式文本框中输入 sl*y j 然后单击“确定”按钮，如图 3.23 所示。

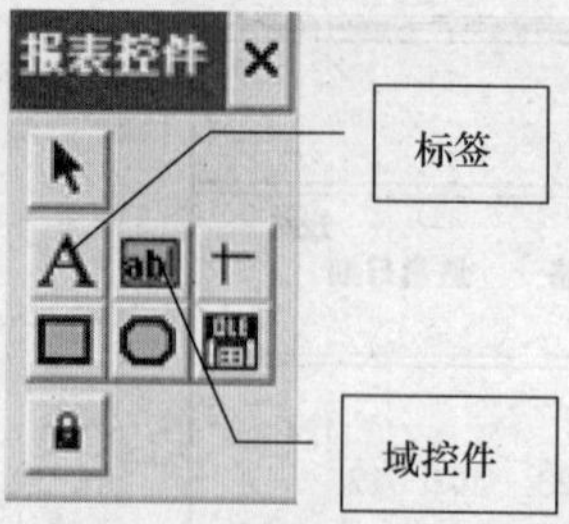

图 3.22　报表控件工具栏

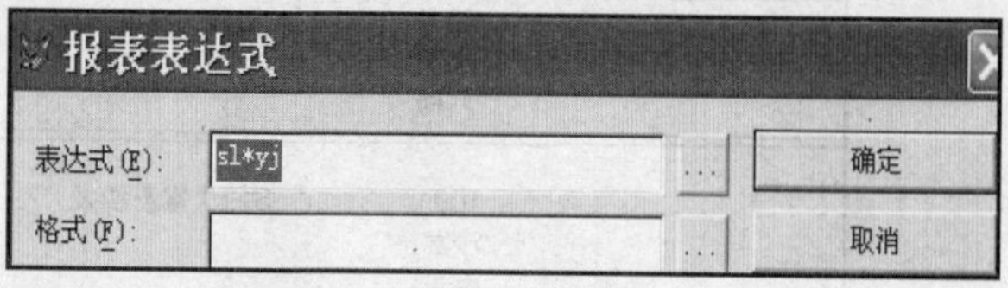

图 3.23　计算总金额的表达式

将“总结”带区中的各对象的位置和大小适当调整，效果如图 3.24 所示。

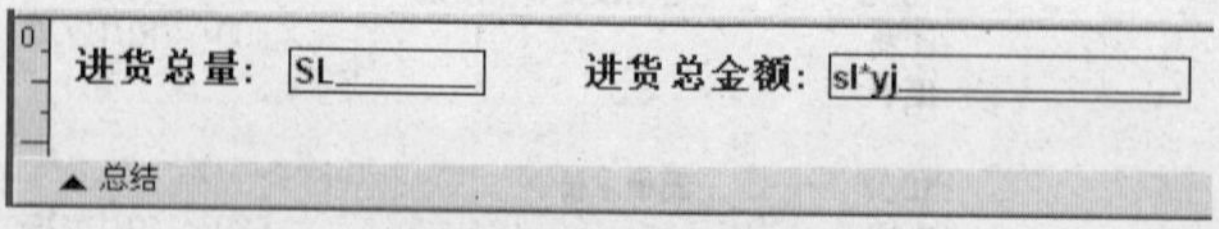

图 3.24　“总结”带区中的控件

3. 预览报表

修改完成后，单击常用工具栏中的“打印预览”按钮，效果如图 3.25 所示。

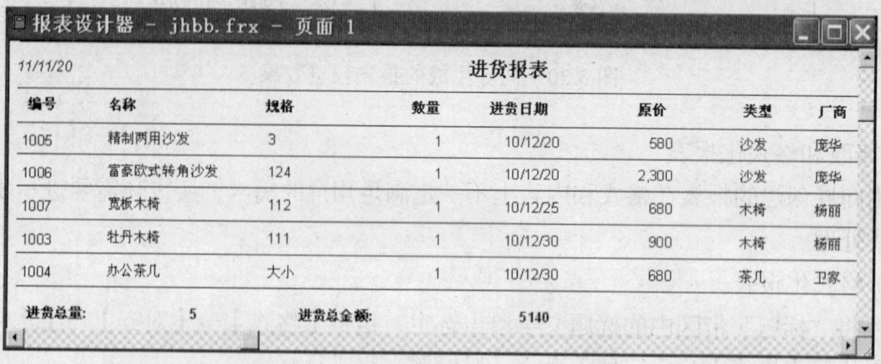

图 3.25　进货报表修改后的最终效果

3.6 进货报表表单的应用

表单和报表都设计完成后，保存文件，运行表单。在文本框中输入要查询的进货报表所在的月份和年份值，单击“预览报表”按钮，即可看到报表结果。若要打印输出，可单击“打印报表”按钮。

实验四　销售模块界面设计一

一、实验目的

1. 学习界面的设计方法。
2. 将货物的销售信息用可视化的界面进行管理。

二、实验内容

4.1 销售管理界面的设计

销售管理用于对货物的销售信息进行添加和删除操作，从而将销售信息追加到销售表（xsb）中。

设计好的界面如图 4.1 所示，将表单文件保存为 xsgl。

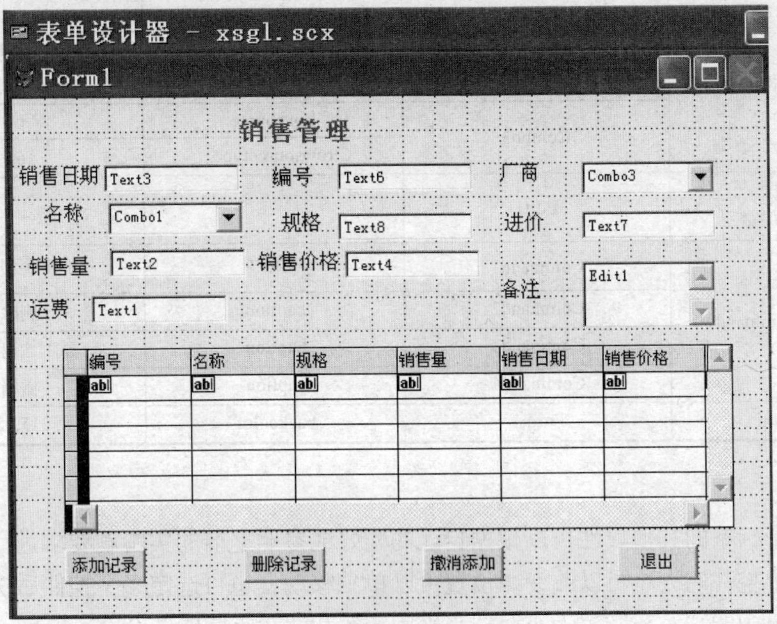

图 4.1　商品销售管理界面

1. 界面及控件

新建表单文件，保存为 xsgl。在表单设计器窗口，将 hwb、jhb 和 xsb 添加到数据环境中。在进行设计的过程中要注意经常执行保存操作。

从“表单控件”工具栏向表单中加入表 4.1 中所示的各个控件，并设置各个控件的属性。

表 4.1　“商品销售管理”界面控件及其属性的设置

控件名称		属　性	属 性 值
标签（label）	Label1	caption	销售管理
	Label2	caption	编号
	Label3	caption	名称
	Label4	caption	规格
	Label5	caption	进价
	Label6	caption	销售数量
	Label7	caption	销售日期
	Label8	caption	厂商
	Label9	caption	销售价格
	Label10	caption	备注
	Label11	caption	运费

续表

控件名称		属　性	属 性 值
文本框（text）	Text1	value	{}
	Text2		
	Text3		
	Text4		
	Text6		
	Text7		
	Text8		
组合框（combo）	Combo1	rowsource	hwb.mc
		rowsourcetype	6-字段
	Combo3	rowsource	hwb.cs
		rowsourcetype	6-字段
编辑框（edit）	Edit1		
命令按钮（command）	Command1	caption	添加记录
	Command2	caption	删除记录
	Command3	caption	退出
	Command4	caption	撤销添加
表单（form）	Form1	backcolor	215,255,255

说明：

- ❑ 各个标签的其他属性可以根据自己的爱好或参照之前的实验题要求进行设置；
- ❑ 各个控件的大小可以改变，位置可以单独移动，也可选定多个控件后执行【格式】菜单中的“对齐”、“大小”、“水平间距”和“垂直间距”命令。

2. 数据表的添加

打开数据环境窗口，将其中的 xsb 拖入表单中，调整表格的大小和位置。在“属性”窗口中将表格的 recordsource 设置为 xsb，recordsourcetype 设置为 1-别名。

3. 命令代码

（1）“编号”文本框。

“编号”对应的文本框六的 LostFocus（失去焦点时发生的事件，即当光标移从该控件上移走时发生的事件）事件代码如图 4.2 所示。

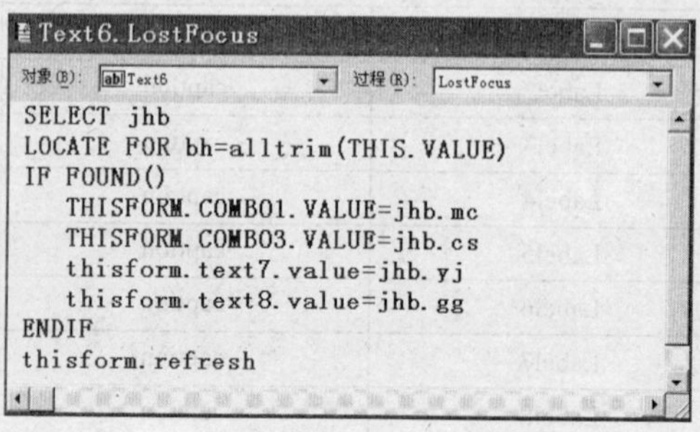

图 4.2　文本框六的 LostFocus 事件代码

解释：将进货表中的光标定位到货物编号等于该文本框中的内容的记录上，用单分支语句判断，如果找到这样一条记录，就将该记录的名称（mc）字段值赋予组合框一，厂商（cs）字段值赋予组合框三，原价（yj）字段值赋予文本框七，规格（gg）字段值赋予文本框八。

（2）“添加记录”按钮。

该按钮的单击事件代码如图 4.3 所示。

解释：先将进货表中的记录按照货物名称进行索引，然后将记录指针定位到表单中列出的货物名称、规格和编号的记录上，并且该记录的货物数量必须大于 0；如果货物数量小于销售量，则弹出一个信息框，提示数量不足；否则，进货表中的剩余货物数量等于原来的货物数量减去销售数量；然后打开销售表（xsb），追加一条空记录，用表单中各控件中的值替换表中空记录的对应字段（有些值涉及数据类型的转换，如运费和数量及销售价格）。最后将各控件中的值清空，刷新表单。

```
Command1.Click
对象(B): Command1    过程(R): Click
SET DATE TO YMD
SELECT jhb
set order to tag mc
    LOCATE FOR jhb.mc=ALLTRIM(THISFORM.combo1.VALUE) and ;
    jhb.gg=ALLTRIM(THISFORM.text8.VALUE) and jhb.sl>0;
    and jhb.bh=ALLTRIM(THISFORM.text6.VALUE)
IF FOUND()
       IF jhb.sL<VAL(THISFORM.TEXT2.VALUE)
           MESSAGEBOX("数量不足,请重新输入!",48,"警告")
           THISFORM.combo1.SETFOCUS
       ELSE
           REPLACE jhb.sL WITH jhb.sL-VAL(THISFORM.TEXT2.VALUE)
          SELECT XSB
          APPEND BLANK
            REPLACE bh WITH THISFORM.text6.VALUE
            REPLACE MC WITH THISFORM.COMBO1.VALUE
            REPLACE GG WITH THISFORM.text8.VALUE
            REPLACE yf WITH val(THISFORM.TEXT1.VALUE)
            REPLACE sl WITH val(THISFORM.TEXT2.VALUE)
            REPLACE xsjg WITH val(THISFORM.TEXT4.VALUE)
            REPLACE xsRQ WITH THISFORM.TEXT3.VALUE
            REPLACE BZ WITH THISFORM.EDiT1.VALUE
            REPLACE jj WITH THISFORM.text7.VALUE
      ENDIF
   ENDIF
THISFORM.TEXT1.VALUE=""
THISFORM.TEXT2.VALUE=""
THISFORM.TEXT4.VALUE=""
THISFORM.TEXT6.setfocus
THISFORM.COMBO1.VALUE=""
THISFORM.text8.VALUE=""
THISFORM.COMBO3.VALUE=""
THISFORM.EDiT1.VALUE=""
THISFORM.REFRESH
```

图 4.3 “添加记录”按钮的单击事件代码

（3）“删除记录”按钮。

该按钮的单击事件代码如图 4.4 所示。

解释：先逻辑删除货物编号为文本框六中的记录，如果单击了“是”按钮，就彻底删除该条记录。

```
SELECT xsb
delete for bh=alltrim(thisform.text6.value)
SET DELETE ON
YN=MESSAGEBOX("真的要删除吗?",4+32,"警告")
IF YN=6
  pack
ENDIF
THISFORM.REFRESH
```

图 4.4 “删除记录”按钮的单击事件代码

（4）“撤销添加”按钮。

该按钮的单击事件代码如图 4.5 所示。

```
select sl from xsb where bh=alltrim(thisform.text6.value) into array a
update jhb set sl=sl+a where bh=alltrim(thisform.text6.value)
select xsb
locate for  bh=alltrim(thisform.text6.value)
if found()
  delete
  pack
endif
clear memory
```

图 4.5 “撤销添加”按钮的单击事件代码

解释：该按钮的功能是将已添加到销售表中的记录还原回进货表中。首先从进货表中查询编号等于文本框六中的值的这条记录的数量，将查询结果存入数组 a 中，将进货表中的数量更新，然后将销售表中的该条记录删除，最后清除所有内存变量。

（5）“退出”按钮的单击事件代码。

在“退出”按钮的单击事件窗口中输入命令：thisform.release。

4. 表单的应用

表单设计完成后，保存文件，运行表单。向表单中输入销售日期和货物编号后，按回车键，厂商、名称、规格及进价内容会自动出现，其他数据按实际输入，每输入一条后单击“添加记录”按钮，这些信息就会成为销售表中的一条记录。在编号框中输入一条已加入到销售表中的记录，单击“撤消添加”按钮，可将该条记录从销售表中删除，同时进货表中的该条记录的货物数量会增加。也可从这里删除销售表中的记录。

4.2 销售基本信息界面

本界面的设计过程与“货物基本信息”完全相同，只是向数据环境中加入的表是进货表（xsb），可将命令按钮组复制到本表单中，修改其中的最后一条命令为：thisform.grdxsb.setfocus，设计好的界面也与“货物基本信息”表单完全相似。

4.3 销售报表表单

销售信息要打印输出，需要生成报表，本表单可以根据年份和月份生成销售信息的报表。

设计好的销售报表界面如图 4.6 所示，文件名为 xsbb。

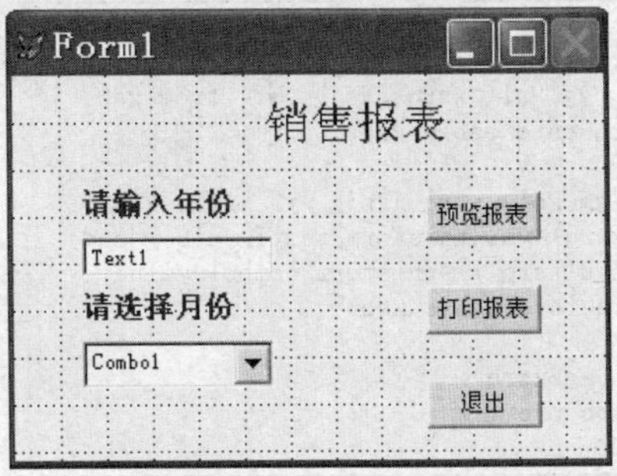

图 4.6 “销售报表”界面

1. 界面及控件

新建表单文件，保存为 xsbb。在表单设计器窗口，将 xsb 添加到数据环境中。在进行设计的过程中要经常进行保存操作。

从“表单控件”工具栏向表单中加入表 4.2 中所示的各个控件，并设置各个控件的属性。

表 4.2 “销售报表”界面控件及其属性的设置

控件名称		属　性	属 性 值
标签（label）	Label1	caption	销售报表
	Label2	caption	请输入年份
	Label3	caption	请选择月份
文本框（text）	Text1		
组合框（combo）	Combo1	rowsourcetype	1-值
		rowsource	1,2,3,4,5,6,7,8,9,10,11,12
命令按钮（command）	Command1	caption	预览报表
	Command2	caption	打印报表
	Command3	caption	退出
表单（form）	Form1	backcolor	255,225,185

标签的其他属性可以自行设置，将各控件的位置和大小进行调整。

2. 命令代码

（1）“预览报表”按钮的单击事件。

解释：利用 SQL 语句按销售日期升序，查询与文本框和组合框中的年份和月份相等的销售日期，查询结果存入一张表中，这张表是报表的数据源，然后预览报表文件。“预览报表”按钮的单击事件代码如图 4.7 所示。

（2）“打印报表”按钮的单击事件。

在“打印报表”按钮的单击事件窗口中输入命令：report form xsbb to printer。

（3）“退出”按钮的单击事件。

与前述表单中的“退出”按钮代码相同。

```
if val(thisform.text1.value)=0 and val(thisform.combo1.value)=0
 select bh,mc ,gg ,sl ,xsrq ,xsjg ,yf  from xsb;
  order by xsrq into table xsbb
else
select bh,mc ,gg ,sl ,xsrq ,xsjg ,yf  from xsb;
  where year(xsrq)=val(thisform.text1.value) and;
  allt(str(month(xsrq)))=thisform.combo1.value;
  order by xsrq into table xsbb
endif
index on xsrq tag xsrq
report form xsbb preview
```

图 4.7 “预览报表”按钮的单击事件代码

实验五　销售模块界面设计二

一、实验目的

1. 按不同条件进行信息的查询和统计。
2. 将销售信息生成报表文件。

二、实验内容

5.1 销售查询统计

销售信息的查询和统计，可以根据用户的需求，按照不同的条件进行操作。

设计好的销售信息查询统计界面如图 5.1 所示，文件名为 xscxtj。

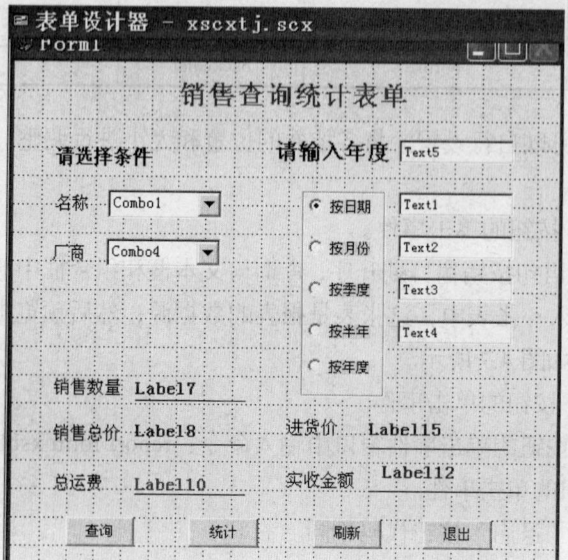

图 5.1　销售查询统计界面

1. 界面及控件

新建表单文件，保存为 xscxtj。在表单设计器窗口，将 hwb 和 xsb 添加到数据环境中。在进行设计的过程中要经常进行保存操作。

从“表单控件”工具栏向表单中加入表 5.1 中所示的各个控件，并设置各个控件的属性。

表 5.1 “销售查询统计”界面控件及其属性的设置

控件名称		属　性	属 性 值
标签（label）	Label1	caption	销售查询统计表单
	Label2	caption	请选择条件
	Label3	caption	请输入年度
	Label4	caption	名称
	Label5	caption	厂商
	Label6	caption	销售数量
	Label7	caption	
	Label8	caption	
	Label9	caption	销售总价
	Label10	caption	
	Label11	caption	总运费
	Label12	caption	
	Label13	caption	进货价
	Label14	caption	实收金额
	Label15	caption	
文本框（text）	Text1		
	Text2		
	Text3		
	Text4		
	Text5		
选项按钮组（optiongroup）	Optiongroup1	buttoncount	5
		backcolor	255,255,162
	Option1	caption	按日期
	Option2	caption	按月份
	Option3	caption	按季度
	Option4	caption	按半年
	Option5	caption	按年度
组合框（combo）	Combo1	rowsource	Hwb.mc
		rowsourcetype	6-字段
	Combo4	rowsource	Hwb.cs
		rowsourcetype	6-字段

续表

控件名称		属　性	属 性 值
命令按钮（command）	Command1	caption	查询
	Command2	caption	统计
	Command3	caption	刷新
	Command4	caption	退出
	Form1	backcolor	215,225,255
表单（form）	Form1	backcolor	255,225,185

将各控件的位置和大小进行调整，其他属性可根据需要自行设置。

2. 命令代码

（1）表单的 init 事件。

表单的 init 事件指运行表单时发生的事件，其代码如图 5.2 所示。

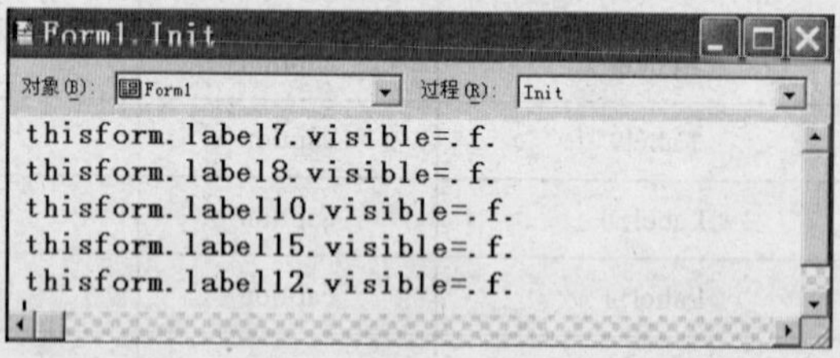

图 5.2　表单的 init 事件代码

解释：该事件代码的含义是当表单运行时，标签 7、8、10、12、15 不被显示出来。

（2）“查询”按钮的单击事件。

查询按钮主要用于针对界面中选择的条件进行，其单击事件代码如下：

```
a1=thisform.text1.value
a2=thisform.text2.value
a3=thisform.text3.value
a4=thisform.text4.value
a5=thisform.text5.value
do case
case thisform.optiongroup1.value=1
  SELECT xsb.mc,xsb.gg,xsb.xsrq, xsb.sl, xsb.yf,xsjg,jj FROM xsb;
  where  xsb.xsrq =a1;
  and hwb.cs=thisform.combo4.value and  xsb.mc=thisform.combo1.
  value ;
  into cursor xs
case thisform.optiongroup1.value=2
  SELECT xsb.mc 名称,xsb.gg,xsb.xsrq, xsb.sl, xsb.yf,xsjg,jj FROM xsb;
  where   month(xsrq)=val(a2) and year(xsrq)=val(a5);
  and hwb.cs=thisform.combo4.value and  xsb.mc=thisform.combo1.
```

```
value ;
 into cursor xs
case thisform.optiongroup1.value=3 and a3="1"
 SELECT xsb.mc,xsb.gg,xsb.xsrq, xsb.sl, xsb.yf,xsjg,jj FROM xsb;
 where  month(xsrq)>=1 and month(xsrq)<=3 and year(xsrq)=val(a5);
 and hwb.cs=thisform.combo4.value and mc=thisform.combo1.value;
 into cursor xs
case thisform.optiongroup1.value=3 and a3="2"
 SELECT xsb.mc,xsb.gg,xsb.xsrq, xsb.sl, xsb.yf,xsjg,jj FROM xsb;
 where  month(xsrq)>=4 and month(xsrq)<=6 and year(xsrq)=val(a5);
 and hwb.cs=thisform.combo4.value and mc=thisform.combo1.value;
 into cursor xs
case thisform.optiongroup1.value=3 and a3="3"
 SELECT xsb.mc,xsb.gg,xsb.xsrq, xsb.sl, xsb.yf,xsjg ,jj FROM xsb;
 where  month(xsrq)>=7 and month(xsrq)<=9 and year(xsrq)=val(a5);
 and hwb.cs=thisform.combo4.value and mc=thisform.combo1.value ;
 into cursor xs
case thisform.optiongroup1.value=3 and a3="4"
 SELECT xsb.mc,xsb.gg,xsb.xsrq, xsb.sl, xsb.yf,xsjg,jj FROM xsb;
 where  month(xsrq)>=10 and month(xsrq)<=12 and year(xsrq)=val(a5);
 and hwb.cs=thisform.combo4.value and mc=thisform.combo1.value ;
 ORDER BY xsb.xsrq   into cursor xs
case thisform.optiongroup1.value=4 and a4="上"
 SELECT xsb.mc,xsb.gg,xsb.xsrq, xsb.sl, xsb.yf,xsjg,jj FROM xsb;
 where  month(xsrq)<=6 and year(xsrq)=val(a5);
 and hwb.cs=thisform.combo4.value and mc=thisform.combo1.value ;
 ORDER BY xsb.xsrq   into cursor xs
case thisform.optiongroup1.value=4 and a4="下"
 SELECT xsb.mc,xsb.gg,xsb.xsrq, xsb.sl, xsb.yf,xsjg,jj FROM xsb;
 where month(xsrq)>=7 and month(xsrq)<=12 and year(xsrq)=val(a5);
 and hwb.cs=thisform.combo4.value and mc=thisform.combo1.value;
 ORDER BY xsb.xsrq into cursor xs
case thisform.optiongroup1.value=5
 SELECT xsb.mc,xsb.gg,xsb.xsrq, xsb.sl, xsb.yf,xsjg,jj FROM xsb;
 where year(xsrq)=val(a5);
 and hwb.cs=thisform.combo4.value and  xsb.mc=thisform.combo1.
 value;
 into cursor xs
endcase
```

```
browse last
```

解释：用多分支语句判断哪个选项按钮被选定，然后用SQL查询语句查询与文本框中输入的年度及日期、月份、季度、半年的值相同的记录，也可同时查询某种商品或某个厂商在这些日期中的销售信息，查询结果存入一张临时表中，进行浏览，用户就可看到查询结果。

（3）“统计”按钮的单击事件。

“统计”按钮的单击事件代码如下：

```
do case
case thisform.optiongroup1.value=1
    SELECT sum(xsb.sl) as 销售数量, sum(xsb.xsjg*sl) AS 销售总价,sum(yf) as yfz,;
    Sum(xsb.xsjg*sl)- sum(yf) as 实收金额,sum(xsb.jj*sl) as 进货价 FROM xsb;
    where xsb.xsrq =thisform.text1.value and hwb.cs=thisform.combo4.value;
    and xsb.mc=thisform.combo1.value;
    into cursor xs
case thisform.optiongroup1.value=2
    SELECT sum(xsb.sl) as 销售数量, sum(xsb.xsjg*sl) AS 销售总价,sum(yf) as yfz,;
    Sum(xsb.xsjg*sl)- sum(yf) as 实收金额,sum(xsb.jj*sl) as 进货价 FROM xsb;
    where  month(xsrq)=val(thisform.text2.value) and ;
    year(xsrq)=val(thisform.text5.value);
    and hwb.cs=thisform.combo4.value and  xsb.mc=thisform.combo1.value;
    into cursor xs
case thisform.optiongroup1.value=3  and  thisform.text3.value="1"
    SELECT sum(xsb.sl) as 销售数量, sum(xsb.xsjg*sl) AS 销售总价,sum(yf) as yfz,;
    Sum(xsb.xsjg*sl)- sum(yf) as 实收金额,sum(xsb.jj*sl) as 进货价  FROM xsb;
    where month(xsrq)>=1 and month(xsrq)<=3 and ;
    year(xsrq)=val(thisform.text5.value);
    and hwb.cs=thisform.combo4.value and mc=thisform.combo1.value;
    into cursor xs
case thisform.optiongroup1.value=3  and  thisform.text3.value="2"
    SELECT sum(xsb.sl) as 销售数量, sum(xsb.xsjg*sl) AS 销售总价,sum(yf) as yfz,;
    Sum(xsb.xsjg*sl)- sum(yf) as 实收金额,sum(xsb.jj*sl) as 进货价 FROM xsb;
    where  month(xsrq)>=4 and month(xsrq)<=6 and ;
    year(xsrq)=val(thisform.text5.value);
    and hwb.cs=thisform.combo4.value and mc=thisform.combo1.value;
    into cursor xs
case thisform.optiongroup1.value=3  and  thisform.text3.value="3"
    SELECT sum(xsb.sl) as 销售数量, sum(xsb.xsjg*sl) AS 销售总价,sum(yf) as yfz,;
    Sum(xsb.xsjg*sl)- sum(yf) as 实收金额,sum(xsb.jj*sl) as 进货价 FROM xsb;
    where  month(xsrq)>=7 and month(xsrq)<=9 and year(xsrq)=val(thisform.
    text5.value);
```

```
   and hwb.cs=thisform.combo4.value and mc=thisform.combo1.value;
   into cursor xs
case thisform.optiongroup1.value=3  and  thisform.text3.value="4"
    SELECT sum(xsb.sl) as 销售数量, sum(xsb.xsjg*sl) AS 销售总价,sum(yf) as yfz,;
    Sum(xsb.xsjg*sl)- sum(yf) as 实收金额,sum(xsb.jj*sl) as 进货价  FROM xsb;
    where  month(xsrq)>=10 and month(xsrq)<=12 and ;
    year(xsrq)=val(thisform.text5.value) ;
    and hwb.cs=thisform.combo4.value and mc=thisform.combo1.value ;
    into cursor xs
case  thisform.optiongroup1.value=4 and thisform.text4.value="上"
    SELECT sum(xsb.sl) as 销售数量, sum(xsb.xsjg*sl) AS 销售总价,sum(yf) as yfz,;
    sum(xsb.xsjg*sl)- sum(yf) as 实收金额,sum(xsb.jj*sl) as 进货价  FROM xsb;
    where month(xsrq)<=6 and year(xsrq)=val(thisform.text5.value);
    and hwb.cs=thisform.combo4.value and mc=thisform.combo1.value ;
    into cursor xs
case  thisform.optiongroup1.value=4 and thisform.text4.value="下"
    SELECT sum(xsb.sl) as 销售数量, sum(xsb.xsjg*sl) AS 销售总价,sum(yf) as yfz,;
    sum(xsb.xsjg*sl)- sum(yf) as 实收金额,sum(xsb.jj*sl) as 进货价  FROM xsb;
    where month(xsrq)>=7  and month(xsrq)<=12 and ;
    year(xsrq)=val(thisform.text5.value);
    and hwb.cs=thisform.combo4.value and mc=thisform.combo1.value ;
    into cursor xs
case  thisform.optiongroup1.value=5
    SELECT sum(xsb.sl) as 销售数量, sum(xsb.xsjg*sl) AS 销售总价,sum(yf) as yfz,;
    sum(xsb.xsjg*sl)- sum(yf) as 实收金额,sum(xsb.jj*sl) as 进货价  FROM xsb;
    where  year(xsrq)=val(thisform.text5.value);
    and hwb.cs=thisform.combo4.value and xsb.mc=thisform.combo1.value ;
    into cursor xs
endcase
thisform.label7.visible=.t.
thisform.label8.visible=.t.
thisform.label10.visible=.t.
thisform.label12.visible=.t.
thisform.label15.visible=.t.
thisform.label7.caption=str(销售数量)
thisform.label8.caption=str(销售总价)
thisform.label10.caption=str(yfz)
thisform.label12.caption=str(实收金额)
thisform.label15.caption=str(进货价)
```

解释：与查询功能相似，只是 SQL 语句要用各种聚合函数和自编公式进行计算，同时使原来隐藏的和各个标签都显示出来，并将它们的标题文本分别赋值相应的计算结果（str 函数用于将数字转换为文本，因为 caption 的值必须是文本型）。

（4）“刷新”按钮的单击事件。

“刷新”按钮的单击事件代码如图 5.3 所示。

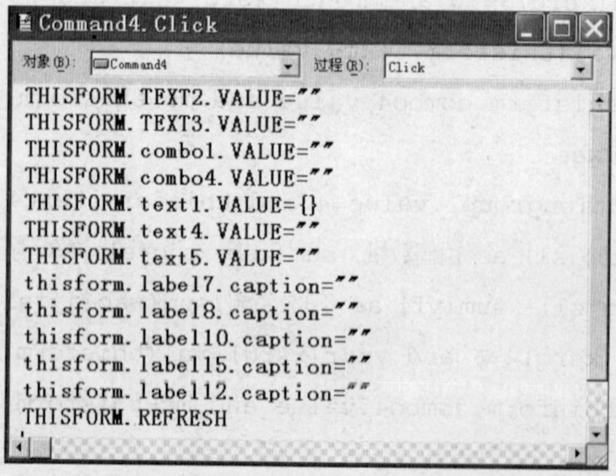

图 5.3 “刷新”按钮的单击事件代码

解释：将命令中涉及的这些控件的值全部置空。

（5）“退出”按钮的单击事件。

与前述表单中的“退出”按钮代码相同。

3. 表单的应用

表单设计完成后，保存文件，运行表单。选定某个选项按钮，向文本框中输入值，还可同时选择货物名称或厂商，进行查询或统计，观察结果，刷新后可以重新选择条件进行操作。

5.2 销售报表文件

1. 利用报表向导创建报表

利用报表向导进行创建，过程类似进货报表的创建。下面只说明其中的不同之处。向导的第一步中选择报表中需要的字段，即从 xsb 中选择除 bz 字段外的所有字段；在第二步中，先按照字段名称（mc）分组，再进入“总结选项”对话框，对字段“数量”（sl），销售价格（xsjg），运费（yf）选择“求和”操作；第三步选择报表样式为“经营式”；第四步按默认选择；第五步将字段“销售日期”（xsrq）添加到右侧列表框中，并选择“升序”排列；第六步中报表标题框输入“销售报表”后预览生成的报表。最后单击“完成”按钮。将文件保存在默认路径中，名为 xsbb。

2. 修改和格式化报表

按照用户的需求进一步对报表进行修改和格式处理。

参考“进货报表”实验的步骤和操作将本文件进行修改，完成后的报表设计器及预览效果分别如图 5.4 和图 5.5 所示。

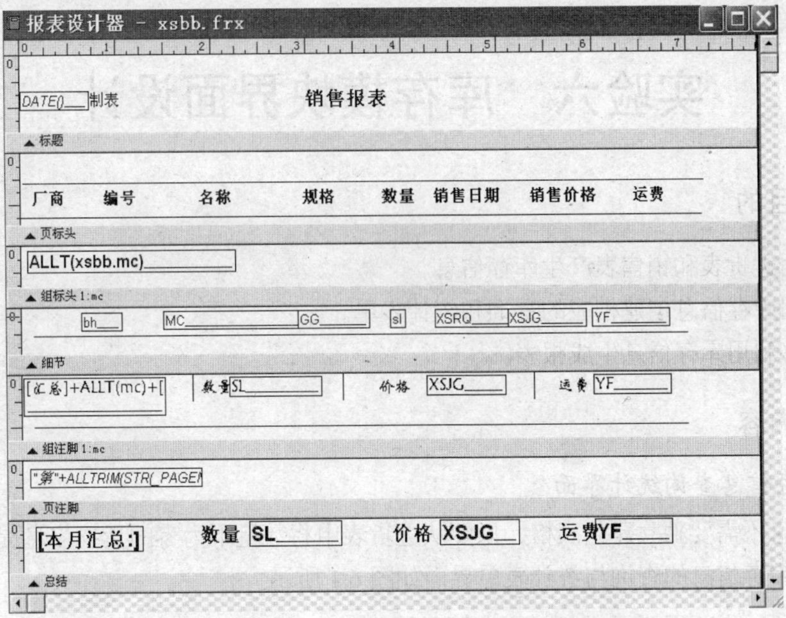

图 5.4　报表设计器结构

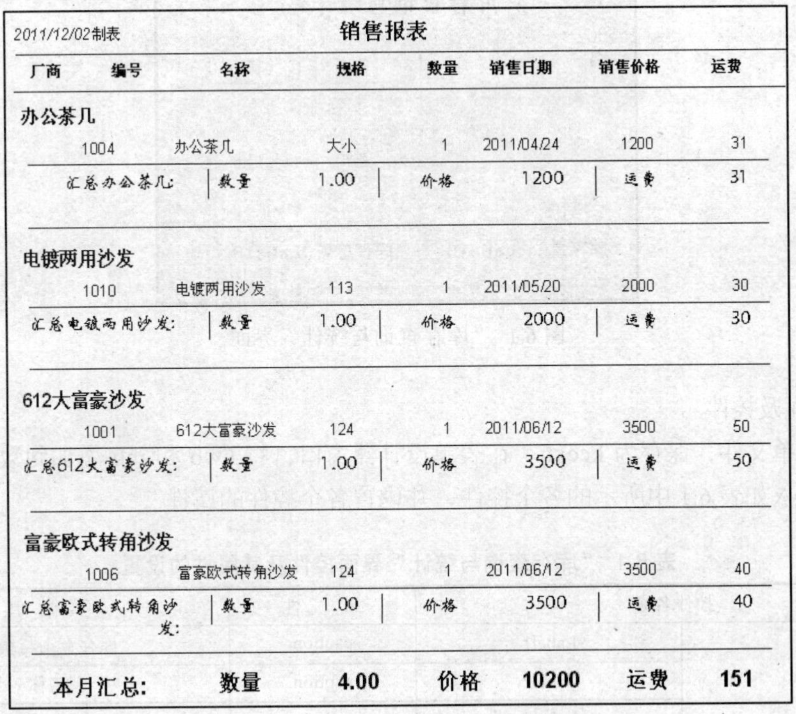

图 5.5　报表预览效果

3. 销售报表表单的应用

在销售报表创建完成后，可以运行销售报表表单文件，在文本框中输入要查询的销售额报表所在的月份和年份值，单击“预览报表”按钮，即可看到报表结果。若要打印输出，可单击“打印报表”按钮。

实验六　库存模块界面设计

一、实验目的

1. 利用进货表和销售表产生库存信息。
2. 根据库存信息创建相应的查询和统计表单。
3. 能够利用库存信息生成报表。

二、实验内容

6.1 库存信息查询统计界面

库存信息不需要独立建立表格，只要从进货表中将数量不为零的货物信息提取出来就是库存信息。库存信息的查询与统计表单界面如图 6.1 所示。

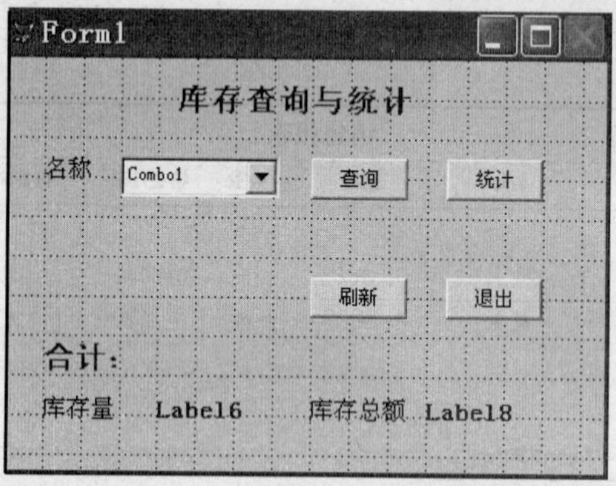

图 6.1 “库存查询与统计”界面

1. 界面及控件

新建表单文件，保存为 kccxtj。在表单设计器窗口，将 hwb 和 jhb 添加到数据环境中。在表单中加入如表 6.1 中所示的各个控件，并设置各个控件的属性。

表 6.1 “库存查询与统计”界面控件及其属性的设置

控件名称		属　性	属 性 值
标签（label）	Label1	caption	库存查询与统计
	Label2	caption	名称
	Label3	caption	合计
	Label4	caption	库存量
	Label5	caption	库存总额
	Label6		
	Label8		

续表

控件名称		属 性	属 性 值
组合框（combo）	Combo1	rowsource	Hwb.mc
		rowsourcetype	6-字段
命令按钮（command）	Command1	caption	查询
	Command2	caption	统计
	Command3	caption	刷新
	Command4	caption	退出
表单（form）	Form1	backcolor	255,206,206

将各控件的位置和大小进行调整，其他属性可根据需要自行设置。

2. 命令代码

(1) 表单的 init 事件。

表单的 init 事件代码如图 6.2 所示。

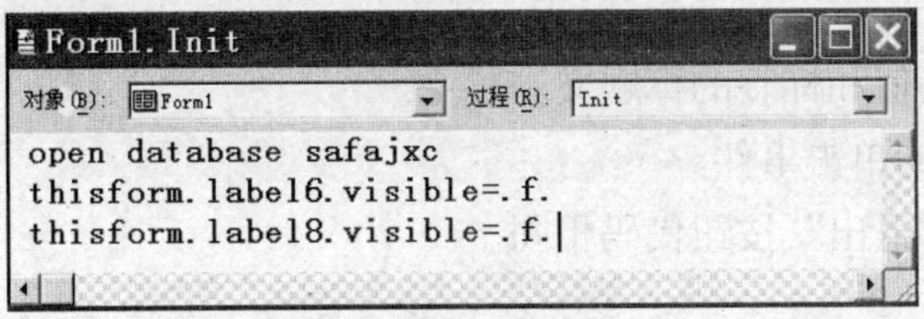

图 6.2 表单的 init 事件代码

解释：打开数据库，将标签 6 和标签 8 隐藏。

(2)“查询”按钮的单击事件。

“查询”按钮的单击事件代码如图 6.3 所示。

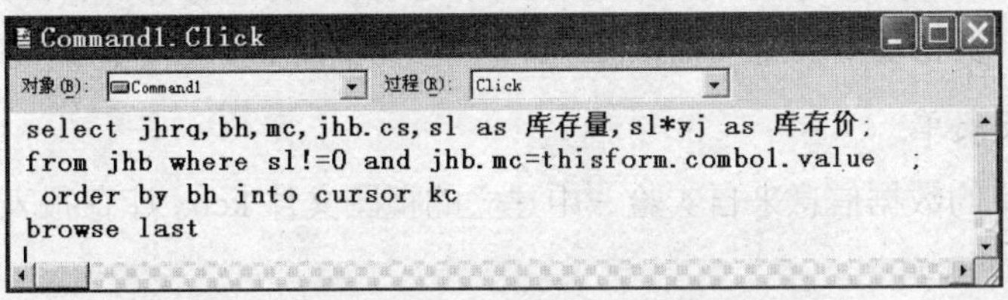

图 6.3 “查询”按钮的单击事件代码

解释：查询数量不为零并货物名称为组合框中的值的物品的信息，查询结果存入一张临时表中并进行浏览。

(3)“统计”按钮的单击事件。

“统计”按钮的单击事件代码如图 6.4 所示。

解释：将标签六和标签八显示，用 SQL 语句中的求和函数统计出库存量和库存总额，把查询结果显示到这两个标签上。

(4)“刷新”按钮的单击事件。

“刷新”按钮的单击事件代码如图 6.5 所示。

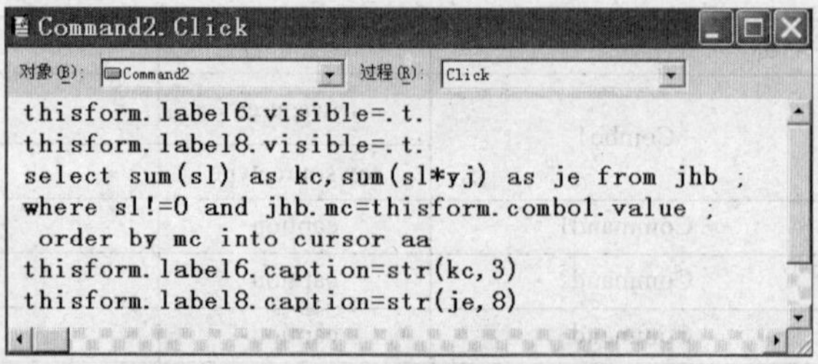

图 6.4 “统计”按钮的单击事件代码

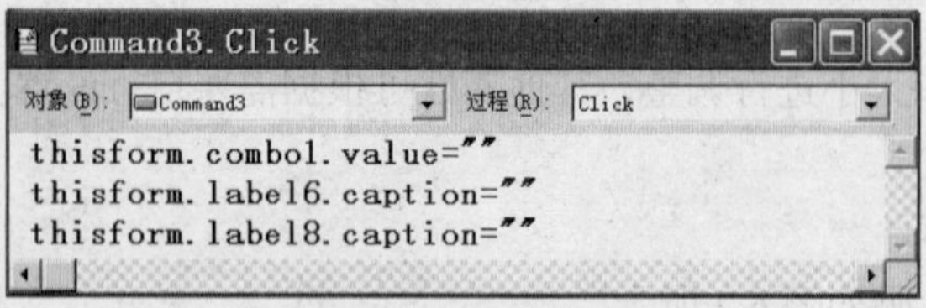

图 6.5 “刷新”按钮的单击事件代码

解释：将组合框的值和标签的标题文本置空。

（5）“退出”按钮的单击事件。

与前述表单中的“退出”按钮代码相同。

3. 表单的运行

保存表单后运行，可以直接对所有货物的库存进行查询和统计，也可以选择货物名称进行查询和统计。查询结果以表的方式表示，统计结果直接显示在表单的标签上。

6.2 库存基本信息界面

本界面的设计过程与“货物基本信息”完全相同，只是向数据环境中加入的表是进货表（kcb），可将命令按钮组复制到本表单中，修改其中的最后一条命令为：thisform.grdkcb.setfocus，设计好的界面与“货物基本信息”相似。

6.3 库存报表表单

库存报表表单的数据信息来自实验一中建立的视图文件 kcb。库存报表表单界面如图 6.6 所示，文件保存为 kcbd。

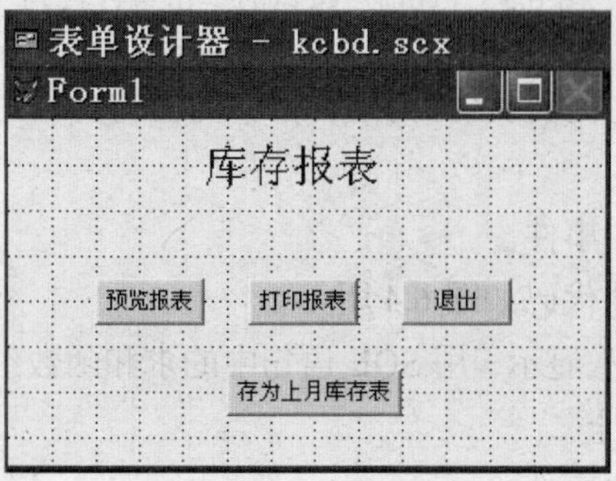

图 6.6 “库存报表”表单

1. 界面及控件

新建表单文件，在表单中加入一个标签和四个命令按钮，并将各自的 caption 属性进行如图的设置。将各控件的位置和大小进行调整，其他属性可根据需要自行设置。

2. 命令代码

（1）表单的 init 事件。

表单的 init 事件代码如下：

```
set date to ymd
set century on
```

解释：将日期的显示格式设置为年月日的顺序，并将年份显示四位。

（2）“预览报表”按钮的单击事件。

“预览报表”按钮的单击事件代码如图 6.7 所示。

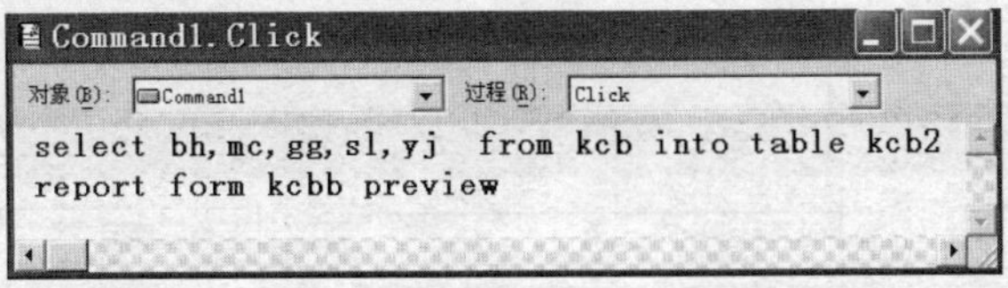

图 6.7 “预览报表”按钮的单击事件代码

（3）“打印报表”按钮的单击事件代码：report form kcbb to printer。

（4）“存为上月库存表”按钮的单击事件代码：select * from kcb2 into table sykc.dbf。

6.4 库存报表

库存报表中的信息就是上述表单中的查询结果 kcb2 中的数据。

1. 报表的创建

利用报表向导创建本报表，向导过程中，第一步选择自由表中的 kcb2，并将其字段全部添加到选定字段框中；第二步不设置；第三步选择经营式；第四步列数为二，方向为横向；第五步依 bh 进行升序；最后一步输入标题“库存报表”后完成本报表的创建过程，文件名为 kcbb。

2. 修改和格式报表

参考“进货报表”实验的说明，调整各个带区中对象的位置，将原来在“列标头带区”中的字段名移动到“页标头带区”，并复制一次也置于页标头带区的第二列位置处，再适当调整带区宽度，将“列标头带区”中的线条删除，带区缩为最小。

在“页注脚带区”中用标签添加文字：本页货价统计。用域控件添加一个表达式，表达式中选择 kcb2.yj，即 kcb2 表中的 yj 字段，并进入“计算”按钮的对话框中选择“总和”后确定，具体设置如图 6.8 所示。

增加“总结带区”，并在该带区中用两个标签分别添加文字：库存货物总价，库存货物总数。分别用两个域控件计算总价和总数，设置如图 6.9 和图 6.10 所示。

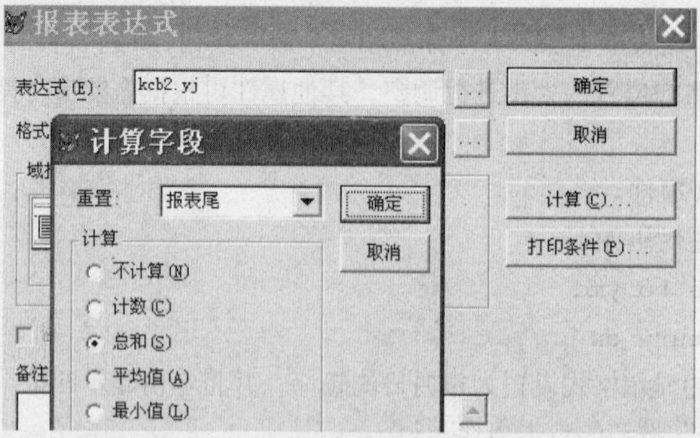

图 6.8　报表中的域表达式设置

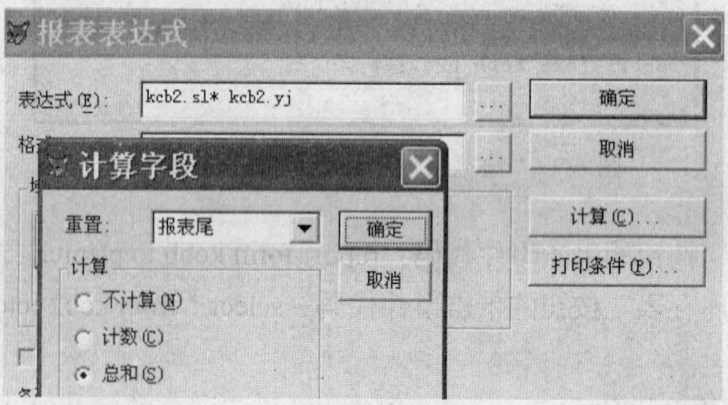

图 6.9　库存货物总价表达式设置

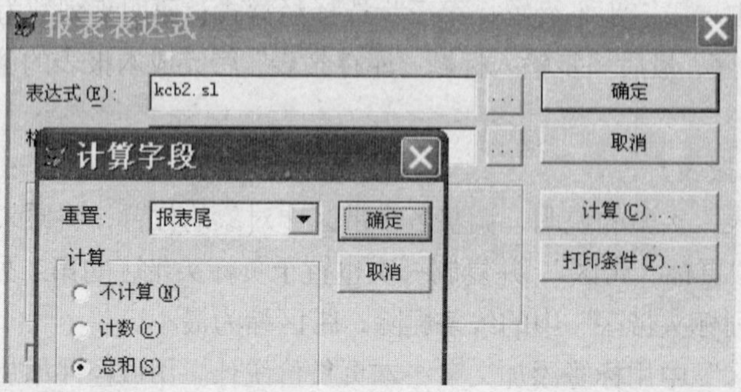

图 6.10　库存货物总数表达式设置

设置好的报表设计器窗口如图 6.11 所示。

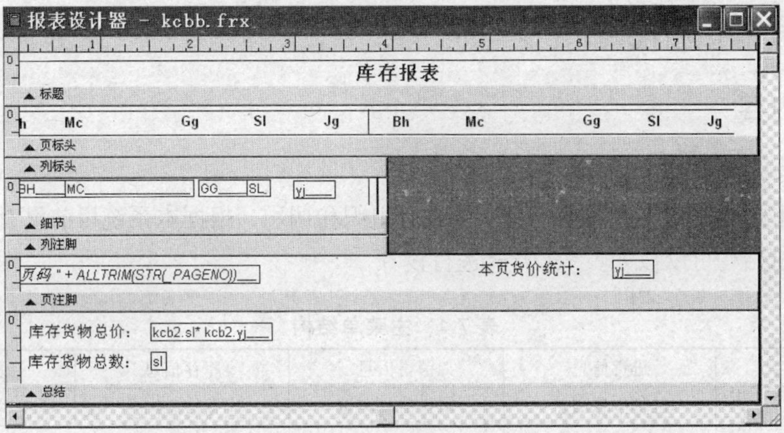

图 6.11　报表设计器窗口

3. 预览报表

单击常用工具栏中的“打印预览”按钮，或在命令窗口中输入命令：report form kcbb preview，报表的预览结果如图 6.12 所示。

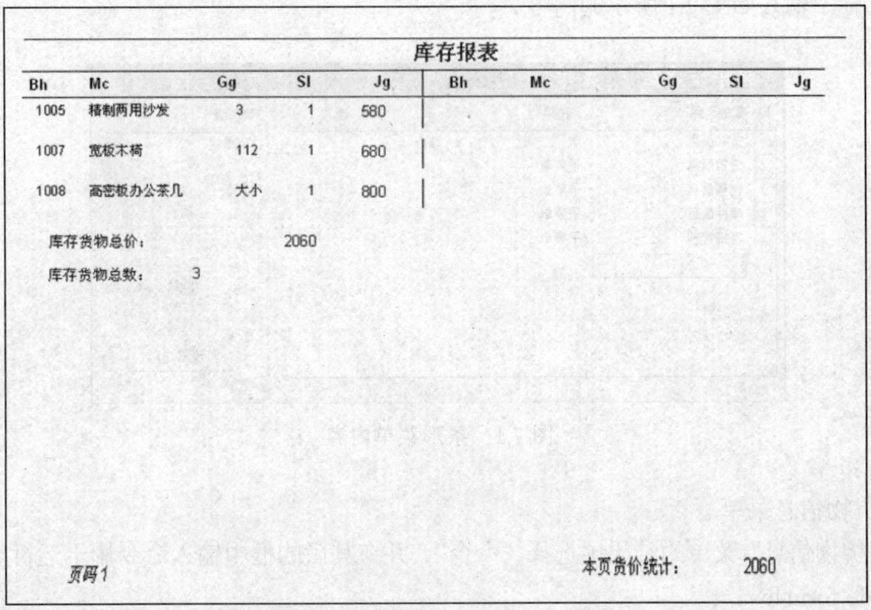

图 6.12　报表预览结果

实验七　系统文件的设计

一、实验目的

1. 能够利用菜单将系统中的各个功能界面文件直接调用。

2. 学会运行菜单的方法。

3. 对用户信息进行管理。

二、实验内容

7.1 主菜单的设计

系统菜单的作用是将本系统中的文件进行组织和调用，根据本系统目前已有的文件，普通用户的菜单结构可以按如表 7.1 方式进行设计。

表 7.1　主菜单结构

货物信息	进货信息	销售信息	库存信息	系　　统
货物浏览	进货信息浏览	销售信息浏览	库存信息浏览	用户管理
货物管理	进货管理	销售管理	库存查询统计	帮助
	进货查询统计	销售查询统计	库存报表	退出
	进货报表	销售报表		

1. 条形菜单

执行【文件】→【新建】→【菜单】→【新建文件】→【菜单】命令，进入菜单设计器，在菜单名称下输入如图 7.1 所示的内容。

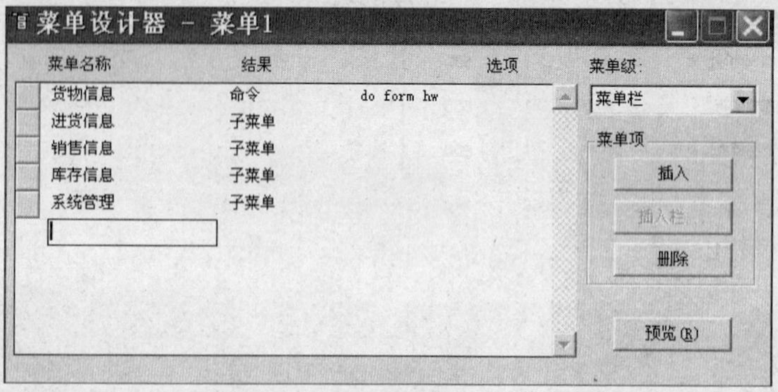

图 7.1　条形菜单内容

2. 货物信息菜单

在“货物信息”菜单的结果中选择“命令”，并在其后的框中输入命令用于运行表单“货物”，即 do form hw。

3. 进货信息菜单

在“进货信息”菜单的结果中选择“子菜单”，在其中输入如图 7.2 所示的内容，用于运行对应的表单文件，这此表单文件均为前面已创建好的。编制完成后单击窗口右上方“菜单级”框中的“菜单栏”返回上级菜单，继续其他菜单的设计。

4. 销售信息菜单

在“销售信息”菜单的结果中选择“子菜单”，在其中输入如图 7.3 所示的内容，用于运行对应的表单文件，这此表单文件均为前面已创建好的。

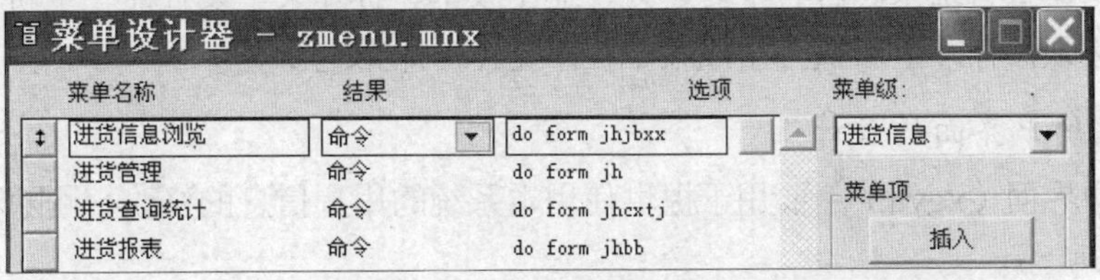

图 7.2 “进货信息”子菜单

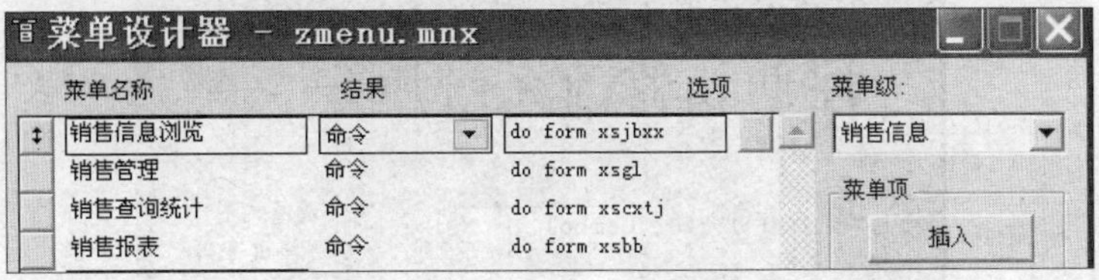

图 7.3 “销售信息”子菜单

5．库存信息菜单

在“库存信息”菜单的结果中选择“子菜单”，在其中输入如图 7.4 所示的内容，用于运行对应的表单文件，这此表单文件均为前面已创建好的。

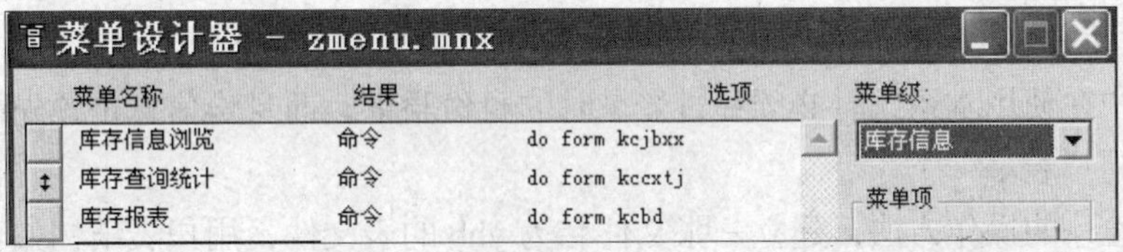

图 7.4 “库存信息”子菜单

6．系统管理菜单

在“系统管理”菜单的结果中选择“子菜单”，在其中输入如图 7.5 所示的内容，用于运行对应的表单文件，这此表单文件还未创建好，将在其后进行设计。其中，“用户管理”菜单用于调用“修改用户”表单，在此可以进行修改用户的密码、添加新的用户、删除已有用户等操作。“帮助”菜单用于调用一个关于本系统版本信息的表单。“退出”菜单中的命令是用于退出该菜单，回到 Visual Foxpro 的系统菜单，系统连编时还要对此命令进行修改。

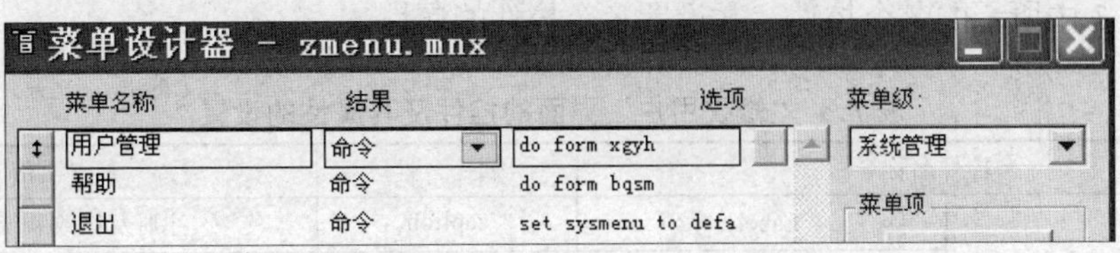

图 7.5 “系统管理”子菜单

7．保存菜单

文件保存为 zmenu，并执行【菜单】→【生成】命令，最后生成菜单程序文件（zmenu.mpr）。

8．试运行菜单

在命令窗口中输入 do zmenu.mpr，此时系统菜单被上述新生成的菜单替换，执行其中的各个菜单命令，查看结果。若有不对之处，退出菜单，打开菜单设计器，重新修改。每次修改菜单后，必须保存并重新执行生成菜单程序文件（即第七步）。

7.2 修改用户界面的设计

修改用户界面（xgyh）主要用于提供使用本系统的用户信息的修改、删除和添加操作，界面如图 7.6 所示。

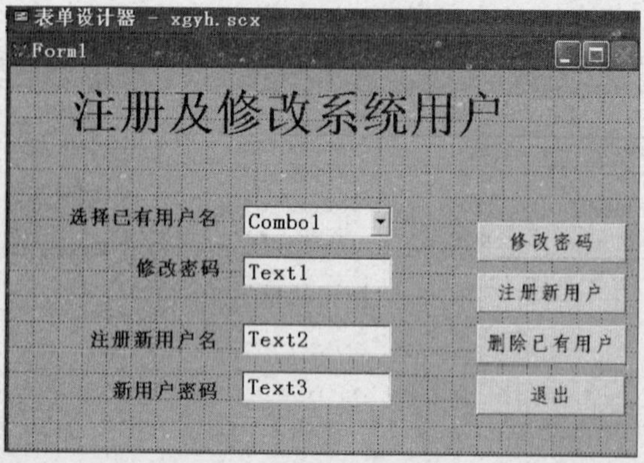

图 7.6　修改用户界面

1. 建立用户表（yhb）

系统用户在使用本系统时必须经过登录时的身份验证，而身份信息是预先被保存在一张表中的，即用户表。

参考实验一的操作方法，建立一张文件名为 yhb 的表文件，用户表结构如表 7.2 所示。

表 7.2　用户表结构

字 段 名	数据类型	宽　度	索　引	备　注
Sysname	字符型	14	候选索引	用户名
syspass	字符型	7		用户密码

表结构建好后，可以不输入记录。

2. 表单界面及控件

新建表单文件，保存为 xgyh。在表单设计器窗口，将 yhb 添加到数据环境中。在表单中加入如表 7.3 中所示的各个控件，并设置各个控件的属性。

表 7.3　“修改用户”界面的控件及其属性的设置

控件名称		属　性	属 性 值
标签（label）	Label1	caption	注册及修改系统用户
	Label2	caption	选择已有用户名
	Label3	caption	修改密码
	Label4	caption	注册新用户名
	Label5	caption	新用户密码
组合框（combo）	Combo1	rowsource	yhb.sysname
		rowsourcetype	6-字段

续表

控件名称		属　性	属 性 值
文本框（text）	Text1 Text3	inputmask	NNNNNNN
		passwordchar	*
	Text2		
命令按钮（command）	Command1	caption	修改密码
	Command2	caption	注册新用户
	Command3	caption	删除已有用户
	Command4	caption	退出
表单（form）	Form1	backcolor	255,168,125

将各控件的位置和大小进行调整，其他属性可根据需要自行设置。

3. 命令代码

（1）表单的 init 事件。

表单的 init 事件代码为：use yhb exclusive。

解释：用于以独占的方式打开表文件，因为涉及表中记录的增册，所以必须独占打开。

（2）表单的 destroy 事件。

表单的 destroy 事件（表单释放时发生）代码为：Use。

解释：在表单释放时关闭表文件。

（3）组合框的单击事件。

组合框 Combo1 的单击事件代码如图 7.7 所示。

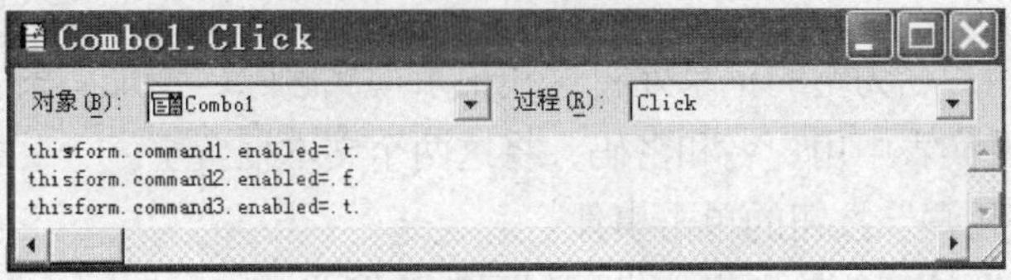

图 7.7　组合框的单击事件代码

解释：当用户从组合框中单击选择了用户名后，“注册新用户”按钮不可用，其他按钮可用。

（4）文本框 2 的单击事件。

文本框 2 的单击事件代码如图 7.8 所示。

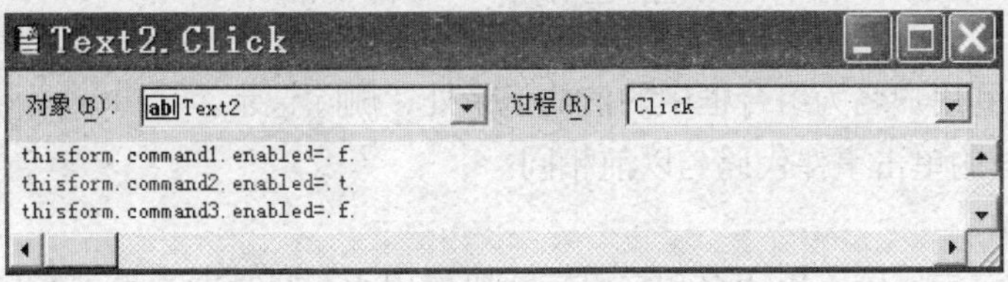

图 7.8　文本框 2 的单击事件代码

解释：当用户向文本框中输入了新的用户名后，只有“注册新用户”按钮可用，其他按钮不可用。

（5）“修改密码”按钮的单击事件。

“修改密码”按钮的单击事件代码如图 7.9 所示。

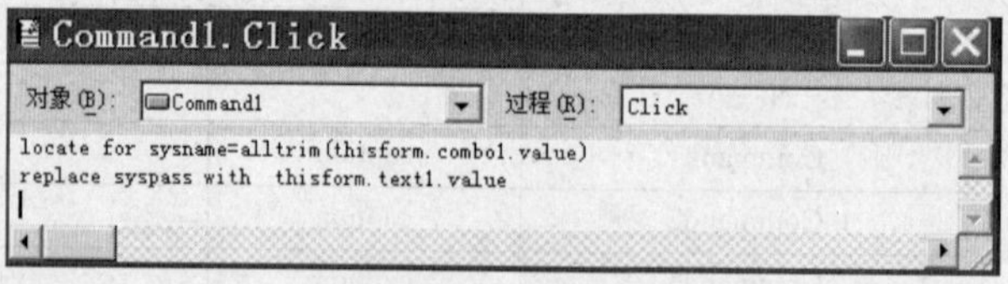

图 7.9 “修改密码”按钮单击事件代码

解释：定位指针到表中用户名与组合框中的值相等的记录处，用文本框 1 中的值替换此记录的密码值，就可以修改了密码。

（6）“注册新用户”按钮的单击事件。

“注册新用户”按钮的单击事件代码如图 7.10 所示。

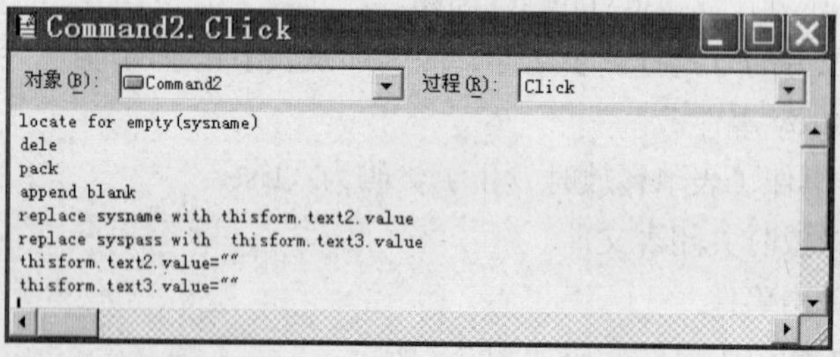

图 7.10 “注册新用户”按钮单击事件代码

解释：定位到用户名为空的记录处将这些记录彻底删除，增加一条空记录，用文本框 2 和文本框 3 中的值替换表中用户名和密码，将这两个文本框置空。

（7）“删除已有用户”按钮的单击事件。

“删除已有用户”按钮的单击事件代码如图 7.11 所示。

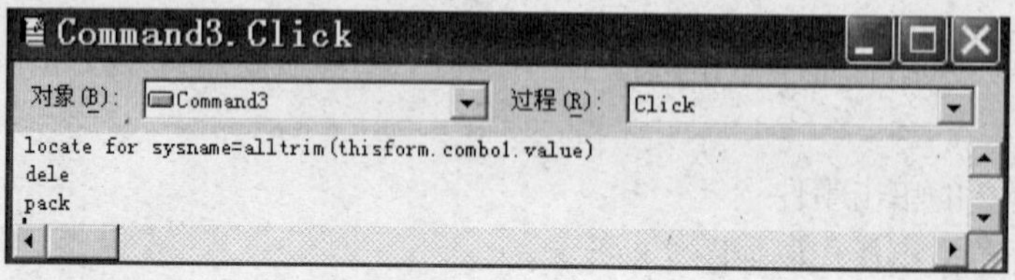

图 7.11 “删除已有用户”按钮单击事件代码

解释：定位到用户名为组合框中的值的记录处，删除记录。

“退出”按钮的单击事件代码与以前相同。

4. 运行表单

保存表单后运行，输入用户名和密码后注册新用户，此时 yhb 中就会保存该记录。多注册几个新用户，再进行密码修改和删除操作练习。

7.3 版权声明界面的设计

版权声明界面（bqsm）用于说明本系统的使用和版权归属，界面如图 7.12 所示。

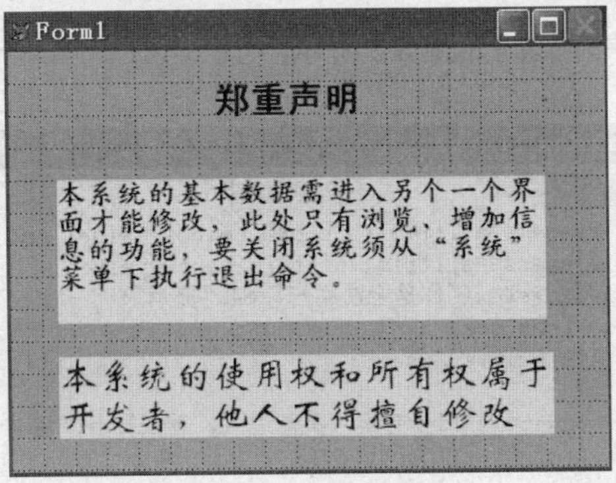

图 7.12　版权声明界面

该界面的设计很简单，在表单中添加三个标签控件，将 Label2 和 Label3 的 wordwrap 属性设为真，其他属性可以参考前述实验自行设置，内容也可自己设计。将文件保存为 bqsm。

实验八　系统的连编

一、实验目的

1. 建立系统的入口文件。
2. 能够运用管理器将系统涉及的文件组织起来并进行编译。

二、实验内容

8.1 系统的登录界面

通过注册后的合法用户才能进入本系统，所以需要进行身份验证。

1. 界面设计

登录界面如图 8.1 所示，文件名保存为 dl（登录）。

该界面中的数据环境中仍然添加 yhb，使用的控件及属性设置参照实验七“修改用户”界面中的设计要求进行即可。

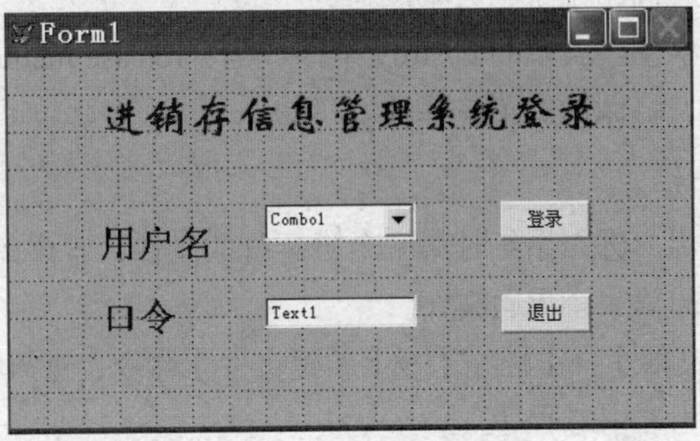

图 8.1　登录界面

2. 事件代码

“登录”按钮的单击事件代码如图 8.2 所示。

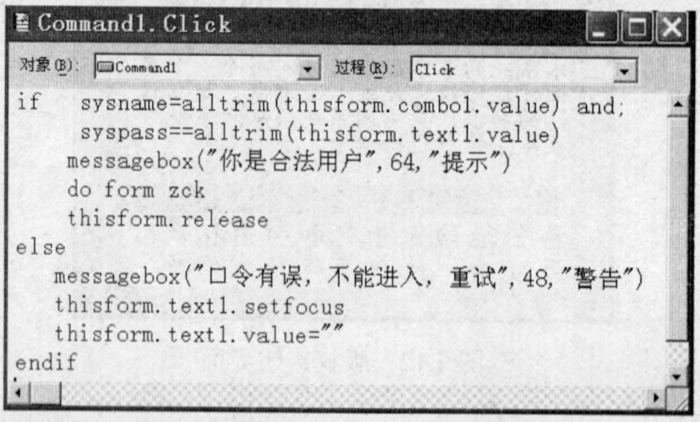

图 8.2 “登录”按钮的单击事件代码

解释：用双分支语句判断用户表中各字段的值是否与组合框和文本框中的值精确匹配，如果匹配，就是合法用户，可以进入本系统的主窗口（zck），否则提示有错重新输入。

“退出”的单击事件仍按之前的方法设置。

8.2 主窗口界面设计

该界面是系统主要窗口，其中要放置系统主菜单，并且其他界面都要在这个窗口中打开。

（1）新建一个表单文件，保存为 zck。

（2）设置表单的属性如表 8.1 所示。

表 8.1 系统登录界面控件的属性设置

对　象	属 性 名	属 性 值
表单（form）	picture	存入默认文件夹中的一幅图片文件
	windowstate	2-最大化
	showwindow	2-作为顶层表单
	ico	存入默认文件夹中的一个图标文件
	Caption	进销存管理系统主页

（3）事件代码。

① 表单的 init 事件。表单的 init 事件代码：do zmenu.mpr with this,.t.。

解释：在表单创建时调用系统主菜单。

② 表单的 destroy 事件。表单的 destroy 事件代码：release menu。

解释：释放表单时，将调用的菜单释放。

8.3 引导程序的设计

系统的引导程序是用户进入系统时第一个被运行的文件，其中的命令用于设置系统的各种环境、变量及要调用的第一个界面文件。

单击【新建】→【文件】→【程序】→【新建文件】命令，进入程序窗口，输入如图 8.3 所示的命令后保存文件为“引导程序”。

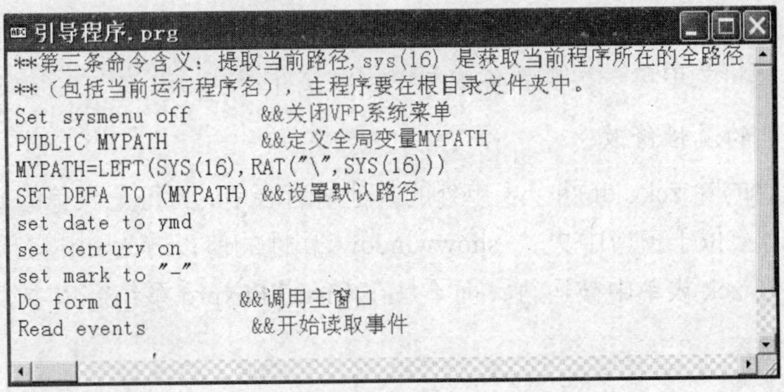

图 8.3 “引导程序”代码

8.4 主菜单的修改

1. 退出过程

打开已创建的菜单文件 zmenu，进入“系统”菜单下的“退出”子项，选择“结果”框对应的“过程”，进入过程窗口，改为如图 8.4 所示的命令。

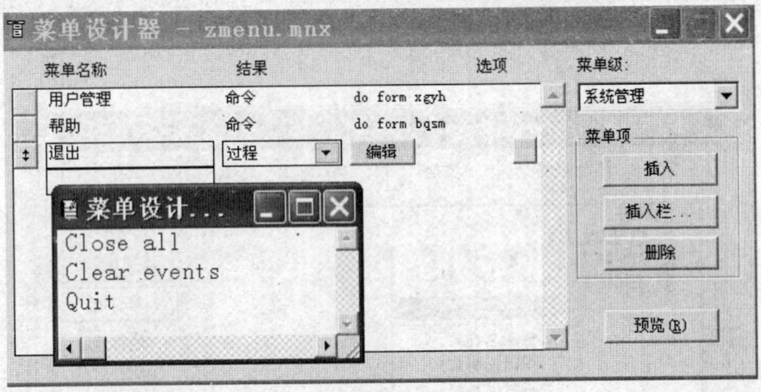

图 8.4 修改菜单

2. 设置常规选项

执行【显示】→【常规选项】命令，打开如图 8.5 所示的对话框，选定“顶层表单”复选框，将该菜单作为顶层表单使用的菜单。

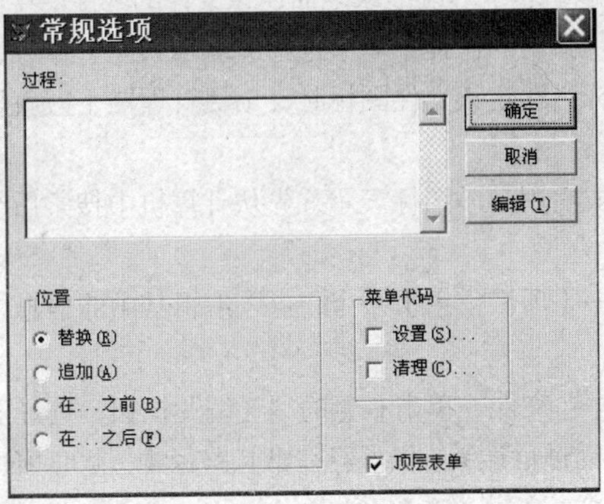

图 8.5 “常规选项”设置

3. 重新生成程序

修改完成后，将菜单再一次重新生成菜单程序文件。

8.5 各个表单的属性修改

打开之前设计的除 zck、dl 两个表单外的其他所有表单，将每个表单的 autocenter 属性设为.t.，表单运行时会位于窗口中央； showwindow 属性的值设置为：1-在顶层表单中。这样这些表单就可以在 zck 表单中被运行，而不是在 Visual Foxpro 系统窗口中。

8.6 项目管理器

1. 添加文件

打开实验一创建的名称为项目的 safa。对应每类文件将本系统创建的所有文件都对应添加进项目管理器中。

例如，选定“表单”，单击右侧的“添加”按钮，从对话框中选择要添加的表单文件，该文件就添加到项目管理器中。

2. 设置主程序

文件添加到项目中后，用鼠标右键单击程序中的“引导程序”文件，在弹出的快捷菜单中选择“设置主文件”命令，这样编系统后，第一个要执行的就是该文件，如图 8.6 所示。

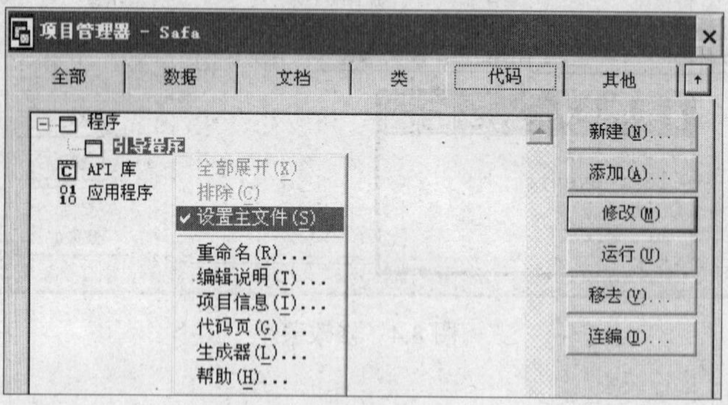

图 8.6 设置主程序文件

3. 添加说明

为每个文件添加“编辑说明”，能形象地描述该文件的功能。具体操作是在项目管理器中右键单击某文件图标，从弹出的快捷菜单中选择“编辑说明”命令，在出现的文本框中输入要说明的内容即可，这样当选定该文件图标时，项目管理器下方就显示出该说明。

4. 系统连编

（1）要想在系统生成后用某一图标表示，先从计算机中搜索后缀名为.ico 的图标文件，将其复制到默认文件夹中。

（2）单击【项目】→【项目信息】命令，可以编辑其中的信息，并附加刚才搜索到的图标文件，如图 8.7 所示。

（3）选定“引导程序”文件，单击右侧的“连编”按钮，选择对话框中的“连编可执行文件”，确定后系统会自动进行连编，仍保存在默认路径中。此时窗口状态栏左侧有相应的提示，直到完成。

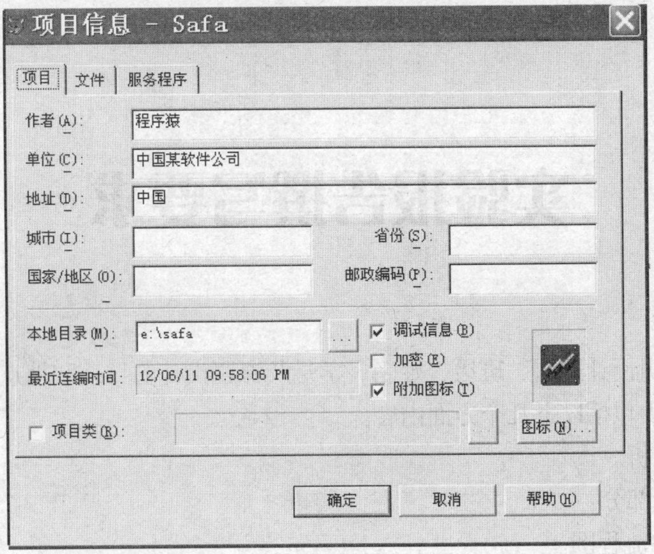

图 8.7　项目信息编辑

5．运行系统

图 8.8　系统图标

连编完成后，会在指定位置生成一个图标文件，如图 8.8 所示，双击该图标就可运行本系统。运行时先登录，输入正确的用户名和密码后进入主窗口，此时效果如图 8.9 所示。

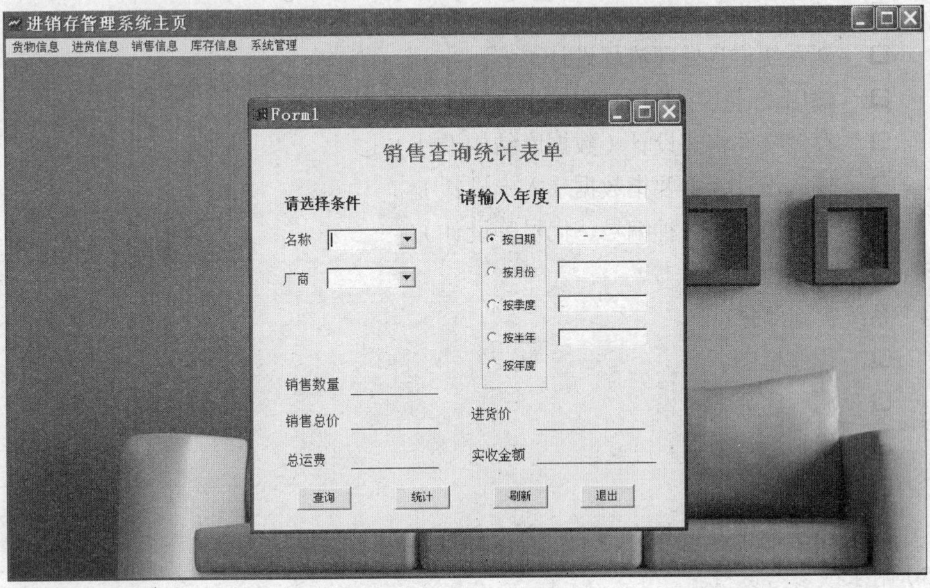

图 8.9　系统运行效果

注意：由于系统还没有进行发布，所以运行时还不能脱离 Visual Foxpro 的环境。而且该可执行程序必须要与数据库、表及图片文件处于同一文件夹中。

实验报告撰写要求

1. 封面：注明设计选题、班级、姓名、学号及课题设计的日期和地点。

2. 正文：至少包括以下几个方面内容。

（1）可行性分析。

（2）系统分析部分。

- ❑ 业务流程图。
- ❑ 数据流程图。
- ❑ 功能分析图。
- ❑ 数据字典。
- ❑ 数据加工处理的描述。
- ❑ 管理信息系统流程设想图（新系统模型）。

（3）系统设计部分。

- ❑ 功能结构图设计。
- ❑ 新系统信息处理流程设计。
- ❑ 输出设计（主要指打印输出设计）。
- ❑ 存储文件格式设计（数据库结构设计）。
- ❑ 输入设计（主要指数据录入卡设计）。
- ❑ 代码设计（各种编号、代号等设计）。
- ❑ 程序设计说明书。

（4）系统实施部分。

- ❑ 程序框图。
- ❑ 源程序。
- ❑ 模拟运行数据。
- ❑ 打印报表。
- ❑ 系统使用说明书。

（5）附录或参考资料。

参考文献

[1]徐天宇. 电子商务系统规划与设计（第 2 版）. 北京：清华大学出版社，2010.

[2]张润彤等. 电子商务概论. 北京：中国人民大学出版社，2010.

[3]赵国俊. 电子政务教程（第二版）. 北京：中国人民大学出版社，2010.

[4]白庆华. 电子政务教程. 上海：同济大学出版社，2009.

[5]刘文富. 电子政务. 北京：中国人民大学出版社，2010.

[6]田艳. 管理信息系统（第二版）. 广州：暨南大学出版社，2011.

[7]李键. 企业资源计划（ERP）及其应用（第 2 版）. 北京：电子工业出版社，2009.

[8]张涛. 企业资源计划（ERP）原理与实践. 北京：机械工业出版社，2010.

[9]汤世强等. 供应链管理. 北京：清华大学出版社，2008.

[10]刘永胜，杜志平，白晓娟. 供应链管理. 北京：北京大学出版社，2012.

[11]陈明亮. 客户关系管理理论与软件. 杭州：浙江大学出版社，2004.

[12]汤兵勇. 客户关系管理（第二版）. 北京：高等教育出版社，2002.

[13]萨师煊，王珊. 数据库系统概论（第四版）. 北京：高等教育出版社，2006.

[14]苗雪兰，刘瑞新，宋歌. 数据库系统原理及应用教程（第 3 版）. 北京：电子工业出版社，2009.

[15]徐秋红，王全红. C 语言实用教程. 北京：人民邮电出版社，2010.

[16]李雁翎. Visual Basic 程序设计（第 2 版）. 北京：清华大学出版社，2008.

[17]耿肇英，耿燚. C#应用程序设计教程. 北京：人民邮电出版社，2010.

[18]黄梯云. 管理信息系统（第 4 版）. 北京：高等教育出版社，2009.

[19]慕静. 管理信息系统开发方法、工具与应用. 北京：清华大学出版社，2010.

[20]柳纯录. 信息系统项目管理师教程（第 2 版）. 北京：清华大学出版社，2011.

[21]龙虹. 管理信息系统. 北京：北京理工大学出版社，2007.

[22]张爱民.关键成功因素法在决策者信息需求识别中的应用[J]. 晋图学刊，2009（06）

[23]陈国青，郭迅华. 信息系统管理. 北京：中国人民大学出版社，2005.

[24]陈国青，雷凯. 信息系统的组织、管理与建模. 北京：清华大学出版社，2002.

[25]陈国青，李一军. 管理信息系统. 北京：高等教育出版社，2005.

[26]陈晓红，吴良刚. 管理信息系统理论与实践 .长沙：中南工业大学出版社，1996.

[27]黄梯云，李一军. 管理信息系统（修订版）. 北京：高等教育出版社，2000.

[28]李东. 管理信息系统的理论与应用，北京：北京大学出版社，1998.

[29]Haag S，Cummings M，Dawkins J. 信息时代的管理信息系统. 严建援译. 北京：机械工业出版社，2000.

[30]王众托. 企业信息化与管理变革. 北京：中国人民大学出版社，2001.

[31]薛华成. 管理信息系统（第三版）. 北京：清华大学出版社，1999.

[32]薛华成. 信息资源管理，北京：高等教育出版社，2002.

[33]陈国青，李一军. 管理信息系统. 北京：清华大学出版社，2006.

[34]黄梯云. 智能决策支持系统，北京：电子工业出版社，2001.
[35]左美云. 信息系统项目管理. 北京：清华大学出版社，2008.
[36]刘仲英. 管理信息系统. 北京：高等教育出版社，2006.
[37]朴顺玉，陈禹. 管理信息系统. 北京：中国人民大学出版社，1995.
[38]刘仲英. 管理信息系统. 北京：高等教育出版社，2006.
[39]黄学忠. 经济信息与管理. 北京：人民出版社，1985.
[40]朴顺玉，陈禹. 管理信息系统. 北京：中国人民大学出版社，1995.